吴业苗 / 著

农村社区化服务与治理

Rural Community Service and Governance

社会科学文献出版社
SOCIAL SCIENCES ACADEMIC PRESS (CHINA)

引 言

农村社区化服务与治理是新农村建设的重要内容,是促进城乡一体化和新型城镇化发展的内在要求。尽管国家在新农村建设实践中高度重视农村社区的公共设施和服务中心建设,农村社区服务、治理水平有了大幅度提高,但农村社区化服务与治理还存在诸多问题,需要进行理论与实践方面的研究。

国外一些学者将农村社区建设视为乡村社会发展,研究集中在"社区发展""社区复兴""社区重建"上,不仅设计了可操作性的政策工具,而且具有强烈的问题意识和政策导向。比较而言,美国、英国等国学者的研究兴趣主要在乡村社区中的贫困帮扶、邻里关怀、社区照顾和家庭护理上,而韩国学者的"新村运动"研究,虽然涉及农村的经济发展、基层政权构建、文化团结等多个方面,但对农村社区公共事业发展、社区化服务与治理的研究明显不够。

中国农村建设在2006年后得到加强,农村社区服务、治理活动在各地农村广泛开展起来,并形成了诸如山东诸城的"多村一社区"模式、浙江宁波的虚拟社区"联合党委"模式和舟山的"社区管理委员会"模式,以及江苏的"一委一居一站一办"模式等。但国内学者对农村社区化服务与治理的研究比较少:农村社区服务研究的著作只有《中国农村社区服务体系建设研究》《造福农民的新机制——诸城市推进农村社区化服务的探索与实践》等少数几部;农村治理研究成果更多地体现在民主管理、环境治理、治理变革等方面,很少以社区服务视角检视农村治理问题。总的来看,国内学者对农村社区的研究集中在村民自治、民间组织运作、社会资本功能、共同体再造等方面。具体有三个方面:其一,从新农村建设角度,研究农村社区建设中正在探索的城市化扩张、"就地城镇化"和"村民自治"体制下不同农村社区模式;研究农村社区可持续性发展和公共服务的需求与供给;其二,从组织、交往及认同角度,研究农村社区在自然发展过程中形成的生活特点、合作精神和集体活动形式,以及农村社区功能整合及结构再造;其三,从村民治理角度,研究农村社区村民自治运行机制、体制改革、农村社区自组织建设及其发展等。

这些从不同理性关怀形成的农村社区研究成果,体现了功能主义和治理主义对农村社区建设和公共服务发展的关注,但这些研究存在以下局限:局限在城乡二元分化框架内,没有以城乡一体化、新型城镇化视阈综合考察农村社区化服务与治理的发展现状及其存在问题,更没有对新型"农村社会生活共同体"的未来走向,以及如何建构农村社区化服务体系和提高农村社区治理水平展开全面的、深入的研究;细节有余而整体不足,多数研究至今还停留在初步学理探讨阶段,研究过程过于强调理论推演,缺乏经验事实考察和政策指导价值的提升,理论成果的政策意义不大。

本书对农村社区化服务与治理进行了全面、系统的理论与实践研究。在理论研究上,本书运用"社会与国家"的范式,构建城乡发展一体化下农村社区化服务模式,指出了农村社区化服务与治理的未来走向。并且强调,城乡一体化进程中农村社区建设,不仅要根据农村社区特点建设一个适宜农民居住、生活的社会共同体,而且要努力消除城乡在医疗、社会保障、教育、就业等服务方面存在的差别,以实现城乡社区化服务与治理的对接、并轨。如此看来,研究拓展了交叉学科研究领域,促进社区建设、公共服务、社会管理、城镇化等理论研究的整合与互补,形成跨学科的学术成果。在实践研究上,一是利用问卷调查全面掌握江苏农村社区服务状况,并根据农民的社区服务要求,提出建立健全农村社区服务体系和提高农村社区服务水平的若干建议;二是以安徽 L 县某镇的和谐社区建设为例,探讨民间组织利用传统文化服务农村治理的经验,指出传统伦理文化在农村和谐社会建设中的价值。在政策研究上,鉴于发展农村社区化服务和建构创新性农村治理体制是落实城乡统筹、城乡一体化和新型城镇化战略的重要举措,是贯彻科学发展观和响应中央把城乡社区建设成为"管理有序、服务完善、文明祥和的社会生活共同体"的迫切需要,结合农村社区化服务与治理实践活动存在支持缺失、运作不规范、发展不平衡等问题,本书不仅重视农村社区建设、公共服务供给等基本理论研究,而且重点关注村改社区(居)和新型社区建设中的社区化服务体系建构实践中的经验,就农村社区化服务与治理的创新路径和问题解决提出有效的政策建议。

此外,本书还运用社会学、管理学、经济学等学科知识对农村社区化服务与治理建设进行了广泛、深入的研究,提出了一些有价值的理论观点,如纠正村委会的行政化倾向,将行政村建制变革为社区建制;政府政务再介入农村社区,将公共服务送到农村基层,以满足农村居民的城乡均等化公共服务需求;农村社区服务具有拓展农村社会公共空间、壮大农村社会公共利益和培育农村社会公共精神等功能,发展农村社区服务能减缓农村社会公共性流失、促进农村社会公共性成长、建构农村社会公共性;社区服务除了要按照城乡一体化发展要求与城市社区服务对接外,还需要发挥政府的主导作用,着力化解农村社会的一些棘手问题等。

目　录

上篇　农村社区化服务

第一章　农村社区服务的当下情境与未来发展 …………………… 001
　　第一节　农村社区服务演进与发展 …………………………… 001
　　第二节　农村社区服务发展的基本原则与主要抓手 ………… 017

第二章　农村社区服务的样式与模式 ………………………………… 029
　　第一节　农村社会转型与社区服务样式的流变 ……………… 029
　　第二节　农村社区服务模式的回顾与前瞻 …………………… 050

第三章　农村社会公共性及社区服务对其建构的意义 …………… 069
　　第一节　农村社会公共性及其流失 …………………………… 069
　　第二节　社区服务发展对建构农村公共性的作用 …………… 083

第四章　农村改革与社区服务 ………………………………………… 097
　　第一节　户籍制度改革、农业人口转移与社区服务响应 …… 097
　　第二节　土地承包制改革与农村社区服务跟进 ……………… 113

第五章　农村社区服务体系建设：以江苏为例 …………………… 128
　　第一节　江苏农村社区服务体系建设与经验 ………………… 128
　　第二节　江苏农村社区服务供需情况与发展对策 …………… 143

下篇　农村治理

第六章　农村基层社会管理实践问题与体制建构 ……………… 177
　　第一节　农村基层社会管理的问题指向与实践创新 ………… 177
　　第二节　农村基层社会管理与"社区化"体制建构 ………… 192

第七章　文化服务与农村和谐社会建设 ………………………… 210
　　第一节　传统伦理文化关怀与农村建设的文化再造 ………… 210
　　第二节　农村和谐社会建设与传统伦理支持 ………………… 231

第八章　农民转变与治理规约 …………………………………… 242
　　第一节　农民经济合作组织与制度化规则的建构 …………… 242
　　第二节　农民身份转变与农村治理进路的选择 ……………… 252

第九章　改革完善农村治理体制 ………………………………… 269
　　第一节　农村治理体制改革与社区服务发展 ………………… 269
　　第二节　完善农村社区治理制度体系 ………………………… 284

主要参考文献 …………………………………………………… 308

后　记 …………………………………………………………… 325

上篇 农村社区化服务

第一章
农村社区服务的当下情境与未来发展

农村社区服务是建设社会主义新农村的重要内容,小康社会的全面建成和农村社区的转型升级都需要大力发展农村社区服务。随着城乡一体化和新型城镇化战略的实施,各级政府不断加大农村社区服务发展力度,农村社区的公共服务、志愿互助服务、商业经营服务水平都有了不同程度的提高。然而,我国农村社区服务发展情境十分复杂,不仅城乡社区服务发展严重失衡,农村社区服务水平大大落后于城市社区,而且我国农村正处于深层次的结构调整期和重大社会变革期,农村社区服务的发展面临诸多新问题、新要求、新挑战。因此,正确认识当下农村社区服务发展情境,有助于促进农村社区服务又好又快发展,实现城乡社区服务一体化。

第一节 农村社区服务演进与发展

中国农村的村庄、自然村、行政村就是社区,但作为国家政治层面上的农村社区服务在21世纪新农村建设开展后才被正式提出,并被国家视为农村社区建设的重要抓手。就此而言,农村社区服务还是一个比较新的概念,在理论和实践上都有不少内容需要研究。本节主要讨论农村社区服务的由来与演进、当下农村社区服务发展情境与问题以及农村社区服务发展的目标指向三个内容。

一 农村社区服务的由来与演进

中国学界对社区服务的解释不尽相同,不少学者受西方早期福利主义思想影响,认为"福利性和公益性是社区服务的本质属性",社区服务应该是在政府组织下,"通过调动社区内外的各种资源而进行的福利性服务",并且强调这是"中国大陆今后发展社区服务的根本之所在"。[①] 尽管欧美早期社区服务主要由慈善机构或私人发起,以救济贫民的福利、公益活动为主要内容,但自20世纪中叶后这些国家的社区服务已经发生了较大变化:一些国家的政府介入社区服务,社区服务逐渐成为普惠性活动,除继续为社区弱势群体和困难人群提供福利服务外,还将社区全体居民纳入服务范围,为其提供更广泛的社会服务;社区服务不再是政府单方面的事情,一些国家在福利多元主义指导下,逐步减少政府直接从事社区服务活动,日渐重视与非营利组织、市场组织合作提供社区服务。由此可见,如今的社区服务不仅仅是慈善等社会组织主导开展的福利性和公益性服务活动,它还是政府和不同社会力量合作开展的为社区全体居民提供广泛服务的过程。

中国政府即是从这个含义上界定社区服务的。早在2006年,国务院下发的《关于加强和改进社区服务工作的意见》对社区服务的供给主体和内容就做了明确解释,即社区服务是"政府、社区居委会以及其他各方面力量直接为社区成员提供的公共服务和其他物质、文化、生活等方面的服务"。同年,国务院公布的《"十一五"社区服务体系发展规划》指出,社

[①] 参见关信平《论我国社区服务的福利性及其资源调动途径》,《中国社会工作》1997年第6期;徐永祥《论社区服务的本质属性与运行机制》,《华东理工大学学报》(社会科学版)2002年第4期。

区服务内容主要包括社区就业服务、社区社会保障服务、社区救助服务、社区卫生和计划生育服务、社区文化教育体育服务、社区流动人口管理和服务、社区安全服务等；社区服务活动的开展，既要充分发挥社区居委会在社区服务中的作用，又要培育社区服务民间组织从事社区志愿服务活动，还要鼓励和支持各类组织、企业和个人参与社区服务。如此，当前开展的农村社区服务不仅要重视为困难或弱势群体提供福利服务，还要进行多主体合作，共同开展以满足全体农村社区居民需求的多样化服务活动。

其实，农村社区服务的实践活动由来已久。在传统农村家族社会里，村民祖祖辈辈居住在村庄熟人社会中，地缘关系与血缘关系将全村所有人网络在一起，并形成邻里关系圈和亲戚关系圈。这两大关系圈不只是村民之间你来我往的互动网络，还具有你帮我、我帮你的服务功能——那些缺乏劳动力、大农具、耕畜的家庭，或有婚丧嫁娶大事情的家庭，仅凭自家的力量是很难解决困难的，只能向邻里、亲戚救助；而邻里和亲戚对那些有困难的家庭不能不管不问，一般会出于"乡里乡亲"的熟人道义给予尽可能的帮忙。尽管这些帮助不是按照现代服务理念进行，有的是无偿的"怜悯式"帮助，有的采用人力换人力、人力换农具、人力换畜力、农具换畜力等方式进行，有的通过市场购买短工、长工获得服务。但不管怎样，村庄里发生的互帮互助行为具有服务性质和服务功能，不仅临时性地帮助困难家庭渡过难关，而且在村庄社区建立了一张全面且比较坚实的"保障网"，避免困难家庭日子过不下去的事情发生。

在社队集体化社会里，尽管以邻里、亲戚为主体的互助服务减少，市场服务也因农村社会高度政治化和组织化而受到严重削弱，但农村社区服务并没有销声匿迹，它以集体化形式为农村社区及其居民提供服务。具体地说，在农业合作化和人民公社时期，"政社合一"的人民公社和生产大队在农村基层建立了一些集体组织，如供销合作社、粮管所、卫生院、畜牧站、农机站、农技站、文化站、种子站、经管站等，它们成为农村社区服务主要供给主体，承接村庄社区自发服务和市场服务的部分职能，为农村居民生产生活提供一定的服务。虽然集体组织为农村居民提供的服务依附于合作化、集体化制度规约，服务内容有限，服务水平也不是很高，但这些服务满足了农村居民的日常服务需求，维系了农村社会正常秩序，对巩固农村基层政权起到了积极的作用。社队时期的集体组织服务在农村社区具有较强的生命力，即使家庭联产承包责任制实施、农村基层政权改制和农业税取消等制度安排削弱了这些组织的服务能力，但集体组织提供的服务并没有全部退出农村社会，甚至一些组织的服务功能在新形势下还有所强化，如农技站、农机站、文化站等事业单位，至今仍在广大农村社区发挥着服务功能。

这就是说，我国农村本就存在社区服务，也有各种各样的服务形式。可遗憾的是，这些服务有其实而无其名，政界和学界一直将社区服务视为农村基层治理范畴，直到21世纪新农村建设开展后，农村社区服务作为独立活动才被国家和农村基层政府正式列入新农村建设中。2007年党的十七大报告提出，要"把城乡社区建设成为管理有序、服务完善、文明祥和的社会生活共同体"；2008年中央一号文件强调，把进一步完善农村社区公共服务体系建设视为逐步解决"三农"问题和实现城乡统筹的有效途径，并首次提出在有条件的地方建立便民利民的农村社区服务中心；2012年党的十八大报告明确指出，把"增强城乡社区服务功能"作为加强和创新社会管理的核心内容。可见，虽然农村社区服务不是新事物，农村社区建设者和居民对它也并不陌生，但作为国家层面上的社区建设内容，它存在的时间并不长。

鉴于完善农村社区服务体系的自身需要，以及提高农村社区服务水平和保障农村居民享有均等化服务权益对新农村建设、新型城镇化和城乡一体化发展的重要意义，发展农村社区服务理应成为农村社区建设的重要抓手。农村工作千头万绪，村民自治、计划生育、招商引资、创办乡镇企业、征收农业税和"三提、五统"等，在20世纪八九十年代都曾作为重要考核指标左右着农村基层政府及其官员的日常行动。进入21世纪后，国家迫于缩小城乡发展差距、实现城乡统筹发展需要，将"增加农民收入"作为农村基层工作重点，一再被中央一号文件强调。固然，改善农村管理、发展农村经济、提高农民收入对全面建成小康社会和实现城乡一体化很重要，但农村社区建设是一个系统工程，农村社会稳定、农业生产发展、农民收入提高等不仅仅是纯粹的经济问题，也是农村社区的社会问题、管理问题、服务问题，它们彼此影响、相互制约。如果农村社区整体服务水平提高了，农村社会的很多经济问题也将迎刃而解。故此，在农村社区建设与管理中强调发展农村社区服务，一方面在于，它能促进政府转变职能，督促基层政府及其官员将日常管理、社区治理的重点转移到发展社区服务上，进而提高农村社区的服务水平；另一方面在于，健全农村社区服务体系和提高农村社区服务质量，不仅能更好地推动农村服务业发展，还能有效地发展农村经济和提高农民收入。

二 农村社区服务发展情境与问题

当下中国农村社区服务发展情境十分复杂，虽然新农村建设、新型城镇化和城乡一体化战略的实施为农村社区服务发展带来了千载难逢的机遇，地方各级政府发展农村社区服务的自觉性大大提高，农村社区服务状况明显改善，服务水平也持续提高。但与此同时，进入快速发展通道的农村社区服务面临诸多新情境、新问题，这集中表现在如下三个方面。

（一）农村社区服务的供给主体：一元与多元

在既往的农村社区服务实践中，农村社区服务的供给主体基本上是一元的。在家族社会的村庄中，国家权力止于县，政府一般不管村庄社区和居民的烦琐事务，加上市场经济不发达，市场也无力为村庄社区提供有效服务。如此，村庄社区服务主要由邻里和亲戚提供，政府、市场、社会组织很少参与农村社区服务活动。在合作化和人民公社时期，村庄社区服务主体也是一元的，但不再是邻里和亲戚，而是社队集体组织。这个时期，国家对农村实行全面、彻底的社会主义改造和建设，不同类型的集体组织应运而生，且日渐成为农村社会重要组织力量，它们根据国家发展需要，通过提供一定的服务协助国家扩大集体化范围，巩固社会主义阵地。需要指出的是，农村社会集体组织为农村社区和居民提供的服务不完全是政府行为，合作化和人民公社时期的政府对农村社区服务介入比较少：其一，社队集体组织主要是农村集体经济组织，一般依靠农村集体经济成长而逐渐发展起来，资金来源于农村社队组织和农民个人摊派，政府只给予政策允许和少量的资金支持；其二，合作化和人民公社时期是我国城乡二元经济社会分化形成阶段，国家建设和发展重点在城市，农村公共事业发展则主要由农村人自己解决；其三，由于当时国家实行的是高度计划经济体制，自由市场被完全取缔，农村社区几乎得不到市场方面提供的服务，只能"自产自销"服务。

改革开放后，家庭承包责任制和村民自治制度的实施，使部分国家权力从农村基层退出，民间和市场的服务力量随之逐渐成长起来，农村社区和居民获得的服务不断增多。虽然在20世纪八九十年代国家发展农村公共事业的政策没有明显改变，也没有更多地增加财政投入，但国家政治允许并要求地方政府将"三提、五统"中的部分资金用于发展农村公共事业。此外，计划经济时期成立的一些集体组织仍拥有一定的资金，能继续为农村社区和居民提供服务。国家取消农业税和"三提、五统"后，农村集体组织，尤其是经济欠发达和落后地区的农村集体组织的运行资金被釜底抽薪，生存和发展陷入空前困境，其服务功能被严重削弱。好在资金"断供"的时间并不长，党的十六大后政府加大了支农、强农、惠农力度，农村集体组织包括一些事业单位在"城市支持农村、工业反哺农业"的一系列政策安排下重获新生，农村社会公共事业和农村社区服务迎来了发展春天。不仅如此，随着政府职能的转变，农村基层政府普遍将发展农村社区公共服务视为主要职能，政府提供的公共服务在农村社区服务中的比重越来越大。如今的农村社区，服务已经呈现多元化趋势，既有民间个人服务、市场服务、事业单位和集体组织服务，又有来自政府提供的公共服务，而且政府为农村社区提供的服务越来越多。不过，虽然当下农村社区服务呈现多元化状态，农村社区居民可以通过不同渠道获取自己所需要的服务，但这种多元化尚处于分立阶段，各服务供给主体各敲各的锣、各弹各的曲，缺乏相互合作，尚未形成服务的整体合力。

（二）农村社区服务的政府角色：掌舵与划船

有学者将农村社区服务体系建设存在的问题归因于"一些地方党政领

导不够重视",①认为政府在农村社区建设上将工作重点放在小康示范村建设、文明城镇建设、社会主义新农村建设上,以至于农村社区服务体系建设落后。这一说法不完全符合实际。农村社区服务的推进与分散村落社区的拆、并,以及大村庄或中心/集中社区建设、小康示范村建设、文明村建设和美丽乡村建设相伴随,政府在调整农村社区的空间布局、建设农村社区的同时,不断发展、完善农村社区服务体系。换言之,政府没有将新农村建设与发展社区服务分开,反而在每一个农村社区建设中投资建设了社区公共服务中心或综合服务中心,并将服务中心、医疗服务站、养老服务站的建设作为农村社区建设最重要的组成部分,一些地方的服务中心建设俨然成为评价农村新社区建设的最主要指标。

就此而言,多数农村社区服务体系建设是由政府推动和实施的,政府既是设计者、掌舵者,又是实施者、划船人。尽管农村社区服务中心和社区卫生站的建设规模、服务设施和服务项目不尽相同,但总体上都是按照政府规定方案设计建设的,在服务特色、服务内容上几乎没有实质性区别。政府选择行政手段整体推进农村社区服务体系建设,主要基于政府的财政投入和地方的经济实力,它能在较短时间内快速提高农村社区服务水平。但这样做也带来一些问题,如在江苏省,经济发达地区苏南农村社区服务水平高,而苏中、苏北一些农村,由于地方政府财政投入有限,农村社区服务发展明显低于苏南地区;除少数拥有较强经济实力的农村社区能主动发展社区服务外,大多数农村社区将社区服务建设的重任推给政府,出现了政府给钱就发展、政府给多少钱就提供多少服务的"等待"现象;政府实施的社区服务工程,更多注重"一致性""标准化",致使提供的服务与需求脱节,并造成政府在农村社区服务供给上的越位、缺位、错位;政府在农村社区服务供给与管理上"单打独奏",使民间组织、社会团体、市场主体成为观众,这不利于农村社区的社会资本、民间力量的成长,也不利于整合社会、市场资源发展

---

① 詹成付、王景新编著《中国农村社区服务体系建设研究》,中国社会科学出版社,2008,第169页。

农村社区服务。

与政府在农村社区服务的高调表现相反,农村社区居民对社区服务越来越没有兴趣。其原因主要有:一是国家权力逐渐从农村社会基层上收至乡镇政府,尤其在国家取消农村税费后,"无利可图"的基层政府不再热心村庄社区事务,更懒得花精力动员村民开展社区公共事业建设活动;二是农村人口流动加快,以及大村庄制和集中社区或中心社区建设,农村社区居民日趋"原子化""陌生化""冷漠化",日常互动显著减少,家庭信息日渐封闭,民间互助服务难以开展;三是随着城市化进一步推进,家庭成员"离农"日趋常规化,越来越多的农民生活预期已经不在村庄社区,他们更愿意以局外人身份看待政府实施的新农村建设,并顺势将社区服务推给政府,期望政府包揽下所有服务;四是政府出于新农村建设和新型城镇化发展的"政绩"需要,不得不主动承担起农村社区服务的主要责任,不断为农村社区提供各种各样的服务,如医疗和养老保障服务、困难家庭的社会救助服务,以及电力、自来水、通信、有线电视、宽带上网服务等,相形之下,农村社区居民愈发依赖政府,不再愿意开展自我互助服务。

(三)农村社区服务发展水平:不平衡与均等化

在城乡二元体制下,国家把公共事业发展重点放在城市,城市社区服务由此获得较快发展,而国家对农村社区服务投入非常少,农民的服务需求主要依赖于农民的自我服务和农村集体组织提供服务,这造成了农村社区服务落后的双重叠加:一方面,由于改革开放前的中国农村大多数农民尚存在温饱问题,农村经济羸弱不堪,可用于发展农村社区服务的资金捉襟见肘,农村社区服务发展越来越落后于城市社区;另一方面,由于农村地域广阔,各地的经济发展水平参差不齐,以及地方政府对发展农村社区服务的扶持力度不一样,不同地方的农村社区服务水平差距越来越大。21世纪以来,尽管农村经济状况有了明显改善,国家对农村发展的扶持力度不断加大,用于发展农村社区服务的资金逐年增加,农村社区服务体系日趋完善,但中国农村社区服务总体水平仍比较低,为农村社区居民提供的服务种类也不多,农村社区服务发展不平衡问题仍旧严重。

首先,城乡社区服务发展不平衡。自2003年以来,我国城乡居民收入差距一直都在3倍以上,如果将城乡公共服务不均衡包括进来,有学者认为城乡居民实际收入差距要扩大30%~40%,[①]还有学者认为其差距要扩大5~6倍。[②] 我国农村社区公共服务水平比城市落后2~3倍,加上我国农村社区的市场服务、社会服务等状况不比公共服务状况好。笔者就此推断,我国城乡社区服务水平的差距为2~3倍。农村社区服务水平落后,不仅降低了农村社区居民生产生活质量,妨碍农村经济社会进一步发展,还有可能激化城乡矛盾,阻碍和谐社会建设和城乡一体化实现。

其次,不同地区的农村社区服务发展不平衡。由于国家对农村社区服务投入有限,农村社区服务发展主要依赖地方经济支持。一般来说,社区服务发展水平与社区所在地的经济状况紧密相关,经济富裕地区的农村社区服务水平相对较高。在全国,经济发达的沿海地区的农村社区服务水平普遍高于经济发展一般的中部地区,中部地区农村社区服务水平一般也高于经济落后的西部地区和边远地区的农村。

再次,同一地区的农村社区服务水平也有较大差距,城郊农村社区服务水平一般高于普通农村社区。城郊农村社区城市化程度高,社区服务设施和服务水平与城市社区几乎没有多大区别,如无锡市惠山区前洲镇前洲社区,虽然还有一些居民饲养家禽,并在房前屋后种植蔬菜,但该社区成年人大都在第二、三产业就业,有完善的养老、医疗等社会保障;居民几乎家家用上了抽水马桶,绝大部分生活用品都到超市和农贸市场购买;社区基础实施完备,所有的住户都使用与城市同样的水、电,2012年没有停过一次水和电;社区固定电话户安装率为100%,手机普及率高达98%,有些居民甚至拥有不止一部手机;通信信号稳定,社区有中国移动、联通、电信的营业厅,手机店或者报亭有充值卡出售,缴费十分方便;社区有公交站台,一般居民从家门口出发10分钟之内就可以到达公交站,早班车是6点,末班车是19

---

① 石洪斌:《农村公共物品供给研究》,科学出版社,2009,第61页。
② 中国(海南)改革发展研究院:《加快建立社会主义公共服务体制18条建议》,载中国(海南)改革发展研究院《聚焦中国公共服务体制》,中国经济出版社,2006,第4页。

点，每 10~20 分钟就有一个班车出发；居民可以使用无锡太湖交通卡乘坐 607 路公交前往火车站，或者 610 路公交前往市中心，年满 60 周岁的老人可以申请使用老龄卡半价或免费乘坐公交。相比之下，不少远郊农村和偏远农村的社区服务尚处于匮乏状态。一方面，由于地方经济发展落后，政府公共服务供给能力低，无力从事农村社区的公共设施建设，农村道路、水电、照明、通信以及文化娱乐设施等几乎陷入停滞状态；农村社区的无形服务，如社会保障、就业指导、卫生健康、治安等服务也严重缺乏，农村社区居民很难得到政府提供的公共服务。另一方面，由于农村经济发展停滞不前，大多数中青年农民离开村庄社区，留守在农村社区的老人、妇女、儿童无力从事社区服务活动，致使一些经济发展落后地区农村的社区服务"一年不如一年"。调研显示，一些远郊和偏远的农村社区正走在消失的边缘，地方政府和多数村民都抱着当一天和尚撞一天钟的心态，不能也不愿为社区服务事务操心。

三 农村社区服务发展的目标指向

社区服务发展目标关系到政府推动农村社区服务的效率，如果一个政府"不衡量效果，也就很少取得效果"。[①] 关心社区服务的目标和效果，是衡量社区服务的一个重要指标。但是，由于各地农村社区服务发展缺乏明确的目标指向，地方政府对发展农村社区服务的财政投入和扶持力度不同，农村社区服务发展水平参差不齐。此外，由于中国农村社会正处于重大转型的关键期，农村社区服务需要顺应经济社会协调发展趋势，遵循公平、公正等发展原则，否则，极有可能导致农村社区服务与城镇社区服务断裂，加大城乡社区服务水平差距。如此，明确农村社区服务发展的目标指向和实现原则，不仅可以对社区服务实践活动进行有效规制，以保证农村社区服务发展与新农村建设、新型城镇化发展相得益彰，而且有助于消弭中国城乡间、区域间社

---

① 〔美〕戴维·奥斯本、特勒·盖布勒：《改革政府——企业家精神如何改革着公营部门》，周敦仁等译，上海译文出版社，1996，第 121 页。

区服务发展水平差距,进而更有效地维护农村居民的生存权、发展权、健康权和受教育权。

学界对农村社区服务发展目标的研究十分有限。詹成付、王景新在研究中从农村社区公共服务体系建设、农村社区互助服务体系建设和农村社区市场化服务体系建设三个方面阐述"主要任务",[1] 但从其涉及内容看,建构完善的政策支持体系、加强服务基础设施建设与供给、促进社区服务组织体系完善、建立公开透明的社区服务网络体系、培育并储备农村社区服务人才等都不是农村社区服务体系建设的目标,这些"主要任务"侧重于如何建设农村社区服务体系,而非"任务",更不是"目标"。更多的学者只在研究中提到社区服务目标,没有展开研究,如陈伟东和张大维在城乡社区服务设施建设研究中指出,社区服务的最终目标是"向公众提供更加优质的服务",主张从用户的角度对社区服务的发展水平进行评价。[2] 还有一些学者在研究中强调社区服务目标在社区服务体系建设中的重要性,或简单指出目标建立的路径,如陈雅丽建议从制定相关法律、法规和政策着手,以确立社区服务的发展目标。[3]

农村社区服务发展目标对促进农村社区服务发展至关重要,无论出于目标管理、目标激励,还是出于目标的量化考核需要,农村社区服务实践活动都离不开目标,它对农村社区服务发展或农村社区服务体系的实践行动具有导向作用。学者在目标研究中一般要讨论总体目标与阶段目标、整体目标与部分目标、远期目标与近期目标、理想目标与现实目标等。按理说,农村社区服务发展目标也应该有这些内容,但中国农村社区情况千差万别,农村社区服务发展程度、水平有比较大的差距,很难用一个统一的农村社区服务目标来有效规约每一个社区的服务实践活动,并要求它们实现这个目标。此

---

[1] 詹成付、王景新编著《中国农村社区服务体系建设研究》,中国社会科学出版社,2008,第108~111页。
[2] 陈伟东、张大维:《城乡社区服务设施建设一体化》,《华中师范大学学报》(人文社会科学版)2009年第3期。
[3] 陈雅丽:《城市社区服务供给体系及问题解析——以福利多元主义理论为视角》,《理论导刊》2010年第2期。

外，不少地方的农村小康社会建设目标、新农村建设目标、城乡一体化发展目标中都有农村社区服务发展方面的内容，有的还逐项对农村社区服务发展目标提出具体要求，农村社区服务活动可以据此进行。这就是说，鉴于中国农村和社区服务的复杂情境，并且广大农村地区正在有序推进小康社会建设、新农村建设、新型城镇化发展和城乡一体化发展中的社区服务活动，制定农村社区服务发展目标更需要谨慎。否则，不仅有将丰富的农村社区服务活动简单化、格式化的可能，遏制农村社区服务活动的创新，还有可能让农村社区服务发展目标与新农村建设、新型城镇化发展等目标脱节，造成农村社区服务发展与农村社会转型、城乡一体化发展的社会大背景不相称的现象。

这并不是说农村社区服务发展就不需要目标引导和规约，相反，有效的农村社区服务及其全面发展需要有清晰的目标指向。农村社区服务发展是长期的艰巨的系统工程，单一的目标指向很难涵盖不同社区和不同服务的全部内容。农村社区服务发展应该有多元目标指向，农村社会发展大趋势、农村社区建设中心任务、农村社区居民的服务需求等都影响农村社区服务的目标指向。

从农村社会发展趋势看，城乡一体化发展要求农村社区服务对接城市社区服务，与城市社区服务并轨。中国自城乡二元结构形成以来，农村在诸多方面都落后于城市。其中，农村社区服务由于缺乏国家财政投入和政府扶持，与城市社区服务差距更大。虽然改革开放后农村经济获得突飞猛进的发展，地方政府和农村集体组织有条件增加农村社区服务投入，大多数农村社区服务水平有了一定程度的提高，但相对城市社区而言，农村社区服务整体水平仍严重滞后，甚至在一些边远的农村社区，居民最基本的教育服务、医疗服务、养老服务都难以保证。农村社区服务数量少、质量低，直接表现为农村居民的生产劳动强度比城市居民大，生活水平比城市居民低，政府、社会、市场不能有效地为农村居民排忧解难，不能让他们拥有更美好、更快乐、更幸福的生活。低层次的社区服务还间接地掣肘新农村建设和新型城镇化发展进程，不仅使农村社区建设和村镇建设步履艰难，还加深了城乡间的沟壑，使农村社区和村镇建设任务更加艰巨。由此，无论是建设新农村，还是发展新型城镇化，除了要特别重视开展农村社区服务活动、建立健全农村社区服务体系，还要在促进农村社区服务工作中，自觉将现代社区服务理念与城乡一体化发展理念结合起来，在实践中要主动与城市社区服务水平看齐，并积极消弭城乡社区服务水平差距。值得肯定是，江苏省的一些地方政府正在推进农村社区服务与城市社区服务对接与水平并轨，如苏州太仓市针对农村地区农民储粮麻烦和农民希望能像城市人在市场购买粮食一样的愿望，在农村建立"粮食银行"，为农民提供粮食储藏、消费、销售服务；南京市政府为了尽快实现城乡保障服务一体化，采取"城市居民提高慢一点、农村居民提高快一点"的办法，力争实现大部分社区保障一体化；还有一些地方将城市公交、数字电视、通信、城管、垃圾管理、自来水、电力等服务延伸到农村，保证广大农村居民像城市居民一样，出门就能坐上公交车，在家就看数字电视和上网，并且垃圾处理、自来水和电器使用也实现与城市水平并轨。

从农村社区建设中心任务看，农村社区服务发展要促进农村社区建设。近年来，各地农村根据国家民政部建立"管理有序、服务完善、文明祥和的新型农村社区"的统一安排部署，不断完善农村社区基础服务设施，努力提高农村社区服务功能，日趋完善农村社区服务体系。尽管各地农村不同程度地开展了农村社区服务建设，尤其是随着政府权力再次下放，越来越多的农村基层政府在农村社区建立公共服务中心，[①] 为农村社区居民提供一站式、一条龙服务。毋庸置疑，农村社区服务建设及其发展不是孤立的社会建设行动，它已经并且还将一直依托于新农村建设和乡村振兴。新农村建设和农村和谐社会建设是新形势下农村社区建设的重要内容，经过一段时间的建设，农村社区整体面貌已经发生了翻天覆地的变化，道路交通、农田水利设施与水、电、通信、有线或数字电视等有形服务，以及社会保障、文化教育、卫生防疫、就业培训等无形服务水平都有了明显提高，农村居民的服务

---

① 吴业苗：《农村公共服务社区化与实现路径》，《中州学刊》2013年第6期。

需求不断得到满足。但农村社区服务发展与农村社区建设仍存在不协调现象，一些地方政府高度重视社区硬件建设，将有限的资金集中在社区的形象工程和面子工程上，而对社区居民迫切需要的生产和生活服务不够重视，致使社区服务发展滞后于社区建设。

实际上，农村社区服务发展与农村社区建设是相辅相成的，社区服务及其体系建设要围绕新农村建设和农村和谐社会建设进行。其一，要为生产提供服务。农村劳动力的大量流失、农村土地流转和规模化经营，导致农业劳动出现了新情况、新问题，需要政府、企业、社会团体、市场为农业生产提供产前、产中、产后服务。其二，要为生活富裕提供服务。国家一系列"支农、惠农、扶农、护农"政策贯彻落实以后，农民收入连续十多年快速增长，城乡居民人均收入差距逐步缩小，农民生活正在由温饱走向富裕。但城乡居民人均收入差距仍在3倍以上徘徊，消费还是以生存型消费为主，多数农民家庭购买力较低。农村社区需要进一步为农民就业、增收等提供服务，为全面建成小康社会提供服务。其三，要为乡风文明提供服务。乡风文明是社会主义新农村建设的重要组成部分，是社会主义精神文明赋予新农村建设的新内涵，然而，在现代化进程中一些农村的古朴民风正在加快消失，社会风貌、居民的思想观念、精神状态、文化素养等都出现了一定的问题，迷信、赌博、浪费、虐待老人等不良风气呈现一定程度的泛滥趋势。农村社区服务要着力促进农村社会风气好转，帮助居民树立好习俗、好习惯、好风尚，促进家庭更加和睦、邻里更加和气、生活更加文明、劳动更加勤奋、身心更加健康。其四，要为村容整洁提供服务。长期以来，农村社区环境与脏乱差相伴随，垃圾靠风吹、污水靠日晒的现象极其普遍，村容整洁难度非常大。农村社区服务要在村容整洁中发挥作用，可以开展规划服务、绿化美化村庄服务、改水改厨改厕改圈服务、垃圾收集与处理服务、改造旧村服务、拆除违章建筑服务等，进而保证农村社区环境整洁优美。其五，要为管理民主提供服务。管理民主是治理农村的重要手段，也是新农村建设的重要目标之一。自20世纪80年代实施村民自治制度以来，广大村民的自我管理、自我教育、自我服务能力大幅提高，农村社会管理与治理水平不断提高。新形势下，国家赋予农村社区管理全新的内容，更加突出对管理的服务功能，要求变管理为服务。如此，农村社区服务不仅要在进一步完善民主选举、民主决策、民主管理、民主监督中发挥作用，还要为农村社区探索网格化管理等新型管理、治理路径献计献策。

从农村社区服务发展的突出矛盾看，农村社区服务要在实践中认清其内在矛盾并努力予以化解。在某种意义上，农村社区服务之所以存在这样或那样的问题，主要是农村社区服务不同矛盾凝聚或激化而造成的，不能及时发现农村社区服务中存在的矛盾，不能全面认识矛盾性质和主要矛盾，不能采取正确方法对待和处理矛盾，不能有效地化解农村社区服务问题。当前农村社区服务的突出矛盾主要体现四个方面。

其一，农村居民不断提高的服务需求与供给不足之间的矛盾。现代农业发展和新农村建设的开展，农村社会正由保守型、封闭型向创新型、开放型转变，农业生产不仅要经营好承包地，满足家庭成员的基本生存需要，还要发展多种经营，不断提高家庭经济收入。并且，随着农村物质水平提高，农民日常生活也日渐社区化、社会化，生产技术服务、技能培训服务、就业指导服务、休闲娱乐服务、文化教育服务等方面的服务需求就会不断被居民提出来。然而，无论是经济发达地区的农村，还是经济欠发达的中西部农村，特别是在老少边穷地区农村，政府提供的公共服务、社会团体提供的公益服务和市场各类主体提供的经营服务都是有限的，难以有效地满足农村社区居民的各种服务需求。即使在经济相对发达的苏南地区农村，农村基层政府发展公共服务的力度比较大，每一个农村社区都有公共服务中心，医疗服务站、文化站、体育健康场所等比较齐全。但调查发现，这些地方仍有不少居民抱怨服务项目不全，责怪社区提供服务能力不强。

其二，农村社区服务结构不协调与结构升级之间的矛盾。农村社区服务结构在体系上有公共服务、公益服务、经营服务三个方面，而这三种服务在农村社区服务发展过程中是不平衡的。传统的农村社会中，公共服务、公益服务和经营服务都比较缺乏，农民日常的服务需求基本依靠地缘关系和血缘关系的邻里和亲戚帮忙。中华人民共和国成立后，这三种服务没有明显增多，组织化、集体化的农村居民生产生活都由社队统一安排，或由社队集体组织提供服务。改革开放后到21世纪初，由于农村市场经济有了一定程度的发展，农民越来越多的服务求助于市场主体，公共服务和公益服务不仅发展慢，甚至在一些经济落后地区，政府迫于财政压力，上收了部分公共权力，削弱了公共服务供给能力。至于农村社区的公益服务，由于农村社区社会组织和团体一直就少，大多数农民几乎得不到公益服务。新农村建设开展后，政府加大了农村社区公共服务发展力度，农村社区公共服务有了明显提高，但经营服务尤其是公益服务仍旧十分缺乏，如城市居民拥有的卫生保健服务、心理咨询服务等，农村社区就非常缺乏。市场提供的经营服务也主要体现为"赚钱"，居民迫切需要的家电维修服务、快递服务、机构养老服务等，多数农村社区严重不足。不仅如此，农村社区服务结构固化现象突出，地方政府和农村社区组织为农村社区居民提供的是"农民式"服务，没有与新型城镇化发展、城乡一体化发展对接。立足农村实际，按照农村境况提供服务，本无可厚非，或许更有针对性、有效性。但是，新型城镇化和城乡一体化进程中的农村社区，与城市社区理应为一个整体，不能因为地处农村，也不能因为居民是农民，就心安理得地按照城乡二元体制为农村社区居民提供差别服务。纵然农村社区居民有农村特色的服务需求，但提供服务的质量、水平必须与城市社区一样，唯如此，才能保障农村社区居民平等、公正地享受"国民待遇"。

其三，农村社区服务发展与经济发展不平衡、管理体制滞后之间的矛盾。这一矛盾包含客观和主观两个方面，其中，经济状况及其发展程度是农村社区服务发展的基础。经济发达或经济发展速度快的地区，农村社区服务体系建设相对完善，服务水平也较高；而管理能力及其体制对农村社区服务发展具有促进或阻碍作用，经济落后地区的农村社区服务不一定比经济发达地区差，只要政府重视农村社区服务发展，并且完善农村社区服务发展体制机制，经济落后地区的农村社区服务也可以大有作为，甚至完全可以赶上或超过经济发展速度快的农村地区。如此，一方面，发展农村社区服务必须毫不动摇地发展经济，不断壮大地方政府和社区的经济实力。与此同时，要兼顾社区服务发展，努力使经济发展水平与社区服务发展水平同步提高。发展农村社区服务，不仅能提高社区服务水平，满足居民不断增长的服务需求，而且社区服务对经济发展具有积极作用，能带动、促进经济更好、更快地发展。另一方面，发展农村社区服务，还要改进、完善管理体制机制。服务能力管理是服务供应链管理中重点和目标。① 地方政府"重经济—轻社区服务"的状况与地方政府"GDP主义"主导有着密切关系，但管理体制机制不完善也在一定程度上影响了农村社区的服务发展。长期以来，中国农村社区一直采取自上而下的强制管理体制，只将农村社区及其居民作为管理对象，而忽视了基层社区和广大居民的服务需求：要么对农村社区居民服务需求不管不问，任其"自产自销"；要么根据国家管理农村社会的需要，主观推进各种各样的建设，盲目实施社区服务项目，以至于政府服务行为错位、缺位和越位。建立健全农村社区服务管理体制机制，既要求政府加大财政对农村社区服务的支持力度，完善相关的法律法规与社会政策，还要促进政府的管理职能向服务职能转变，增强政府工作人员服务意识，提高行政服务能力，变管理为服务。并且，要改变服务的决策机制，采用自上而下和自下而上相结合的方式，合理安排服务内容，选择恰当的服务方式，将农村社区居民真正需要的服务发展好、管理好。

综上，农村社区服务发展目标指向在于推进城乡一体化发展、建设社会主义新农村和化解社区服务发展的突出矛盾。尽管这些不是农村社区服务内在目标，但有了这个目标指向，农村社区建设者就可以根据本社区的实际情况和地方经济社会发展需要制订社区服务的远期目标与近期目标、整体目标与阶段目标、基本目标与扩展目标。

第二节 农村社区服务发展的基本原则与主要抓手

农村社区服务的目标指向明确后，接下来需要关心的就是发展农村社区

---

① 付秋芳、赵淑雄：《基于多目标二层规划的服务供应链服务能力协同决策模型》，《中国管理科学》2012年第6期。

服务举措。虽然目标、方向至关重要，它描述了农村社区服务未来发展的蓝图和前行路径，但要有效地促进农村社区服务发展和健全农村社区服务体系，关键是要将农村社区服务发展目标落实到实际行动中。为保证农村社区服务能按照既定的目标指向发展，农村基层政府和社区建设者们一定要清楚农村社区服务发展的基本原则，并在此基础上根据新农村建设、新型城镇化发展、城乡一体化发展战略部署和农村社区居民的具体服务需求，确定发展农村社区服务的着力点。

一　农村社区服务发展基本原则

在农村社区服务及相关研究中，已有一些学者结合自己的研究需要提出了发展农村社区服务或建立农村社区服务体系的原则，如统筹兼顾原则、以人为本原则、参与性原则、主导性原则、节约性原则、因地制宜原则等。但总的来看，这些原则比较宽泛、笼统，缺乏操作性，并且多数研究"原则性"过强，就原则讨论原则，没有很好地在"原则"中体现社区服务的境遇、性质、目标，存在"虚"多"实"少的嫌疑。就学理而言，农村社区服务发展原则不仅要立足农村社区服务实践活动需要，更要积极回应国家发展战略，服从于农村社区服务目标指向。由此，无论是发展农村社区服务，还是建立健全农村社区服务体系，其基本原则要求如下。

1. 城乡社区服务一体化发展原则

城乡一体化是消弭城乡二元结构、实现城乡均等化的重要发展战略，它要求农村社区的服务设施、服务项目与城市社区全面对接或并轨。由此，无论农村社区建设实际境况如何，也无论这个社区的服务水平怎样，地方政府和社区建设者都要坚持城乡一体化发展理念，努力克服社区服务发展的不利因素，积极创造条件，促进农村社区服务与本地城镇社区服务一体化发展。城乡社区服务一体化发展原则，是对农村社区服务发展路向的基本要求。首先，农村社区服务要加快发展，在服务数量与质量上都要超过本地区的城镇社区，否则农村社区服务不可能与城镇社区看齐，农村社区居民也难以享有与城镇社区居民均等化的服务。其次,中国城乡经济社会发展存在巨大差距,试图让农村社区服务单方面突破城乡沟壑是不现实的。况且,农村社区服务嵌入地方经济社会发展中,城乡社区服务一体化发展要与城乡经济社会发展一体化同步。再次,城乡社区服务发展一体化是一个长期过程,并非要求立即实现一体化,它需要经过若干年艰苦卓绝的实践;也并非每一项目服务都要一体化,要允许不同服务项目发展有先后次序之别,不能采取强制手段,要求每一项服务同步一体化。同时,要正确对待城乡社区特色服务,城乡居民有不同的服务需求,服务的供给不可能完全一样,不能追求"凡是城市社区有的服务,也要求农村社区有"。如果这样做,势必造成服务资源的严重浪费。最后,中国不同地区的农村社区服务发展水平存在较大差距,城郊或发达地区的农村社区服务水平已经接近城市社区服务水平,但中西部尤其边远地区农村社区服务尚处于起步阶段。这些地区经济发展落后,社区服务发展缺乏后劲,因此,在重视城乡社区服务一体化发展的同时还要关注区域一体化发展,防止出现城乡社区服务实现了一体化,而地区间农村社区服务发展差距增大的现象。

2. 农村社区服务人本化发展原则

人本化原则,即为农村社区服务发展要坚持以人为本的原则。传承与发扬中国传统文化中的"民为贵,社稷次之"(《孟子·尽心下》)、"民可近,不可下"(《尚书·虞夏书·五子之歌》)的"民本"思想,要求农村基层政府在发展农村社区服务和建设农村社区服务体系中要坚持以人为本的执政理念,"以人为前提、以人为核心、以人为尺度、以人为归宿",想人之所想、急人之所急。农村社区服务内容繁杂,涉及农村社区建设与居民生活的方方面面,不仅服务工作难度大、任务重,而且居民的社区服务需求不断提高,并充满着无限期待。坚持以人为本原则发展农村社区服务,一要树立正确的民生观,"关注民生、重视民生、保障民生、改善民生",多谋民生之利,多解民生之忧;二要解决好居民最关心、最直接、最现实的利益问题,为居民"学有所教、劳有所得、病有所医、老有所养、住有所居"提供服务;三要促进服务资源更多地向民生领域倾斜,把农村社区中与居民生产生活密切相关的道路、水电、卫生、教育、休闲、消费等服务设施建设好，切实提高农村居民的生活水平和生活品质；四要创新农村社区服务管理体制，自觉让居民参与社区服务，保障他们广泛享有服务的知情权、参与权、管理权、监督权，维护他们的服务权利。

3. 农村社区服务个性化发展原则

中国农村社区情况错综复杂，社区服务的基础设施、服务对象、参与主体、工作方法等也不尽相同，其发展必须坚持个性化原则。农村社区服务个性化发展原则要求农村社区服务发展要做到以下三个方面。第一，根据社区居民需要提供适当服务。由于农村生产生活条件比城市落后，居民在生产生活中遇到的困难与问题比城市居民多，对社区服务的要求更多。然而，政府供给的公共服务重点一直在城市，加上农村市场不发达、社会团体少，经营性服务和公益性服务都明显不足，社区服务供需矛盾突出。如今，城乡发展一体化进程不断加快，农村社区的公共服务、经营服务、公益服务逐渐增多，但农村社区"服务过剩"与"服务缺乏"并存，亟待根据居民需要供给服务，以杜绝盲目上服务项目，避免服务资源浪费。第二，慎重对待典型模式。一些地方在农村社区服务实践活动中探索、积累了诸多宝贵经验，也相应地形成了典型的、成功的模式。农村社区服务发展无疑可以吸收、借鉴这些成功经验，但一定不能照搬照套，以免在农村社区服务的建设活动中犯经验主义、教条主义错误。一些模式是在特定地域形成的，其他地区难以模仿。再者，越是经典的模式，越难以模仿。每一个农村社区都需要根据本社区实际情况探究适合本社区的行之有效的服务模式。第三，重视与城市社区服务对接。强调农村社区服务立足社区特性，因地制宜地发展，但并不是说农村社区服务发展水平与城市的差距可以继续存在，更不意味着农村社区服务不要与城市社区服务对接。发展农村社区服务，不能过分强调自身特殊性，或以本社区服务水平与城市社区差距大为借口，放弃加快发展。如此，不仅不利于提高农村社区居民的服务水平，改善他们的生产生活环境，而且与城市一体化发展趋势相悖，不利于消弭城乡社区服务水平差距。

4. 农村社区服务多元化发展原则

中国农村社区服务供给主体一直是多元的，但一般以某一个主体为主，其他主体的服务供给能力微弱。20世纪，农村社区服务主要供给主体是农村社会成员和农村集体组织，即通过农村社会成员摊派、集资或通过社队集体力量、政府附属事业单位向农村社区居民提供低层次、有限的服务。21世纪以来，城乡一体化实施，尤其是新农村建设开展后，国家不断加大公共服务向农村社区输送力度，政府逐渐成为农村社区服务最主要供给主体。这种以某一主体承担主要供给责任的体制有利也有弊：利在于服务供给的责任主体明确，居民知道向谁要服务；弊在于主要责任主体往往力不从心，没有办法为居民提供全面的、高水平的服务，并且无法与其他供给主体进行协调、配合。农村社区服务"一主多元"的服务供给模式需要改进，要提升多元合作能力。一方面，克服、纠正农村社区服务供给主体的单一化问题。单一依靠农村社区内生力量和政府力量供给服务都可能带来低效服务问题，即难以充分利用政府资源、社会资源、市场资源，导致社区服务出现政府失灵、社会失灵、市场失灵的情况。另一方面，打破政府垄断社区服务的局面，大力推进农村社区服务市场化、民营化，要"更多依靠民间机构、更少依靠政府来满足公众的需求"[①]。当前，由于农村社区成员流动加速，不少农村出现过疏化、空心化，越来越多农民对农村社区建设和社区服务发展缺乏信心。但是新农村建设是政府的刚性任务，一些地方政府不得不披挂上阵，亲自进行农村社区服务工作。这既存在政府供给社区服务越位、错位的隐患，又可能造成社会服务、市场服务闲置。

5. 农村社区服务普惠化发展原则

中国的农村社区服务最初主要针对生活困难人群开展工作，即由基层政府及其民政部门向社区贫困群体或弱势群体提供社会福利性服务。进入21世纪后，北京等一些地方政府陆续提出"大民政"理念，强调社区服务的"普惠性"，不仅重视社区中老、弱、病、残和其他困难群体，强化对民政

---

① 〔美〕E. S. 萨瓦斯：《民营化与公私部门的伙伴关系》，中国人民大学出版社，2003，第6页。

服务对象的社会救助和保障服务,而且强调在此基础上拓展社区服务覆盖面,将全体社区成员列为社区服务对象,并且社区里的企业、组织机构和社会团体也成为社区服务对象。第一,社区服务的普惠化发展是社区服务功能进一步完善的表现。在农村社区服务发展的初期阶段,由于服务机构、服务人员、服务能力都有限,选择服务对象并为其提供针对性服务,有助于发挥社区服务的最大功能,解决最困难人群的最迫切需要的服务问题。但随着新农村建设逐步深入,农村社区服务功能和服务水平得到大幅提高,有能力为更多人群提供服务。第二,转型升级中的农村社区居民都需要服务支持。在农业生产日趋规模化、现代化和农村生活日渐城镇化的过程中,农村社区共同体不断弱化,正在沦为"脱域的共同体",熟人社会的人际关系正在被"互不相关的邻里"取代,居民的生产生活困难越来越多、越来越棘手,渴望社区公共服务、市场服务和公益服务为他们排忧解难。第三,发展普惠性社区服务对发展农村第三产业和拉动地方发展具有积极意义。农村社区居民的家庭生活社会化趋势日趋增强,老人养老、小孩教育、病人照顾、红白喜事操办等都日趋社会化,发展农村第三产业、建立健全农村社区服务体系,不仅能满足农村居民不断增长的服务需求,而且能拉动农村消费,促进地方经济发展。当然,农村社区服务的这种以弱势群体为导向转变为以全体居民为导向,是社区服务的纵向功能整合,这种农村社区服务依然是单向度的。① 农村社区服务普惠化发展还需要提高社区服务的横向整合能力,要摒弃政府与市场对社区的"殖民",充分发挥调动社区内生资源和服务的能力,让更多人群、企业、团体参与社区服务,并为更多的人群提供服务。

二 发展农村社区服务的着力点

1. 促进政府公共服务下乡,发挥政府在农村社区服务中的"带头"作用

长期以来,政府在农村社会的存在主要是为了管制农村社会,保证国家意志在农村社会全面贯彻和落实,而不是为农村居民提供公共服务。城乡发

---

① 陈建胜、毛丹:《论社区服务的公民导向》,《浙江社会科学》2013年第5期。

展一体化战略实施和"服务型"政府建设,都要求政府改变传统的社会治理观念,强化政府公共服务职能。由此,新形势下政府从事农村社会治理活动,不能再像过去那样将自己置于农村社会之外,高高在上地下命令,需要以身作则,主动参与农村社区服务活动。由于政府"强大的权威能够保证政府在绝大多数情况下比任何个人或者团体更有能力",[1] 政府公共服务进社区,并在农村社区建立便民服务中心和社区便民服务站,能更有效地提高农村社区的党务、计生、教育、医疗救助、低保、劳动保障和就业、信访调解以及社会保险等服务水平。当下,政府可以选择两种方式将公共服务送到农村社区。一是在有一定规模的农村社区建立综合服务中心,包括邻里服务站、医疗服务站、养老服务站等,为农村社区居民集中提供服务;二是采用"服务代理"方式为分散且村庄人口少的居民提供服务。

政府成为农村社区服务主要提供者,这是政府对过去不管不问农村社区服务行为的纠正,是政府职能转变的表现,是有效促进城乡社区服务对接的重要举措,有助于农村社区居民分享改革开放和经济发展成果。但是,一些地方政府在农村社区服务中心或服务站建设中追大求全,存在包办农村社区服务倾向,如德阳市政府规定农村便民服务中心要向居民提供76项基本的社区服务事项,便民服务站提供便民服务中心向社区延伸的35项基本服务职能[2]。政府大包大揽农村社区服务肯定要出问题,最突出的是政府在农村社区服务供给中角色混乱,即政府既是掌舵者又是划船者,政府已经做了并且正在做许多吃力不讨好的事情。虽然一些地方政府包办农村社区服务处于无奈——多数农村社区邻里、亲戚间的互助服务减少,志愿服务和社团组织的服务又没有培养起来,而市场服务在农村又十分薄弱,政府要想在短期内提高农村社区服务水平,就只能赤膊上阵。如此,政府不仅做了许多不该自己做的事情,还有可能重蹈西方福利国家高财政负担的覆辙,进而给经济发展造成不利影响。鉴于此,依照新公共管理理论和新公共服

---

[1] R. S. Downie, *Government Action and Morality* (London: Macmillan, 1964), P73.
[2] 张欢、蔡永芳、胡静:《社区服务创新的制度性障碍及体制挑战——以德阳市×社区服务站为例》,《四川大学学报》(哲学社会科学版)2013年第2期,第103~111页。

务理论，政府在农村社区服务中应该是"带头大哥"，一方面利用自己行政地位，带领社会力量、市场力量参与农村社区服务，另一方面要通过政府购买服务、外包服务等方式，加大农村社区服务间接供应，以提高农村社区服务水平。

2. 客观看待服务主体的不足，协调推进多元合作服务

由多元供给主体为农村社区提供服务，客观上有助于推动农村社区服务全面发展，但当前农村社区服务主体在服务供给中都存在诸多不足。第一，民间互助服务显著减少。不少农村社区在城市化冲击下变得萧条、破败，居民原子化现象严重，邻里和亲戚提供的服务日趋式微，村庄里的互帮互助大幅减少，甚至有些地方的死者安葬类大事也几乎无人帮忙。一些丧户要么不办祭拜仪式，静悄悄地安葬死者，要么花钱请专业丧葬服务人员，让他们代办丧事。第二，市场服务逐利性更明显。市场服务具有强烈的谋利特征，它们选择性地介入农村社区服务领域。有利可图的服务，市场会不择手段地深度介入，以掠夺更多的利润，而农民真正需要且利润少的服务项目，如农村金融服务、农产品销售服务，以及化解农业生产高风险需要的保险服务等都不太愿意参与。第三，政府及其事业单位服务"寻租"严重。一些地方政府出于财政压力，借口机构改革，将事业单位简单地推向社会、市场，以至于事业单位不得不利用政府招牌公然谋取部门经济利益。这表现在两个方面：一方面，一些事业单位仍旧是政府的附属机构，将自己看作管理部门，不愿意"放下身价"，与其他社会团体、市场主体一道为农村社区和居民提供服务；另一方面，一些事业单位打着政府名号，以行政手段瓜分自己的势力范围，然后以市场手段谋取部门不当利益。

采取多元化方式供给社区服务是充分调动农村社会服务资源、提高农村社区服务水平的有效途径。农村社区服务需要多元主体开展合作，不能因为供给主体在服务供给中存在一些问题，就轻易地限制它发展。首先，打造农村社区利益共同体，让每一个参与主体"有利可图"。传统农村社区是农村居民生产生活的共同体，因为它与每一个居民息息相关，多数居民在"它好我也好"的逻辑下主动为维护村庄共同体尽一份心、献一份力。然而，

随着村庄居民不断流出，村庄共同体的凝聚力和服务功能日渐式微，不仅村民对村庄共同体没有信心，不愿意做没有"回报"的事情，而且政府、市场和社会组织也对农村社区共同体心灰意冷，不愿意"亏本赚吆喝"。这恰如亨廷顿所说，在一个缺乏共同体感的社会里，"每个领袖、每个个人、每个集团皆在追逐或被看作是在追逐自己眼前的物质目标，而置更为广泛的公益于不顾"。① 如此，为了使政府、市场和社会组织真心实意地为参与农村社区服务建设，有必要重建农村社区共同体。唯有农村社区共同体稳定、有发展前途，多元供给主体才会在长期利益与眼前利益的博弈中做出理性选择，愿意为农村社区服务承担"义务"。其次，完善多元合作服务体制。农村社区多元主体合作供给服务是一项复杂的工作，需要有完善的体制机制予以保障。一方面，在利益实现上要尊重多元主体合理权益，赋予它们平等参与农村社区服务的权利，鼓励不同服务主体积极参与农村社区服务活动，并切实保障其正当利益；另一方面，在运行手段上政府要管好自己的"手"，不能因为农村社区服务是新农村建设的重要内容，就肆意干涉社区具体服务活动，也不能因为自己是"带头大哥"，就违背市场运行规则，不顾"小弟"的利益需求，威逼它们参与农村社区服务活动。

3. 坚持均等化发展理念，推进农村社区服务协调发展

社区服务均等化发展包括城乡社区服务均等发展和不同农村地区的社区服务协调发展，因此，发展农村社区服务不仅要消弭城乡社区服务发展不均衡，还要重视缩小不同地区农村社区服务发展水平的差距。

首先，各级政府要按照城乡发展一体化理念促进农村社区服务发展。城乡发展一体化是化解我国城乡二元经济社会结构的重要战略举措，它的实施要求各级政府彻底改变重城市社区、轻农村社区的发展观念，将公共事业发展重点转移到农村，进而保障农村社区居民能平等、公正地享有与城镇居民一样的服务权益。虽然我国城乡经济社会发展水平差距大，农村落后的经济

---

① 〔美〕亨廷顿：《变化社会中的政治秩序》，王冠华等译，上海人民出版社，2008，第24页。

发展会制约农村社区服务发展,但农村社区服务发展具有一定的独立性,并非经济落后就不能发展社区服务,农村社区服务可以在政府支持下优先发展。优先发展农村社区服务,不仅可以保障农村社区居民真正享有与城市居民均等的服务权益,而且具有拉动内需功能,促进农村经济快速发展,进而使城乡社会经济协调运行。

其次,调整农村空间结构,努力建设好农村社区服务中心。我国经济发达地区农村、经济欠发达和落后的农村社区服务水平差异大,而且各地农民居住的分散与集中程度也有较大差别,企图通过国家加大农村社区建设以同步提高所有农村社区服务水平是不现实的。鉴于此,地方政府需要根据本地农村实际情况发展社区服务。第一,政府重点扶持中心社区服务建设,着力提升中心社区服务水平,从而在保障社区居民获得较高水平的服务同时,吸引更多的分散居民向中心社区转移;第二,在现有农村居住社区空间不做大调整的前提下,选择一个居中社区作为建设重点,形成如山东诸城市农村的2公里服务圈,为周边社区居民提供较方便的服务;第三,在山区和一些边远农村地区,对农民集中居住难度大、中心社区的服务也难以覆盖的村落社区,政府可以选择代理服务方式,将村民的服务需求集中起来,并集中代替村民办理。总的来说,由于我国农村地区差异大,社区服务状况复杂,不能借口农村情况复杂,就推脱政府发展农村社区服务和提高服务水平的责任;不能不顾农村社区服务建设的艰巨性,期望所有的农村社区服务水平都能快速提高,并能与城市社区服务处于同一水平;也不能按照一个模式在不同的农村地区推行社区服务,否则,政府将不堪重负,还会造成资源的严重浪费。强调城乡社区服务、不同农村地区的社区服务一体化发展,绝不是城乡、不同农村地区的社区服务一样发展,城乡社区服务一体化侧重于按照平等、公平、公正的理念对待社区服务建设,追求的是无论是居住在城市还是农村,无论是居住在经济发达还是欠发达或落后的农村社区,居民都能享有均等化社区服务。

4. 优化服务体系,提高农村社区综合服务能力

在农村社区服务体系建设上,不少学者和地方政府官员都将建立健全服

务体系作为发展农村社区服务的目标，并为此进行理论讨论和实践探索。完善的社区服务体系能满足居民的诸多服务需求，对提高农村社区居民服务水平非常重要，但农村社区服务体系建设不可能有统一的模式，这是由于中国农村社区除拆迁安置社区、中心社区外，多数社区规模不大，人口一般在几十人至几百人，上千或更多人口聚集在一起的社区少；中国地域广阔，不同地区的生产条件差异大，农业生产各有侧重，有的以水稻种植为主，有的以小麦种植为主，经济作物和养殖业差别更大；中国不同地区经济社会发展水平差距大，城郊农村社区、远郊农村社区和偏远农村社区的建设情况、居民流动情况、城镇化发展情况等都不尽相同。如此，农村社区服务体系建设不能脱离社区居民的实际需要，不能不计服务成本，贪大求全。那种期望能满足所有居民所有服务需求的服务体系建设是不现实的，也是农村社区服务资源一种浪费。农村社区服务体系建设的重点是优化服务结构，要在全面了解居民服务需求和评估的基础上，选择性地发展服务项目。

　　选择性地发展服务是有效提高农村社区综合服务能力的重要举措。社区居民的服务需求需要重视，服务困难和问题也需要解决，但社区服务能力不等于有服务，更多体现在服务质量和服务效率上。当下一些地方政府在新农村建设和社区服务发展中没有注意农村社区发展未来走向和居民不断流出村庄"疏化"的现实，盲目投资建设社区服务中心和服务站，追求提供"一站式""一条龙"服务。从表面上看，农村社区服务有场地、有设施、有工作人员、有门类齐全的服务，服务体系比较健全，但这类社区服务能力不一定高，如一些社区服务中心有图书室、电脑室、心理咨询室，但由于社区居民有更好的方式获取这类服务，进而使这些服务成为摆设，其能力可想而知。此外，农村社区综合能力的提高不能局限于某一社区内部，地方政府在农村社区服务供给上要有大社区、大服务概念。譬如，村庄服务不是十全十美的，不能满足每一个村民个性服务需求，但只要村庄服务环境好，如有方便的交通，村民完全可以到乡镇社区服务中心或县市级服务中心寻求服务。虽然村民不少服务来自乡镇或县市服务中心，但这些服务与村庄服务相互衔接、补充，与村庄社区服务形成一体化，能方便、快捷地为村民提供高水平的服务，它代表农村社区综合服务能力水平。随着农村社区网络普及与发展，像卫生部门为村民看病提供的远程诊治服务、农技部门为农业生产提供远程技术指导服务等，都是农村社区服务空间的拓展，能极大地提高农村社区的综合服务能力。

第二章
农村社区服务的样式与模式

不同社会形态下农村社区服务的样式不尽相同。在传统农村社会里,农村社区的公共服务非常稀缺,居民的生产、生活服务更多来自市场购买、亲戚帮扶和邻里互助;在合作化和人民公社时期,"政社合一"的管理体制将农村社区高度集体化,只能由社队集体组织为农民提供服务;而在"后人民公社"时期,农村社会去集体化、去组织化,传统农村的互助、合作服务快速复活,市场服务和公共服务也相继登场,农村社区服务日趋多元化。如今,农村社区处于转型、升级中,其服务除了要按照城乡一体化发展要求与城市社区服务对接,还需要发挥政府的主体作用,着力化解农村社会的一些棘手问题。并且,在不同的历史时期拥有不同的服务内容和服务模式。自20世纪二三十年代乡村建设以来,中国农村社区服务在乡村建设运动时期、集体化时期和改革开放后形成了合作社与教育共同驱动的服务模式、先生产后生活的服务模式和公共服务下乡的三大模式。这些社区服务模式所提供的服务内容有较大差别,其中蕴含着政府力量与社会力量的博弈。不过,单靠某一个力量强大不一定就有高效的社区服务,只有"强政府"、"强社会"与"强市场"联手,打造多元合作的服务模式,才能为农村社区居民提供既好又多的公共服务、公益服务和经营服务。

第一节 农村社会转型与社区服务样式的流变

随着新农村建设、新型城镇化和城乡一体化战略的实施,国家将公共事业发展重点转移到农村,并加大对农村公共服务的供给力度,农村社区的服务水平和服务质量有了显著提高。但是,我国农村社区服务的变化、升级与城乡一体化发展要求还有较大差距,一些传统的农村社区服务方式正在不断流失,而迎合农民需求的新型社区服务尚在实践探索中。如此,为更好、更快地促进农村社区服务发展,也为形塑能与城市社区对接或并轨的新型农村社区服务样式,有必要检视农村社区服务样式流变中的"既往"经验。

一 农村社区服务研究与问题提出

自2006年党的十六届六中全会提出"积极推进农村社区建设"以来,各级政府在新农村建设中大力推进村改社区/居工程,农村社区服务也由此获得较快发展,而相关的理论研究比较滞后,难以为农村社区服务的实践活动提供有效的理论指导。客观地说,尽管我国农村社区服务的研究日渐增多,并且已经积累了不少有价值的理论成果,但多数研究选择以静态方式阐述农村社区服务的性质、内容等,局限于一些常态化问题讨论,这表现在如下三个方面。

其一,根据研究主题需要,从不同角度阐释农村社区公共服务概念。吕微和唐伟立足社区公共服务内容,认为农村社区公共服务是"满足农村社区范围内的农业生产、农村发展和农民生活共同需要,为农村居民公众利益服务的事务";[1] 田华着眼于公共服务性质,指出农村社区公共服务是"由政府和社区共同提供的,满足社区居民生产生活需求的公共物品,具有无偿性和准无偿性"。[2] 学者们在社区农村公共服务的概念阐释上见仁见智,有助于学界更准确地界定农村社区服务的内涵,对全面把握农村社区服务范畴有一定的学理意义。但这些概念的阐释大同小异,都强调了农村社区公共服务的非排他性、非竞争性(公用性)、福利性、非营利性和社区性等特性[3]。

---

[1] 吕微、唐伟:《农村公共服务体系建设的现状与对策建议》,《中国行政管理》2009年第7期。
[2] 田华:《农村社区公共服务:供给方式与责任归属》,《广西社会科学》2006年第11期。
[3] 杨贵华:《社区公共服务发展与专业社会工作的介入》,《东南学术》2011年第1期。

其二，阐述社区公共服务类别，探讨农村社区公共服务体系的建构。早在2002年，杨团就曾从两个角度对社区公共服务进行分类，一是从是否依赖市场机制以及是否独占服务权的角度，将社区公共服务划分为"自治型"服务、"保护型"服务、"专业型"服务以及"运营型"服务四大类型；二是从社区服务供给的内源主体和外源主体角度，将社区公共服务划分为"现代社会为了社区的需要而提供的社会公共服务，以及社区本身为满足自己的需求自己安排的共有服务"。[①] 此后，有一些学者将农村社区公共服务分类与农村社区公共服务体系建构结合在一起，提出了建构农村社区公共服务体系的多个设想：有学者设想从公共福利服务、公共卫生服务、公共文体服务、公共教育服务、公共安全服务五个方面建构农村社区公共服务体系；[②] 更多的学者对农村社区公共服务进行更详细、更具体的划分，认为农村社区公共服务体系包括社会保障服务、社会福利服务、社区慈善服务、便民利民服务、社会平安服务、文体教育服务、环境卫生服务、经济发展服务、开展就业服务、为民代理服务、计生服务，以及农病预防、医疗、保健、康复健康教育和计划生育技术服务等方面。

其三，针对农村社区公共服务存在的问题提出解决办法。这方面研究一般将研究价值建立在对实践问题的新发现上，从对现实中某一现象或问题就事论事的解读出发，提出促进农村社区公共服务发展的新举措、新策略。韩鹏云、刘祖云和李勇华等人在实地调研的基础上，根据政府公共服务下乡的趋势需要，提出公共服务下农村社区的"农事村办"模式，[③] 以及设立"社区联合党委"或"社区管理委员会"承办政府公共服务的模式；[④] 卢芳霞将社会管理研究中的"扁平化""网络化"管理经验运用于农村社区公共服务研究中，结合浙江省枫桥镇完善农村社区公共服务供给机制的实践，提出通

---

① 杨团:《社区公共服务论析》，华夏出版社，2002，第21页。
② 吴卫平:《创新公共服务模式，推进农村社区建设》，《乡镇论坛》2009年第6期。
③ 韩鹏云、刘祖云:《农村社区公共服务下乡：进路、逻辑及推进路径——基于广西百色市"农事村办"的考察》，《广西社会科学》2012年第3期。
④ 李勇华:《公共服务下沉背景下农村社区管理体制创新模式比较研究——来自浙江的调研报告》，《中州学刊》2009年第6期。

过"一网式"服务,实现条条与块块之间无缝对接的"组团式服务"模式;① 还有一些学者针对农村社区公共服务供给中的政府与市场失灵现象,提出推行农村公共服务社区化,② 以及内源式的农村公共服务社区化模式和外源式的农村公共服务社区化模式。③

虽然以上这些研究不乏具体、全面,问题指向也较明确,但它们基本上都是在农村社区公共服务的主题下指涉社区服务。也就是说,这些研究提及的"共有服务"以及"非排他性、非竞争性和福利性"服务,都是社区的"公共服务",而不仅仅是社区服务。严格意义上说,农村社区服务是指农村社区中的组织或成员实施的公共性、交易性、互助性的社会服务,包括基本公共服务、市场化服务、志愿和互助服务等。农村社区服务不同于农村社区公共服务,研究和实践中都不能模糊二者区别,更不能以社区公共服务代替农村社区服务。

学者们之所以在研究中不太重视社区公共服务与社区服务的区别,或将社区公共服务代替社区服务,一是受西方的新公共管理和新公共服务理论影响,以强调政府在农村社区服务中的公共责任,凸显公共服务在社区建设和社区服务中的作用;二是我国农村公共服务严重缺乏,农村社区建设、城乡一体化发展更需要大力发展农村社区公共服务;三是虽然社区服务包括公共服务、社会服务、市场服务等,但公共服务的多元化也要求社会包括社会组织和社会团体、市场等主体发挥作用,这导致部分学者认为区别社区公共服务与社区服务的意义不是很大。笔者认为,农村社区服务由来已久,而且颇有特色,它维系了农村社会稳定,促进了农村社区功能的正常运行,而农村社区公共服务一直微弱。虽然近年来农村社区的公共服务有所发展,但农村社区建设不能由此否定社区互助服务、邻里照顾等,更不要指望政府能包办农村社区的所有服务。否则,不仅将加大政府的财政负担,还有可能因政府

---

① 卢芳霞:《组团式服务:农村社区公共服务供给机制创新——基于枫桥镇的实证研究》,《浙江社会科学》2011年第6期。
② 贾先文、黄正泉:《两极失范与农村公共服务的社区化》,《现代经济探讨》2010年第2期。
③ 杨丽:《农村内源式与外源式发展的路径比较与评价》,《上海经济研究》2009年第7期。

公共服务供给与管理不到位，而削弱或毁掉农村社区服务。

再者，现有的研究几乎没有关注农村社区服务发展中的流变，更没有注意到社区服务的演进脉络和变化趋势。刘继同将社区公共服务的相关研究归纳为"设施网络说""两翼起飞说""三元整合说""四轮驱动说"，[①] 尽管其内容很全面，但也没有涉及社区公共服务样式的历时性变化。其实，传统农村的家族社会、改革前的社队社会、改革后的家庭社会都有相对应的社区服务样式，虽然它们存在诸多不足，但不可否认，不同农村社会形态下的社区服务具有各自的特色，都曾在一定程度上为农村居民提供了有效服务，其中的一些经验值得传承与弘扬。农村社区服务历时性变化与递进，关系到农村社区服务的方式演变、时代适应性和社会价值，而城乡一体化进程中的农村社区服务建设，也需要辩证地对待以往的农村社区服务。发展农村社区服务，既需要吸收、借鉴西方国家和我国城市的社区服务经验，也需要扬弃我国农村既往的社区服务经验，将家族社会、社队社会、家庭社会中的一些社区服务方式移植到新型农村社区服务的建设实践中，进而更好、更有效地为农村居民提供优质服务。由此，本研究确定的核心概念为农村社区服务，在此基础上，首先阐述和分析传统家族社会、改革前社队社会和改革后家庭社会的农村社区服务样式流变情况及其价值，继而探究城乡一体化发展过程中农村社区服务样式的走向。

二 传统家族社会形态下村落社区自发式服务

中国传统农村社会是典型的家族社会，代表国家权力的皇权止于县级，而乡下社会运行及其秩序维护主要依靠家族力量和乡绅。如此，以国家权力为供给主体的公共服务在农村社会非常稀缺，村落社区的生产和生活服务更多来自市场购买、亲戚帮扶和邻里互助等。

在传统农村社会中，村落社区生产的服务部分来自市场购买，其主要形

---

① 刘继同：《中国城市社区实务模式研究——二十年来的发展脉络与理论框架》，《学术论坛》2003年第4期。

式是雇工。一般观点认为，雇工主要发生在地主、富农与贫雇农之间，农村地主阶级和富农阶级通过掠夺手段强迫穷人为他们劳动，反映的是两大对立阶级剥削与被剥削的关系。随着阶级斗争范式的淡化，学界对传统农村社会雇工关系的认识渐趋理性，认为雇工体现的是经济交换关系，纯粹为农民生产合作的经济行为；尽管存在雇主剥削雇工、雇主在生活上虐待雇工、雇主限制雇工自由等现象，但这些主要是雇主各自良心以及雇主与雇工之间个人相处的感情问题。事实上，传统村落社区发生雇工服务的原因有以下几个方面。雇主家田地多，而劳动力少，需要经常雇长工和短工；雇主家田地不是很多，多数农活靠自家的劳动力干，只在农忙农活多时雇工帮忙；雇主家田地不多，而劳动力或少，或弱，或遇上生病等，需要通过市场手段雇工。照此来看，村落社区发生的雇佣关系，并非全部发生在富人与穷人间，普通的小农因生产需要，也有使用雇工的。一般家庭的农民，既有出卖劳动力的经历，也有因家庭生产需要而雇工的。

此外，由于我国幅员广阔，农作物成熟季节不一样，每到农忙季节还有一些来自外乡的"稻客""麦客"为其提供割稻、割麦服务。这些"稻客"和"麦客"，有的把自家庄稼先收了，再到外地寻找农活；有的先在外地做"稻客""麦客"，再回家干农活；有的干脆将自家的田地租给别人耕种，自己常年在外流动，为需要劳动力的农户提供有偿服务。

传统村落社区的农户除了从市场上获取生产服务，农户间互助服务更为普遍。这类服务可分为有组织的团体服务和无组织的合作服务或互换服务。村落社区中有组织的团体服务，有的带有"雇佣性质"，如关中地区"唐将班子"提供的纯粹卖工服务，即由10~40个青壮年组成打工群体，在地广人稀、劳动力缺乏、雇工困难的地区从事开荒、锄草、收麦等事务；[1] 有的如华北农民自发组织的"青苗会"，在麦子快成熟时为农户提供看麦、护麦服务。

"青苗会"是麦产区农民自发形成的较典型的民间服务组织，最初产生

---

[1] 叶扬兵：《中国农业合作社运动研究》，知识出版社，2006，第45页。

在一些盗窃麦子现象严重的地方。一些村民感觉自己看青既费时，又没有更好的办法对付村中光棍、无赖等穷极之人的偷盗，于是便合伙出钱，雇村中光棍、无赖看青。如此，不仅村庄中光棍、无赖因为有一定报酬以维持生计而不再偷盗，或减少偷盗，而且可以借助他们的"无畏"精神，对付其他偷盗人。在盗窃麦子严重的村庄，仅靠光棍、无赖看青无济于事，村民为有效地保护庄稼，请求族长、地保、富绅领头，组织全村规模的青苗会。青苗会派若干人轮流看守青苗，当麦子成熟时，增加巡视次数，甚至个别地方还为巡视人配发红缨枪、土枪、马枪和快枪。由于有富绅、族长领头组织，一些地方的青苗会还参与村庄公共服务活动，组织谢秋戏、唱龙王戏、唱河神戏、唱药王戏；参与村庄各种娱乐会，如小车会、高跷会、打鼓会、花会、狮子会、五虎会；兴建公共设施，如在村庄中修筑道路、建筑桥梁、疏通沟渠、修庙塑像、栽种树木、设立义冢等，青苗会都在其中发挥作用。[①] 在华北一些地方，青苗会俨然成为农村社区有组织的从事公共事业活动和公共服务的复杂组织。

相对传统村落社区有组织的团体服务，无组织的合作服务或互换服务更为普遍、频仍。合作服务和互换服务分为人工合作、畜力合作、农具合作以及人力、畜力和农具合伙等形式。人工合作服务，各地的叫法不同，有换工、变工、调工、打伙、帮伙等，一般在农作物耕种或收获时节发生，主要通过你帮我、我帮你的互助方式进行生产合作。畜力合作服务有南北差异：南方农户田亩少，且水田耕作需要耕牛，但一户饲养一头牛成本高，一般选择几户合伙饲养和共同使用耕牛；而北方土地多，每户人家几乎有一头小耕畜，但旱地耕种需要两头以上耕畜合拉，一般选择几个农户合伙使用耕畜。农户间的农具合作服务在村落社区经常发生，一是做农活需要大量农具，虽然一般人家都备齐镰刀、锄头等小农具，但数量有限，普遍不够使用，需要彼此借用；二是做农活需要的水车等大农具，制作成本高，且使用频率低，农户一般选择合伙制作，或需要时向大农户租借。人力、畜力和农具合伙服

---

① 郑起东：《转型期的华北农村社会》，上海书店出版社，2004，第100~107页。

务是一种交叉互换服务的方式,如缺乏重体力劳动力的农户,或没有耕地、撒种等技能的农户,需要用劳动力换取劳动力,或用畜力、农具等换所需要的劳动力,需要畜力或农具的农户也可以用劳动力换取自己需要的服务。当然,村落社区的这类服务并非都按照交换方式进行,村庄中鳏寡孤独家庭,没有劳动力、畜力和农具用来交换的经济特别困难家庭,他们既拿不出钱雇工,也没有办法交换,亲戚、邻里一般会不计"回报"地为其提供帮忙、帮工服务。

在公共服务极度缺乏的传统村落社区,尽管农户间进行的交换、合作服务限于本村庄社区中的亲戚、邻里,服务资源非常有限,服务方式简单,但毋庸置疑,正是这些民间自发的合作服务,为分散的小农户,尤其为劳动力、畜力和农具不足的农户从事农业生产活动提供了真实、有效的帮助。

村落社区合作服务能够发生并发挥出巨大作用,主要源于农村社会的"地方性知识"背景,[1] 即生活在农村熟人社会的人们,大家沾亲带故,知根知底,很容易在生产和生活中达成惯习默契,并彼此因熟悉、信任而建立、形成村庄一致的认同感。如果没有这些共同惯习和深厚感情,村庄社区的合作服务就很难开展。正是因为它发生在村庄地缘关系的熟人中,或发生在血缘关系中的兄弟、叔侄、儿女亲家中,所以此类服务不必受到交易规则制约,也不计较等价与公平,主要按照自愿、互利、合理的原则进行,具有简单、小型、灵活、方便,以及成本低等特性,是"农户在综合自己所面临的各种经济资源和社会资源情况下所做出的理性决策"。[2] 农村地方性知识的功能不仅表现在农业生产合作上,村庄社区发生的一些社会救助活动,如清末湖南中部农村盛行的"癞子轿子"施善活动等,[3] 也都受到农村熟人

---

[1] 〔美〕克利福德·吉尔兹:《地方性知识:事实与法律的比较透视》,载梁治平编《法律的文化解释》,生活·读书·新知三联书店,1998,第73页。
[2] 朱洪启:《近代华北农家经济与农具配置》,《古今农业》2004年第1期。
[3] 村民做一台轿子安置那些被人遗弃或失去生活能力的人。每台轿子在一个村庄停留一段时间后由村民抬至另一个村子,村子里每户轮流送饭照顾,任何人不得拒绝。参见仝志辉等《农村民间组织与中国农村发展:来自个案的经验》,社会科学文献出版社,2005,第32~33页。

社会里道义力量和伦理理性规约，即出于熟人间相互扶助的传统习惯和绝不能让村庄有人种不下庄稼或庄稼烂在地里，以及绝不允许因缺乏帮扶而饿死人或冻死人事件发生的"铁则"，村民们明知道帮助别人得不到相应的物质回报，但还是乐意出手帮助生活特别困难的人。

除地方性习惯和认同感外，作为"地方性知识"重要组成部分的是家族直接参与或组织村落社区服务活动。在中国传统农村社会中，很多公益性服务活动都是以家族为主体进行的。家族中的族田是家族开展系列活动的经济命脉，家族成员举办的清明会、冬至会，以及其他祭祖、祭祀活动开支主要由族田收入承担，族中成员的读书或应试、贫寒家庭的嫁娶或丧葬，以及抚恤孤、寡、病、残人员等，都需要从族田的收入中拨出款项予以支持。此外，一些家族的族规中还规定了家族大户或富裕户的扶贫济困责任，要求他们"周济贫困的宗族成员"。[1] 正是由于有族田经济上的支持和族规规范的约定，以及家族成员间频繁互动积累的深厚亲情，才使村落社区互帮互助服务活动得以持久。

三　社队社会形态下农村集体式服务

传统村落社区服务，无论是来自市场的交易性服务，还是来自村落熟人社会的互助合作服务，都属于村民根据生产发展和生活需要而进行的自发式服务。虽然这些服务的规模不是很大，也缺乏严格的组织管理与协调，但村民们能够凭借乡土社会的社会资本获得各自需要的基本服务。村民自发形成的社区服务，由于缺乏国家或行政的统一规约，不同地区的服务内容和样式差异大，服务水平也参差不齐。自20世纪三四十年代的乡村建设运动开始，一些民间组织如华洋义赈会，以及一些知识分子如梁漱溟、晏阳初等人，为改变农村经济落后和村民生活窘困状况，尝试通过合作社形式为村民提供组织性、规范性的服务。国民政府也曾在农村积极创办合作社，企图发展乡村

---

[1] 陈占元等编《中国农村社会经济变迁：1949~1989》，山西经济出版社，1993，第16~17页。

037

合作服务，以"引发'人的心灵'发生变化"，让"所有人因此而得到改造"。[1] 中国共产党在苏区和革命根据地为解决兵员和物资不足两大棘手问题，倡导组建了劳动合作社、犁牛合作社、"变工队"、"扎工队"，以及老人、妇女、儿童互助队等，以调剂劳动力、生产工具、犁牛的余缺，帮助农户特别是出战勤的农户发展农业生产。由此来看，随着国家权力向农村社会底层渗透，不仅农村社区服务样式趋向多元化，而且带有组织性的服务也逐渐增多。但在解放战争年代，由于国民党和共产党的政治权力对农村控制都比较有限，他们所开展的组织性合作服务不敢违背农民意愿，农民拥有一定的选择服务自由。换言之，这个时期的村落社区服务仍以农民自主服务为主，有组织的合作服务还不普遍，即使个别解放区出现了泛政治化宣传、强迫农民参加互助合作的现象，但总是"是在尊重农民正当利益的前提下，按照自愿互利的原则进行的"。[2]

中华人民共和国成立后，中央政府为了解放农村生产力和发展农业生产，开展了农村土地所有制革命，亿万农民大众获得了自己的田地。然而，这场"打土豪、分土地"的"改天换地"运动在唤起农民生产热情的同时，也有一部分农户因缺少劳动力、农具和耕畜无法经营田地，走上卖房、卖地、出卖劳动力的老路。[3] 对此，中央决定"领导农民群体逐步地组织和发展各种以私有财产为基础的农业生产互助合作组织"，[4] 即动员农民加入互助组、初级农业生产合作社和高级农业生产合作社，以改造个体农民、避免农村社会出现两极分化。具体地说，鉴于个体小农在农业生产中因劳动力、农具、耕畜的不足或不均衡而不利于农业生产的现实，以及国家对农业进行社会主义改造的需要，有必要将小农组织起来，使分散、弱小的农业生产要

---

[1] 〔美〕易劳逸：《1927~1937年国民党统治下的中国流产的革命》，陈谦平、陈红民等译，中国青年出版社，1992，第85页。
[2] 吴业苗：《演进与偏离：农民经济合作及其组织化研究》，南京师范大学出版社，2011，第151页。
[3] 高化民：《农业合作社运动始末》，中国青年出版社，1999，第26页。
[4] 中共中央文献研究室编《建国以来毛泽东文稿》第3册，中央文献出版社，1989，第477页。

素形成合力，既有利于合理统合、协调配置农村生产要素，克服农村社会的公共服务不足，又能提高农业生产效率和农民素质。然而在实践中，虽然互助组是若干农户自愿组合，生产具有独立性，合作服务限于彼此帮扶，但是到了初级社，特别是高级社，农户逐渐失去了加入或退出的自主权，农具、耕畜等转变为合作社共有，农业生产转化为集体化劳动，由合作社统一安排、调配。由此，传统农村各式互助服务基本退出生产领域，即使有个别农户不想加入合作社，也难以承受熟人社会的歧视和孤立：一些地方不准单干户向互助组借农具，供销社也不会卖物品给单干户；更有甚者，如广东省有的地方规定，"单干户子弟不能进学校，不准单干户请医生看病，死后不替单干户抬棺木"。[1] 随着农村合作化运动的深入，特别是到了合作社高级阶段，农户加入合作社已经成为一场政治运动，即使个别农户不怕被熟人社会孤立，也抵抗不了来自国家的政治压力，只能选择加入合作社。

到人民公社时期，农村社会结构高度政治化、国家化，农户所有的生产活动全部纳入集体化秩序中，不再需要农户间的互助服务。政社合一的人民公社，既是行政管理机构，又是农村社会的"准单位"，需要承办农村社会所有事务，包括指导、管理生产大队和生产小队的农业生产，以及组织发展工、农、兵、学、商等活动。此外，人民公社还逐步创办了一些集体化组织，为全社的农业生产和农民生活提供服务，如公社机械厂为生产队的生产农具和农户的生活用具提供制作服务，有些较大的机械厂还拥有农用拖拉机、碾米机、磨粉机等，为生产队提供耕作服务和粮食加工服务；公社油坊（油厂）拥有机械榨油器具，为全社的生产队提供菜籽油、花生油的加工服务；公社粮站（粮管所）经营粮食收购、供应回销粮事务，一方面按照政府计划收取生产队上交的"公购粮"，另一方面在春荒季节代替政府向农民提供"救济粮"；公社食品站向农民提供生猪的收购、屠杀，以及猪肉销售服务；供销合作社从事收购棉花、鸡蛋等经济产品和向生产队提供化肥、农

---

[1] 中共广东省委农村工作部、广东省档案馆编《广东农业生产合作制文件资料汇编》，广东人民出版社，1993，第334页。

药等农业生产资料，以及向农户提供日用品服务。在教育服务方面，一般的公社设有初中，每个生产大队建有小学，能为学龄儿童提供小学与初中教学服务。并且，针对农村文盲多的现状，政府组织学校老师参与"夜校扫盲"工作，为农村居民提供识字服务。在医疗服务方面，公社建立了农民合作医疗体系，每个公社建有一个卫生院，每个大队配有一名赤脚医生，能为生病农民提供诊治服务。

人民公社的政社合一体制在摧毁村落社区自发形成的交换、互助服务同时，借助集体经济力量，创建了农技站、农机站、水利站、经营管理站、畜牧兽医站、供销合作社、粮管所、卫生院、文化站、广播站、种子站等，为农村社会的生产和生活提供了较全面的服务。这些服务站所多数在1958～1962年建立，它一方面迎合了农村集体化生产和社队化生活的需要，有助于消解农业生产和农民日常生活困难；另一方面，这些服务组织是社会主义新农村的重要组成部分，它与社队集体体制相关联，体现了农村社会集体化程度，是农村集体化的主要标志。就人民公社这种体制而言，这些服务组织都是农村基层社会正常运行所必需的，诚如徐小青所说："人民公社建立的这一农村公共服务体系，在组织上是基本健全的，功能上是基本完善的，对于推动农业经济的发展，满足农民的物质文化需要，稳定农村的社会福利事业，起到了至关重要的作用。"[①] 如此，尽管人民公社体制是国家政治臆造的理想化模式，它脱离了农村生产力发展实际，高估了农民的社会主义觉悟，以至于因农民"磨洋工""搭便车"泛滥而破坏了农业生产力，但就社会管理与服务看，这种社队高度一体化的社会体制也并非一无是处。一些从社队体制过来的人至今仍留恋社队的集体劳动、平均分配，还有相当一部分人认同社队的服务体制。实事求是地说，合作化和人民公社时期的农村服务水平都较低，并且国家的财政投入也很少，农民得到的服务主要由社队组织运用集体经济力量和向农民收费发展起来的——即使像学校、医院等这类公共事业，也基本上靠"社办公助"形式创办，社队集体和农民负担重。但

---

① 徐小青主编《中国农村公共服务》，中国发展出版社，2002，第62页。

尽管如此，农村社区服务并没有因互助、交换服务的减少而减少，甚至还比过去更多、更方便。这表明，虽然社会服务、公共服务等社会事业的发展需要有一定的经济基础和财政实力支撑，经济发达地区比经济落后地区的社会服务事业更容易发展农村社区服务，但这也不是绝对的。社会服务事业的发展具有相对独立性，经济落后、生产力水平低的地区可以优先发展社会服务，因为社会服务适度优先发展，不仅不会阻碍经济发展，相反，在生产相对过剩的经济状况下，社会服务适度超前发展，更能推进经济发展。我们否定人民公社体制，但当面对人民公社遗留的"红旗渠"类公共设施，以及合作医疗类服务保障时，我们又不得不颂扬农民集体的创造智慧，并由衷地为集体化体制所建立的农村社会服务体系成就而唱赞歌，尽管它带有苦涩，是无奈的选择。

四 家庭社会形态下农村社区多样化服务

家庭联产承包责任制瓦解了政社合一的集体化体制和政社不分的社会结构，单个家庭再度成为农业生产和社会活动的主体。"分田单干"是家庭联产承包责任制最直接的表现形式，虽然它仍保留农村土地集体所有的社会主义性质，但除此以外似乎都私有化了——社队集体经济解体，公社社员转化为分散的原子化农民。尽管曾有不少人舍不得与人民公社体制和社队集体生活告别，但在"辛辛苦苦三十年，一夜回到解放前"的感慨声中，"散伙"还是最终消解了农村集体化社会结构。不仅农村集体资产，包括农用机械、大农具、耕牛、农作物种子被分到各家各户，生产大队和生产小队完全失去了统一组织农业生产的能力，而且政社合一的人民公社在20世纪80年代初期被国家政治统一改制为乡镇政府，并成为国家权力在农村社会最基层的行政机构，但其生产功能和社会管理功能都被严重削弱，没有能力直接承办工、农、兵、学、商等生产性和经营性活动。

农村基层社会组织和管理体制的变革，深刻影响了农村生产和生活服务领域。人民公社时期建立起来的服务组织有的解体，有的转包给个人经营，有的成为乡镇政府附属事业单位，它们与村落社区的联系微弱，农村、农业、农户的服务能力也出现较大程度的下降。一方面，由于家庭劳动规模小、经营活动自由，农民为节约生产成本，一般家庭能干的农活都不愿花钱购买服务；另一方面，即使以家庭为单位从事农业生产活动可能会遇到各种各样的困难，但不一定非要向服务机构求助。因为农村熟人社会本就蕴藏丰富的互助服务资源，而人民公社时期的社队组织选择了集体化服务，致使村落社区的个体服务处于闲置、"休眠"状况。当社队集体结构解体后，村落社区集体化服务日趋式微，没有能力为农户的生产和生活提供服务支持；相形下，村落熟人社会中互助、合作服务被家庭化生产和原子化个体活动唤醒，血缘关系和地缘关系中的姑舅、兄弟、叔侄、邻里人群便自发地对接起来，自觉地开展互帮、互助服务活动。尽管这类服务存在参与人数少、服务能力弱等先天性不足，不能完全满足家庭生产经营的多样化需要，但农村市场经济生成起来的市场服务及时填补了村落社区熟人服务的不足。譬如，在人民公社时期供销合作社是农民出卖经济作物和购买生产物资、生活资料的唯一渠道，但改革开放后，供销合作社已不是农民获得此类服务的唯一载体，农民可以根据生产和生活需要自主地选择服务类型，有些农民更钟情市场化服务。尽管市场服务的发展"伤害"了社队集体企业和服务组织，但对农民来说，市场服务的及时、方便、快捷等特性，更能吸引农民。

再者，家庭联产承包责任制实施后的农村社区服务并不是传统型服务的死灰复燃。传统型村落社区服务主要以家族社会为背景，族长或家族长辈通常是社区服务的组织者、协调者。这部分人凭借年龄大、文化水平高、生产和生活经验多的优势，在乡村社会拥有比较高的地位，加上这部分人的家庭一般为村落社区大户、富裕户，有能力做好事、善事和义事。尽管传统村落社区缺乏政府提供的公共服务，但家族势力强盛，完全有能力组织较大规模的社区服务活动。但农村家庭联产承包责任制后的农村社会，社区服务缺乏强有力的组织者：一是多数社队的集体经济在"分田单干"的大潮中被削弱或解散，已经不能为农户提供帮助和服务；二是家族组织在中华人民共和国成立初期的社会主义改造中被打碎，族田和族长都成了"过往云烟"，即使福建、江西等省有的村庄重建了家族祠堂、重修了族谱，但家族的凝聚

第二章 农村社区服务的样式与模式

力、组织力并没有得到相应的恢复,更不用说能为家族成员提供有效服务;三是改革开放后,农村市场经济获得了突飞猛进的发展,越来越多的服务需求可以通过市场化渠道获得——虽然市场化服务存在难以预测的风险,具有不确定性,但这只无形手提供的服务在一定程度上弥补了农村社区服务的不足。如此,尽管传统农村社区家族式服务难以恢复,人民公社时期的社队服务也被部分抛弃,但改革开放后,市场化服务快速成长起来,农民可以越来越多地通过市场获得自己需要的服务。

尽管如此,社队集体化服务也没有完全退出农村社区场域。人民公社时期的一些集体化组织改头换面,变成为乡镇政府附属事业单位,继续在"后人民公社"时期的农村社会中行使服务职能。这些乡镇事业单位不再是政社合一体制下社队的组成部分,它们已经转化为与行政机构联系紧密、而与社会分离的相对独立的部门,即他们一方面吃政府财政饭,另一方面向服务对象收取一定费用。由此来看,农村事业单位提供的服务已转变为农村社会的公共服务,具有代替政府向农民提供公共服务的功能。但有的事业单位却异化为准行政组织,其管理功能大于其服务功能,如乡镇的农机站、农技站、水利站、畜牧兽医站等,它们本属于事业单位编制的服务性组织,应该根据农村社会发展需要,为广大农民提供有关农机维修与使用、农业技术指导、水利灌溉、家畜家禽医治等服务,但由于它们与政府联系密切,加上人员工资和日常经费都来自政府,于是他们便将自己"打扮"为政府部门,往往以管理者的身份对服务对象实施行政管理——强迫服务对象接受独家服务,并收取较高的服务费。

借此,农村社区服务已形成以交易型市场服务、政府型公共服务和亲情型社会服务为主体的综合服务体系,只不过这个服务体系不完善,并且每一种服务本身也存在诸多问题。在市场服务方面,由于农村市场经济尚不成熟,交易规则普遍不规范,加上家庭经营分散、弱小,以及绝大部分农民不熟悉市场规则,农民在市场竞争中一直处于弱势地位,要么高价获取市场服务,要么市场服务将其排斥在外。如在20世纪80年代的一段时间里,农民卖粮难问题十分突出,它不仅阻碍了农民发家致富,也严重挫伤了农民种粮积极性，但市场服务始终未能有效地解决农民卖粮难问题。

在公共服务上，由于农村基层管理实行县乡财政包干体制，尤其在取消农业税后，国家不允许政府向农民收取"三提""五统"，① 一些乡镇财政负担沉重，甚至发工资都有困难。基于此，多数农村基层政府将一些附属事业单位从行政管理体制中剥离出去，以减轻本级财政负担，乡镇的一些事业单位便成为挂事业单位名而谋取市场利润的经济实体，完全按照市场交易规律为农民提供有价服务，致使有的服务价格比市场还高。

在社会服务上，由于家族凝聚力难以恢复到传统社会水平，家族在社区服务中的作用有限，农村社会进一步碎片化，家庭间的互助服务、合作服务越来越难以开展，如当农户具有一定经济实力后，农户间的合作不是增多，反而更加封闭、孤立，纷纷将合伙的耕牛、大农具拆分。一些农户明知道一户饲养一头耕牛成本高、使用价值不大，但就是不愿意与别人合伙饲养、共同使用耕牛。类似的，像水井、脱谷机、抽水水泵，甚至拖拉机等也都家庭化了。经济条件好起来的农民，本应该强化彼此间的合作，以便更快捷、更有效地从事农业生产活动，但我国农民的行动逻辑却与之相悖。之所以如此，一是受"家本位"观念的驱使，每一个农户都想不断壮大家产，以彰显其经济实力，获得熟人社会的赞誉；二是农民们企图更长久地经营自家的田地，错误地认为只有自家具有一定的生产能力，才能减少单个家庭生产经营风险。农民的"自私"心理以及分散状况到了20世纪90年代中期有所改变，而这不是因为农民转变了对农业生产合作服务的态度，而是越来越多的农村人不再将家庭经济工作的重点放在承包地上，而是走出村庄，到经济发达地区或城市谋生。

综上，自20世纪八九十年代至21世纪初，农村社区服务不仅有社区范围内自发形成的互助与合作服务，也有组织化程度比较高的事业单位提供的服务，还有因农村市场经济发展而不断成长壮大的市场化服务，呈现多样

---

① "三提""五统"指村级三项提留和乡级五项统筹。"三提"为村提留的公益金、公积金和管理费；"五统"为乡镇政府收取的，用于乡统筹办学、计划生育、优抚、民兵训练、道路建设的费用。

化。换言之,农村家庭联产承包责任制实施后,随着农村社会多元化发展,农村社区服务也随之多样化,农民自主选择服务的空间明显增大,但在这个时期,农村社区服务体系还不够成熟,提供的服务也欠缺规范性。此"乱象"造成了农民或寻求不到合适的服务,或需要支付更高的服务成本,亟须转型、升级、完善。

五 讨论:农村社区服务的样式演变与未来走向

总体而论,我国不同的社会形态对应着不同的农村社区服务,其样式主要有三种:在传统农村社会里,以家族式的互助、合作服务为主体,市场提供的服务普遍缺乏组织性和常态化;在人民公社时期,社队的生产和生活活动都被纳入政社合一的人民公社体制中,农村社区服务的集体化特征显著;而在农村实施家庭联产承包责任制时期,农村社会去集体化、去组织化、去行政化,家庭拥有独立的生产经营自主权,农村社区服务呈现多元化态势,社会服务、公共服务和市场服务都在农村社区这个舞台上登场,扮演不尽相同的角色。农村社区服务一路走来,无论是互助与合作服务、集体化组织服务,还是多元化服务,都源自农民群众的创造,体现了乡土性和时代性。

农村传统社会的互助、合作服务形成,鉴于两大社会背景,一是市场经济不发达,市场没有能力为农民提供优质服务,与此同时,农民普遍比较贫困,难以支付市场服务价格;二是国家权力没有下沉到农村社会底层,村落社区是个"自由自在"社会共同体,家族精英一般为乡村社会的经纪人,他们凭借家产、族产为家族成员提供服务,并仰仗其身份地位,协调社区服务的供给,保障了村落社区的斯密式"先天和谐"。

村落社区之所以能形成自发服务,主要在于村落"社会只有依靠自我意识的惊醒而自己组织起来",[1] 才能"使他们的行动协调或统合成为一个

---

[1] 李熠煜:《传统乡村民间组织》,载仝志辉等《农村民间组织与中国农村发展:来自个案的经验》,社会科学文献出版社,2005,第19页。

整体,以避免产生紊乱和混淆"。① 村落社区的互助、合作服务之所以能为村民所接受,主要出于村落社区拥有丰富的信任资本。卢曼指出:"哪里有信任,哪里就有不断增加的经验和行为的可能性,哪里就有社会系统复杂性的增加,也就可能与结构相调和许多可能性的增加。"② 传统村落社区的信任资本减少了村民间有来无往的担忧和烦琐的讨价还价,增强了合作服务的预期。如此,每当一农户遇到困难时,村民就会"生态本能"地给予帮助。尽管有些帮助需要彼此交换服务,但强者对弱者的无偿服务也十分普遍,因为生活在熟人社会里的人们从事这类活动能赢得"好人"声誉,而"好人"不仅是他们身份、地位的象征,还能为家庭及其家人带来诸多的好处;更重要的是,做好人也是一项长期投资,假如他今后需要类似的服务,别人就会"连本带息"地归还服务。

农村集体化服务经过了农村合作化和人民公社两个阶段,到20世纪70年代初形成较完整体系。中华人民共和国成立初期,由于新制度赋予广大农民当家做主的政治权利,加上土地私有化的实施,极大地激发了农民的劳动热情,农村社会洋溢着"翻身做主人"的喜悦。但社会主义社会公有制的本性不允许农村私有化,更不能容忍农村出现贫富分化。因此,国家将改造个体农民,使其成为社会主义的劳动者和组织者提上日程,并在实践中不断加大集体化推进力度,最终用五年左右时间实现了农民互助组—初级社—高级社的集体化跨越。尽管中央针对农村社会集体化中暴露的"共产风""浮夸风"等问题多次调整政策,但对领导农民走集体化社会主义道路毫不犹豫,并最终将其定格在人民公社。农村社会合作化发展和人民公社建设,瓦解了家庭生产模式和家族服务模式,实现了国家政权向农村基层全面渗透和社会主义意识形态控制农村社会的目的,是农村社会管理体制的一次重大变革。

---

① 〔英〕英克尔斯:《社会学是什么:对这门学科和职业的介绍》,陈观胜等译,中国社会科学出版社,1981,第95~96页。
② 〔德〕尼古拉斯·卢曼:《信任》,瞿天鹏、李强译,上海世纪出版集团、上海人民出版社,2005,第10页。

第二章 农村社区服务的样式与模式

合作化运动在农业生产上做了许多不该做、不该管的事情,[①] 人民公社在集体化农庄（社队）建设中也曾犯过否定竞争的平均主义和"以粮为纲"的农本主义等错误。但是，合作化和人民公社在农村社会的服务方面所进行的实践探索颇有意义，不少服务的效率超越了传统社会，甚至有些服务的经验将永远铭刻在"民族的记忆里"，"不能也不应该忘记"。[②] 在人民公社时期，虽然农村人生活水平普遍低，但由于拟政府机构的人民公社力所能及地为社队组织和社员提供了多种服务，他们获得了较全面的服务。阎云翔的调查发现对此颇有解释力：人民公社时期，国家不断干预基层社会"或许能够为人民提供各种服务"，故而被村民们视为"好政府"；而"后人民公社"时期，"国家对村民的日常生活无论是在公众还是私人层面上的干预都比过去少得多"，对农村社会服务不管不问，村民们认为它是"不负责任的政府"。[③]

家庭联产承包责任制在经济上取得巨大成功，却阻碍了农村社区服务的发展。家庭联产承包责任制恢复了农民个体生产热情，提高了农业生产效率，也从根本上使我国农村摆脱缺衣少食的窘境，但正如什托姆普卡所说，"在一个领域取得的进步，常会以另一个领域的倒退为代价"。[④] 为配合家庭联产承包责任制的实施，国家政治调整了乡村社会管理：一方面针对农村家庭化、个体化、碎片化的现状，推行村民自治制度，将政府管不好、管不了的事情还给村民，让其自主管理、自主服务；另一方面，为减少财政开支，政府上收了部分行政管理权，并从一些管理领域退出。虽然这一调整在客观上催生了市场服务、社会服务的兴起，但由于这两类服务的成长都需要充分

[①] "一大二公"思想使合作化运动脱离中国农村的客观实际。薄一波曾指出："如果土改后不急于立即向社会主义过渡，不立即动摇私有制，同时根据我国国情对我国农业社会主义改造道路究竟应当怎样走进行了广泛深入的探索，那样，不仅对生产力的发展可能更有利些，而且也可能不至于搞成后来那样千篇一律的农业集体化模式。"参见薄一波《若干重大决策与事件的回顾》上卷，中共中央党校出版社，1991，第206页。

[②] 张乐天：《告别理想：人民公社制度研究》，上海人民出版社，2005，第1页。

[③] 阎云翔：《私人生活的变革：一个中国村庄里的爱情、家庭与亲密关系》，龚晓夏译，上海书店出版社，2006，第34页。

[④] 〔波〕彼得·什托姆普卡：《社会变迁的社会学》，林聚任等译，北京大学出版社，2011，第28页。

"自由"的社会环境，且也难以及时填补集体化组织服务退出的空缺，因而农村社区整体服务水平明显下降，如道路、水利等公共设施年久失修，损毁严重；医疗卫生、文化教育事业发展停滞不前；更严重的是，农村社会进一步原子化，部分农民集体意识淡薄，不愿意共同应对水涝、干旱等自然灾害。就此而言，20世纪末出现的农民真苦、农村真穷、农业真危险的"三农"问题，与农村社区服务体系不完善、发展水平低不无关系。

当前，国家加快了城乡二元结构向城乡一体化结构转型的进程，各地政府按照城乡发展一体化的战略部署有序推进村庄的拆、并、合整治工程和村改社区、村改居工程，越来越多的农民到集中居住社区、农村城镇社区、城市郊区居住。如此，农村社区服务的社会处境不再是固化、稳定、封闭的村落社区，农村社会结构的转型、居住空间的变动、服务需求的升级等对农村社区服务提出了更高的要求。

第一，农村社区服务要与城市社区服务全面对接。传统的农村社区和计划经济时代的农村社区是分散、孤立的，明确的地域边界决定其内部自成系统，多数服务源自家族力量或社队集体经济的"自我供给"。而转型期的农村社区，一方面，随着城市化程度加深，越来越多的农民逃离乡村到城市就业、居住，自然村落社区正在逐渐消失；另一方面，一些地方政府根据城镇化建设和城乡一体化发展需要，按照城市社区公共设施和公共服务标准，对农村分散社区进行适度整合，并兴建了大批新型农村社区。由此，整合过的或新建的农村社区，尽管它们仍属于农村社区，但它们是"升级版"的农村社区，已不再是封闭、同质、以农业为主导产业的熟人社会、伦理社会、礼俗社会，城市性、现代性使这些社区发生了脱胎换骨的变化，它们更加开放、异质，更注重业缘关系、契约关系。并且，农村社区的居住空间拓展、人口规模扩大，以及外来人口的增加和从业的多样化等，使生活在新型农村社区的居民产生了类似于市民的社区服务需求。如果当地的社区服务不健全、服务水平低，生活水平提高的居民就会用脚做出选择，到其他地区或城市社区寻求更好的学习、看病、购物、娱乐、健身、文化、卫生保健等方面服务。因此，无论在新农村建设中，还是在新型城镇化建设中，务必要保证农村社区服务与城市社区服务对接,既不能按照城乡二元化体制的老路子看待农村社区服务,将其供给责任全部推给农村集体或农村居民,也不能没有长远目标和远期规划,依旧按照农村水平建设农村社区的服务设施,为居民提供城乡有别的服务。

第二,农村社区服务要充分发挥政府的主体作用。农村社区服务体系建设需要兼顾公共服务、市场服务、社会服务三者的关系,不能"在市场、社会还未成熟的情况下由社会、市场来完成政府应该履行的公共职能,也不能把本来在现有条件下市场、社会能够履行的许多公共目标转而由政府来实现"。[1] 但鉴于我国农村社区市场经济发展和社会组织发展都不够成熟的现实,以及政府推进新农村建设和新型城镇化建设的需要,政府应该在农村社区服务中承担更多的责任,即政府不仅要不断加大公共服务的投入,保障城乡居民享有均等的公共服务权益,还要着力营造发展农村社区服务的良好环境,鼓励市场、社会团体或社会组织积极参与农村社区服务。具体地说,发挥政府在农村社区服务中的主体作用,其一,可以避免政府在农村社区服务供给中的缺位现象,保证政府切实履行公共服务职能;其二,可以减少政府的农村社区服务的错位、越位现象,促使政府按照居民的服务需求供给公共服务;其三,可以为社会团体、社会组织、市场服务提供肥沃的生长土壤和广阔的发展空间,使政府的购买服务、合同服务等成为可能,进而提高政府的公共服务效率。

第三,农村社区服务要化解农村社会发展的棘手问题。转型中的农村社会面临诸多深层次问题,如实施了 30 多年的家庭联产承包责任制,已经步入制度低效期,需要进行土地流转、土地集中以及土地股份制改革,以进一步解放、发展农业生产力;我国城市化在过去 20 多年的快速发展中,拉动了农村经济增长,提高了农民收入水平,但也严重侵蚀了农村社会,越来越多的农民及其家属、子女正在加快离开农村,农村空心化程度日趋严重,原

---

[1] 祝灵君、聂进:《公共性与自利性:一种政府分析视角的再思考》,《社会科学研究》2002年第2期。

本充满生机的村庄渐趋寂寞并加速消失；乡镇企业和个体、私营企业的"村村点火、处处冒烟"式发展，破坏了农村粮食生产和社区的人居环境，"无农不稳、无工不富、无商不活"的产业协调模式使一些农村社区发展陷入不可持续中；[1] 城市向郊区扩张，不断征占农民土地，每年有近400万农民失去土地，而我国土地城市化、空间城市化与人口城市化不同步，庞大的农业人口始终徘徊在城市化入口处；等等。这些问题有的是农村经济社会发展到一定阶段出现的，有的是国家推进新农村建设过程中衍生的，但它们已经广泛而深刻地影响了农村居民的生产和生活。因此，农村社区服务不能仅仅局限于社区内部的烦琐事务，更需要放眼社会发展和深化改革的全局利益，为农村土地流转、人口流动、环境改善、农民市民化等提供优质服务。

第二节　农村社区服务模式的回顾与前瞻
——从乡村建设运动到新农村建设

鉴于农村社区服务与农村建设的高相关性，本书从农村建设演进中描述社区服务模式的变化。其一，农村社区服务发展与农村建设密切相关，但它们不是一个问题的两个方面。农村社区服务渗透农村建设，是农村建设诸多矛盾的主要矛盾，农村建设必须寻求社区服务支撑，并要在建设中不断完善社区服务体系。其二，农村建设一路走来，不同社会背景下社区服务形式和内容不尽相同。但是，无论建设者是否意识到，无论服务项目有多少，也无论服务的侧重点有何不同，社区服务都有一个相对稳定的模式。其三，回顾农村建设中社区服务的模式及其变化，目的在于检视不同时期农村建设及社区服务工作，反思其中的得与失，以便更好地改进当下农村建设中的社区服务工作，进而使广大农村居民享有更好更多的服务权益。

---

[1] 这一发展理念推崇地区产业协调发展，但不一定适合每一个乡（镇）村。一个行政村或乡镇地域小，多业并举发展，极有可能破坏乡村生态平衡、造成污染，使农业发展走上不归路。

第二章 农村社区服务的样式与模式

一 社区服务：农村建设的重要内容

20世纪二三十年代至今，中国农村建设历经民国时期的乡村建设运动、集体化时期农村建设和改革开放后社会主义新农村建设三个主要阶段。民国时期的乡村建设由社会力量推进，通过举办合作社、开展教育活动等形式，引导农民发展农业生产，恢复农村经济。集体化时期的社会主义新农村建设，政府领导农业社会主义改造后的农民共同参与农村集体建设，所有建设活动都受到国家体制支配，并且围绕政治和经济中心任务进行。改革开放后中国农村建设是在"三农"问题成为党和政府工作的重中之重和在国家不断进行农村经济、政治、社会、管理体制改革基础上展开的，农村建设已不再局限于解决"三农"问题，它还被置于城乡一体化和新型城镇化发展背景下，成为全面建成小康社会和基本实现现代化的重要部分。

百年农村建设，过程跌宕起伏，有精彩纷呈的故事，有波澜壮阔的场面，也有令人痛心疾首的过失。结合当下的农村建设回顾中国农村建设已发生的旧事，不难发现，尽管不同时期的农村建设活动都存在不尽如人意的地方，有的甚至违背社会发展规律——与其说它是建设农村，不如说是破坏农村生产力的"瞎折腾"——阻碍了农村社会发展，但在总体上，中国农村建设已经从坎坷、困境中走出来，一个"生产发展、生活宽裕、乡风文明、村容整洁、管理民主"的崭新农村已呈雏形。特别是进入21世纪后，中国农村建设的"好运"纷至沓来：城乡一体化和新型城镇化战略的实施，打开了农村建设与城镇建设对接的通道，农村可以与城镇携手共进；"多予、少取、放活"的强农、惠农、富农政策，扶持了农民、提高了农民、富裕了农民，让农民成为体面的职业；把基础设施建设和社会事业发展的重点转到农村的决策落实，促进城乡经济社会发展一体化格局的形成，描绘出农村公共事业发展新蓝图。

众多利好条件下的新农村建设正在使农村成为居民安居乐业的美丽家园，但毋庸置疑，新农村建设在实践中还存在不少问题，如一些地方政府将农村建设的重点放在村庄空间调整和硬件升级改造上，轻视或忽视包括社区服务在内的软件建设，造成一些农村有形无神；还有一些地方政府不顾农村实际情况和未来走向，不切实际地大规模、高档次地建设农民新村，但不久就沦为空心村。新农村建设出现尴尬，一方面在于地方政府及其官员仍按照城乡二元结构的老路子而没有根据新型城镇化、城乡一体化发展的新要求建设农村，致使农村建设与城镇发展脱节；另一方面在于农村建设的组织者们没有注意到农业劳动力"去内卷化"的现状和农业人口逐渐减少的实际，重复进行农村建设，导致资源不必要的浪费。此外，多数地方开展的新一轮农村建设，主要以发展农业生产为抓手，将建设重点放在发展经济和增加农民收入上，没有重视农村社区服务等公共事业的发展，造成社会发展严重滞后。虽然当前新农村建设包括生产、生活、文化、管理等方面的要求，但现实中的多数农村建设仍在"重复着昨天的故事"，一如既往地将建设重点放在招商引资上，没有注意到社区服务对农村建设的推动作用和内在价值。

农村社区服务应该且必须成为农村建设的重要组成部分。自20世纪80年代中期国家民政部提出"社区服务"概念以来，城市社区就随之强化社区服务工作。尤其在90年代单位制改革后，为使"单位人"顺利转变为"社区人"，城市社区纷纷将社区服务重点放在福利性服务上。正如一些学者所言，社区服务就是要求政府调动社区内外的各种资源进行"福利性服务"，[1] "福利性和公益性是社区服务的本质属性"，是中国社区服务的"根本之所在"。[2] 进入21世纪后，城市社区服务担负起和谐社会建设的重要使命，受到各级政府的高度重视和社会力量的广泛支持。有些城市社区在实践中形塑了不同特色的社区服务模式，如广州市一些社区立足社区综合服务中心，打造出由街道、社区、企业和社会共建的社区服务模式。该模式通过实施关爱农民工的"融入城市"服务工程、关照残障人士的"回归社会"服务工程、关护老年人的"重阳孝道"服务工程、关心青少年的"托起明天的太阳"服务工程、关顾贫困家庭的"细胞培育"服务工程和关怀义工的

---

[1] 关信平：《论我国社区服务的福利性及其资源调动途径》，《中国社会工作》1997年第6期。
[2] 徐永祥：《论社区服务的本质属性与运行机制》，《华东理工大学学报》（社会科学版）2002年第4期。

"两工联动"服务工程等,开展社区服务工作。① 再如,北京市部分社区在社区工作实践中成功创立"96156"社区服务模式。该模式由政府、市场和社会三大服务主体共同营造,是"富有张力的社区服务系统"。在这个系统中,政府、市场和社会三大服务主体不仅很少发生冲突,而且能形成复合治理、优势互补和互利共赢的良性结构,克服社区服务中的政府失灵、市场失灵和社会失灵。黄家亮研究认为,② "96156"社区服务模式是中国社区服务发展的未来趋势。

当然,不能就此认为社区服务仅存在于城市社区,实际上,中国农村社区一直不乏服务,如邻里间互帮互助服务、经济合作服务等在农村熟人社会中长盛不衰。不过,作为正式概念,农村社区服务比城市社区服务起步稍晚,它在新农村建设开展后才逐渐受到政府重视。早在2007年,山东诸城市就在农村社区化改制和新农村建设中建立健全服务机构,为服务半径内居民提供"一揽子"服务。③ 鉴于社区建设、社区服务由城市推向农村的现实和出于制定农村社区服务体系规划的需要,詹成付和王景新主持的"全国农村社区服务体系建设课题组"曾对黑龙江、山西、新疆等八省(区)的农村社区服务进行调查,认为农村社区有多种服务形式,并将一些社区服务概括为"多村一社区""一村一社区""社区设社区"等服务模式。④ 从典型经验和相关调查资料看,中国农村社区服务还处于起步阶段,经济欠发达的农村社区姑且不论,像江苏、浙江等经济发达地区也只是在农村建设中涉及农村社区服务,并且一般集中在政府建立公共服务中心和邻里服务中心方面,农村社区内的公益服务、经营服务普遍缺乏,更不用说形成服务体系。

总的来说,当前农村建设中的社区服务境况与民国时期的乡村建设、集

---

① 谢建社、谢宇:《新型城市社区管理与服务模式探求——以广州为例》,《福建论坛·人文社会科学版》2012年第8期。
② 黄家亮:《论社区服务中国家、市场与社会的互构——以北京市96156社区服务模式为例》,《北京社会科学》2012年第3期。
③ 李成贵主编《造福农民的新机制——山东省诸城市推进农村社区化服务的实践与成效》,人民出版社,2008。
④ 詹成付、王景新编著《中国农村社区服务体系建设研究》,中国社会科学出版社,2008。

体化时期的农村建设中的社区服务发展情形如出一辙：不是农村建设中社区服务可有可无，也不是农村建设实践中没有开展任何形式的社区服务，而是社区服务仅作为农村建设的附属品，没有得到建设者们应有的重视，民众也没有从中感受到服务存在与发展的重要性。检视民国时期、集体化时期和改革开放后中国农村社区服务发展及其模式，并将它们置于相应的社会背景下讨论其得失，有助于政府和农村社区建设者从过往的经验中发现惠助当下农村建设和社区服务发展的智慧和谋略。

二 乡村建设运动时期：合作社与教育共同驱动的服务模式

近现代中国有影响的农村建设，最早当属民国时期的乡村建设运动。20世纪二三十年代，战乱、自然灾害频仍，农民流离失所，农村金融枯竭，农业生产条件不断恶化，大量中小自耕农破产，农村社会日趋贫穷、凋敝，陷入全面危机。于是，一批知识分子深入农村底层，组织引导广大农民开展"乡村建设运动"，以恢复农村经济，解决民生问题。其中，梁漱溟在山东邹平、晏阳初在河北定州开展的乡村建设运动最为典型，即通过创办合作社和乡村教育的形式为农村居民提供经济、教育、文化和卫生服务。

梁漱溟在山东省邹平县乡村建设学院的基础上创办了包括机织生产、林业生产、蚕业生产、金融信用、棉花运销等合作社，为农业生产提供技术、金融、销售服务，以求"经济上弱者的自卫"[1]。晏阳初在河北省定县试验区领导平民教育促进会、兴办合作社，包括村级的信用合作社、生产合作社、消费合作社和区级的运销合作社，这些合作社"对于农民文化素质的提高，农村经济的发展以及农民生活的改善和农民互助合作精神的弘扬，均起到了积极的作用"，[2] 特别是以资金合作为突破口的信用合作社，有效地缓解了农业生产中最棘手的资金问题。

---

[1] 《梁漱溟全集》第5卷，山东人民出版社，1992，第238页。
[2] 洪远朋主编《合作经济的理论与实践》，复旦大学出版社，1996，第139页。

第二章 农村社区服务的样式与模式

除了兴办合作社为农业生产、农产品销售提供服务,梁漱溟和晏阳初还把乡村建设重点放在创办教育上。梁漱溟认为"单从经济上做功夫,是解决不了经济问题的",经济上的事情"要靠人做","人的问题"要当先,唯有教育才能解决人的问题。[①] 他在邹平创办乡学、村学,为农民读书、识字以及学习乡政、自卫、农、工、商、贸等知识提供服务,以唤醒农民、指导农民、教育农民。晏阳初认为中国农村问题千头万绪,但主要是愚、穷、弱、私,因此他在乡村建设中尝试发展文艺教育、生计教育、卫生教育和公民教育,为农民摆脱"愚、贫、弱、私"提供服务。

无论是邹平的乡学、村学还是定县的平民教育,其服务功能都不仅仅是教农民识字、学文化、学技术。两地学校,尤其是邹平的学校甚至还成为准行政单位,具有一定的行政管理与服务功能。梁漱溟以乡学、村学为依托,在农村社区设立图书馆、阅报处、讲演所、农民茶园、教育馆、咨询处、代笔处等公共教育场所,推广社会教育;设立农民医院或诊疗所、定时清洁道路沟渠、改良厕所、检查饮食卫生、接种疫苗、设立公墓区、消灭蚊蝇等,开展卫生工作;组织戏剧场、农民公园、读书处、同乐会、纳凉会、消暑会、庆祝会等,提倡休闲教育;举办特约农产品陈列所、农艺竞技团、农产品展览会,提倡生计教育;设立养老院、慈幼院、游民同艺所,提倡救济事业;实行短期训练、扩大训练和专门训练,增强农民体质。[②] 晏阳初乡村教育的服务功能也比较多,文艺教育居首,采取广播、摄影、绘画、幻灯等形式,为平民识字提供服务;生计教育居次,采用推广优良品种、举办各种合作社等方式,为发展农业生产提供服务;卫生教育居第三,通过建立保健院,培养各乡设保健员和畜牧兽医,为农民提供卫生宣传、沙眼预防和疾病医治服务;最后是公民教育,为农民形成团结互助、树立民族精神提供服务。晏阳初还将学校式、社会式和家庭式教育结合起来,采取举办读书会、演讲比赛、体育比赛、农产品展览会、传授环境清洁知识等服务形式,提高

---

① 《梁漱溟全集》第2卷,山东人民出版社,1990,第425页。
② 杨金卫:《梁漱溟乡村建设实验的主旨及其当代价值》,《山东大学学报》(社会科学版) 2006年第5期。

农民的生计能力，培养农民良好的卫生习惯。①

20世纪二三十年代的政府与农村社会是弱政府-强社会的关系，乡村建设和社区服务主要由社会力量推动进行。处于内乱与战争状况下国民政府，鉴于自身管理力量不足和乡村行政建制不健全等，没有深度介入乡村建设与管理事务，对发展农村社区服务"有心无力"。民国政府在乡村建设及其社区服务中几乎就是一个"甩手大爷"，将建设与服务责任推给乡绅和诸如华洋义赈会、平民教育促进会、乡村建设研究院等社会团体组织。地方乡绅们为了维护自己在乡村社会的主导地位，也为了减少、避免外力进入乡村冲击自己的既得利益，他们一般会按照政府要求主动承担一些乡村建设和服务责任。国民政府把乡村建设主要重担委托给社会团体，冀望它们带领乡村社会开展以"复兴农村、发展农业为当前之急务"的乡村建设运动。② 这些社会团体里的一些知识分子对自身能力充满自信，而对政府参与乡村建设的目的、能力、效果持有偏见，不主张政府直接到乡村开展乡村建设运动，梁漱溟就是其中之一。梁氏的乡村建设虽然得到当时山东省政府的鼎力支持，③ 但他在乡村建设实践中反对政治力量建设乡村，认为借助政府力量实施乡村改造"非失败不可"。④ 他强调，乡村建设只要"眼前不与政府的法令抵触末后冀得政府的承认"就可以，⑤ "不应当接近政权，依靠政权"。⑥ 梁漱溟、晏阳初等知识分子以"农民能够自救"为前提，认为只要教育、引导农民加入合作社，就能把农民组织起来，发展农业生产，恢复农村经济，并能摆脱贫困。

---

① 四川省政协文史资料委员会合编《平民教育家晏阳初》，四川大学出版社，1990，第8~9页。
② 秦孝仪：《革命文献》第84辑，台北："中央"文物供应社，1980，第235页。
③ 邹平乡村建设是在韩复榘政府支持下进行的，时人曾评说，梁先生"最好的环境，就是韩主席信之甚深，听说只要是邹平研究院的方案，无有不照准的，并且吩咐省政府的人员，一体注意，不得稍有留难"。转引自杨菲蓉《梁漱溟合作理论与邹平合作运动》，重庆出版社，2001，第221页。
④ 《梁漱溟全集》第2卷，山东人民出版社，1990，第330~335页。
⑤ 《梁漱溟全集》第2卷，山东人民出版社，1990，第393页。
⑥ 《梁漱溟全集》第2卷，山东人民出版社，1990，第573页。

尽管民国时期一些地方的乡村建设搞得风生水起，也出现如邹平、定州的乡村建设典型，但乡村建设并没有在全国普遍展开，并且农村社区服务比较零散，几乎没有形成完整体系，农业生产与农民生活从乡村建设和社区服务中得到的"利好"十分有限。再者，民国时期各地开展的乡村建设运动主要就农业生产问题而展开，至于农民生活上的困难及其需求，乡村建设的组织者们无暇顾及。尽管一些地方在乡村建设中开展文化、教育、卫生、疾病预防等服务活动，但这些活动基本上围绕合作社的建立和经营活动进行，没有形成服务体系，更缺乏有效的服务手段。并且，当时的农村社区服务仍局限于自我服务、互助服务，政府提供的公共服务、社会团体提供的公益服务和市场提供的经营服务都十分不足。

三 集体化农村建设时期：先生产—后生活的服务模式

中华人民共和国成立后，严格地说，是农业社会主义改造完成后，中央主要领导曾在不同场合提出建设社会主义新农村。[①] 集体化时期的社会主义新农村建设，由于没有现成的模式可以借鉴，只能根据革命导师们的社会主义描述和苏联集体农庄的经验进行探索。当时中国农村物质生活条件差，农业经济基础薄弱，农民生活贫穷，分得土地、翻身解放的农民群众对中国共产党领导的社会主义新农村建设充满信心和期待。在此有利条件下，政府为农民描绘了社会主义新农村图景："楼上楼下，电灯电话，良好的物质条件，平等和谐的社会，幸福美好的生活。"[②] 这一图景与当时《人民日报》宣传的苏联农村场景基本一致：[③] 集体农民和国家农场工人都住在整洁舒适

---

① 1956年，中央领导在审议《高级农业合作社示范章程》时指出，这个章程是建设社会主义新农村的一个重要法规。1960年主管农村工作的谭震林副总理向人民代表大会介绍《中国农业发展纲要》时指出，该纲要要能够调动最广大群众发展我国农业、建设我国社会主义新农村的积极性。1963年12月，中共中央国务院在《关于动员和组织城市知识青年参加农村社会主义建设的决定（草案）》中使用了"社会主义新农村"，号召城市知识青年到农村去，走与工农相结合的道路，"建设社会主义新农村"。
② 张乐天：《告别理想——人民公社制度研究》，上海人民出版社，2005，第61页。
③ 高凌：《人民日报农业合作社宣传始末（1950~1957）》，《中国农业合作史资料》1990年第6期。

的房屋里，家里有自来水、电灯、收音机，农场有俱乐部、图书馆、托儿所、幼儿园和国家设立的学校、医务所、助产房，耕地使用比人工效率高几倍、几十倍的拖拉机和联合收割机，集体化农民吃的是面包、牛奶，睡的是钢丝床。《人民日报》向广大民众宣传苏联集体农庄，起初旨在动员、引导农民走合作化道路，没有建设社会主义新农村的意图，但与当时中国农村相比较，苏联集体农庄的"幸福"生活简直就是天堂，它让千千万万中国农民魂牵梦萦。

"三大改造"完成后，[①] 中国正式步入社会主义社会，社会主义新农村建设帷幕也从此拉开。1955 年毛泽东组织制定的《一九五六年到一九六七年全国农业发展纲要（草案）》（以下简称《纲要》），是党中央发展社会主义农业和建设社会主义新农村最早的纲领性文献。《纲要》主要内容有两个部分，一是实现农业社会主义改造的具体计划，二是发展农业的长期奋斗的目标。在"目标"部分，《纲要》提出了今后农业发展的各项任务，如发展农业合作化、增加农作物的产量、造林绿化、发展畜牧业、发展渔业和手工业、扫除文盲、办小学、安装收听广播的工具、发展文化娱乐和体育活动、发展农村卫生事业、改善居住条件以及吸收城市失业人员等。可以看出，《纲要》中的每一项任务都与农村服务事业相关联。

《纲要》在总体上规约了集体化时期尤其是人民公社时期农村建设及社区服务走向，即农村建设的主要任务和中心工作是发展农业生产，社区服务活动必须围绕发展农业生产、增加农业产量进行。虽然人民公社是政社合一的生产和生活单位，生产与生活相互套嵌在一起，很难将二者完全分开，但无论是人民公社组织本身，还是它下属的生产大队和生产小队，都需要按照"以粮为纲"的方针从事农业劳动，特别是粮食生产活动。公社在后期阶段创办的榨油厂、机械厂、粮食加工厂、饲料厂、维修厂以及供销合作社、食品店、粮站等企业，也是为了更好地发展农业生产，或为农业生产发展提供

[①] "三大改造"，即中华人民共和国建立后进行的农业、手工业和资本主义工商业的社会主义改造。

服务。尽管一些地方的公社曾尝试创办公共服务，但除学校的教育服务、农村合作医疗卫生健康服务有一定发展外，其他服务几乎半途而废。诚如张乐天研究发现，"大公社办起了幼儿园和敬老院，试图实行抚养和赡养的社会化，但不景气的乡村经济迫使这些机构先后关闭"。[①]

人民公社时期的农村社区，一方面由于政府不重视发展农村公共事业和公共服务，包括最基本的公共服务，政府将社区服务的大部分责任推给农村集体组织——社队，如乡村的中小学校、医院、卫生诊所、水利设施、道路交通等都需要乡村自己解决，国家只在特殊情况下给予少量补助；另一方面，由于农村实行的是高度计划经济体制，政府取缔了市场经济、商品经济，农村所有经济活动都被纳入"计划"中，没有独立性、自主权，农户及其成员生活方式单调，服务需求基本一致，并且被集体化制度压缩、简化，甚至被集体化组织取代。由此，缺失公共服务、公益服务和经营服务的农村社区及其居民不可能主张服务权益，更不能借口本社区服务缺乏就到其他地方寻求服务。

集体化时期的政府与农村社会是强政府-弱社会的关系，农村建设与社区服务都由政府统一安排。中国共产党通过"打土豪、分田地"运动赢得绝大多数农民的充分信任，正是拥有了"社会最主要的凝聚力之一"的信任，[②]党和政府才能很方便地驾驭农村社会，使分散、无组织的农民组织起来，按照党和政府的意志进行社会主义新农村建设。强政府能方便地将集体化时期的农村建设变成为全国性经济、政治运动，并能低成本地调动人民群众的建设热情，不断掀起新农村建设高潮。但弱社会让农村、农民失去了自我，一切活动都必须在政府规约下进行，即使是正当、合理的权益，包括服务表达权，也被强政府剥夺。强政府-弱社会使重生产轻服务、先生产后生活成为农村社会常态。如此情况下，农民几乎很难从外界获得自己需要的服务，只能不断加大自我剥削，从而让生活继续。

[①] 张乐天：《告别理想——人民公社制度研究》，上海人民出版社，2005，第63页。
[②] 转引自卜长莉：《社会资本与社会和谐》，社会科学文献出版社，2005，第105页。

换言之，在集体化时期的农村建设与服务发展中，政府与农村社会的权责是不对等的，政府对农村建设要求多、管理多，而支持少、服务少。这可以从廖鲁言关于《纲要》的说明中看出：各项任务除了一部分由国家举办或由国家协助农民举办，大部分由农民自己办，并且认为，"农民有大量的人力，这是没有人怀疑的"；国家要尽可能地在财政上、经济上和技术上支援农民，但"国家所花的钱不可能太多"，否则国家的财力将"不能胜任"，如果"把国家的财力大量地使用到这些方面来"，"就会推迟我国的社会主义工业化"；《纲要》的中心是"要求在农业合作化的基础上，迅速地、大量地增加农作物的产量，发展农、林、牧、副、渔等生产事业"；在城乡关系上，要"工业领导农业，城市领导乡村，工人领导农民，这是社会主义的确定不移的根本原则"，这是"无可怀疑的，是不能动摇的"。[①] 这个"说明"从另一个角度说明，国家推行社会主义新农村建设，国家权力控制农村建设，农村要走社会主义合作化道路、要服从城市领导，但国家发展重点在城市、工业，不能过多"支援"农村建设和农业发展，农村建设的责任在于农民。

集体化时期的农村社区服务内容并不比民国时期多，但这两个时期的农村建设各有特色。民国时期的乡村建设采用自下而上的方式进行，建设和服务活动贴近农村实际与农民需求；而集体化时期的新农村建设，是政府采用自上而下的运动推进，政治效应远大于社会效应。具体地说，首先，民国时期的乡村建设由乡村社会力量主导，或在知识分子、社会团体帮助下进行，政府除了制定相关的政策加以规范，很少干涉农村建设和社区服务的具体活动，并且"干涉"更多地表现为支持或扶持。如考虑"农民最缺乏的是钱，无钱故不能改良农业，提高生活"的现状，[②] 政府兴办了地方农业银行[③]或

[①] 廖鲁言：《关于〈一九五六年到一九六七年全国农业发展纲要（草案）〉的说明》，《人民日报》1956年1月26日。
[②] 孔雪雄：《中国今日之农村运动》，中山文化教育馆，1934，第219~220页。
[③] 据中国银行总管理处经济研究室编《全国银行年鉴》1937年年刊记载，截至1937年，全国农业银行约有29家。

动员金融机构借钱给农民，让农民买耕牛、凿水井、改良土地等，进而不断改善农村人的生存"境遇"。而集体化时期的农村建设，政府全面介入农村生产生活，村庄、农田、庄稼都不属于农民自己，农民的日常生活也受到严格管制，至于如何建设农村，农民只能按照上级意志执行，所有的建设活动必须在政府的指导下进行，或在政府同意、授权下进行。其次，民国时期政府允许、支持各式各类合作组织带领农民建设农村，政府的合作社领导机构责任是制定一系列法律法规，以规范、鼓励合作组织参与农村建设和服务活动。即使在抗战期间，国民政府为了稳定国家财源和更好地维护农村社会秩序，利用农村家族制，将合作组织与乡村治理的保甲制度结合起来，推行地方自治和乡村建设，但由于受到战争的牵制，国家权力也没有完全渗透乡村底层，控制乡村建设和服务活动。而集体化时期的农村建设都是由政府直接实施的。虽然乡村缺少类似于民国时期的社会团体，但跟随党和政府的妇联、共青团、民兵组织已经成长起来，成为新农村建设和服务活动的中坚力量，能协助乡村政治骨干或精英建设新农村。此外，民国时期的乡村建设目标简单，就是恢复农村经济、解决民生问题；而集体化时期的农村建设不仅有发展农业生产、支持城市工业发展的经济目标，还有带领农民走社会主义道路，改造小农、改变农村面貌的政治目标。

四 改革开放后及当下：公共服务下乡的服务模式

改革开放后，国家逐步推行新一轮农村建设。1981年国家农委在给中共中央国务院的《关于积极发展农村多种经营的报告》中指出，经过二三十年的努力，要建设"环境优美，生活富裕，文化发达的新农村"。1998年党的十五届三中全会通过的《中共中央关于农业和农村工作若干重大问题的决定》提出，到2010年实现"建设有中国特色社会主义新农村的目标"。2005年十六届五中全会通过的《中共中央关于制定国民经济和社会发展第十一个五年规划的建议》提出，"坚持把解决好'三农'问题作为全党工作的重中之重，实行工业反哺农业、城市支持农村，推进社会主义新农村建设，促进城镇化健康发展"；并且，要从推进城乡统筹发展、推进现代农业建设、全面深化农村改革、大力发展农村公共事业和千方百计增加农民收入五个方面开展新农村建设，使社会主义新农村建设的各项任务落到实处。2006年中央颁布的《中共中央国务院关于推进社会主义新农村建设的若干意见》一号文件，对今后扎实推进新农村建设做出了全面、系统的部署。

总的来说，改革开放后中国农村建设与社区服务的境遇比以往都好。第一，由于落后的农村成为全面建成小康社会和基本实现现代化的瓶颈，国家从战略高度设计新农村建设，借此缩小城乡发展差距，促进城乡经济社会协调发展。第二，国家经济实力日趋强大，有能力在保持城市经济社会稳定发展的同时，支持农村建设和农业发展。如此，国家及时调整重城市轻农村、重工业轻农业、重市民轻农民的城乡发展战略，制定一系列优惠政策推进农村建设、农业发展和农业人口转移。第三，乡镇机构改革、农村综合体制改革的实施，不仅有效地促进了农村基层政府由管理型向服务型转变，而且乡镇事业单位也在"以钱养事"的改革中转变职能，主动投身新农村建设和社区服务发展。第四，农村市场经济日趋发达，市场主体为农村建设的服务意识不断增强，市场服务已经全面渗透农业生产和农民日常生活中，农业生产的产前、产中和产后服务以及农村社区的商业保险、养老、金融、维修等越来越离不开市场服务。第五，和谐社会建设战略的实施，尤其是国家将改善民生作为社会建设重点方略的提出，使新农村建设的目标更加明确，即新农村建设要以保障和改善民生为重点，多谋民生利、多解民生忧，大力发展社区服务，以解决农村居民最关心、最直接、最现实的利益问题。

新农村建设背景下的社区服务更注重政府介入和推动。改革开放后，中国政府与农村社会力量发生了较大变化，20世纪八九十年代它们之间为强政府—弱社会关系，而进入21世纪后，尤其是在国家取消农业税前后几年，政府逐渐上收一些行政权力，农村基层出现政府权力暂时弱化的现象，政府与农村社会进入弱政府-弱社会关系状态。2006年新农村建设实施后，政府不断强化社会管理与公共服务职能，并且将管理与服务送到农村基层，政府权力不断走强；与此同时，由于国家取消农业税，农民变得更轻松、更自由、更散漫，农村社会进一步分散，甚至一些地区的农村组织出现瘫痪，农村社会并没有因为减轻经济负担而变强，仍然处于"散弱"状态。如是，政府与农村的社会力量对比再次转变为强政府－弱社会关系。在新农村建设的舞台上，尽管政府与社会不再是对立、博弈的双方，但它们也不再是利益共同体；尽管政府与社会不再是领导与服从的上下级关系，但它们也不再是协作的伙伴双方。调查发现，不少农村基层政府与农民在农村建设上"同床异梦"——基层政府迫于行政压力，不得不尽力建设新农村；而农民很现实，只想搭便车获取服务，却不愿意出人出力参与建设，甚至准备随时撤离农村。

鉴于此，维系政府强势状态并借此推进新农村建设是有必要的。正如上文指出的，在新农村建设开展前，中国农村社会并没有因农业税和"三提、五统"的取消以及政府权力部分退出而出现强社会，反而使社会问题更多，如道路设施年久失修，村民出行更难；农田水利设施破旧，农业抗旱抗涝能力更弱；社会治安恶化，村庄偷盗泛滥；社会保障缺乏，农村老弱病残群体不能得到应有的社会帮扶；等等。要想把弱社会整合起来，形成农村的建设力，唯有强政府才可以。亨廷顿说："一个缺乏权威的弱政府是不能履行其职责的，同时它还是一个不道德的政府。"① 诚然，强政府并非就要扩大政府机构，增强政府的行政管理能力。新形势下，相对分散、弱势的农村社会，保持政府强势和足够的权威主要是为了推进农村建设和社区服务发展。具体地说，其一，唯有强政府，才能贯彻落实中央的新农村建设战略，有效地带领仍旧分散的村民建设社会主义新农村；其二，唯有强政府，才能强化政府的公共服务职能，将公共服务送到乡下；其三，唯有强政府，才能根据城乡发展一体化趋势要求，整合农村居住空间和公共资源，又好又快地推进新型城镇化。

或许是政府强力推进新农村建设的缘故，农村公共设施、社区服务才能在短短几年间发生显著变化。新形势下新农村建设在生产、生活、文化、生

---

① 〔美〕亨廷顿：《变化社会中的政治秩序》，上海人民出版社，2008，第22页。

态和管理等方面都取得了可喜的成就，特别是政府对农村社区服务的投入明显增多，农村社区中的道路、供排水设施等有形服务和社会保障、文化教育、卫生健康等无形服务都有所改善，农村居民的生活水平和服务质量也有较大提高，这与以往农村建设有很大不同。20世纪二三十年代的乡村建设运动侧重于组织经济合作社，恢复农业经济，克服农村贫困。五六十年代实施的农村建设着力于建设社会主义社会，政治建设和思想建设的力度超过经济建设和文化建设，农民的生活水平没有明显提高。八九十年代的新农村建设围绕家庭联产承包责任制和村民自治两大环节进行，国家有意在经济和管理上放权，让农民自己建设农村，但"给予"没有大幅度提高，反而由于地方政府不断加大经济汲取，造成农民经济负担日趋沉重。当下的新农村建设，政府建设农村与提供服务是同步的，政府在规模大的行政村、中心村、集中村的建设中建立社区服务中心，或社区公共服务，或社区邻里服务中心，由政府机构和事业单位工作人员为居民提供一站式、一条龙服务。即使在一些经济落后的、居住分散的老少边穷农村，缺少建立服务中心的条件，政府也采取代理服务、上门送服务等方式为农村居民提供公共服务。

五　讨论与展望：未来农村社区服务的可能模式

鉴于农村社区服务是农村建设的重要内容，以及在某种程度上农村建设就是社区服务活动的事实，本书用相当多的文字阐述民国时期、集体化时期和改革开放后的农村建设，冀望从农村建设进程中展现农村社区服务状况，并将其概括为合作社与教育共同驱动的服务模式、先生产后生活的服务模式和公共服务下乡的服务模式。前人对农村建设的研究比较多，研究成果相对成熟，而少有学者对农村社区服务近百年的发展历程进行专门、系统研究，更缺乏将每一个时期农村社区服务概括为一个模式的尝试，因此有必要简单说明一下本书的"模式"。

本书提及的三个模式是相对当时农村场景下社区服务的主要活动而言的。虽然提出的模式具有一定的概括性，也力求更广泛地反映农村社区服务的全貌，但由于中国幅员广阔，农村的建设进程和建设状况不可能一致——即使在人民公社时期中央对农村建设做出统一部署，也因各地干部水平和素质参差不齐而导致执行农村建设政策的差异。如此，本书只是笼统地概括农村社区服务模式，以体现当时社会情境下社区服务特征。如民国时期，虽然国民政府推行乡村建设，乡村建设也在一些地方开展起来并取得了一定成效，但由于20世纪二三十年代国家权力还没有完全将农村统辖到行政序列中，国家推行的乡村建设政策在农村执行得不彻底；由于缺乏强有力的行政管制，地方官员按照"多一事不如少一事"逻辑，或拖延不办，或打折扣地执行；由于国家少有物质、资金支持，乡绅们难从中"赢利"，他们建设乡村的动力一般不大。本书中的合作社与教育共同驱动服务模式主要是针对已经开展乡村建设运动的乡村而言的。再者，本书将民国时期的国家与社会博弈力量概括为弱国家-强社会的关系，唯有在这些农村中，社会团体或乡绅力量才比较活跃。换言说，唯有社会团体、乡绅力量强的农村，乡村建设运动才能搞得起来。因此，本书提出的社区服务模式是当时社会的主流模式，或者说是那个时代的代表模式，而不是全部。

不仅如此，有的模式不是所在时代全过程的服务形式，只能反映所在时代服务模式的演进方向。如本书将改革开放的农村社区服务模式归结为"公共服务下乡的服务模式"，主要是针对新农村建设开展后的乡村而言的。严格意义上看，改革开放后的农村建设分为三个阶段，即20世纪八九十年代、20世纪末至2005年以及2006年后。八九十年代的农村建设由家庭联产承包责任制和村民自治制度两项改革推进，国家在经济、管理上放权给农村，但无论是国家还是农村社会都没有采取有效措施发展农村社区服务，农村社区仍在利用集体化时期的服务设施和服务项目，道路交通、农田水利基本没有大的发展，农村社区服务出现了一定程度的退化，甚至像人民公社时期建立起来农村合作医疗服务，除了少数经济好的乡村，全国大部分农村地区已经没有了这项服务。20世纪末至2005年新农村建设开展前，国家针对前阶段农村存在的问题和发展需要，调整相关政策。如实施税费制度改革、取消农业税、推行新型农村合作医疗等，一方面为农民减轻经济负担,支持农村建设和发展,另一方面着手化解农村民生问题,推进农村和谐社会建设。但客观地说,这个阶段的农村社区服务处于起步阶段,养老、健康、文化、就业等诸多社区服务在新农村建设开展后才走上前台,并成为新农村建设的重要内容之一。

2006年新农村建设开展后,农村社区服务迎来"利好"机遇期。从国家层面上看,政府不仅将解决"三农"问题放到关系全局的发展高度上,强调农业兴则全国兴、农民富则国家富、农村稳则天下稳,而且取消了农业税费,不断增加"多予""反哺"力度,特别是将公共事业的发展重点转移到农村战略的实施,农村社区的公共设施和服务条件得到进一步改善。从基层政府层面上看,政府由"要钱""要粮""招商引资"的全能型转变为主要履行经济调节、市场监管、社会管理和公共服务四大职能的有限型,政府及其相关部门服务基层、服务社区、为民办实事的意识日趋增强,基层政府官员能自觉地把建设好农村社区、更好为农村社区居民提供服务看成自己的本职工作。从农村社区层面上看,随着农村居民生产、生活水平的不断提高,社区居民的服务需求越来越多,需要政府和农村基层社会组织开发、整合社区服务资源,为他们提供更好更多的社区服务。

然而,新农村建设后开展的社区服务更多是以政府为主体进行的,农村社会力量并没有被充分地组织和动员起来。一方面,国家基于中国是人口大国,即使未来中国城市化程度很高,也有几亿的人口居住在农村的认识,从整体上规划城乡统筹发展,提出让改革开放的成果惠及农村居民,让他们享受与城市居民均等化公共服务的发展策略。而广大农村尤其是中西部或城市远郊农村的一些村委会干部和村民,对农村发展出现的空心化、老人化、离乡化存在顾虑,没有信心或觉得没有必要建设农村。如此,当下的新农村建设在不少地方被农民群众看作政府的政治行动,不愿意参与其中,[①] 他们对政府的建设品头论足,甚至嘲笑政府在"瞎折腾"。另一方面,农村除了半

---

① 李勇华:《公共服务下沉背景下农村社区管理体制创新模式比较研究——来自浙江的调研报告》,《中州学刊》2009年第6期。

官方、半行政的党支部和村委会,真正民办、民管的社会组织、团体非常缺乏,不能为农村居民提供公益服务。即使国家大力扶持农民专业合作社组织,仍有10%的合作社是"空壳",根本不开展活动;在有些地方,"有50%的合作社没有开展活动"。① 当然,一些地方在新农村建设中也成立诸如村民议事会、快乐调解俱乐部、红白事理事会、巾帼义工队等社会团体,但笔者在2013年进行的40个行政村或农村社区实地调查中并没有发现多少这类社会组织,有的即使有组织,也很少开展服务活动。目前农村社会组织化程度甚至不如集体化时期,那时农村社会活跃着共青团、妇联、民兵组织,他们在农业生产和农村建设中发挥了较大作用。

农民没有建设农村和开展社区服务的动力,加上农村社会团体少且弱,政府势必要承担农村建设和社区服务更多的责任。姑且不论中国还是个发展国家,政府财力和服务能力都有限,就是一个发达国家,政府也没有能力承担全部的建设和服务事务。中国农村社区服务及城乡社区服务一体化建设必须依靠社会力量。农村的进一步发展,需要政府大力扶持、培育社会团体,促进农村社会力量成长。拥有发达、完善社会团体的强社会对发展农村社区服务有着重要意义:其一,唯有强社会,村民才能与强政府进行平等对话,公正博弈,从而增强村民服务表达权,维护村民服务权益;其二,唯有强社会,村民才能有效地履行自我服务、自我管理的治理权,将农村社会建设成为市民社会;其三,唯有强社会,村民才能在农村培育自己的社会组织,如合作社、专业协会、志愿服务团体等,为农村提供更多的公益服务。

鉴于此,新农村建设和新型城镇化发展中的农村社会与国家应该是强社会-强政府的关系,由社会力量和政府力量共同推进农村社区服务发展。当然,这并非说有政府和社会团体协作,农村社区服务就万事大吉。随着农村市场经济的不断发展,政府和社会在农村社区服务中仍可能出现失灵,需要市场力量弥补。面对强政府、强社会的态势,农村社区服务对市

---

① 潘劲:《中国农民专业合作社:数据背后的解读》,《中国农村观察》2011年第6期。

场的要求不比对政府和社会团体的要求少,需要强市场力量的支持和配合。强政府、强社会、强市场三种力量联手下的农村社区服务更能适应农村发展趋势要求,更能满足农村居民不断增长的服务需求,更能促进城乡社区服务一体化发展。综上,未来农村社区服务应该是强强联手、多元合作的模式。

第三章
农村社会公共性及社区服务对其建构的意义

农村社会公共性是农村人进行公共生活的本质属性，新农村建设和新型城镇化发展都需要在此基础上进行。然而，在城市化大潮的冲击下，蕴含于农村社会公共空间、公共利益、公共精神中的公共性都在快速流失。不仅如此，我国农村社会公共性在分散的村落社区、集中社区和城郊社区的变化也异常复杂，呈现弥散性、混合性、紧张性等，这既使农村社会的发展充满不确定性，也使农村社会建设面临诸多困境。由于农村社区服务具有拓展农村社会公共空间、壮大农村社会公共利益和培育农村社会公共精神等功能，并且其公共性能兼容农村社会其他公共性，发展农村社区服务自然地成为减缓农村社会公共性流失、促进农村社会公共性成长、建构农村社会公共性的最优选择。

第一节 农村社会公共性及其流失

改革开放后，农业生产家庭化的实施引发农村社会碎片化和农民群体原子化，农村社会公共性随之出现不同程度的流失。农村社会公共性蕴含在它的外化、物化形式内，"细"且"无声"的流失一般不会即刻解构农村社会，但随着时间推移，公共性流失最终将损耗农村社会的公共领域、公共利益和公共精神。由于农村社会公共性是农村场域中不同社会主体协调合作的关联属性和建构有序社会结构的"目的性善"，它与政府、社会"同时在场"，并赋予这些主体诸多公共责任，一旦丧失，所有为农村社会繁荣稳定和居民生活幸福付出的努力都将付之东流。如此,面对农村社会公共性的流失、变异及其对农村社会产生的巨大解构力,我们除了慎重对待农村社会公共性及其问题,还需要采取切实可行的措施建构农村社会公共性,以减缓其流失速度,恢复其活力。

一 公共性研究与问题提出

作为学理概念的"公共性",它最初指涉"人们从私人领域走出来,就公共问题开展讨论与行动"。[1] 关于此,哈贝马斯和阿伦特的公共性诠释颇为经典。哈贝马斯从批判功能角度讨论公共性的存在与实现,他认为唯有"在私人领域之中诞生了公共领域,才有了真正意义上的公共性";[2] "本来意义上的公共性是一种民主原则",只有当"个人意见通过公众批判而变成公众舆论时,公共性才能实现"。[3] 阿伦特从"存在—价值"的视角阐释公共性,她认为公共性即为在公共领域中"为人所见、所闻"的"任何东西";[4] "被他人看见和听见的意义在于,每个人都是站在一个不同的位置上来看和听的",[5] 以期在"公开环境中、在具有差异性视点的评判下形成一种共同认识",[6] 进而维系人们之间共同存在的意识。

我国多数学者认同哈贝马斯和阿伦特的"公共性",代表性观点有:公共性是指社会成员能够平等地涉及公共领域的倾向性;[7] 公共性是相对私人性、个人性、私密性等概念而言的,它强调的是"某种事物与公众、共同体(集体)相关联的一些性质"。[8] 尽管学者们对公共性的解释不尽相同,且不乏新意,但严格地说,这些解释没有超越哈贝马斯和阿伦特的"公共

---

[1] 李友梅、肖瑛、黄晓春:《当代中国社会建设的公共性困境及其超越》,《中国社会科学》2012年第2期。
[2] 〔德〕哈贝马斯:《公共领域的结构转型》,曹卫东译,学林出版社,1999,第32页。
[3] 〔德〕哈贝马斯:《公共领域的结构转型》,曹卫东译,学林出版社,1999,第252页。
[4] 〔美〕汉娜·阿伦特:《人的条件》,竺乾威等译,上海人民出版社,1999,第38页。
[5] 〔美〕汉娜·阿伦特:《人的条件》,竺乾威等译,上海人民出版社,1999,第88页。
[6] 袁祖社:《"公共性"的价值信念及其文化理想》,《中国人民大学学报》2007年第1期。
[7] 李明伍:《公共性的一般类型及其若干传统模型》,《社会学研究》1997年第4期。
[8] 谭安奎:《公共性二十讲》,天津人民出版社,2008,第1页。

性",似乎都是在解读哈贝马斯和阿伦特的"公共性",并且试图从他们的"公共性烙印"上更清晰地表达"公共性生活"。

当然,这并非说如今学界的公共性研究全在复述哈贝马斯和阿伦特的"公共性",我国已有学者从社会性本质上探究公共性内涵。譬如郭湛等人在研究中指出,公共性是"人类社会和人类历史的一个内在品质""人的一切社会性活动的一个基本性质""人的社会性本质在公共生活中的表现方式""人类共同生活的前提条件"。[1] 这些论断是公共性研究的重大突破,表明公共性研究由关注其形态向探究其本质转变。特别是对公共性诸多特性,如共在性、共处性、共和性、公有性、公用性、公利性、共通性、共谋性、共识性、公意性、公义性、公理性、公开性、公平性、公正性等的分析,[2] 不仅极大地提升了公共性研究的学理性,而且有助于促进"纯粹公共性"走向"实践公共性",为公共性嵌入社会管理和社会建设拓展了更广阔的空间。

作为实践活动的"公共性",它既是"人们高层次的内在需要",[3] 又是实现"善"的工具和手段。由于公共性的触角伸展至社会生活各个领域,[4] 加上它与日常行为活动结合在一起,公共管理和社会建设都有必要在公共性的"旗帜"下从事实践活动。

从公共管理上看,善治的本质就在于回归管理的公共性。相关研究指出:人类从"统治型"到"管理型"再到"服务型"社会治理模式的变迁是人类不懈追求公共性的努力,"公共行政的发展史就是一部探索改进公共性实现方式的历史";[5] 公共政策要体现公共性的"公有性、公治性和公享性"的本质特征,以公共性作为公共政策运行的出发点和归宿,并将其作为检验一切公共政策价值的基本准则;政府是否拥有充分的公共性,应该成

---

[1] 胡群英、郭湛:《哲学视野下公共性的历史生成与转换》,《理论导刊》2010年第8期。
[2] 郭湛、王维国:《公共性的样态与内涵》,《哲学研究》2009年第8期。
[3] 周五香:《基于公共性的廉政伦理探究》,《伦理学研究》2010年第5期。
[4] 袁祖社:《"公共哲学"与当代中国的公共性社会实践》,《中国社会科学》2007年第3期。
[5] 张康之:《论"公共性"及其在公共行政中的实现》,《东南学术》2005年第1期。

为政府作为公共部门的纯洁性标准,尽管公共性不是政府的根本或第一属性,但"政府要去实现其公共性行政范型"。① 由此可见,无论是公共行政发展进程中的公共性检视,还是公共政策或政府部门的公共性叙事,公共性俨然成为公共管理活动的根本或第一属性,如果社会治理和政府行动将公共性置之度外,那将是极其错误的。

从社会建设上看,公共性主要体现在建设主体、建设理念、建设目标、建设过程、建设手段以及建设成效等方面。学界对此研究除了探讨公共性问题与对策,已将公共性投射至复杂的社会图景中,并为社会公共性的实现架构起多条可行性通道。例如,公共性是不同社会主体之间为主张共同利益而表现出来的一种特性,其建构与实现需要全体社会成员的广泛参与和共同努力;随着市场经济发展和"单位社会"消解,政府应该放弃对公共性的垄断,促使传统的一元公共性向多元公共性转变,努力建立扩散型的"新公共性";国家权力从社会管理中的部分退出,为社会组织公共性成长创造了有利条件,社会组织应该在公共利益表达和公共服务提供方面发挥更大的作用;公共性与和谐社会紧密相连,"公共性是构建和谐社会的一种重要的调节手段和基础保证",② 社会建设要以公共性为取向,维护社会公共秩序,保障公民公共利益,推进公民公共能力的提高。

由是观之,学界不再局限于公共性本质的探究和渊源的理论推演,越来越多的研究正在将公共性价值与公共管理、政府行政、社会建设等实践活动结合起来,以追求、实现公共性终极"善"。毫无疑问,这些研究成果虽然能为我们理解农村社会公共性和解决农村社会公共性问题提供理论指导和方法论意义,但相比较而言,已有研究更多关注的是和谐社会建设、社会管理等宏大叙事的公共性存在,以及公共管理等学科发展的公共性学理,对农村社会公共性流失、变化及其未来走向缺乏研究。进入21世纪,新农村建设、新型城镇化和城乡一体化发展成为国家战略,农村社区改制、建设和服务等

---

① 李湘黔:《存在论视野中的政府公共性》,《湘潭大学学报》(哲学社会科学版)2006年第2期。
② 郑杭生:《社会和谐与公共性》,《中国特色社会主义研究》2005年第1期。

第三章　农村社会公共性及社区服务对其建构的意义

主题相继成为农村研究的热点，然而这类研究多数是在"就事论事"，很少有人追究其内在的公共性及其流失、变异对新农村建设、城镇化建设和城乡一体化发展的影响，更罕见从农村社区服务角度探讨农村社会公共性建构。

农村社区服务必须担负起建构农村社会公共性的责任。一方面，在城乡一体化进程中，越来越多农村人离开农村，农村渐趋成为"无主体社会"或"半熟人社会"，其公共空间、公共活动、公共事业、公共服务等或减少，或发展迟缓，公共性流失不断加快，公共性问题明显增多；另一方面，农村社区服务发展不仅自身存在政府、市场、社会等多个主体参与服务的公共性问题，而且所有服务都应该以公共性为根本出发点与落脚点，即通过具体服务的实施，拓展农村公共空间，维护居民的公共利益，促进社区共同体的公共认同，以保障农村社会的良性运行与协调发展。本书基于公共性本质的一般共识，将农村社区服务的价值应用于建构农村社会公共性的探究中，并以农村社区场域的公共性流失与问题为分析对象，寻求社区服务视角下建构农村社会公共性策略。

二　农村社会公共性识别与问题症结

学者们对农业社会或传统农村社会有无公共性存在分歧。有学者认为，在农业社会中，"存在着一些'共同性'（common）的内容，但是，却没有公共性（public）问题"。[1] 也有学者就此指出，"在农业社会中人的生产活动和交往活动的这种总体上的孤立性与分离性，并不表明其内部就没有公共性问题"。[2] 面对如此迥异的看法，我们不能做简单的对—错判别，需要具体分析。

认为农业社会没有公共性的理由在于，农业社会的公共部门尚未完全从私人部门分化出来，统治行政从属于统治阶级需要，并不代表全社会利益。基于此，张雅勤强调，农业社会只存在统治集团内部的共同利益，没有形成

---

[1] 张康之：《公共行政学》，北京大学出版社，2007，第6页。
[2] 胡群英：《社会共同体的公共性建构》，知识产权出版社，2013，第3页。

社会公共利益，因此在农业社会阶段中谈及行政公共性，"是不符合历史事实的"。① 这是从行政管理视角检视公共性存在，即认为只有进入工业社会后，有了政府公共部门，才出现公共性和公共性问题。而认为农业社会存在公共性的学者，一般是从公共哲学角度解读公共性内涵，将公共性视为人类群体存在和开展群体活动的基本属性和必要条件。这个意义上的公共性缘起于人性，是一种社会公共性，具有普遍性、共享性、公平性等特性。②

社会学中的公共性，不同于行政学与管理学中的公共性，其内涵较为宽泛，更接近公共哲学意义上的社会公共性。在此，笔者有必要提及黄显中的公共性解释，即将公共性划分为"自在的公共性"和"自为的公共性"。③ 自在的公共性作为一种性质存在于一切公共事务中，只要有公共事务的存在，就应该有公共性的存在；而自为的公共性是公共权威需要利用的或经专家智慧加工的，将公共性的工具意义和目的性价值相结合，指"按公共性逻辑处理公共事务"。自在的公共性和自为的公共性并非对立，在日常管理中，公共权威的责任和使命"就是达到自为的公共性与自在的公共性相符"，实现"公共事务的自在自为的公共性"。自在的公共性与自为的公共性的划分，糅合、折中了行政、管理、哲学等学科的公共性范畴，使公共性的社会功能更具有普适价值，也便于将公共性引入农村社区建设与服务研究中。由此推定，无论是传统的农业社会，还是城乡二元结构下的农村社会，农村社区原本就存在大量的公共性，并且，这些公共性是农村社会建设、社会管理等公共活动的根本出发点和归宿。

公共性广泛存在于农村社区中，农村社区具有的先天和谐，主要归功于公共性功能的彰显。相对城市社区，我国传统农村社区自成一体，其特性类似于滕尼斯的"天堂"共同体，是自然而生的，由具有同质性和共同性的熟人构成，居民"从出生之时起，就休戚与共，同甘共苦"，有"持久的和

---

① 张雅勤：《行政公共性的生成渊流与历史反思》，《中国行政管理》2012 年第 6 期。
② 袁祖社：《"公共哲学"与当代中国的公共性社会实践》，《中国社会科学》2007 年第 3 期。
③ 黄显中：《政府公共性理论的谱系》，《湘潭大学学报》（哲学社会科学版）2004 年第 3 期。

真正的共同生活"。① 它建立在地缘关系和血缘关系之上,人与人之间沾亲带故,在共同的风俗、习惯、礼仪的规约下相互交往、和睦相处、共同生活,从事基本相同的农业生产劳动。恰如鲍曼所言,这个共同体是"一个'温馨'的地方,一个温暖而又舒适的场所",如果"有人跌倒了",其他人会毫不犹豫地帮助他们"重新站立起来"。② 如此,人们之所以能在农村社区过着"无忧无虑"的生活,主要得益于共同体"合乎情理"公共空间,以及共同社区利益和社区认同造就的"人情味",它使社区居民都能自觉自愿地从各个分立的私人空间、家庭走出来,参与公共事务协商,进行公共性活动。

相比传统农业社会,当下农村社会的公共性不是增多而是减少了。尽管进入 21 世纪后,我国农村场域中好戏连台,先是取消农业税,继而是新农村建设,再后是发展新型城镇化,但公共性并没有得到相应的增长,反而却加速消解。表面上看,每一场大戏的开启,农民都从中得到了不少实惠:农业税的取消,减轻了农民经济负担,农民可以真实地为自己而活着;新农村建设的开展,国家对"三农"的扶持逐年加大,农业生产、农村面貌、农民生活日新月异;新型城镇化的实施,将进一步理顺空间城市化和农民市民化的关系,以实现农村的社区建设、公共服务、社会管理等与城市社会全面对接或并轨。但是,笔者观察到的现象表明,国家为农村所做的系列安排和所提供的多方面支持,未能保留住农村社会公共性,相反却在一定程度上使农村社会公共性问题变得更复杂、更棘手。

按理说,国家把农民该减的负担几乎全部减掉,把该自己承担的责任也都承担下来,但我国的城乡差距仍在扩大,农村的"散沙"状况仍在蔓延,农村社区共同体的凝聚力仍在不断削弱。面对如此窘境,人们不禁要问,是国家"把公共事业建设重点放在农村"与"工业反哺农业、城市支持农村"

---

① 〔德〕斐迪南·滕尼斯:《共同体与社会——纯粹社会学的基本概念》,林荣远译,商务印书馆,1999,第 53~54 页。
② 〔英〕齐格蒙特·鲍曼:《共同体:在一个不确定的世界中寻找安全》,欧阳景根译,江苏人民出版社,2003,第 3 页。

等惠农政策缺乏有效性,还是新农村建设和新型城镇化发展战略设计存在问题。笔者认为,这些都不是。农村"散"、一些村落社区的消失以及农村社会公共性问题增多,归根结底在于农村社会公共性。无论是农业税的取消,还是新农村建设和新型城镇化发展,都未能提升农村社会公共性。例如,农业税和"三提、五统"的取消,农村基层政府财政收入普遍减少,政府无力继续从事公共服务活动,农村教育、医疗、福利保障等都出现了大幅下降。又如,新农村建设本意是要通过农村发展加快消除城乡二元结构,使农村人分享改革发展成果,并过上与城市人均等的生活。但经验已经表明,新农村建设是在城市化快速发展的背景下进行的,农村发展还是追不上城市发展的脚步,由此,广大农民并没有因为新农村建设而放弃进城,相反,越来越多的农民正是踏着新农村建设的节拍一批一批地流出农村。再如,我国城镇化建设已经取得了较大成就,并在实践中形成了以大城市带动大郊区发展的成都模式、以宅基地换房集中居住的天津模式、以产业集聚带动人口集聚的广东模式、以乡镇政府为主组织资源的苏南模式,以及以个体私营企业为主体的温州模式等,但这些城镇化模式都试图通过扩大城市空间、农民集中居住、产业集中、城镇建设、企业发展等方式促使农村向城市转变,并非在农村空间中建设新农村。新型城镇化是具有明显城市化倾向的现代化建设行动,它是调和城市化发展和新农村建设的紧张关系而做出的无奈选择——与其说它是协调城乡发展的新路径,不如说它是为了减轻因城市化快速发展所产生的城市病而不得不向农村妥协。总之,我国在农村社会建设、农业现代化、农民市民化中推行的一系列举措,尽管在一定时期有一定的效果,但这些均未能聚合、提升农村社会公共性,也不能缓解农村社会因公共性缺乏而产生的诸多问题。

公共性是公共生活的本质属性,如果"没有公共性,人类就难以超越个体当下有限的生存状态和狭隘封闭的本能意识或意识化了的本能,去创造共同的文化财富,并使之在历史上延续下去,在空间中不断扩展开来"。[1]

---

[1] 胡群英、郭湛:《哲学视野下公共性的历史生成与转换》,《理论导刊》2010年第8期。

现实中,我国农村社会公共性正在减弱并产生了诸多问题:在分散的农村社区中,由于农民源源不断地流出农村社区,致使传统的农业社会公共性正在退出农村社会公共领域,这不仅使农村社区场域中的公共空间日趋萎缩,而且昔日富有乡土情趣的亲缘团体、地缘团体也在日渐萧条,大规模的公共生活在一些农村社区几乎销声匿迹;在"拆、并、合"改造的农民集中居住社区以及城镇或城郊的农民安置社区中,由于居民来自不同的村庄,加上他们不再从事同样的农业劳动,曾经拥有的共同习性、类似的生活方式正在分化、蜕变,而新的公共性尚在建构中,公共性的完善及其作用发挥都需要一个较长的过程。农村社区公共性的流失与变异,已经成为农村社会显问题,如果不在实践中倍加重视,势必会影响新农村建设和新型城镇化发展战略的实施,也会阻滞农村公共事业的发展。

三 农村社会公共性的形态呈现与流失

公共性流失研究多见于制度公共性流失、公共政策公共性流失、政府公共性流失、公共服务公共性流失等研究中,并且一般是从实施主体、公平价值、功能与目的、目标与效果等方面论述其流失程度与状况。本书根据公共性概念的简单理解,分析公共性呈现的公共空间、公共利益和公共精神三个主要形态,并阐述农村社会公共性流失状况。

(一)农村社会公共空间的公共性及其流失

农村社会公共空间是农村社会各关联主体基于公共性需要,按照农村社会人际交往规制进行社会活动和思想交流的公共场所,其公共性体现在以下几个方面。一是开放的,居民可以自由地进出、自主地参与公共活动、自由地就公共事务发表看法;二是公开的,居民在其中进行的所有活动都是公开的,别人能看见、听见;三是公意的,居民可以就某一公共事务共同协商、互相交流,必要时可以为达成共识意见进行理性辩论;四是共在的,居民按照约定好的规则相处共事,为达成理性、有序的社会状态而进行互帮、互助、互通、互谅活动;五是共有的,居民共同出资兴建公共产品或提供公共服务,其成果归社区居民所有,不能瓜分,更不允许将其占为己有。农村社会公共空间是展示、体现农村社会公共性的公共领域，其变化直接关系到农村社会公共性的运行状况与流失程度。

公共空间并非固化不变，不同历史时期公共空间的存在形式有所不同。阿伦特曾列举出不同历史时期的公共空间存在形式，即古希腊城邦为公共广场、议事大厅、庙宇、剧院、体育场馆等；中世纪为教堂、教会仪式、宫廷、私人庭院、城堡等；近代社会为剧院、音乐厅、咖啡馆、茶室、沙龙等；而现代则主要为广播电视、互联网、社团组织等。纵观农村社会的公共空间，其变化也是很大。在传统农业社会中，公共空间主要有社区内的族田和祠堂，以及跨社区的寺庙、社戏场、茶馆等。中华人民共和国成立后，国家对农村社会进行了政治整合，一些老的公共空间在"扫四旧"① 中被取缔或被改造，农村社会的公共空间转变为生产大队的队部、学校、商店、诊所，以及生产小队的"社屋"、② 稻场、麦场等。家庭联产承包责任制实施后，政社合一的人民公社体制解体，生产大队和生产小队不再拥有组织生产功能，生产大队的队部和生产小队的"社屋"、稻场、麦场等从农村社会公共空间中退出，农村社会的公共空间趋于小型化：集市、商店等成为村民经常进出的公共场所；大树下、河道旁的空地成为村民小范围聚集交流和劳动休息的场所；一些农村修复或重建的祠堂、寺庙等，也逐渐成为家族活动或村民烧香拜佛的主要场地。农村社会公共空间在不同的历史时期有不同的载体与表现，同一历史时期不同农村社区的公共空间也不尽相同，但总的来说，农村社会不缺乏公共空间，公共空间也不缺少"人气"。

随着城市化的推进，农村人口快速流动，农村社会公共空间日趋萎缩。人是公共空间的活性要素，公共空间规模的大小及其变化主要取决于人的参与和人的活动。然而，自20世纪90年代中后期，我国农村人口在城市化大

---

① 1966年后，"文化大革命"运动倡导"破旧立新"，要求扫除"旧思想、旧文化、旧习惯、旧风俗"。
② "社屋"是生产小队建造的公共房屋，生产队成员开会和一些娱乐活动都在此进行。社屋一般有好几间，甚至十几间房子，有的储藏粮食和种子，有的堆放农具，有的是牛棚、马厩。

第三章　农村社会公共性及社区服务对其建构的意义

潮中源源不断地涌向城市，农村长居人口逐年下降，其公共空间的公共事务和公共活动也越来越少。以前农村社会中完全开放式的公共空间，如河道旁和大树下的空地、村庄中心的广场是成年人聊天、娱乐、交流的主要场所，但当中青年劳动力离开农村后，留守老人和妇女的家务和农活倍增，几乎没有时间或精力再到这些地方；而那些半开放式的公共空间，如学校、诊所、商店等，也由于人少而缺乏生气，慢慢丧失了公共空间的功能。譬如，一些中西部地区的农村孩子，有的因父母在城市打工来到城市学校，有的因家长嫌弃社区学校教育质量低而被送到城镇学校，有的因学校拆并而被政府安排到中心学校。如此，农村学校的孩子越来越少，甚至有的学校老师比学生还多。学校学生少，或学校被政府撤出农村社区，它已经不再是农村社区的主要公共空间。商店和诊所面临着同样的尴尬：一方面是农村人少，买东西、看病的人本来就少；另一方面是新农村建设开展后，政府实施了"村村通"工程，农村交通条件有了较大改善，富起来的农民更喜欢到城镇购买商品或到医疗条件好的乡镇卫生院、县市大医院看病治病。虽然我国农村社区还有学校、商店和诊所，但由于农村居民减少，其公共性功能已大不如从前。

（二）农村社会公共利益的公共性及其流失

公共空间是公共性形成和存在的社会基础，也是公共性实现的公共场域，但公共空间的公共性都是以公共利益为纽带，并以谋求公共利益最大化为旨趣。具体地说，任何一个共同体的产生、存在与运行都需要建立在公共利益的基础上，没有公共利益，就不会有公共性的共同体，也难以形成人们的共同行为；公共利益是公共性存在、发展的内在要求，是农村社区公共活动的价值目标，更是维系公共空间及其公共性活动的基本伦理规则。正如郭渐强和刘薇所言，"公共利益是公共性的根本立足点，公共利益至上是公共性的显著特征"。[①]

---

① 郭渐强、刘薇：《实现政府公共性的伦理思考》，《湖南师范大学社会科学学报》2010年第2期。

公共利益因区别于个人利益或私人利益而有意义，即"公共利益并不是特定利益的简单加和，它当然也不是组织化了的特定利益的加和"，① 它源于共同价值的对话，② 是多种个人利益和特殊利益的"重叠共识"。这种"共识"非常重要，尽管有时候它比较抽象，当我们用这个概念"来解释和预测人们的行为的时候"，不一定需要知道它的具体内容，③ 但这种"共识"是真实存在的，它不仅能协调不同社会主体之间的利益诉求和利益关系，使其在社会共同体中同存、共处，而且它还是社会共同体开展集体性、合作性行动的基点和内在驱动力，促使人们不懈追求，以实现个人、公共利益最大化。

在经典理论家那里，农民是分散的、自私的、狭隘的、落后的人，比"资产阶级还难以改造"。如此，这是否意味着农民群体间的公共利益少，或农村社区缺乏公共利益呢？其实不然，公共利益是公众共同享有与共同享用的利益，而私人利益则是个体、团体或部门的特殊利益，二者并非完全对立，往往是"公私利益结合得最紧密的地方，公共利益所得到的推进也最大"。④ 公共利益存在于不同的社会主体的私人利益中，但它一旦形成，便超越私人利益——"各个私人利益只有在实现公共利益的同时才能使自身得到实现"。⑤ 再者，当一部分私人利益从私人领域走到公共领域后并形成公共利益后，它将与私人利益形成利益整体，既能限制私人利益的无限扩张，又能保障正当、合理的私人利益。在农村社会中，尽管时常遇到损人利己、损公肥私的行为，甚至也经常看到这些行为给公共利益造成损害，但总体来看，农民的"利己""肥私"都比较隐蔽，熟人社会的公共舆论不允许"私"在农村社区场域肆意泛滥。因此，作为公共性重要内容的公共利益在

---

① E. E. Schattschneider, "Political Parties and the Public Interest", *Annals of The American Academy of Political And Social Science* (280) 1952: 23.
② R. B. Denhardt, J. V. Denhardt, "The New Public Service: Serving Rather than Steering", *Public Administration Review* (60) 2000: 549-559.
③ 〔美〕德博拉·斯通：《政策悖论》，顾建光译，中国人民大学出版社，2006，第21页。
④ 〔英〕霍布斯：《利维坦》，黎思复、黎廷弼译，商务印书馆，1985，第144页。
⑤ 郭湛：《公共利益：马克思唯物史观的解读》，《哲学研究》2008年第5期。

农村社会普遍存在，并没有因农民的自私性而减少。传统农村社会的家族利益和人民公社时期的社队利益都是公共利益，它们都不曾因私人利益存在而减少，这些公共利益甚至成为农村社区公共性资源，促进了农村社区建路、造桥、挖渠等公共设施建设，也推动了农村社区为鳏寡孤独者提供服务的公益事业的发展。

威胁农村社会公共利益并使其大量流失的因素不在农村社区内部，而是城市化。20世纪七八十年代，尽管家庭联产承包责任制准许私有化发展，农民的"私性"由此被激发、唤起，但基层政权在农村社区仍具有较强的动员力、统摄力，农民基本上能在政府或村委会的安排下从事公共设施建设和社区服务。然而到九十年代以后，城市化兴起，越来越多的农民流出农村，昔日炊烟袅袅、人声鼎沸的乡村渐渐地寂静下来，人们不再关心农村社会的公共利益：一些地方的农田水利设施年久失修，已经不再具有公共性功能；农村集体化时期建立起来的养老、医疗等社会保障体系，也因政府不管不问而趋于解体。在经济发达地区，虽然城市化对农村社会公共性的冲击不大，但大批"集体式"乡镇企业被民营化改制，变成个体企业和私人企业，它们不再是社区居民的公共利益，也不再具有保障社区居民的福利功能。公共利益是农村社会公共性重要内容，它的流失让农民对农村社区发展前景失去信心，也使一些农村社区失去了持续生存和进一步发展的可能。

（三）农村社会公共精神的公共性及其流失

在公共生活形态中，公共精神是道德规范的公共性，是公民个体与社群"摆脱利己主义而为绝大多数公共利益着想的精神"，[1] 具有"自主、公道、宽容、理解、同情、正义、责任、参与、奉献"等理性品德和公共理念。[2] 公共精神广泛存在于社会共同体中，它是公共性实现的主观条件，社会共同体建设需要弘扬公共精神，以帮助人们真实地感知共同体的生动图景和公共性魅力。

---

[1] 〔美〕史蒂文·凯尔曼：《制定公共政策》，商正译，商务印书馆，1990，第207页。
[2] 袁祖社：《"公共精神"：培育当代民族精神的核心理论维度》，《北京师范大学学报》（社会科学版）2006年第1期。

基于熟人关系的农村社会，其公共精神的养成与发展离不开乡土社会中的地缘关系与血缘关系，正是地缘关系生长的乡情和血缘关系培育的亲情，促成居民在处理日常事务时形成共识。这些共识经岁月洗涤后，有些便成为社区居民约定俗成的道德规范和"土"政策，有些自然转化为社区认同意识，规约着社区居民的个人行动和集体行动。农村社会的公共精神包括团体精神、合作精神、公正精神、服务精神等。团体精神驱使各自独立且分散的农户个体从私人领域走出来组织不同的社会团体，如近代华北农村的"看青会"，[1]以及当代农村各类合作社和各式协会。合作精神与团体精神相连，农村社会的不同团体都是在某一合作意向驱使下建立的，以谋求团体利益。但合作精神不限于此，农村社会个体成员基于血缘关系的亲情或地缘关系的乡情的"你帮我、我帮你"也非常普遍。在公共服务相对缺乏的农村社会，任何一个家庭发生的"大事"都需要家族成员或邻里给予及时、适当的帮助。公正精神在农村社会表现为对公平、正义、平等等准则的捍卫，不允许盛气凌人，更不允许仗势欺人，即使是自私自利的行为也会招来农村社区居民的纷纷谴责。服务精神在农村社会表现为社区集体或社区个人对鳏寡孤独者的帮扶、对缺乏劳动力家庭的农业生产给予的帮助，即鉴于农村熟人社会里的道义力量、伦理理性，以及互帮互助的传统习惯和"街坊义务"原理等，农村社区居民绝不能坐看困难家庭的田地撂荒或庄稼烂在地里。这在很多农村社区是一条"铁则"，村民明知道帮助穷人或经济困难人得不到物质回报，但还是有很多村民出于"先天同情感"[2]乐意伸出援助之手。由团体精神、合作精神、公正精神、服务精神等构成的公共精神成为农村社会共同的价值取向，它在捍卫农村社会公共性的同时，有效地维护了农村社会共同体

---

[1] 近代华北农村在麦子成熟期，常有偷盗麦子现象发生，一些村民便在低保或族长的号召下组成"看青会"，按照农民日夜巡视麦田，以防偷盗。
[2] "先天同情感"（sympathy）如同人性中所有的其他原始感情，即无论一个人多么自私，无论一个人是多么顽固的不法分子，当这个人看到或想到他人的不幸遭遇时都会产生怜悯或同情心。参见〔英〕亚当·斯密《道德情操论》，韩魏译，西苑出版社，2005，第 2 页。

的机械团结。

然而，农村社会的公共精神与公共空间、公共利益一样也在流失，甚至比公共空间和公共利益的流失还要快。在某种意义上，当前农村社会出现的疏散、空心、衰落现象，不仅仅在于公共空间缩小、公共利益的私人化，更严重的是，由于公共精神日渐式微，引发了农村社会灵魂的丢失，以至于农村社区居民理性价值出现迷乱。张康之说："人的一切活动都蕴含着价值，无论是个体行为还是集体行为，而且，越是集体行动，就越会突出价值的问题。"[①]农村社会公共精神流失，影响居民对个人或集体行动进行正确的价值判断，使农村社会乱象丛生，如个人主义泛滥，"孝"文化和"善"文化流失，农村部分老人生存处境艰难；逐利主义肆虐，农村社会人居环境恶化，居民健康和粮食生产安全都受到严重威胁；享乐主义弥散，农村社会好逸恶劳的人日渐增多，铺张浪费现象也愈演愈烈。农村社会出现的人情冷淡、自私自利、尔虞我诈等不良社会风气，都与公共精神流失有一定的关系，农村社会建设的任务不只是建房、修路，还应该要恢复公共精神。

第二节　社区服务发展对建构农村公共性的作用

在城乡一体化进程中，农村社会公共性流失既成事实，农村社会建设、社会管理，以及居民的生产生活和未来预期都会受此影响。每一个农村社区的建设者、管理者与服务者在实践中必须重视农村社会公共性流失及其滋生问题，如果一个农村社区公共性流失过多，那么该社区就可能面临生存或发展危机。如此，作为新农村建设重要内容的农村社区服务，对减缓公共性流失和促进公共性成长具有较大作用，它不仅有助于化解因农村社会公共性流失而产生的诸多问题，而且在新形势下它还是建构农村社会公共性的有效手段和工具。

[①] 张康之：《公共管理伦理学》，中国人民大学出版社，2003，第300页。

一 从三类社区看农村社会公共性变异

当前,我国不少农村社区因公共性流失而陷入重建和消亡的两难困境中:有些人面对农村社区的人口大量流失和日趋空心现象,发出"万户萧条鬼唱歌"的感慨;而有些人包括一些地方政府官员,却无视农村社区公共性流失的现状,企图挽救那些即将消亡的村落社区,或错误地看待农村社区公共性,冀望按照城市社区的样式建设农村社区。借此,分析农村社区公共性变异及其问题,将有助于我们正确把握农村社会未来走向。客观地说,我国农村社会公共性流失就一定导致农村社区公共性总量减少,农村社区公共性具有多样性和复杂性,有可能发生某一种公共性在流失中不是消亡,而是转变为另一种公共性;某一类公共性减少,而另一类公共性却增多;甚至还可能出现农村型公共性减弱,而城市型公共性却增强的现象。农村社区公共性的这些变化可以从我国农村的村落社区、集中社区和城郊社区中看出。

（一）村落社区:公共性弥散

在我国农村,一个大的村落可能就是一个行政村,然而村落社区更多地表现为行政村下面的若干个村庄或自然村。虽然自新农村建设以来,基层政府对一些分散村落进行"拆、并、合"的改造,但其对我国庞大的村落而言只是少数,无论是在经济发达地区还是在经济落后的中西部地区,分散的村落社区仍为我国农村社区的主体部分,其公共性特征表现为弥散性。

公共性弥散是指原村落社区整体的、统一的公共性在农村发展与变迁中逐渐变得零碎、分散,致使社区的公共空间碎片化、公共利益私人化和公共精神利己化。公共性弥散的农村社区一般为村民大量外流的空心化或过疏化村庄,居民的生产生活面临一系列公共性困境。比如,在传统农业生产中,老农生产经验凝聚着村落公共性,它是播种、育苗、除虫、锄草等农业生产活动的公共权威,尊重老农经验,一定程度上意味着农业生产能有好收成。但随着农业科学知识的普及和先进技术的推广,拥有公共性经验的老农逐渐让位于掌握科学技术的年轻人,他们的知识代替了老农经验,成为农业生产活动的公共性人物，村民们在生产中遇到的难题更愿意向掌握技术知识的年轻人而不是向老农请教。然而，当打工成为一部分农民致富的主要途径后，越来越多拥有公共性技术的年轻农民离开了农村，农业又转换为老人农业。问题是，现在拥有公共性的老农经验已经不如以前好使，因为形成于传统农业时代的生产经验，不可能知晓农药、除草剂、化肥的效能和使用方法，农业生产活动迫切需要政府和有关社会团体为其提供专门的技术指导与服务。

村落社区公共性困境还表现在社区治安上。集体化时期，国家权力下沉到农村最底层，政社合一的管理体制使农村社会井然有序，农村社会治安普遍较好。笔者调研中经常遇到一些老年农民追忆、留念毛泽东时代的农村治安状况，说那时的农村真正是路不拾遗、夜不闭户的，而现在的村庄治安状况一年比一年差，不仅鸡鸭等家禽经常被偷，而且猪、牛等大家畜也时有被盗。村庄小偷多，村民对抗小偷能力弱，意味着农村社区公共性弥散程度加剧。

一位安徽的农村妇女曾向笔者讲述她所在村庄的治安状况。过去她们村没有这么多小偷，那时村子全是小路，外地或城里的小偷担心道路不熟悉，不敢轻易进村庄偷窃。再者，村庄中男劳动力多，偶尔有小偷进庄子，各家各户的男人们听到狗叫就会主动出门"赶小偷"。现在小偷多，并且胆子大，敢翻院子，甚至撬开门窗到屋里偷窃。主要原因是：新农村建设后，"村村通"的公路将骑摩托车或开车的小偷引进村庄——小偷进村、离村速度特别快，很难逮到他们；村庄人少，男人几乎都到外地打工，女人胆子小，知道小偷来了，不敢出门，有时听到村里喇叭"小偷进村了，请大家注意"的提醒，心里愈发恐慌，更不敢出门；近几年，越来越多的村民全家都到外面打工，空户、空房子多，一到晚上，胆小点的女人不仅怕小偷，还怕鬼，尤其怕村庄中去世不久的"熟鬼"，因为鬼是看不见的，防不胜防。

这位村妇，家里有四口人，丈夫常年在江苏常州打工，婆婆带着她的儿子在县城中学读书，她整年一人在家从事农业劳动和做家务。她家的居住条件不错，主屋是两层楼房，底层有三间，上层有二间。并且，她家的安全设施好，前后有二米高的院子，房子和院子的大门都是用钢筋焊制的铁皮门，窗子也用钢筋加固，前后院子分别拴着两条狗。即便如此，她心里也不踏实，每天晚上都开着灯睡觉。

农村社区公共性弥散引发的问题还有很多。一些公共性弥散严重的农村社区，已经出现了农民不能合作的迹象。虽然农村社区是以家庭为单位的生产和生活单位，"家本位"意识在一些农民思想中根深蒂固，但农业生产中灌溉、治虫等需要农户彼此配合。有公共性存在，大家合作并不难，然而现在农村合作的难度大。譬如，当下游的田地需要用水时，上游的农户往往找各种借口不让过水，或遇到干旱时，下游田地的农户想花钱引水，而上游田地的农户抱有"水反正要从我家田里过"的心理不愿意出"份子钱"，使引水灌溉难以实施；治虫也存在合作难问题——各家统一治理虫害效果更好，而现在有的农民只要看到自家田里有虫，就擅自喷打农药而不顾别人，以致虫子飞到周边农田而使其遭受损失。

劳动力外流、国家权力从村庄部分退出、公共性活动减少、集体经济式微等，都是农村社区公共性流失或弥散的重要影响因素，它们共同侵蚀农村社区的公共领域，致使村民们渐渐地退回到私人领域。而私人领域扩张，个人主义就会成为越来越多人的指导理念，从而激化私人利益膨胀。如果农村社区共同体任此下去，村落社区会因公共性弥散而趋于解体。

（二）农村集中社区：公共性混合

农村集中社区包括中心社区，主要指地方政府对分散的农村社区进行"拆、并、合"改造而形成的或新建的农民集中居住社区。农村集中社区既有像江苏淮安市"涟水第一村"的 W 中心村，将原行政村的 37 个村庄的 365 户居民搬迁到中心村居住，也有像山东诸城市，把全市 1249 个村庄合并为 208 大农村社区，每一个农村社区以一个行政村为中心，将周边相邻的村子连成 2 公里服务圈。农民集中居住社区打破了原行政村的地域边界，不管是原居民，还是新搬迁进来的居民，集中社区对他们来说都是一个全新的居住空间，不仅日常事务与过去有所不同，需要他们有新的处事、办事原则，而且他们面对的人也比过去多得多，其中有不少人是不很熟悉的"陌生人"，彼此相处需要更新、更多的策略。

第三章　农村社会公共性及社区服务对其建构的意义

虽然多数集中社区与原社区一样，仍为农民居住且从事农业劳作的农村社区，家庭既是生活单位，又是生产经营主体，但集中社区与原社区的区别还是显而易见的：过去农民住在拥有独立宅基地的平房或楼房里，而现在住的是高层楼房，甚至是别墅；过去房前屋后有较大空地，可以栽种果树、种植蔬菜，可以饲养鸡鸭鹅等家禽，而现在集中居住，小区的空地是公共的，不准许私自占有；过去的生活成本低，用水、烧饭、洗衣等都几乎不需要花钱，而现在自来水、天然气都要花钱买，洗衣服也需要用洗衣机，日常开支比过去大得多；过去打牌等娱乐活动都在村民家里进行，怎么大声喧哗、怎么拍桌子都不会扰民，而现在声音大一点就会影响上下、左右邻居，娱乐活动只能到棋牌室，有时朋友聊天也要到茶吧。如此，农民的私人领域明显缩小，分散社区里的一些私人活动在集中社区只能到公共场域进行。集中社区的公共性力量超过了分散社区的公共性，它提醒社区居民：现在居住、生活已经与整个社区融为一体，社区人居环境和公共服务等关系到每家每户，每一个居民都需要遵守社会公共规则，关心社区公共利益，维护社区公共秩序。

由于集中社区的居民来自不同的村庄，加上社区建设主要是以政府为主体进行的，因此，集中社区的公共性在一定时间内难免存在不确定性，它可能是多个村庄的混合公共性，可能是政府建设社区和管理社区政策公共性，还可能是集中社区在运行中自身养成的全新公共性。也就是说，集中社区的公共性在一定时间里是多元化的，有新的公共性和老的公共性，有国家的公共性和地方的公共性，有集中社区的大公共性和原分散社区小公共性等。不同类型、不同性质的公共性在集中社区同在、共处，会导致居民认同和行动不一致。李勇华在研究政府公共服务下乡时发现，宁波和舟山两地的农村居民在农村社区化进程中仍将村庄内公共产品视为自己的，而将社区建设、公共服务等视为党委和政府的事情，一概"不管不问"。[①] 这表明，在集中社

---

① 李勇华：《公共服务下沉背景下农村社区管理体制创新模式比较研究——来自浙江的调研报告》，《中州学刊》2009年第6期。

区里将长期存在公共性的"两张皮"现象,需要对集中社区混乱的公共性进行整合,以促使它们融为一体,进而使其在农村社区建设、社区服务中发挥更大的作用。

(三)城郊农村社区:公共性差异

城郊农村社区主要指位于城市近郊,正在或将要被城市覆盖、包围的农村社区。如南京市栖霞区 Y 农民集中安置社区,它是把两个不同行政村的 2787 户的 9556 位农民集中安置到一个地方居住的社区。南京市仙林大学城的 X 社区,是为大学城建设将一个行政村的全部人员集中安置的社区,内有 1384 户,常住人口 3987 人,流动人口有 1000 多人。这类社区原先都处于城市近郊的农村,居民有责任田,主要劳动力既从事农业劳动又兼有其他职业,并且收入以非农收入为主。但是,由于城市扩张延伸到村庄,土地逐渐被部分或完全征收,政府将他们迁入安置社区居住。随着城市的进一步发展,这些城郊社区有的被城市覆盖,改造为城市社区;有的被城市包围,演变为城中村;有的仍在城市边缘延续,保留农村社会诸多特色。尽管这三类社区原居民都来自农村,有的社区还保留着村委会,但它们的城市倾向都比较明显,即使是城市场域外围的一些偏农社区,由于居民就业、子女就学、看病就医等向城市聚拢,大多数居民的城市性正在快速成长。

城郊保留农村特性的社区可称为城郊偏农社区,具有很强的农村社会公共性,说话、做事"乡土味"浓厚。虽然这类社区中有一部分人像普通农民工一样,在城市从事苦、累、脏、危险工作,以工资作为主要收入来源,但他们中的大部分人选择在居住社区里劳动和工作,要么种植蔬菜,起早贪黑地往城里送菜、卖菜,要么选择做小生意,办养殖场、加工厂等。由于国家对他们的生产劳动尚缺乏规范管理,这类城郊农村社区往往成为城市周边脏乱差的地方,以及制作假冒伪劣商品的集散地。在利益驱使下,一些居民的公共意识、法律意识、道德意识、公民意识正在沦落,他们中有的人会利用城乡接合部的有利位置,公然从事地下生意,偷偷摸摸地生产、加工对人们身体健康有害的食品和假冒伪劣商品,扰乱市场秩序。由于城郊农村社区处于城乡接合部,居住人员和所从事的职业都带有半工与半农、半城与半乡的性质，公共性比较混乱，但这类社区与城市公共性的差异小，因为维系人们日常行为的习惯还没有被破坏，它"不但使人顺利完成任何行为，而且还使人有完成那种行为的倾向和趋向"。[①]

城中村社区在很多城市都存在，尽管城市政府对城中村及其居民给城市建设和管理造成的一系列问题都十分清楚，但鉴于这个地方原来就是村民的"地界"，不好意思与城中村居民硬碰硬，"暴力"改造他们。由此，有人将城中村比作城市中"马蜂窝"。城中村社区的公共性既有城市社区公共性，也不乏农村社区公共性，这二者既相互共处，又存在一定的张力：当城市公共性对他们有利时，他们就会按照城市人的行动逻辑谋求利益；当农村社会公共性对他们有利时，他们就会一如既往地按照农村人的生活方式追求私人利益的增长。城中村社区居民在与城市管理者的博弈中，学会了运用城乡两种公共性谋求社区公共利益和私人利益的本领。如他们中有人心存"我的地盘我做主"的心理，敢无视城市管理条例，私自加盖房子，然后再按照自己的设想，将其租给城市人或外流务工者居住，甚至将其变为私人旅馆、钟点房，对外做生意。他们不担心居住条件差没有人住，他们可以到车站等流动人口聚集的地方"拉人"；他们不怕管理部门检查，他们有时间、有办法与管理者玩"躲猫猫"游戏。城中村居民谋财路子多，只要能赚钱，他们没有不敢做的，他们中不少人是开黑车、倒票的高手。当然，这也不能一概而论，他们一般不干缺德的"坏事"，如小偷、抢劫等。城中村的道德公共性禁止这些害人、坑人的行当，其理由是开黑车、倒票属于劳动致富，即使违法，也不丢人；而偷窃是不劳而获的懒人所为，即使富裕了，也会让人瞧不起。在城中村不少居民的心目中，国家法与民间法都有它们各自的存在空间，但他们更善于用民间法规约自己的行为，这比村落社区有进步。在村落社区，即使国家法加大了"下乡"的力度，但规约他们行为的唯有民间法，他们很少按照国家法行事，也很少用国家法维护自己的正当权益。

相较城郊偏农社区和城中村社区，经过城市化长期、深度改造的城郊无

[①] 〔英〕休谟：《人性论》，关文运译，商务印书馆，1980，第462页。

农社区，由于城市政府已经将其纳入城市社区管理与服务中，加上居民在日常生活中与城市居民互动频繁，几乎磨损掉居民的乡村记忆，并完全接受了城市文化和城市生活方式。这类社区已经升级为与城市社会同构的城市社区，城市社会公共性基本取代了农村社会公共性。南京市秦淮区红花街道一个老的农民安置社区就属于这类社区。这个社区建于1997~1998年，起初的居民都是政府安置的农民，可如今它与"农"无涉，俨然是一个纯粹的城市社区。十几年来，这个社区有接近一半的农村居民流出，同时也有相等的城市居民流入，是一个城乡居民杂居的社区。但是，整个小区除东面响水河的河堤上有几块老人们开辟的菜地外，几乎看不到其他农村痕迹：社区广场上，早晨和夜晚都有成群的老人在跳广场舞；小区的体育健身器材旁，全天都有男男女女、老老少少在锻炼、玩耍；河道下的大片空地，曾经长期出租给交警队停放违章、事故车辆，也在2008年被社区收回，用于本社区居民停放私家车……这类社区城乡公共性差异小，城市社会公共性处于绝对的强势，而农村社会公共性接近谢幕收场。

二 发展农村社区服务的公共性意义与旨趣

时下的新农村建设和新型城镇化建设凸显了社区居住环境的改善和设施条件的提升，更关心农村社会转型中的土地撂荒、劳动力减少，以及教育、医疗、卫生、养老等显性问题，而对这些现象及问题背后的深层次影响因素，如公共性变化漠不关心，更缺乏建构农村社会公共性的自觉和责任，以至于造成建设与问题同比增长的尴尬局面。农村社会建设之所以出现这一困境，原因不在其他，就在于农村社会"已经丧失了使人们相聚、相联而又相离的力量"，[①] 即公共性。农村社会公共性蕴藏在农村社会各种现实存在之中，尽管它的呈现样态与表现形式在农村社会发展中有所变化，但它始终是维系农村社会良性运行的重要支点和不可或缺的整合机制，必须采取切实的措施建构它。

---

① 〔美〕汉娜·阿伦特：《人的条件》，竺乾威等译，上海人民出版社，1999，第40页。

第三章 农村社会公共性及社区服务对其建构的意义

1. 发展农村社区服务，能拓展农村社会公共空间

城乡一体化进程中，随着农民不断从农村社区流出，农村社会公共空间缩小、变换、转移已经成为不可逆转的趋势，多数留守村民社会活动的一部分退回到私人领域，而一些生活好起来的村民更喜欢到社区外寻求发展空间。如此情景下，有些村民对社区公共事务漠不关心，即使像村委会选举这类关系到广大村民切身利益的活动，也有部分村民对它没有参与兴趣；私人领域扩大，村民间的社会交往活动日趋家庭化，村民虽相互认识，但感情冷漠、关系生疏；来自社区组织、亲戚、邻里的关心、信任等社会资本因公共空间萎缩、转移而急剧减少，村民的生产与生活成本显著上升。

鉴于农村社会公共空间变化及其引发的问题，农村社区可以通过服务活动拓展农村社会公共空间，并减少因公共空间缩小对居民生产生活造成的冲击。第一，建设农村社区服务中心，为社区居民开辟新的公共空间。一些地方政府在推进公共服务下乡的过程中，可以在具有一定规模的农村社区建立公共服务中心和服务站，一方面为社区居民提供公共服务，另一方面为社区居民的文化体育、卫生保健、闲暇娱乐等活动提供公共场地。第二，提供上门代办服务，减轻散居村民办事难度。在一些分散的还没有建立公共服务中心的农村社区，或在一些偏远的山区、牧区、渔区、老区，社区工作人员可以选择代办方式为居民提供服务，即将农民需要政府和有关部门办理的事务收集起来，在约定时间内由社区工作人员送乡镇政府和县市政府及相关部门办理，从而化解农民办事难问题。第三，完善农村道路交通服务，打开居民从社区外获取优质服务的通道。硬质道路是农村社区联系市场、城镇的重要渠道，建设好农村道路，发展农村交通事业，除了能帮助农民将农产品输送到市场、获取更高利润，还有利于农村社区居民从市场、城镇获得更好、更多的服务。

可见，虽然农村社会传统的公共空间在城乡一体化发展中出现了缩小、转换的情况，农村居民的生产生活也因之出现了这样或那样的问题，但新公共空间的开辟，能在一定程度上化解农村社会发展困境。农村社区公共服务中心的建立，除了能满足居民的生产、生活需求，还可以为居民表达意见、

参与公共事务、共享发展成果搭建公共平台；社区工作人员为居民提供的代办服务，可以为农村分散社区和偏远社区的居民排忧解难；农村道路交通设施的完善，延伸了农村社区公共空间，可以增强农村社区居民与外界的联系。

2. 发展农村社区服务，能壮大农村社会公共利益

公共利益是促进社区居民凝聚力和开展统一行动的逻辑起点，其公共性在人民公社时期被宏大政治叙事渲染，倡导按照"毫不利己、专门利人"和"大公无私"的精神处理国家利益、集体利益和私人利益关系。作为农村社区话语层面上公共利益的公共性与作为政治话语层面上国家利益和集体利益的公共性是不同的，前者的公共利益包容个人或私人利益，它们共享同一个公共性，而后者的公共利益居于强势地位，个人或私人利益必须服从公共利益——虽然它们也拥有相同的公共性，但更多的时候是公共性对私性、个性的控制和掠夺。由此来看，社区服务追逐、维护的公共性应该与人们日常行为结合在一起，要兼顾个人利益和公共利益，不能单方面地要求个人为公共利益做贡献。

如是，发展农村社区服务首先要立足满足居民的私人或个人利益需求。农村社区居民异质性越来越大，不同居民有不同的利益需求，有的侧重于养老需要，有的侧重于就业指导和培训，有的侧重于救助服务，以解决临时困难。因此，建立健全社区服务体系尤其重要，它可以为社区居民个人利益的需求提供既全面又具有个性化的服务。其次，社区服务不能止于居民个人利益的满足，需要帮助他们从个人利益中走出来。社区服务不是简单的服务提供，享有服务的居民也需要承担为他人、为社区提供服务。如此说来，不仅仅因为社区服务资源有限，政府和社区组织难以为社区居民提供尽善尽美的服务，更重要的是社区服务本身就是每一个社区居民自己的事情，需要广大居民群策群力、共同参与。再次，社区服务要着力扩大公共利益，以增强社区的凝聚力、整合力。立足个人利益增长的社区服务，除了向社区居民提供个性化服务，还需要引导居民关心社区整体利益，并为社区公共利益的增长添砖加瓦。某种意义上说，社区服务体系完善、社区服务水平高，意味着社区公共利益和个人利益的公共性共同提高。

3. 发展农村社区服务，能培育农村社会公共精神

农村社会公共性形塑了社区居民共同的、统一的认同感、安全感和责任感，它运用农村社会特殊的地缘、血缘关系将社区的私人领域最大限度地扩张至公共领域范围内，使社区的公与私、群与己的边界模糊不清，并将社区居民的个人品德提升为公共精神。这一凝聚个人品德的公共精神在社区服务中发挥着重要作用，它使社区中的公共服务、团体服务与个人互助服务和谐相处，共同推动农村社会发展。

针对农村社会公共精神在农村社会转型中大量流失，以及其功能在某些社区中正在逐步瓦解的现状，作为农村社区建设重要活动的社区服务，负有建构公共精神不可推卸的责任。其一，农村社区服务要培育社区居民的团体精神。农村社区服务是在农村社区进行的具有多方面内容的综合服务活动，不能单纯依赖政府和集体组织，需要全社区居民的广泛参与。相对城市社区服务而言，农村社区公共服务落后，更需要社区居民利用熟人社会中邻里团体、亲戚团体开展互帮互助服务。其二，农村社区服务要促进居民的合作精神。农村家庭化生产扩张了农民狭隘的个人主义、家庭主义价值观念，使他们更加"善分不善合"，致使一些农村社区居民很难进行正常的生产生活合作。社区服务的发展，要有意识地引导居民开展各类生产生活合作，以提高农民在用水、治虫等方面的合作能力，以及养老、扶贫等方面的合作水平。其三，农村社区服务要努力提高公正、公平精神。农村社区服务落后，政府对农村社区服务的扶持力度低于城市社区，因此，为了更快地发展农村社区、更好地为居民提供城乡均等化服务，农村社区服务必须遵照公正、公平的原则，大力推进公正、公平社会发展。其四，农村社区服务要着力增强居民的社区认同感。居民的社区认同感是社区共同体得以延续的黏合剂，无论是在分散的村落社区，还是在农民集中居住的社区或城郊农村社区，社区服务都是提高居民社区认同感、归属感的重要手段。

综上，农村社会公共性集中体现在公共空间、公共利益和公共精神方面。其中，公共空间是农村人进行社会活动和思想交流的公共性场域，公共利益是农村人追求与实现个人利益最大化的公共性诉求，公共精神是农村人进行合作、互动的公共性道德规范,而这些恰是农村社区服务发展的价值旨趣。只要农村社区服务以公共性为基点,并更好地发挥农村社区服务的普惠功能,着力保障城乡居民能享有均等化待遇,就完全可以在改善农村社区居民的生存状况和提高居民的幸福指数的同时,建构农村社会公共性,促进农村社会公共性成长。

三 小结与讨论:建构农村社会公共性

依理而论,国家的新农村建设和新型城镇化发展战略必须在广泛、充分的公共性基础上实施,如果农村社会公共性流失不能被制止,并得到有效恢复,农村社会建设就难以持续,新型城镇化发展也就无从谈起。换言之,如果任由农村社会公共性大量流失,不仅会逐步削弱农村社区居住功能、管理功能、服务功能、保障功能,而且极有可能瓦解农村社会结构。由此,无论是出于新农村建设和新型城镇化发展的需要,还是出于城乡统筹发展和城乡一体化实现的需要,都没有理由对农村社会公共性流失视而不见。

农村社会公共性关涉农村社会建设和发展,农村社会中的公共资源配置、公共环境塑造、公共利益保护、公共安全维系等,无一不受到农村社会公共性掣肘。严格意义上说,拥有完善公共性的社会不一定是生产力水平高、物质财富极大丰富的"强盛"社会,但毋庸置疑,缺乏公共性或公共流失较大的社会,肯定是一个充满风险、充满变数的"失序"社会。传统的农村社会之所以屡受推崇,不是因为它的物质生活水平有多高,也不是因为它没有社会问题,而在于它的公共性是稳定的、常态的,人们"可以无忧无虑地生活在那里,他们不必为依靠什么来取得幸福(或者还是失意)而做出选择"。[①] 可如今,农民收入高了,生活也富裕起来了,但农村社会公共性却扑朔迷离,有的加快流失,有的干脆被丢弃,以至于越来越多的农

---

① 〔英〕齐格蒙特·鲍曼:《共同体:在一个不确定的世界中寻找安全》,欧阳景根译,江苏人民出版社,2003,第3页。

第三章　农村社会公共性及社区服务对其建构的意义

村人不愿意在村庄继续生活下去，越来越多的农民子女不愿意再选择农业劳动。

或许有人会质疑，农村人口减少和村庄消失是城市化发展的普遍规律和必然趋势，它与农村社会公共性变化、流失并没有实质性联系。这种质疑有一定的道理。综观西方国家城市化发展历程，多数国家的城市发展都伴随着农村人口大幅度减少和农民身份向市民转化，但我国情况与西方国家不一样，公共性变化也有所不同。一是在西方国家城市化进程中，城乡差距不大，城乡社区生活与日常管理的公共性相似度比较高，而我国城市化是在城乡"二元公共性"背景下实施的，[1] 城乡差距大，[2] 居村农民的乡土性与市民的城市性难以媾和；二是西方国家农民向市民转化往往是一家人统一行动，并且多为一次性的，只要进城、找到工作和住处，就意味着转变为市民，而我国农村人向城市流动的方式是候鸟型，他们周而复始地在城乡间进行季节性流动，进城并不意味他们具有城市社会公共性，也不表示城市公共性接纳他们，他们在相当长的时期内仍为城乡社会的"游民"，而没有成为"离农""脱农"的市民；三是西方国家农村人口少，土地基本实现了规模化、集约化经营，城乡生产力现代化水平高，农村与城市形成统一整体，政府依照共同的公共性为农村社区居民提供公共服务和管理，而我国农村人口多，即使城市化率达到70%以上，也仍有3亿~5亿人要在农村居住、生活，即使实现了城乡一体化，城乡社会公共性也不可能完全一致。由此可见，西方国家的城市化发展较少地破坏、耗损农村社会公共性，甚至在保持农村社会与城市社会同步发展基础上还促进了农村社会"私人性、差异性"的复活；[3] 而我国城乡差距悬殊，城市化发展不可避免地冲击了农村社会公共性，并造成农村社会公共性流失、分散，挫伤了农村社会公共性的整合力。可以说，农村社会公共性流失及其问题已经成为影响农村社会转型和阻

---

[1] 田毅鹏：《流动的公共性》，《开放时代》2009年第8期。
[2] 2003年后，我国城乡居民的收入差距都在3倍以上，如果加上公共服务上不平衡，我国城乡实际差距应该在5~6倍。
[3] 汪晖、陈燕谷主编《文化与公共性》，生活·读书·新知三联书店，1998，第45页。

碍城乡一体化实现的根本性问题和新时代问题。

我国农村社会公共性流失还是一个普遍现象，不仅分散的农村社区存在农村社会公共性流失，而且经过改制的农村集中社区和城郊农村社区也存在公共性流失和变异，这激化了农村社会矛盾，加剧了农村社会显性问题，使农村社会发展充满不确定性。如是，我们在实际工作中仅重视表象问题是不够的，要想彻底解决"三农"问题，促使农村社会的管理、服务与城市社会对接或并轨，必须追溯引发农村社会公共性流失、变异的根源，并根据新农村建设和新型城镇化发展需要建构农村社会公共性。

建构农村社会公共性，不能纠缠于公共性的学理，仅做一般性的纯理论推演，也不能夸大农村社会公共性流失的危害，借此反对农村劳动力外流，或反对城市化发展。农村社会公共性流失和变异是城市化发展的必然趋势，虽然它在客观上给农村社会稳定和居民生活带来了"坏"的影响，但我们也可以减少农村公共性流失并消除其不利影响。本书将解决对策放在农村社区服务发展方面，一方面基于笔者的农村调查发现，即无论是在经济发达还是欠发达的农村地区，社区服务已经成为政府建设新农村的重要举措，它的实践与创新或将成为继农村家庭联产承包责任制、村民自治后的第三次农村变革，其发展不仅能解决农村社会发展和社区居民的诸多应急之需，而且能为新农村建设和新型城镇化发展注入了新鲜血液，使农村社会再度焕发勃勃生机和活力。另一方面，也是最重要的依据，即社区服务具有的公共性能兼容农村社区的其他公共性。当农村社会公共性在农村社会转型和城乡一体化发展中大量流失时，包括公共服务、市场服务、社会服务在内的社区服务如能及时介入农村社会，不仅能为社区居民提供多样化服务，而且能向农村社会输入另一种公共性，以填补流失公共性的缺位，并部分地替代流失的公共性功能。农村社区服务的公共性还具有较强的"增殖"能力，只要给予它适宜的生长环境，它就能渗透农村社会公共空间、公共利益、公共精神，并与它们的公共性相结合，滋生出新的公共性，进而推动农村社会良性运行和城乡社会协调发展。

第四章
农村改革与社区服务

新型城镇化和城乡一体化发展要求农村深化改革，而农村改革是一个全面、系统的工程，涉及诸多方面。就农村社区服务发展及其走向而言，户籍制度和土地制度的改革对农村社区服务影响较大。如此，本章主要讨论农村户籍制度改革、土地制度改革与农村社区服务发展的跟进关系，并重点阐述农村社区服务对户籍制度改革、土地制度改革的支持作用。

第一节 户籍制度改革、农业人口转移与社区服务响应

城乡二元户籍制度严格限制了城乡人口流动，导致城乡社会结构二元化、城乡社区服务不均等化。生活在城市社区中的居民能够享有城市政府提供的就业、医疗、养老、住房、教育等多方面的服务，而居住在农村社区的居民却成为国家"二等公民"，不仅社区服务项目少、服务水平低，而且主要依靠乡村集体投资或村民集资提供服务。因此，户籍制度改革的现实价值和意义在于消除城乡藩篱，农村人口可以自由、顺畅地进入城镇，成为城镇居民，并且意味着国家不能再区别化发展城乡社区及其服务，城市社区、村镇社区和村庄社区都要在城乡一体化理念下挖掘服务潜力，开辟更有效的服务渠道，以支持农业人口转移，实现农民市民化。

一 城乡差别与二元户籍制度形成

1949年毛泽东《在中国共产党第七届中央委员会第二次全体会议上的

报告》中指出,"必须使城市工作和乡村工作,使工人和农民,使工业与农业,紧密地联系起来","决不可以丢掉乡村,仅顾城市"。① 但随着党的工作重心由乡村转移到城市,中国便进入"城市领导乡村"的发展与治理模式。梁漱溟担心"党'忘掉'了农村",② 1953年在讨论过渡时期总路线的政协全国委员会常委扩大会上提出,"今建设重点在工业",有可能造成"工人九天,农民九地"。③ 遗憾的是,梁漱溟的发言不仅没有引起中央重视农村发展,反而受到"不实事求是的批判"。④ 自此,中国城乡分化不断加大,并在20世纪50年代末形成城乡二元经济社会结构。

准确地说,中国城乡二元分化始于粮食统购统销政策。⑤ 党和国家的工作中心转移到城市后,建设城市和发展社会主义工业化需要大量的粮食,而1953年农村发生的霜灾让农民更加惜售粮食,城市粮食需求缺口很大,于是,中央"下决心搞统购统销",否则"没有出路。"⑥ 1953年10月中央政治局扩大会议做出《中共中央关于粮食统购统销的决议》,规定粮食的"所有收购量和供应量,收购标准和供应标准,收购价格和供应价格等,都必须由中央统一规定或经中央批准"。随后,中共中央和政务院于1953年11月、1954年9月做出《关于在全国实行计划收购油料的决定》、《关于实行棉布计划收购和计划供应的命令》和《关于实行棉花计划收购的命令》,对粮、棉、油等比较重要的农产品实行统购统销。统购统销打通了城市建设和工业发展提取农业积累的通道,便于国家利用农产品的定价权从农民手中低价统

---

① 《毛泽东选集》第4卷,人民出版社,1991,第1427页。
② 《毛泽东选集》第5卷,人民出版社,1977,第114页。
③ 《中国人:社会与人生——梁漱溟文选》,中国文联出版公司,1996,第674页。
④ 梁漱溟悼词第一稿有"一九五三年在讨论社会主义总路线时他提出不同意见,受到不实事求是的批判"的话,第二稿将"批判改为批评",梁的家属表示难以接受,于是这句话在悼词中被删除。参见张昌华《梁漱溟:匹夫不可夺志》,《文汇读书周报》2012年6月8日。
⑤ 统购统销政策从1953年开始实施,即禁止粮食自由买卖,农民要把生产的粮食(留下经国家批准的自己食用的数量和品种)卖给国家,再由国家供应全社会所需要的粮食,城镇家庭凭粮本到粮店购买粮食。随着社会主义改造的深入,人们日常生活用品,如棉布、油、糖、烟、酒、自行车等都被纳入计划体制,全面实施统购统销。
⑥ 中央文献研究室:《陈云传》(下),中央文献出版社,2005,第1618页。

购农产品,并通过工农产品价格"剪刀差"形式向农民收取"暗税"。

高度计划体制下的粮食"统购"收了不少"过头粮"。国家收购的粮食本该是农民余粮,但由于国家规定的"征购粮"标准高,一些农民把口粮甚至种子也交给国家。到春荒时节,国家为了让农民有饭吃,再"返销"一些粮食给缺粮的农民。刘少奇在1962年1月27日扩大的中央工作会议上对这种情况做了说明:"现在国家对粮食的需要量,同农民愿意交售的数量之间,是有矛盾的,而且矛盾相当尖锐";"假如让农民统统吃饱了,然后国家才征购,那末,我们这些人就没有饭吃了,工人、教员、科学家以及其他的城里人都没有饭吃了。"[①] 统购统销政策将城乡居民分成吃"商品粮"和吃"农业粮"的两大新世袭阶层,吃"农业粮"的人要想跳出"农门"成为吃"商品粮"的人,几乎"难于上青天"。统购统销政策让农民在城市几乎"无法生存"。一般人因私事进城办事,需要自带干粮,或投亲靠友解决吃饭问题;如因公事进城,先要到地方政府申请出具"出差证明",待批准后,方可用等量粮食到粮管所兑换省内流通粮票或全国流通粮票,[②] 以解决出差人的吃饭问题。

统购统销政策对农民流动的控制是间接的,将农民牢牢固定在农村并使农业户口身份化的是户籍管理制度。面对城市粮食供应紧张的压力,1953年政务院发布《关于劝止农民盲目流入城市的指示》,规定未经劳动部门许可,任何单位不得擅自去农村招收工人。1954年内务部与劳动部发布《关于继续贯彻〈劝止农民人口盲目流入城市〉的指示》,又一次限制农民向城市流动。1956年国务院发布《关于防止农村人口盲目外流的指示》,再一次强调城市单位不得私自从农村招工。1957年3月和9月,国务院先后发布《关于防止农村人口盲目外流的补充指示》和《关于防止农民盲目流入城市

---

① 《刘少奇选集》下卷,人民出版社,1985年版,第441~442页。
② 粮票是居民购买粮食凭证。1955年8月25日,国务院全体会议第17次会议通过《市镇粮食定量供应凭证印制暂行办法》,全国粮票从此应运而生。此后,各省也陆续发行省粮票。1993年,粮票退出居民日常生活,居民可以从市场购买粮食,以粮票为主体的长达30多年的"票证时代"结束。

的通知》，严格限制农民向城市流动。在限制农村人口流动的系列政策基础上，1958年全国人民代表大会常务委员会通过《中华人民共和国户口登记条例》，以法规形式将城乡居民划分为农业户口和非农业户口，并且规定农转非的三个条件，即持有城市劳动部门的录用证明、学校的录取证明或城市户口登记机关的准予迁入证明的人，才能到常驻地户口登记机关申请办理迁出农村户口手续。这一条例将限制农民向城市流动与迁徙的一系列政策上升为法规，强制力更大，"乡下人"改变身份变成"城里人"的通道进一步收窄。

统购统销制度下的农民尤其是城郊农民，可以带着"干粮"或采取早出晚归的方式到城镇寻活赚钱，而《中华人民共和国户口登记条例》的实施彻底剥夺了农民自由迁徙权力，农业户口被完全排斥在城市场域之外。尽管户口登记条例没有涉及城乡居民的社会地位和福利待遇问题，但从城乡二元分化、城乡不平等发展进路看，它却是形塑城乡二元经济社会结构的"罪魁祸首"。正是有了户口的城乡区别，国家才可以冠冕堂皇地实施城乡差别化社会管理，将有限的福利资源更多地配置给城市居民，农村人成为"低于"城市人的"二等公民"。如此情境下，具有城市户籍的人便可以"天经地义"地享有"高于"农村人的劳动就业、医疗保健、养老保障、文化教育、子女落户，以及粮油、副食品补贴等一系列待遇，梁漱溟"工人九天""农民九地"的担心变成了现实。

二　户籍制度松动与农业人口流动

统购统销制度和户籍登记管理制度是城乡一系列不平等制度的核心，要消除城乡二元结构，实现城乡一体化发展，必须废除或改革这两项制度。20世纪80年代初，乡镇企业兴建与东南沿海地区开放几乎同步开启，但农村剩余劳动力只能在本乡镇而不能跨地区、跨行业流动。这固然与当时国家推行"离土不离乡、进厂不进城"的城镇化政策有一定关系，但在事实上，即使没有这个政策限制，农民也很难到东南沿海地区打工——粮食统购统销政策不允许农民异地流动，因为农民没法带足够多的粮食到东南沿海的乡镇

第四章　农村改革与社区服务

企业打工。这种状况直到 80 年代中期才有所缓解。1984 年《中共中央、国务院关于进一步活跃农村经济的十项政策》（1985 年中央一号文件）指出，从 1985 年起，除个别品种外，国家不再向农民下达农产品统购派购任务，按照不同情况分别实行合同定购和市场收购。这是改革开放后国家首次对粮食流通体制进行改革，它标志着中国农产品购销体制由统购统销走向"双轨制"。粮食购销双轨政策的实施，打开了农民远距离流动的方便之门，农民能从市场上购买到议价粮，自然可以更长久地留在城市。1993 年国务院《关于加快粮食流通体制改革的通知》指出，"取消国家食油收购计划和食油定量供应政策"，"在二三年内全部放开粮食价格"。统购统销政策的取消，表明国家把农产品生产和销售的权益交给了农民，农民成为独立、自主的市场主体，可以根据市场交易规则自主决定农产品出卖的时间和对象，以获取更多利益。但它更大的意义在于，取消粮食统购统销政策意味着国家放松了对农民的地域管制，农民拥有了更多的人身自由权，可以根据自己的意愿在城乡间流动和到城市打工。

统购统销政策的取消，虽然有助于促进农民流动，但它没有涉及农民的身份问题。身份歧视在城市普遍存在，背着农民身份桎梏的人，即使与城市人从事同样的工作，工资、福利待遇也有较大区别。于是，越来越多的农村人尤其是年轻人，渴望将自己农业户口转变为非农业户口，成为"国家人""城里人"。1984 年 1 月中共中央在《关于一九八四年农村工作的通知》中指出，"各省、自治区、直辖市可选若干集镇进行试点，允许务工、经商、办服务业的农民自理口粮到集镇落户"。该通知昭示城乡二元户籍制度开始松动。同年 10 月，国务院《关于农民进集镇落户问题的通知》规定，凡申请到集镇务工、经商、办服务的农民和家属，在城镇有固定住所、有经营能力，或在乡镇企事业单位长期务工的，公安部门应准予落常住户口并将他们统计为"非农业人口"，纳入街道居民小组进行管理，享有与集镇居民一样的权利。这一政策对农业户口转变为非农业户口具有里程碑意义。由于要求农转非的农民太多，个别地方政府便以"振兴经济""城镇增容"为名，将城镇户口标价出卖。针对农转非过程中出现的混乱现象，1988年、1989年、1990年国务院及有关部门连续下发《关于制止一些市县公开出卖城镇户口的通知》《关于严格控制农转非过快增长的通知》《关于"农转非"政策管理工作分工意见报告的通知》，一方面要求坚决制止和纠正"卖户口"的错误做法，另一方面要求把"农转非"纳入国民经济与社会发展计划，控制"农转非"指标。在治理整顿的大环境下，① 户籍制度改革慢了下来。

邓小平南方讲话和党的十四大要求进一步解放思想，加快改革开放步伐，户籍管理制度改革随之加快。1992年公安部发布《关于实行当地有效城镇居民户口制度的通知》，广东、浙江等十多个省先后实行"当地有效城镇居民户口"，即"蓝印户口"。同年全国各地掀起了"卖户口"热潮，② 有非农业户口的家庭成员可以按照每人3000元的价格买非农业户口，没有非农业户口的家庭成员要想成为"城里人"，必须按照每人10000元的价格购买非农业户口。为纠正"卖户口"的不正常现象，1992年经国务院办公厅同意，公安部下发《关于坚决制止公开出卖非农业户口错误做法的紧急通知》，制止各地"卖户口"行为。虽然地方政府"卖户口"行为得到制止，但随着城市化步伐不断加快，户籍制度改革还在一些城镇缓慢进行着：1997年国务院批准公安部《关于小城镇户籍制度改革试点方案》，规定试点镇具备条件的农村人口可以办理城镇常住户口；2000年中共中央、国务院下发的《关于促进小城镇健康发展的若干意见》指出，"凡在县级市区，县级人民政府驻地镇及县以下的城镇有合法固定住所、固定职业或生活来源的农民，均可根据本人意愿转为城镇户口，并在子女入学，参军，就业等方面享受与城镇居民同等待遇，不得实行歧视性政策"；2001年国务院批转公安部《关于推进小城镇户籍管理制度改革的意见》，要求办理小城镇常住户口的人员不再实行计划指标管理。

在此基础上，2006年10月公安部门着手进行户籍制度改革，并将改革

---

① 1989年11月中共十三届五中全会通过的《中共中央关于进一步治理整顿和深化改革的决定》指出，包括1989年在内，用三年或者更长一点的时间，基本完成治理整顿任务。
② 据公安等部门估算，1992年各地卖户口所得金额达100亿~200亿元。

重点放在取消农业与非农业户口界限、建立城乡统一的户口登记管理制度，以及以具有合法固定住所作为城镇落户的基本条件上。城乡二元户籍制度改革已经由小城镇向城市扩展，农业户口转变为非农业户口在小城镇已经没有障碍，一些中小城市的非农业户口也逐步放开，如江苏昆山市已将农业户口和非农业户口统一登记为居民户口。2014年7月国务院印发《国务院关于进一步推进户籍制度改革的意见》，要求建立城乡统一的户口登记制度，即取消农业户口与非农业户口性质区分，以及由此衍生的蓝印户口等户口类型，将城乡居民户口统一登记为居民户口。此次户籍制度改革不仅指明了户籍改革的正确方向，而且要求逐步实现城乡教育、就业、住房、养老，以及社会福利、社会救助、异地高考等社会权利平等，城乡居民将"同名""同命"。

三　农业人口转移与市民化困境

农业人口转移与市民化是中国城镇化进程中的老问题、大问题、难解题，它主要集中在城市农民工市民化、城郊农民市民化和居村农民市民化三个方面。其中，城市农民工市民化是农民市民化最棘手的问题。其一，当下城镇外来农民工数量大，约有1.66亿人，[①] 如果按照全国农民工市民化平均公共成本13万元计算，[②] 城市政府要拿出21.58万亿元的资金才能解决存量农民工的市民化问题。毫无疑问，短期内政府不可能有这么多资金，只能在城市化发展进程中逐步解决农民工市民化问题。其二，作为城市"另类"群体或"外来者"的农民工，遍布城市各行各业，几乎包揽了城市所有的脏活、累活、苦活和危险活，但城市仍旧歧视他们——居住和生活条件差，工资和福利待遇少，劳动和社会保障水平低。其三，农民工从农村空间跨越到城市空间，即从"自我空间"进入到"他者空间"，一方面对城市陌生的社会环境和严格的社会规范产生不适应感，总觉得家乡好，不愿意主动融入

[①] 2013年中国农民工总量2.69亿人，其中城镇外来农民工1.66亿人。
[②] 潘家华、魏后凯主编《中国城市发展报告No.6：农业转移人口的市民化》，社会科学文献出版社，2013，第17页。

城市；另一方面，城市的制度性安排、社会关系网络、劳动力市场规则对城市农民工形成多重面向的"制度排斥、社会关系网络排斥、市场排斥"，[①]农民工成为被排斥在城市主流社会之外的边缘群体。其四，尽管城市政府为农民工做了大量实事，有的按照市民待遇为他们提供就业、子女就学等服务，但多数地方的城市政府仍区别地对待老市民与新市民，没有均等化地为农民工提供公共服务，也没有公正、平等地赋予他们市民权益。总体来说，虽然自20世纪八九十年代农民"弄潮儿"突破城乡边界，成群结队地闯入城市以来，农民工群体已经由最初的"盲流"转变为城市的建设大军、服务大军，成为城市重要的有生力量，但城市人和城市政府在主观上都没有将农民当作城市人，更别说在实践上有多少突破性举措，以至于大量农民工始终走在打工、市民化的路上，只有极少数人实现了身份转变。

城市郊区农民转移与市民化的状况稍微好些。在城市化大潮冲击下，城市郊区土地不断被城市圈占、吞噬，城郊的土地征收、房屋拆迁与利益补偿、[②]城郊农民角色转化[③]，以及城郊社区公共服务发展对市民化影响[④]等市民化问题随之凸显。相比城市农民工群体，城郊农民转移与市民化的实践难度要小得多：一是居住在城市郊区的农民与市民交往频繁，对城市文化比较熟悉，拆迁进入城市后"文化脱序"不明显，[⑤]较少产生文化震撼，也不会感到焦虑不安，能较快地适应城市生活；二是城市郊区——兼有乡村与城市两者特征的"城乡融合区"[⑥]——的农民既从事农业劳动，又从事非农业劳动，并且一般以非农业劳动为主，其家庭收入更多来自财产（如出租房屋

[①] 潘泽泉：《社会、主体性与秩序：农民工研究的空间转向》，社会科学文献出版社，2007，第189页。
[②] 陈映芳等：《征地与郊区农村的城市化——上海市的调查》，文汇出版社，2003。
[③] 毛丹：《赋权、互动与认同：角色视角中城郊农民市民化问题》，《社会学研究》2009年第4期。
[④] 吴业苗：《城郊农民市民化的困境与应对：一个公共服务视角的研究》，《中国农村观察》2012年第3期。
[⑤] 张继焦：《城市的适应——迁移者的就业与创业》，商务印书馆，2004，第22页。
[⑥] Gregory Eliyu Guldin, "Townizing Southern China: Chinese Desakotas", in *Metropolitan Ethnic Cultures: Maintenance and Interaction*, (2003): 289–293.

等）和非农业劳动，农业情结淡薄，尤其是80后、90后的新生代农民，基本上不会种田，更渴望成为城镇非农职业者；三是城市政府为减少土地城镇化障碍，积极推进城郊拆迁农民市民化，主动为拆迁失地农民争取利益，并努力使拆迁失地农民的养老、医疗、就业、救助等社会保障与城市居民对接、并轨。概言之，城郊农民转移与市民化的进展比较平稳，难点一般集中在利益补偿方面。只要政府在拆迁、征地过程中给予合理、公正的利益补偿，多数城郊失地农民还是愿意配合政府开展市民化工作，并主动让自己成为城镇居民的。

居村农民在既往的城镇化建设和发展中常被政府忽视，学界对农民就地市民化也褒贬不一。传统的市民化观点认为，农民市民化是农民包括城郊农民向城市迁移或集中的过程，否定农民就地市民化的存在与可能。对此，有学者根据西方国家城市化现实和"逆城市化"趋势指出，未来的城市与农村在地域界限上不再明显，市民与农民不再是地域上、职业上的区别，而是权利、待遇、生活方式和文明程度的不同。鉴于此，葛正鹏重构了市民概念，认为市民"不光是指居住在城里的人，而是具有同等国民待遇、城乡共同体的正式成员"；农民市民化不仅是农民身份向城市居民身份、农村人口向城镇人口、农业劳动向非农业劳动的转变的过程，而且是让所有人包括农村居民，都能享有城市生活方式、城市文明的过程。[1] 还有学者将农民市民化置于城乡一体化发展背景下考量，指出居村农民市民化在中国是可能的："城乡一体化为居村农民市民化拓展、建构了可能空间，而农村公共服务的城乡等值化建设则让这种可能变成现实。"[2] 新农村建设和新型城镇化发展为中国农民市民化开辟了更广阔通道，即只要农村新型社区、集中社区和村镇社区的公共设施、公共服务、社会保障、社会治理水平达到或接近城市，居村农民就完全有可能低成本、就近转移并实现市民化；未来中国农民

---

[1] 葛正鹏：《"市民"概念的重构与我国农民市民化道路研究》，《农业经济问题》2006年第9期。

[2] 吴业苗：《居村农民市民化：何以可能？——基于城乡一体化进路的理论与实证分析》，《社会科学》2010年第7期。

市民化的"重头戏"不是农民工市民化，而是居村农民就近转移、就地市民化。当然，居村农民市民化也面临一些问题，最棘手的问题是就业、创业岗位不足。无论是第一代、第二代农民，还是大学毕业生等新增劳动力，他们之所以热衷于大城市，除了大城市公共设施、公共服务水平高，大城市还有更多的就业创业机会，劳动者能比较容易地找到自己需要的工作。而小城市，尤其是农村村镇，企业少、就业岗位少、工作条件差、工资待遇低，很难满足求职者日益增长的物质文化生活需要。如果不能解决小城市和村镇居民的就业问题，农村人就会选择继续留在村庄从事农业生产劳动，不接受政府的规模化、集中化、"上楼化"安排，或选择到大城市打工，多挣钱——即使将来不能留在城市，也可以将钱带回村庄，过比较殷实的生活。

综上，城市农民工群体的市民化难度最大。虽然户籍制度改革让农民工们不再担心户口的排他性，城乡公共服务一体化战略的实施，也能让农民工们更多地享有城市公共服务，但城镇中外来农民工的住房问题极有可能成为户籍制度改革后影响他们市民化的最大障碍。不难想象，众多低收入的农民工们很难拿出动辄一两百万元购买城镇住房，没有住房，即使"进得来"城镇的农民也不会在城镇"留得住"，更不用说在城镇"过得好"。除非城镇政府加大廉租房、公租房或经适房的建设力度，并将在城镇有稳定工作的农民工纳入保障中，否则，高房价会让越来越多的城市打工者打消转移户口的念头。再一个难题就是城镇外来农民工的农村土地承包权问题。中国社会科学院对11万农民工的一项问卷调查显示，60后和70后的第一代农民工不愿意转为非农业户口的比例达到80%；80后新生代农民工不愿意转为非农业户口的比例为75%，如果要转移者交回承包地，不愿意"农转非"的比例多达90%。[①] 显然，之所以有大比例的农民工不愿意放弃农业户口，最关键因素在于农村承包地，它的吸引力比城镇户口更大。虽然中央强调现阶段"不得以退出土地承包经营权、宅基地使用权、集体收益分配权作为农民进城落户的条件"，但农民对以后怎么办心里没底，因为《农村土地承包

---

① 朱隽：《莫要强拉农民进城》，《人民日报》2014年8月15日。

法》规定,当农民把户口转到设区的城市(即大中城市)时,必须把承包地交回发包方,如果不交,发包方有权收回。由此,农民工市民化不仅存在城市自身空间不足、公共设施拥挤、服务能力跟不上的尴尬,还面临相当多的农民工因住房、承包地问题不能解决而不愿意转变户口的困境。城市,尤其是大城市的农民市民化还有很长的路要走、有太多"硬骨头"要啃、有诸多"绊脚石"要搬。

相比而言,城郊和村镇农民市民化的住房和土地问题容易解决。在城郊农民市民化方面,农民转移到城镇不需要考虑以后的土地问题,因为政府在征用土地时给予农民一次性补偿,并为失地农民建立完善的、与城市居民水平相当的养老、医疗等社会保障。城郊农民也不需要考虑农村住房,因为政府采用"以一还一"的办法,为农民提供了面积相等的城镇住房。在村镇农民市民化上,农民离土没离乡、脱农没脱域,没有进入设区的市,按照《农村土地承包法》的相关规定,不必把承包地、宅基地交回村集体。当然,政府可以像对待城郊农民一样,在农民自愿的前提下采用补偿、交换方式将农民转移到村镇,让他们过上城镇人生活。至于农民转移后的集体经济收益分配问题,不少地方采用股份合作形式保障进城镇农民的集体经济收益分配权。实践表明,集体经济股份合作制对转移农业人口和推进城乡一体化发展有积极作用,有助于维护农村集体经济持续发展,有助于保障原集体经济组织成员合法权益,有助于消除农业转移人口因担心失去集体经济权益而不愿意进行市民化的现象。

城郊农民和村镇农民市民化更容易转移农业人口,更符合中国城镇化发展国情。然而遗憾的是,各地政府都将农民市民化的工作重点放在城市农民工,不太重视城郊农民市民化和居村农民就近市民化。政府做出如此选择,虽然符合中央"优先解决存量"的农业人口转移原则,但在事实上,大城市尤其是特大城市的空间容量、公共设施、政府财力都非常有限,很难在短期内无限度地扩张并接纳源源不断的农业人口。中国快速转移农业人口,促进更多农民实现市民化,必须依赖城郊和村镇。这不仅是因为城郊农民市民化和农民就地市民化成本低、转移难度小,而且新农村建设、新型城镇化发展正在使农村村镇、农民集中社区的公共设施、公共服务与城市对接、并轨。并且，随着国家将公共事业发展重点转移到农村和大城市产业转型升级的进一步展开，越来越多的产业将到农村城镇落户，未来的村镇将有更多的就业岗位和创业机会。农业人口转移与市民化任重道远，肯定不能将农业人口转移的重担推给大中城市，应该多头并进，根据大中小城市和村镇的发展情况，有序、有差别地引导"离土"的农业人口分层级转移。

四　发展社区服务，促进农业人口转移

农业人口转移与市民化的路线图确定后，接下来要做的就是如何促进农业人口转移并使其成功实现市民化。在城镇化进程中，减少、转移农业人口的问题一直困扰着执政者，一些地方政府在农民市民化问题上举步维艰。对此，学界给予了不同的解读，并冀望通过改革户籍制度、实行均等化公共服务、增加政府财政普惠扶持、保障农民工劳动权益、转变农民传统观念、提高农民文化与技能素质等途径改善农业转移人口的生存环境，进而更快地促进农业人口转移，实现其市民化。客观地说，地方政府围绕这些方面为进城农民做了大量工作，也取得了斐然成绩，越来越多的农民工被列为城市"新市民"，享有了更多的市民权益。但毋庸置疑，除部分城郊农民市民化比较顺利外，多数农业人口转移和市民化的道路充满荆棘、坎坷，广大农民工们仍在市民化路上徘徊，亟须新通道引导他们转变身份。

在城郊农民市民化实践的调查中发现，让农业人口进入社区，并为其提供市民化社区服务，可以有效地促进农业人口向市民转移。现实中，城郊农民市民化的效果要明显好于农民工市民化。这除了上文提及的文化、职业、社会保障等方面对农民转移有利，更关键的是，城郊农民市民化基本上依托社区进行，即农民从村庄社区被集体安置到新社区。而新社区基本上按照城市社区样式建造，拥有与城市社区一样，甚至高于一般城市社区的公共服务设施，他们一进来就能接受到类似城市社区的公共服务、公益服务和市场服务。社区服务不仅能化解新居民在生产生活上的焦虑，帮助他们尽快适应新环境，而且具有城市化特性的社区服务在为新居民提供服务的同时，也发挥

着牵引、指路作用,让新居民在潜移默化中接受新生活,并最终成为真正的城市人。由此,户籍制度改革开启后,政府要做的除了积极稳妥地推进土地、就业、社会保障等一系列配套改革,还应该着力强化社区建设,大力发展社区服务事业,帮助农业人口转移和实现市民化。农业人口转移集聚地分别在城市和村镇,因此为农业转移人口提供市民化服务的责任理当是城市社区和村镇社区。当然,村庄社区服务并非不重要,如果村庄社区根据农业人口转移走向和市民化趋势建立健全服务,提高服务针对性,就能在一定程度上为农业人口转移消除后顾之忧,间接地促进农民市民化。由此,发展城市社区、村镇社区和村庄社区服务,有助于促进农业人口转移和实现市民化。

1. 发展城市社区服务,促进农民工及其家属子女市民化

相比农村社区,城市社区的服务设施齐全、服务内容广泛、服务管理规范、服务水平高,但绝大多数城市社区没有将农民工及其家属子女纳入服务范围,更缺乏主动为他们提供服务的意识。从农民工方面看,农民工们始终将自己视为城市打工者、城市的局外人,对城市社区服务没有覆盖他们不仅没有任何怨言,反而认为城市社区是城市人居住生活的社区,不为自己提供服务是情理之中的事情。有这种想法的人,不仅仅是居住在工棚、集体宿舍里农民工,即使在社区租房居住的,或多年在社区做生意的农民工,也认为城市社区的服务"排他"是"天经地义"的——自己不是城市人,自然不能分享人家的服务和福利。

而城市社区管理者包括多数城市居民,也认为农民工是外来者,不是城市居民,城市社区没有必要为他们提供服务。如此,城市社区在事实上就成为市民的"私域",是市民"家里"空间,而农民工即使被称为"新市民",也与这个空间无关,虽然他们工作生活在城市,但不属于城市社区。调研发现,农民工在城市拥有的服务长期局限在子女教育、劳动权益维护等有限的几项服务上,社区层面上除了计划生育管理,社区管理者几乎不关心农民工生存状况,更不要说为他们提供服务了,农民工们的主要服务需求依赖市场提供。虽然城市市场发达,购买服务比较方便,但市场服务一般收费

高,它让许多农民工望而却步。如此,农民工们都尽可能地减少服务需求,一般不以市民为参照对象,更不会在服务数量与质量上与市民攀比。

尽管农民工们不对城市社区服务有所企求,他们也不会主动争取自身服务权益,但政府要转移他们为市民,就不能任由这种不合理、不正常的现象持续下去。众所周知,农民工们已经深深地嵌入城市中,他们需要城市接纳,城市建设和居民日常生活离不开他们。因此,农民工及其家属子女在城市的困难和需求应该是城市政府的、城市社区的,城市政府和城市中的每一个人都有责任帮助他们解决。作为城市居民居住和生活单位的社区没有理由拒绝农民工们,应该敞开怀抱,将建设城市和服务城市居民的农民工们纳入服务范围,主动为他们提供社区服务。农民工们最需要的服务有居住、子女教育、医疗、养老、就业、文化、体育、休闲等,如果城市社区能在这些方面满足农民工们的服务需求,他们就会对城市社区有亲和感、认同感和归属感,就会把城市社区当作自己生活的家园,也就会自信地与城市居民交往互动,进而使农民工市民化问题迎刃而解。

2. 发展村镇社区服务,支持居村农民市民化

村镇社区主要指农村场域中建制镇社区、城郊社区和农民集中社区或新型农村社区。村镇社区是新型城镇化的主阵地,中国农村人口多,无论城市怎么扩容,也难以接纳全部农业转移人口,而村镇是联系城市与村庄的重要节点,属于城乡对流的缓冲区间。村镇建设好了,既可以承接返乡的农民工,又可以大量吸纳离土农民,并且能保障他们基本过上与城市居民同样的社区生活。村镇社区接地气,农民可以在不脱域、不脱俗、不脱群的情况下转移到村镇新社区,市民化成本比较低,转移风险也能自我控制。更关键的是,村镇社区与村庄社区不同,它处于农村地域,能"望得见山、看得见水",居民可以选择城乡不同的生活方式过日子。当然,村镇社区建设比村庄社区建设要求更高,它需要政府按照城市社区样式建设村镇社区,其中服务设施、服务内容、服务方式等也要与城市社区接近、类似。

毫无疑问,村镇社区已经不是纯粹的农村社区,村镇社区服务更多地体现出非农特色,不仅要帮助居村农民转变为居村市民,而且要着力为村镇社

区居民提供市民化服务。一是村镇社区不像村庄社区,农业生产和农民生活是分开的,是居民的居住、生活空间,有完备、齐全的道路、路灯、水电通信管网设施,还有齐全的供社区居民购物、休闲、娱乐、健身等的公共场地;二是村镇社区居民一般不再从事农业劳动,土地的天然保障式微,需要政府和社区组织为居民提供与城市居民均等化的养老、医疗、救助、失业、工伤等社会保障服务;三是村镇社区是一个半熟人社会,不少居民彼此陌生,邻里、亲属间交往没有村庄社区频繁,互帮互助式服务大量减少,更需要政府、社会、市场为居民提供全方位服务;四是村镇社区居民的生活方式现代化程度高,居民不能再过农民式生活,如不能在社区饲养鸡鸭鹅、种植蔬菜,社区服务要引导居民习惯城里人的生活方式,即索罗金指出的,要转变农村意识、行动方式和生活方式为城市意识、行动方式和生活方式。[1] 鉴于此,唯有村镇社区服务与城市社区服务接轨、一体化,才能有效地改变居民的农民特性,促进其实现市民化。

3. 发展村庄社区服务,为农业人口转移消除后顾之忧

在新农村建设中,地方政府不同程度地调整了村庄空间结构,并在规模比较大的村庄或在几个分散村庄的中心建立公共服务中心,或邻里服务中心,或社区综合服务中心,以期村民不出村就能享有政府提供的公共服务。现有的村庄社区服务模式,如"多村一社区"的诸城模式、"一委一居一站一办"的江苏模式等,都强调村庄社区服务以一定规模或相对集中为前提。还有一些村庄社区,如"政府主导、农民主体、干部服务和社会参与"的赣州新农村建设模式,以及在撤并的原乡镇政府所在地、多个村社集中的中心村社、自然形成的圩集所在村社、地处偏远和交通不便的村社分别建立"社区服务站、二级服务站、三级服务站和四级服务站"的百色模式,它们不仅注重为集中或中心村庄社区居民提供服务,而且根据本地村庄分散的实际,为村民提供上门服务、代办服务。村庄社区服务,尤其是分散的村落社区服务,基础设施建设难以统一,居民个性化服务需求多种多样,政府投资

---

[1] 转引自崔功豪《城市地理学》,江苏教育出版社,1992,第68页。

建立一个服务中心、开设几个服务窗口、配备若干工作人员、为居民提供一条龙服务的服务中心模式不可能解决村庄社区居民所有的服务需求。调查发现,无论是经济发达还是经济欠发达的农村社区服务中心,都有相当多的房间闲置,有的服务窗口整天没有一项服务业务。与此同时,居民需要的服务,如种田、老人日常照料、农产品销售等方面的服务,服务中心却不能提供。

村庄社区服务的供给与需求没有衔接好,错位现象严重。当下中国农村发展情境与20世纪八九十年代不同,快速城市化及农业劳动力大量外流,农村空心化、农业边缘化、农民市民化趋势日渐凸显,不少村庄在城乡"拉—推"力作用下被掏空,呈现荒芜、萧条、颓废、破败景象,村庄社区服务需要根据村庄空间调整和未来走向进行重新部署。鉴于农业人口不断从村庄流出的现实,一些村庄由空心逐渐走向消亡是不可避免的趋势,村庄社区服务的主要任务不是政府投资建立服务中心、强化服务功能、完善服务体系以吸引离乡的农民返回农村,而是要提供社区服务,以减少人口外流的消极后果,收拾好村民离村后的残局,促进更多的农业人口转移到城镇。由此,村庄社区服务不能千篇一律、不切实际地发展,不能被"公平"绑架,要顺应新型城镇化和城乡一体化发展趋势,避免服务机构重复建设和服务资源浪费。例如,如果乡镇卫生院能够为病人提供及时的上门或接诊服务,就没必要在居民少的村庄建立医疗服务站或诊所;如果道路交通状况好,学校配有合格的校车,村落一两个孩子集中到乡镇中心学校读书肯定更有利于他们身心健康发展;[1] 如果政府办证机构能预约办证,并事先提供相关信息服务,村民到市区或县城有关机构申办结婚证、房产证等也不会有多少麻烦,毕竟办理这些证件一辈子也就几次,没有必要在村庄社区设立专门的办证

---

[1] 当下,一些村庄学校学生少,甚至只有1个学生。更让人担忧的是,一些乡中心学校学生也在不断减少。2012年9月,我国停止针对农村义务教育学校的"撤点并校"的做法,但一些乡村学校仍避免不了"关门"的命运。吴佩调查发现,商都县的乡村学校,师生比例严重失衡,如玻璃忽镜乡的中心学校现有27名在编老师,却只有14名学生。参见吴佩《正在消逝的乡村学校》,《农民日报》2014年8月6日。

窗口。

如此看来，村庄社区要为村庄流出人员和村庄留守人员提供服务。为村庄流出人员提供的服务侧重于帮助他们流转承包地，保障他们的土地承包经营权、宅基地使用权和集体收益分配权不因他们到城市打工受到侵蚀，使他们能安心在城镇打工。但这不是村庄社区服务的重点，村庄社区服务最主要的对象是留守人员。由于农村留守人员基本上是老人、妇女和儿童群体，他们相对弱势，对养老服务、生产服务、教育服务有更多、更高的要求。此外，村庄社区基本上是农业社区，居民对产前的耕种与育苗、产中的治虫与除草、产后的收储和销售等服务有不同要求，社区应该组织相关的服务力量，满足农业生产不同阶段的服务需求。再者，村庄社区一般地处偏远农村，交通闭塞，居民需要家电维修、职业培训、假冒伪劣商品识别等方面的服务难以进入社区，迫切需要政府、社会团体、企业送这类服务到社区。

综上，国家深化户籍制度改革，实行城乡居民统一的户口登记，将进一步促进农业人口转移。但是，由于中国社会发展处于工业化和后工业化并存阶段，农民市民化并非只有进城一条路径，城郊、村镇也是农业人口转移和市民化的重要场域，城郊农民市民化和居村农民市民化应该成为中国农民市民化的重头戏。如是，为多途径、更有效地促进农业人口转移和实现农民市民化，一方面要继续深化户籍制度改革，消除农业人口转移和市民化的各种障碍，另一方面还要强化城乡社区建设，大力发展社区公共服务、公益服务和市场服务，为农业人口转移和市民化保驾护航。

第二节 土地承包制改革与农村社区服务跟进

土地家庭承包制是中国农村的基本制度，它曾因赋予农民独立的土地使用权和自主的生产经营权，极大地调动了农民生产积极性，确保了粮食产量持续增加。但随着农业人口不断流出农村和新型城镇化进一步发展，土地家庭经营和农业生产出现了诸如农业劳动力缺乏、土地撂荒等一系列问题。农村土地家庭承包制度改革重点在土地使用和经营权流转上，但无论是采用传统的家庭经营，还是现代的合作经营或规模经营，都需要社区服务的跟进与支持。

一 农村土地制度改革及其问题

农村土地承包制度是农村的基础性制度，它集中体现了农村生产力发展状况和发展水平，并随着生产力的进一步发展不断被改进、完善。然而，当下农村土地承包制度改革严重滞后，明显不适应农村生产力发展、新型城镇化发展和农业人口快速转移的要求。中国农村土地承包制度已经到了必须进行重大改革的关口。

《农村土地承包法》规定，农村土地承包制是"以家庭承包经营为基础、统分结合的双层经营体制"。与农村土地承包制相关的制度主要有土地所有制度、土地使用制度和土地管理制度。如此，农村土地承包制度改革一般要围绕农地的产权、经营权和管理权三个方面进行。农地产权变革通常发生在社会转折时期，中国在新民主主义时期进行的土地改革，就是"中国历史上几千年来一次最彻底的改革"，"把封建剥削的土地所有制改变为农民的土地所有制"。[①] 进入社会主义社会后，国家再次调整农村土地制度——《高级农业生产合作社示范章程（草案）》规定，农民私有的土地需要转化为合作社集体所有。改革开放后国家进行了一系列经济、政治、社会、文化改革，但所有这些都是在保持社会主义基本制度不变的前提下进行的体制改革。农村土地制度改革也是这样，改革的仅是土地经营管理体制，始终没有触及农村土地集体所有制性质。我国《宪法》第十条、《物权法》第五十九条和《土地管理法》第十条都规定，农村土地属于集体所有。尽管个别"激进派"学者如秦晖、茅于轼、周其仁等人以世界发达国家普遍实行土地私有化为例，认为唯有农村土地私有化，才能提高农业生产能力、保障国家粮食安全、保障农民土地权益、促进农民市

---

① 《刘少奇选集》（下卷），人民出版社，1985，第32页。

民化，但他们的观点遭到学界同仁和政界官员共同反对。在学界，贺雪峰、李昌平等"保守派"学者以中国土地具有社会保障、社会稳定和粮食安全的功能为由，认为如果在人地矛盾仍旧突出的情况下实行土地私有化，就可能导致土地兼并、农民流离失所的情况发生，甚至会引发更多的群体性事件，威胁国家长治久安。① 在政界，中央农村工作领导小组官员赵阳和陈锡文都曾撰文指出，农村土地集体所有是农村土地改革的一条底线，"不能破"②。国土资源部部长姜大明也认为，土地改革要守住底线，"不能把农村土地集体所有制改垮了"。③ 尽管针对农地产权的公有和私有的争论还在持续，但国家丝毫没有改变农村土地农民集体所有的意图。

如此看来，农村土地改革重点只能在使用、经营与管理上做文章。改革开放后两次大的土地制度改革都没有涉及土地所有权：十一届三中全会后，国家为解放生产力，激发农民劳动积极性，实行土地集体所有权与个人承包经营权的"两权分离"改革；十八届三中全会为进一步激活土地经营权、促进土地适度规模经营和构建新型农业经营体系，改革指向在保持土地所有权不变的条件下，将农村土地经营权从承包经营权中分离出来，实行所有权、承包权、经营权"三权分置"。当下，学者们对加速土地流转、推进土地规模化和产业化经营的积极作用，如能提高农业生产效率、增加国家粮食供应能力、培育新型农业经营主体等形成共识，但由于各地在土地使用、经营与管理的实践中出现了一些新情况、新问题，学者们对土地流转中引导与约束工商资本、土地承包经营权中规范抵押与担保，以及农村土地承包经营权入股、土地确权登记发证、承包经营权退出等问题展开深入研究。其中不乏学理上的拓展，如有学者指出，当前中国农村土地承包经营权性质不明确，土地流转与集约经营存在诸多"制度壁垒"，主张用农民土地持有产权

---

① 王文龙：《中国农村土地制度改革相关理论评述》，《东南学术》2012年第4期。
② 参见赵阳《对积极稳妥推进农村土地制度改革的两点思考》，《改革》2014年第5期；陈锡文《应准确把握农村土地制度改革新部署》，《中国党政干部论坛》2014年第1期。
③ 《强农富农的关键一招——谈农村土地制度改革》，《人民日报》2014年08月25日。

替代"农户土地承包经营权"。① 还有学者认为，目前农村土地流转一般不影响土地承包关系，主张"用土地经营权流转来替代土地承包经营权流转的概念"。② 这些研究成果对完善农村土地使用、经营与管理制度都有建设性价值。

总的来说，学者们的研究集中在农村土地制度自身运行上，提及的问题和相关讨论局限于农村土地制度是否合理、制度需要如何改革等方面，极少有人对土地制度改革可能产生的次生问题展开研究，更缺乏这方面的学理分析。本书选择社区服务角度检视农村土地制度改革产生的次生问题，冀望发展农村社区服务为当下农村土地制度改革营造良好环境，并且就农村土地制度改革带来的问题，从农村社区服务角度寻求应对策略，以公平公正地维护农民权益，促进新型城镇化和城乡一体化发展。

二 土地家庭经营制的实施与窘境

家庭联产承包责任制是继土地改革后中国农村土地使用制度的又一次重大变革。这场土地改革没有改变农村土地集体所有性质，只是将土地所有权和土地使用权、经营权剥离开来，并将土地使用权和经营权以承包的形式转交给农民，但它打破了政社不分的集体所有制体制，赋予农民独立的土地使用权和自主的生产经营权，极大地解放了农业生产力。家庭联产承包责任制标志着中国农业乃至整个经济发展迈入崭新阶段。

家庭承包制是中国农村的一项基本经济制度。③ 国家为鼓励农民增加农

---

① 徐汉明：《中国农民土地持有产权制度研究》，社会科学文献出版社，2004，第9页。
② 张红宇、王乐君、李迎宾、李伟毅：《关于深化农村土地制度改革需要关注的若干问题》，《中国党政干部论坛》2014年第6期。
③ 党的十五届三中全会通过的《中共中央关于农业和农村工作若干重大问题的决定》，将"家庭联产承包责任制"中的"联产"和"责任"去掉。主要由于：一是农业持续丰收，农民卖粮难问题严重，国家取消了"交公粮"，"联产"已经失去意义；二是随着农业市场化推进，国家赋予农民更大的自主权，没必要用"责任"保证农民对国家的义务；三是鉴于农民已经为国家做出的巨大贡献和改革开放积累的丰硕成果，去掉"联产"和"责任"，意味着国家要着手解决农民税费负担问题。本书除特殊时间段用"家庭联产承包责任制"，为表述方便，一般用"家庭承包制"。

业生产投入、培养地力、集约经营土地，在制度层面上一直保持家庭承包制的基本稳定，只对承包期和承包责任做过某些调整：1984年中央一号文件规定，"土地承包期一般应在15年以上"；1998年中共中央十五届三中全会把家庭联产承包责任制正式确定为"以家庭承包经营为基础、统分结合的双层经营体制"，同时决定在原定的耕地承包期到期之后，再将农民的土地承包期延长30年；2002年全国人大常委会通过的《中华人民共和国农村土地承包法》，以法律形式将农民长期的、有保障的农村土地承包经营权确定为农民享有的最广泛权益，赋予农民长期享有承包、经营和使用土地的权利。随后，2003年中共中央十六届三中全会、2008年中共中央十七届三中全会、2013年中共中央十八届三中全会以及2014年的中央一号文件进一步完善了农村土地使用经营政策，使其保持长期稳定。

尽管在实际工作中有些地方在城镇化建设、招商引资、旧城改造中违规征地、租地，影响家庭承包制的稳定，但国家制定了严格的耕地保护制度，如坚守十八亿亩耕地红线、划定永久基本农田、建立保护补偿机制等，以"确保基本农田总量不减少、用途不改变、质量有提高"。与此同时，针对农村出现的土地撂荒、农业劳动力缺乏等问题，中央也明确了家庭承包制改进方向，即搞好农村土地确权、登记、颁证工作，以继续稳定家庭承包制；通过转包、出租、互换、转让、股份合作等形式有效流转农村土地，以促进土地适度规模经营。可见，无论是农村土地管理制度还是家庭承包制度的改革，中央是在坚守耕地不减少和家庭承包经营稳定的原则下平稳推进的，防止城镇化动摇农业这个根本，切实保障国家粮食安全。

家庭承包制的实施，让农业生产变成一家一户的事情，这不仅改变了农村集体与农户的关系，而且使国家与农村基层社会的关系也发生转变，即由人民公社时期的政府与社队集体关系转变为政府与村组、农户三者关系。表面上，农村社队、乡村集体将自身的大部分责任分给了分散的个体农户，但这种转换实际上是一种交换，即政府授权农村集体将土地使用权和经营权让渡给农民生产使用和经营，而作为代价，农民需要向国家、乡村集体履行上缴农业税费、出义务工和积累工等经济责任。

家庭承包制让政府成为"甩手大爷",既"清闲"又能"坐享其成"。政府利用土地承包形式,顺理成章地将农业生产中抗旱涝、治虫害等最辛苦、最烦琐、最棘手的事务推给农户。当然,说政府成为农业生产的局外人,也是不符合事实的,政府并非什么事情都不管。政府不管、少管、懒得管只是相对付出而言的,农业税费、征购粮、计划生育罚款等事项,政府不仅管,甚至为了将这些"一点不少"地收上来,还组织"收税别动队""收粮别动队""计划生育别动队",不惜采用暴力手段使管理落到实处。如此,政府在20世纪八九十年代几乎不用为农业生产提供服务,家庭生产和农户生活中的困难与需求一般依靠自己的力量解决。例如,在20世纪后十几年中,农民最忧愁的事情就是卖粮,"卖粮难"让大多数农民着急上火。然而,政府除了每年象征性地下文要求粮食收购部门敞开收购粮食,几乎没有实质性的服务措施为农民卖粮排忧解难。不仅如此,政府还将农业实物税改变为货币税,要求农民先卖粮,然后再以货币形式上交农业税,这使卖粮难问题雪上加霜。作为粮食行政管理部门和为农民买卖粮食提供服务的粮管所(站),内部管理混乱,粮食买卖环节脱离,国家下拨的粮食收购资金挪用严重,农民夜以继日排队卖粮,好不容易把粮食卖掉了,得到的却是粮食收购部门打的"白条"。卖粮难、"打白条"挫伤了农民粮食生产的积极性,削弱了农民发展农业生产能力,损害了政府在农民群众中的形象,成为危害农业可持续发展的痼疾。直到1998年,国务院才对粮食流通体制进行"动真格"的改革,[①] 彻底解决了农民卖粮食难、"打白条"和国有粮食收储企业亏损的问题。1998年的粮食流通体制改革,稳定了家庭承包制,促进了农业生产可持续发展。同时,改革要求粮食收购部门无条件、按照保护价收购粮食,有助于强化粮食收购部门的服务责任,有利于促进粮食收购服务走向市场。

[①] 《国务院关于进一步深化粮食流通体制改革的决定》要求加快国有粮食企业自身改革,制定了保护价敞开收购农民余粮、粮食收储企业实行顺价销售、粮食收购资金封闭运行"三项政策"。按保护价敞开收购农民的余粮,有效地保护了农民的种粮积极性;顺价销售,初步扭转国有粮食收储企业大量亏损的局面;粮食收购资金封闭运行,制止了粮食收购资金的挤占挪用。国有粮食企业改革,加快了国有粮食收储企业下岗分流、减人增效的步伐。

在家庭承包制实施的一段时间里,不仅农业生产、农民生活缺少服务,而且农民的税赋负担还特别重。农民除了要上交农业税,还要向集体上缴"三提"、"五统"和出"两工"。家庭承包制实施后,大多数地方的农村集体组织式微,将五保户供养、学校建设、卫生院和诊所的建设与运行等服务与管理经费转嫁给农户承担。尽管农村集体组织仍在农村从事一些服务活动,但资金和劳力都来自农民,即农民要向乡村集体缴纳"三提"(村提留公益金、公积金和管理费)、"五统"(乡统筹办学、计划生育、优抚、民兵训练、道路建设),农村公共设施建设需要农民出"两工"(义务工和积累工)。农村社会中其他公共事务和服务事项,表面上是乡村集体供给,但一般采用"一事一收费"(包括收费、摊派、集资等)方式,羊毛还是出在羊身上。可以这样说,农民从基层政府和乡村集体获得的服务基本上是由农民自己出钱购买的。不仅如此,地方政府和村委会集体组织为了获取更多利益,不择手段地"寻租",农民为了获得少得可怜的服务,却背上了沉重的经济负担。[①] 为遏制农村乱收税费,肆意加重农民经济负担的现象,国务院在1991年颁布了《农民承担费用和劳务管理条例》,对乡统筹、村提留以及义务工、积累工的以资代劳费做出"不能超过上年农民人均纯收入5%"的限制。

由上可见,虽然家庭承包制的实施增加了粮食产量,提高了农民家庭收入,但由于农村社会服务缺乏,政府、市场服务缺位,农民几乎全凭自我力量支撑农业生产高增长局面。其间,国家对农村社区服务的投入极其有限,尽管政府和乡村集体组织为农民的农业生产提供了少量服务,但服务成本基本上由农民自己承担。或如此,从20世纪80年代中期直到农税改革前,中国农业发展一直在低速状态徘徊,不少农民的生产积极性受到严重挫伤,以至于当城市化浪潮来临时,有相当多的农民义无反顾地选择离开农村。

三 土地承包制新问题与家庭经营新常态

中国当下农村状况与20世纪80年代大相径庭。80年代土地承包制之

---

① 陈桂棣、春桃:《中国农民调查》,人民文学出版社,2004。

所以能焕发生机，不仅在于"分户单干"的劳动经营方式和"交够国家的，留足集体的，剩下都是自己的""直来直去"分配方式，唤醒了农民摆脱贫困、改善生活质量的愿景，激活了农民劳动积极性和劳动热情，还在于粮食统购统销和城乡户口管理政策仍发挥着管制作用，限制农民流动，尤其是跨地区流动，农村劳动力只能按照"内卷化"逻辑在自家的一亩三分地上精工细作。[①] 1992年至今，农村劳动力流动制度逐步放开，越来越多的中青年农民离开农村到大城市或沿海发达的农村地区打工，从事效益比较高的非农产业。如是，中西部地区农村或城市远郊农村变得日趋颓废、空心，土地承包制及其农业生产出现诸多新问题。

土地承包制问题最初缘于农村劳动力外流。20世纪90年代，城市改革的推进激发了市场活力，一些生产经营效益不好的国有、集体企业被"关停并转"，与此同时，一些改制企业、公私合营企业、私有企业和个体企业如雨后春笋般成长起来，这些企业的生产经营活动需要大量劳动力。另外，经过十多年家庭经营的强力打造，农村土地承包制日渐成熟，粮食产量及农业收入基本稳定，即使追加更多的劳动投入，家庭收入也难有相应的提高。鉴于此，为了提高家庭经济收入，不少家庭就安排家里多余劳动力，或抽出家庭主要劳动力（多数是男性劳动力）外出打工挣钱。由于外出打工的效益大大高于农业劳动收入，在90年代中国城市出现了一年高于一年"打工潮"。农民外出打工，尤其是家庭主要劳动力外出打工，家庭繁重的农业劳动只能由年老体弱的老人或妇女来做，土地承包制下的农业生产出现劳动力紧张、短缺危机。

农村空心化动摇了土地承包制的稳定。大量的、持续的农村劳动力外流，抽走了农业生产最重要的活性资源，一些村庄日趋沉寂下来，从事农业生产的劳动力越来越少。不仅如此，一些地方的农村人口也在快速减少，农村空心化程度日渐加剧。调查发现，江苏省淮安市农村的空心化率

---

① 尽管当时农村多余和新增劳动力依据国家"离土不离乡、进厂不进城"的政策到乡镇企业工作，除经济发达沿海地区外，到乡镇企业上班的农民数量有限。

达到30%，安徽有些地方农村空心化率达到50%，甚至更高。具体地说，20世纪90年代的农村，外出打工的主要是家庭男性劳动力，留守妇女和留守老人基本上能维系土地承包制运行，农业生产没有因缺少男劳动力受到太大冲击，农村土地也没有出现严重撂荒。进入21世纪后，随着80后、90后等独生子女离开农村，加上第一代农民工在打工地有相对稳定的工作和固定的居所，农村留守妇女源源不断地随夫、随子女离开农村，农村空心化程度不断加剧，一些村庄濒临消失，一些村庄变成老人看守村庄，农业正在老人化。农村空心化和劳动力非农化叠加，致使越来越多地方的土地承包制难以为继。

农业生产副业化标志着土地承包制式微。长期以来，农业一直是农户的主业，而打零工、做手工艺活、从事小商品买卖、饲养家禽和家畜等都是副业，是农民利用农闲时间从事的非农业活动，以填补家用，或增加家庭经济收入。改革开放后，国家不再坚持"以粮为纲"，鼓励农民从事多种经营活动，号召乡镇创办企业，农村的兼业农户和兼业农民愈发多起来，一些农户或农民既从事农业劳动，又从事非农劳动，但一般以农业劳动为主。农业生产副业化最早出现在乡镇企业发达的农村地区和城郊农村，一些农民白天在企业上班或在城市打工、做生意，下班后或休息日从事农业劳动，并且随着非农业收入超过农业收入，这些家庭不再重视农业劳动和农业收成，也不愿意为农业生产加大投入，而将更多的人力、时间放在非农业劳动上，农业沦落为家庭生产中的"副业"。如今，农业副业化不再局限于局部地区，它已经演化为一个趋势。农业副业化正在从沿海地区向中西部、老少边穷地区蔓延，越来越多的农户将有文化、有技能、有体力的家庭成员安排从事非农业活动，农田成为鸡肋，农业生产可有可无。在一些土地流转不足的农村，大片农田正在被撂荒或半撂荒。

毋庸置疑，经过三十多年岁月洗礼的土地承包制已青春不再，制度优势与活力都在下降。中国以家庭为主体的土地承包制是否还要坚持？如果坚持，土地使用经营制度又将做何调整？笔者认为，土地承包制出现的新问题还没有严重到放弃土地承包制，但中国农村的土地使用、经营已经步入新常态。

第一，未来的中国农村仍将有大量人口。中国人口多、自然条件复杂、耕地少、农田水利设施落后、社会保障水平低，小农还将长期存在。如此，作为小农经济重要制度形式的土地承包制不宜因为出现一些问题就轻率退出，否则，违背小农意愿、侵害小农利益的"被上楼""被集中""被进城"的现象就会进一步蔓延。尽管2013年中国城镇化率达到53.3%，但有2.5亿多农民工及其家属和子女处于"半城镇化"状态中，农村的家仍是他们的安全大后方，农村的耕地还是他们天然保障。素质高、年纪轻、有一技之长的农民几乎都离开了农村，剩下的农村人口，或因年龄大，不想离乡背井到异地生活；或因能力弱，不适合从事非农劳动；或因家乡情结深，决意要一辈子建设美丽乡村；或因喜爱农业劳动，准备在农村发展自己的事业，大展宏图。因此，在推进新型城镇化进程中，国家需要继续稳定以家庭经营为主体的土地承包制，尊重农村人口的自主选择，不能借土地承包制度改革之名，强迫那些不愿意离开农村的人离开农村。

第二，土地家庭承包制具有较大的弹性空间。中国土地的家庭承包制与"统分结合"的双层经营体制是联系在一起的，政策要求农业生产按照"宜统则统、宜分则分、统分结合"的原则进行，没有将土地经营权完全交给家庭。目前中国农村土地经营方式与改革初不尽相同。改革初期，农村土地基本上由家庭分散经营，采取一家一户方式从事农业生产经营活动；如今，农村仍有相当多农户在碎片化的土地上从事农业生产经营活动，并且土地经营收入还在相当多的农民家庭收入中占有较高比重。另外，农民根据家庭劳动力状况和现实需要，采用转包、出租、互换、转让、股份合作流转承包地，提高土地经营的"统"的比例。截至2013年底，全国农民承包地流转面积3.4亿亩，流转比例达到26。[①] 但无论土地流转形式怎样，也无论土地经营"统"成分有多高，基本上是在没有改变土地家庭承包性质下进行的。也就是说，土地流动、规模经营与土地家庭承包并非对立，完全可以通过完善土地家庭承包制推进土地规模化经营。

---

① 刘庆斌：《准确把握农村土地流转的落脚点》，《农民日报》2014年08月23日。

第三，新型农业经营主体具有高兼容性。随着农村土地流转，农业生产中涌现大量新型经营主体，如家庭农场主、专业大户和农业企业等，它们加入农业生产过程中，从事农业经营活动。尽管新型经营主体的成长与壮大是土地规模化、集约化经营的内在要求，是农业产业化和现代化发展的未来走向，但目前中国3/4的耕地还是原承包农户自己在经营着，不能因为新型农业经营主体及其经营方式有生命力，就不顾农村生产力发展现状和农民的现实选择，过度培育新型农业经营主体，并企图最终完全取代家庭经营。中国政府既要汲取农业集体化的错误教训，又要借鉴国际经验，即"事实上，世界上几乎所有国家的农业生产都是以家庭制的形式进行的……即便在土地规模经营机械化程度高的条件下，也依然以家庭生产为主"。[1] 对此，有些研究发现仍需要政府重视："在一切财产中，最不适宜公有公营的莫过于农业土地"；[2]"唯有农业生产中（即农业生产）环节基本上由家庭经营，无论大小都叫家庭农场。"[3] 家庭联产承包责任制曾被日本学者看作中国农村"起死回生的政策"，[4] 如果因为它现在出现了一些问题，就否定它的存在价值，或将其全部集体化、企业化，都有可能导致"三年灾难"重演。

四 土地承包经营的未来走向及对农村社区服务的诉求

正如上文所说，目前中国农村土地家庭承包制形式基本没有变，有变化且在有些地方变化明显的是土地使用和经营方式。现有的研究和政策关注点集中在农村土地出让、租赁、入股、抵押等流通环节上，其意指向扩大农业规模经营。换言之，中国农村土地使用、经营上的新变化、新情况和新问题聚集在农村的小农家庭经营和新型农业主体的规模经营上，将土地家庭经营问题的解决寄希望于农业规模经营，好像只要培育新型农业经

---

[1] 徐旭初：《中国农民专业合作经济组织的制度分析》，经济科学出版社，2005，第62页。
[2] 〔美〕伊利·莫尔豪斯：《土地经营哲学原理》，商务印书馆，1982，第183页。
[3] 牛若峰、夏英：《农业产业化经营的组织方式和运行机制》，北京大学出版社，2000。
[4] 陈大斌主编《中国农村的新崛起》，四川人民出版社，1984，第4页。

营主体，将家庭分散的、零星的，甚至被撂荒的土地集中起来规模经营，就可以解决土地承包制实施造成的问题。其实，当下中国农村已经并存着两种土地经营方式，一种是传统的、曾在人民公社时期被否定的、又在改革开放后被恢复的家庭经营，另一个就是快速城镇化进程中新出现的规模化经营。中国农村各地生产力水平差距大，农业生产条件也不尽相同，需要根据生产力状况和城镇化程度选择土地经营方式——不能因为规模经营新近出现，又更多采用了新技术、新管理，就认为它是中国农村土地经营的最好的、最有效的方式；同样，不能因为家庭经营落后、保守、分散，就认为它已经过时，没有实用价值。中国土地承包制改革应该在坚持农村土地集体所有制和稳定土地承包制的基础上，实行家庭分散经营和新型农业主体规模经营的双层体制。

新形势下，由于农村人口快速流出，导致传统的土地家庭承包经营形式出现了不少问题，但新型农业主体的规模经营形式并不完美无缺，也存在一定的问题，如果国家对其引导、管理不当，有可能造成更严重的问题。某种意义上说，两种经营形式各有优缺点，在一些地方，规模经营的问题不一定比分散经营少。如此，完善农村土地承包制度改革，重点不是如何推进规模经营发展，让土地规模经营逐步代替家庭分散经营，而是就家庭经营和规模经营存在的问题寻求好的解决办法。调查发现，不论是经济发达还是欠发达地区，只要地方农村社区服务体系健全、服务水平高，土地家庭经营和新型农业主体规模经营的问题就少得多。

综上，本书认为农村土地承包制改革有必要寻求社区服务支持和配合。这是因为农村社区服务是融政府的公共服务、社会团体的公益服务和市场的经营服务为一体的服务体系，具有为不同农业生产主体提供不同类别、不同层次服务的能力，满足他们不同的需要、解决他们不同的问题。就家庭经营看，健全、发达的农村社区服务能为分散家庭的农业生产提供人力、物力、财力服务，帮助农户克服劳动力不足、生产资料短缺和资金紧张等问题，使小农户能继续维系农业生产，避免农田撂荒、粗放经营类事情发生。就规模经营看，无论家庭农场、专业大户和农业企业的经济实力有多雄厚，也无论他们经营的农地规模有多大，这些农业经营主体都不能万事不求人，独立进行所有农业生产活动，需要借助政府、社会团体和市场力量为其提供机械、技术、信息、营销等服务。记者在安徽等地调查发现，土地规模经营形式不同，需要的服务也有所不同。[1] 以家庭农场为主体的经营活动，经营规模不是很大，如截至2013年底，安徽省庐江土地流转面积已达49%，有939家农场经营土地面积在100亩以上。尽管家庭农场经营土地规模较小，但农业生产活动基本实现社会化，水稻育秧由签合同的公司提供服务，施肥等关键环节有县农技站的技术人员提供指导服务，植保、机器插秧、机耕机收等都有专门合作社提供服务。以专业合作社为主体的经营活动，经营土地规模大，如宿州市意利达农业科技专业合作社经营的流转土地只有2515亩，而托管（保姆式）的有1.6万亩，社会化服务（菜单式）面积达3万亩。合作社按照"生产分散在户，服务统一在社"的经营模式，在保持原有的土地经营权、种植结构、产品归属等都不改变的情况下给农户提供保姆式服务。还有一个重要形式是现代农业产业联合体，如截至2013年底，宿州市有农业产业联合体75个，它将龙头企业、家庭农场和农民专业合作社三大经营主体联系起来，以"组团"方式实现交易联结、生产要素融合和互助联结，提高了经营效益，增强了生产经营主体抵御风险的能力。

农村社区服务能够适应土地承包制不同劳动形式的需要，家庭和新型农业经营主体都可以在社区服务的支持下从事农业生产活动。传统农业向现代农业转型以及现代农业发展更需要社区服务帮衬，正是有完善的社区服务支持，农业生产才能在保持土地家庭承包制不变的情况下走得更远。具体地说，一方面，传统农业依靠家庭劳动力从事粮食作物生产，劳动产品主要满足家庭需要，而现代农业是复杂的、涉及诸多方面的系统体系，它以"种养加、产供销、农工商"一条龙综合经营为主体，注重农业机械、科学技术、市场导向与农业生产的产前、产中、产后全过程的有机结合，特别需要

---

[1] 费伟伟等：《潮涌江淮势正雄》，《人民日报》2014年5月9日。

系列化服务参与农业再生产过程。另一方面，现代农业不仅从事粮食作物和经济作物的生产，也不仅是一家一户饲养鸡鸭鹅、猪马牛，它还是融合生态农业、都市农业、旅游农业、休闲农业等多种产业为一体的复合型农业，更加重视农业生态资源的保护，更强调与城市及其居民生活的联结，更注重"一村一品""一乡一特色"的彰显，更推崇农村悠闲、安逸的田野生活，而这些离不开社区服务的辅助。

如果农村社区服务体系健全，服务水平和质量高，农村土地家庭承包制下的家庭经营形式仍有较大活力，就不必急于推进土地流转和实施规模经营。从理论上说，分散的一家一户式农业生产确实存在诸如不利于大型机械使用、不利于先进科技推广、不利于农业人口向城镇转移等问题，而推进土地流转、实施农业规模经营能在一定程度上克服家庭劳动困难，对促进工业化、信息化、城镇化、农业现代化同步发展有积极作用。但现代农业与新型农业经营主体的经营没有必然联系，家庭经营活动与现代服务相结合，也完全可以推动现代农业发展。如此，不能对家庭经营农业生产活动持有偏见，不顾中国各地农业生产力发展不平衡的状况，迷信、夸大、推崇新型农业经营主体正面功能，盲目推进土地规模化流转，并将家庭农场、专业大户、农业企业以及专业合作社、专业服务公司、专业技术协会、农民经纪人、龙头企业等作为社区服务的重点。

中国农村情况十分复杂，经济发达与经济欠发达地区农村、沿海与老少边穷地区农村、粮食作物生产为主与经济作物生产为主、养殖业为主的农村都有较大差别，农业生产不可能在短期内分化出类似于西方国家的大农场主和农业工人两大阶层，在未来相当长的时期里，农业生产仍将维持以小农户为主体、多个生产主体并存的局面。因此，农村社区服务发展重点是为家庭农业生产提供纵向一体化服务，即社区服务要保证家庭能够获得从育苗、耕地，到栽插、治虫、除草、收割、烘干、储藏或销售的一条龙服务，实现家庭农业生产经营"纵向一体化"。家庭经营纵向一体化的实施，不仅可以为家庭经营活动消除后顾之忧，让他们从事农业生产活动成为一个体面职业，而且对那些离开农村却不愿意丢弃农业的家庭来说，他们可以通过委托、转租等形式向社区服务组织购买农业生产个环节的服务，进而避免土地撂荒，实现农业生产活动正常进行。此外，土地家庭承包经营与新型主体规模经营并非对立，它们可以通过不同类型的专业合作社将其深度融合起来，采用家庭经营—统一管理—综合服务模式使家庭经营走向规模化，实现农业生产"横向一体化"。因此，农村土地承包制改革的重点不是土地承包本身，而是要保证土地承包制稳定，在此基础上，建立以农户家庭经营为基础、合作与联合为纽带、社会化服务为支撑的立体式、复合型现代农业经营体系。

第五章
农村社区服务体系建设：以江苏为例

为了解江苏省农村社区服务发展状况，发现农村社区服务实践的创新经验，以及农村居民的服务需求和社区服务满意度，本书在对相关政府部门访谈和文献研究的基础上，组织了39名调查员到江苏省13个地市的39个行政村、社区调研。调研采用观察、访谈、座谈会、发放问卷等形式，共发放问卷840份，实际回收问卷798份，其中有效问卷767份，占实际回收问卷的96%，整理完整的调查访谈记录35份。本书以此为依据，内容包括实践探索与创新经验、农村社区服务状况与居民满意度、农村居民的社区服务需求、发展农村社区服务政策建议四个部分。

第一节 江苏农村社区服务体系建设与经验

江苏省农村社区服务发展走在全国前列，早在20世纪80年代，苏南的一些乡镇政府在发展乡镇企业和小城镇建设中就注重农村公共设施建设和社区服务发展，并为农民就业、致富、创业、保障等提供了比较好的服务。进入21世纪后，江苏为实现两个"率先"——率先全面建成小康社会和率先实现现代化——的目标，一方面，大力发展农村经济，不断提高农民经济收入；另一方面，大力推进大村庄改制和农村建设，在发展农村公共服务和健全农村社区服务体系方面进行了卓有成效的创新。

一 研究问题的提出

农村社区服务是农村社区建设的重要内容，它关系到每一个农村居民的切实利益。建构农村社区相互衔接的公共服务、市场经营服务、志愿互助服务体系，为农村社区居民提供既好又多的服务，无论是对新农村建设、新型城镇化发展，还是对全面建成小康社会和基本实现现代化都具有极其重要的意义。

在国外，社区服务一般称作社区照顾、社区工作，它起源于19世纪的英国，最初由慈善机构或私人倡导和发起，以救济贫民为主要功能。二战后，一些西方国家政府积极介入社会福利领域，政府不仅为社区投资建设大量基础服务设施，还建立诸多小型化服务机构，使越来越多的社区服务对象在正常化的生活环境中接收到"照顾"服务。进入20世纪90年代，受福利多元主义思潮和新公共管理理论影响，欧美一些国家的社会政策普遍采纳了非营利组织和市场组织的管理和服务实践"优越于公共部门并且可以用于公共部门"①的新自由派观点，一方面减少政府直接供给社区服务，另一方面鼓励民间组织、市场主体参与社区服务。

我国社区服务事业发展较迟，1987年民政部首次明确提出"社区服务"概念，并将其视为政府单方面实行的"福利型"社会服务行为。在政府的大力推动下，我国社区服务尤其是城市社区服务发展非常快，社区里的服务设施和服务项目不断增加，社区服务队伍日趋壮大，并且形成了基层政府、居委会、企事业单位、驻区单位、社区民间组织、社区居民共同参与社区服务的局面；社区服务对象和服务内容得到了大幅度拓展，服务对象由最初的弱势群体和困难群体扩展到全体社区居民，服务内容由单纯地提供救助服务延伸到就业、卫生、健康、治安、文体活动、物业、家政等服务领域。但是，长期以来，由于受城乡二元体制的掣肘，我国城乡社区服务发展不平衡，农村社区服务严重落后于城市社区。发展滞后的农村社区服务不仅不能满足广大农村社区居民生产、生活的基本需要，而且成为解决"三农"问题的瓶颈。为改变农村社区服务的落后局面、促进城乡社区服务均等化发展，2008年中央一号文件把建设农村社区公共服

---

① B. Guy Peters, *The Future of Governing: Four Emerging Models* (University Press of Kansas, 1996), p. 28.

务体系作为逐步解决"三农"问题和实现城乡统筹的有效途径,指出要在有条件的地方建立便民利民的农村社区服务中心。党的十七大后,随着村庄整治和村改居/社区工程的推进,各地基层政府在国家"把公共事业建设重点转移到农村"和"工业反哺农业、城市支持农村"的战略部署下,纷纷加大财政支持农村社区公共服务建设力度,农村社区服务的体系结构日臻完善、惠农功能渐趋增强,越来越多的农村社区服务正在与城市社区服务对接、并轨。

我国政界和学界对社区服务的认识比较宽泛,常将社区服务与社区公共服务相提并论。2005年民政部等六部委下发的《关于加强和改进社区服务工作的意见》强调社区服务的公共服务性,指出社区服务为"在政府的引导和扶持下,依托社区组织,动员社会力量,利用社会资源,直接为社区成员提供的公共服务和其他物质、文化、生活的服务"。2007年民政部和国家发展改革委员会联合下发的《"十一五"社区服务体系发展规划》将社区服务定义为"以各类社区服务设施为基础,以社区居民、驻区单位为服务对象,以满足社区居民公共服务和多样性生活服务需求为主要内容,政府引导支持、多方共同参与的公共服务"。从这些文件中不难看出,我国政府部门没有把社区服务和社区公共服务明确区别开来。如此,在相当多的理论研究中,学者们也习惯将社区服务和社区公共服务放在一起说事,如杨团、[1] 吕芳、[2] 夏志强、王建军等人[3],都曾在社区公共服务范畴内讨论社区服务。还有一些学者,如陈伟东、张大维、[4]孙双琴、[5] 林诚彦、王建平、[6] 孔娜

---

[1] 参见杨团《社区公共服务论析》,华夏出版社,2002,第44~151页。
[2] 参见吕芳《社区公共服务中的"吸纳式供给"与"合作式供给"》,《中国行政管理》2011年第8期。
[3] 参见夏志强、王建军《论社区公共服务的有效供给》,《社会科学研究》2012年第2期。
[4] 参见陈伟东、张大维《城乡社区服务设施建设一体化》,《华中师范大学学报》(人文社会科学版)2009年第5期。
[5] 参见孙双琴《解析社区服务发展不平衡的一个理论分析框架》,《北京行政学院学报》2007年第1期。
[6] 参见林诚彦、王建平《社区服务在公共领域构建中的作用》,《城市问题》2012年第10期。

娜等,[①]都曾在研究中将社区服务等同于社区公共服务。造成社区服务和社区公共服务相互替代的原因主要有以下三个方面。一是我国学界对社区服务的研究处于起步阶段,还没有对社区服务形成清晰的、规范的学理认识;二是我国社区服务实践主要是政府推动并组织实施的,政府的强"公共性"挤占了社区公共空间,公共服务几乎成为农村社区服务的全部;三是随着新农村建设的全面展开,农村社会对公共服务的需求日趋广泛,政府为满足农村居民多样化公共服务需求,吸纳了市场和社会主体参与的公共服务供给与管理,这使一些人认为没有必要将社区服务和社区公共服务区别开来。从学理上看,虽然社区服务与社区公共服务相互兼容,拥有共同的服务对象和许多相似属性,但它们的供给主体、服务内容、服务形式、价值取向、运行机制、任务目标都有一定的区别。如果不加甄别,极易在实践中造成供给主体权限不明确、职责不清、社区服务行政化倾向,以及服务内容缺漏、服务形式不当、运行机制阻滞等问题。

再者,我国社区服务方面的研究成果主要集中在城市社区服务或公共服务方面,新农村建设开展后,一些学者在农村社区建设、社区管理、城乡统筹发展等研究中涉及农村社区服务。

在社区建设方面,党的十七大报告提出要"把城乡社区建设成为管理有序、服务完善、文明祥和的社会生活共同体"后,各地基层政府结合新农村建设的"生产发展、生活富裕、乡风文明、村容整洁、管理民主的"目标要求,大力发展农村社区服务事业,并将发展农村社区服务作为转变基层政府职能、巩固农村国家权力基础、解决民生问题的重要手段,农村社区的服务环境明显改善,居民服务水平也大幅度提高。[②]

在社区管理方面,一些地方政府为提高农村社区居民服务水平,变革农

[①] 参见孔娜娜《农村社区服务中心建设:资源配置的公平与效率——以豫西北平原聚集村落(群)为分析对象》,《社会主义研究》2009年第4期。

[②] 参见潘屹《家园建设:中国农村社区建设模式分析》,中国社会出版社,2009;李增元《农村社区建设治理转型与共同体构建》,《东南学术》2009年第3期;林聚任《村庄合并与农村社区化发展》,《人文杂志》2012年第1期;崔建平《社会管理创新与农村社区建设——以潍坊市农村社区建设为例》,《山东社会科学》2012年第3期。

村社区管理体制,如广西百色市在原乡镇所在地设立一级社区服务站、在多个村社集中的中心村社设立二级服务站、在自然形成的圩集所在村社设立三级服务站,以及在地处偏远、交通不便的村社设立四级服务站的"农事村办"的服务模式;① 浙江枫桥实施的"上面千条线""基层一张网"的"组团式"服务模式等。②

在城乡统筹发展方面,不少研究者,如樊丽明、石绍宾、③ 安应民、④ 黄坤明、⑤ 吴业苗⑥等按照城乡均等化、一体化发展理念研究农村公共服务发展路径,冀望通过公共服务的发展促进农村社区服务与城市社区服务对接,使城乡社区公共服务均等化发展。

虽然学者们只在研究中涉及农村社区服务的部分内容,并没有对农村社区服务及其体系进行全面、系统的研究,但由于农村社区服务与社区建设、公共服务的城乡统筹或一体化发展存在比较高的关联性,农村社区服务研究可以吸收、借鉴这些研究成果。

近年来,学者们对农村社区服务的研究逐渐增多,其中最有代表性研究是詹成付、王景新课题组进行的《中国农村社区服务体系建设研究》。该课题组不仅对农村社区服务体系建设的重要性和必要性、农村社区服务体系的功能定位与规划布局等做了较完整的理论研究,还对全国10省(区)24个县的部分乡镇的农村社区服务发展状况做了调查,其经验总结颇有价值。但正如研究者本人认为的,农村社区服务研究刚刚起步,许多问题如农村社区服务体系建设的层次性和着力点、农村社区基本公共服务边界、农村社区服

---

① 韩鹏云、刘祖云:《农村社区公共服务下乡:进路、逻辑及推进路径——基于广西百色市"农事村办"的考察》,《广西社会科学》2012年第3期。
② 卢芳霞:《组团式服务:农村社区公共服务供给机制创新——基于枫桥镇的实证研究》,《浙江社会科学》2011年第6期。
③ 樊丽明、石绍宾等:《新农村建设中的公共品供需均衡研究》,中国财政经济出版社,2008。
④ 安应民等:《构建均衡发展机制——我国城乡基本公共服务均等化研究》,中国经济出版社,2011。
⑤ 黄坤明:《城乡一体化路径演进研究:民本自发与政府自觉》,科学出版社,2009。
⑥ 吴业苗:《城乡公共服务一体化的理论与实践研究》,社会科学文献出版社,2013。

务主体关系,以及如何动员社会力量参与农村社区服务体系建设等,都尚待进一步探究。①

二 江苏农村社区服务体系建设的创新实践与经验

农村社区服务体系建设是个系统工程,包括公共服务、志愿互助服务、商业经营服务,具体服务形态一般有社区基础设施建设服务、社区保障服务、社区就业指导与培训服务、社区卫生与健康服务、社区安全服务、社区教育服务、社区管理服务等。其中,社区基础设施建设服务是社区有形公共产品的供给,如社区道路、路灯、绿化,以及水、电、通信、有线电视管网等设施的建设,社区内部的办公、文化、体育、健康、养老、治安、小型超市或小卖部、美容美发店、物业等场所也属于农村社区有形服务范畴。在社区这些服务设施上开展的工作、经营、治理等活动属于社区无形服务,其供给的数量多少、质量高低直接关系到社区居民的服务水平。社区有形服务是社区服务建设与发展的基础,无形服务则是农村社区服务体系建设的重点内容。

1. 农村社区基础设施建设服务

21世纪以来,江苏省政府先后累计投资800多亿元部署实施两轮"五件实事"和一轮"六件实事"工程,即2003年实施的农村改水、草房危房改造、乡村道路建设、建立新型合作医疗制度、调整完善农村税费改革政策的第一轮"五件实事"工程;2006年实施的农村道路通达、教育培训、农民健康、环境整治、文化建设的第二轮"五件实事"工程;2009年实施的农村人才工程、农民健康工程、为农服务工程、农村文化工程、农村环境工程、脱贫攻坚工程的"六件实事"工程。2013年江苏省政府又开始组织实施新一轮的农村饮水安全、农村教育培训、农村卫生健康、农村交通出行、农村环境整治、农村文化建设、农村社会保障、农村脱贫奔小康的"八件实事"工程。这些实事工程促进了农村社区生产、生活服务设施的建设和整体功能的提升。

---

① 詹成付、王景新编著《中国农村社区服务体系建设研究》,中国社会科学出版社,2008。

在农村社区电网建设上，江苏省在"十一五"期间全面开展农村中低压电网建设改造，促进农网的均衡发展和新农村电气化建设的整体推进，1997年就实现了全省农村"村村通电"的目标。无锡市的新农村电气化推进较快，该市自2007年实现"县县电气化"后，就着手对70个镇（街道）、900多个村（社区）分步开展线路设备及接户线改造，已于2013年11月在全省率先实现了"村村电气化"。全省电气化县农村年用电量增长26%，低压线损率下降0.47个百分点，供电可靠率增加0.19个百分点，居民端电压合格率增加0.7个百分点，电气化村年用电量平均增长28.8%，并且全面实现了全省城乡居民生活用电同价。

在农村社区自来水工程建设上，江苏省于2004年启动了农村饮水安全工程，2007年农村自来水普及率达到97.3%，苏南部分地市达到99%。为进一步提高农村居民饮用水品质，江苏省按照城乡用水"同网、同质、同源"标准，实施新一轮农村饮用水安全工程建设，取消了4000多个小水厂，扩大区域统一供水覆盖面，苏南地区已经实现全面覆盖，苏中超过90%，苏北地区的推进率也达到55%。截止到2012年底，已解决1776.7万农村居民的饮用水安全问题，并以每年300万人的速度增长，力争到2015年，苏南、苏中实现区域供水全覆盖，苏北地区区域供水覆盖率也将达85%，进而彻底解决全省农村居民的饮用水安全问题。

在农村道路交通发展上，2003年江苏省政府颁发《省政府关于加快农村公路建设的意见》，扶持、推动全省农村道路建设。截止到2009年，全省累计投资479亿元，新改建农村公路78249公里，改造农村公路桥梁7356座，提前3年完成交通部提出的"所有建制村通等级公路"的目标。与此同时，江苏省还按照"城有枢纽、镇有站点、村有亭牌"的思路推进城乡客运一体化发展，全省1018个乡（镇）共有农村客运站610座、城乡客运一体化候车亭近7000个；开通2200多条农村客运线路，通达1.6万余个行政村。截至2013年，全省除岛屿村外，所有行政村客运班车通达率达到100%，204个乡镇开通镇村公交，镇村公交覆盖率达到20%（2015年全省50%的乡镇实现村村通公交，2020年实现镇村公交100%全覆盖），无锡市已经率先实现镇村公交全覆盖。

在农村信息化建设方面,江苏按照适度超前发展理念进行农村信息通信基础网络建设和有线电视、数字电视建设。截至2007年,95%以上的村通了有线电视,个别居住分散、地势偏僻的农户使用卫星电视的方式接入、收看电视;超过20个自然村实现了"村村通"电话;在2009年实现全省自然村"村村通宽带"的基础上,进一步实现"家家能上网"。农村社区居民不仅能享有方便、快捷的通信、上网、看数字电视的服务,而且享有更先进的数字服务,如江苏有线正在向农村社区推出"户户通数字电视、户户通广播、户户通资讯"的农村数字电视新模式,广大村民不仅能够通过数字电视收看到丰富的数字节目,通过机顶盒收听本地的调频广播,方便快捷地查询农产品市场信息,还可以在家里参加镇、村举办的技术培训班。江苏通信行业本着让农民"用得上""用得起""用得好"这一目标,持续推进"信息惠农工程",自然村已全部通宽带,广大农村社区居民能享有"农信通""农机通""农政通"等多样化的信息服务。

在农村社区服务中心建设上,江苏利用并、合分散村庄,以及建设中心、集中居住区的契机,大力支持农村社区建立服务中心。广大农村社区在地方政府支持下普遍建立了社区综合服务中心,经济薄弱村按照"上级争取一点、县里划拨一点、银行借贷一点、镇村筹措一点、党员干部捐助一点、部门帮扶一点"的办法也顺利完成了综合服务中心建设,并达到江苏省规定的"五室"(综合办公室、综合服务室、综合活动室、卫生室和文化室)、"二超市"(农资超市和生活日用品超市)、"一广场"(文体活动广场)标准。一般的农村社区服务中心内部都设有"医疗服务、治安警务、劳动保障、社区救助、文教体育、人口计生、环卫服务、卫技服务"等接待窗口,基本做到了"一个窗口受理,一条龙服务,一站式办结"。

江苏农村社区服务设施的建设已经取得较大成就,一方面改变了农村生产和生活条件,使江苏农村面貌焕然一新,另一方面也拓展了农村社区无形服务的发展空间,是农村社区居民获得更好更多服务的强有力保障。正是如此,江苏省农村社区无形服务发展才得以风生水起。

2. 农村社区居民的社会保障服务

社会保障是政府为公民提供的安全网，江苏省各级政府把为农村居民提供社会保障服务作为一项重要民生工程来组织实施。经过多年努力，江苏省新型合作医疗保障、新型农村养老保障、农村最低生活保障已经全面覆盖，保障水平也在逐年提高。

江苏省新农保实行社会统筹与个人账户相结合的保障方式，虽然采用个人、集体、财政三方分担的筹资机制，但强化了政府责任。苏州市规定，纯农民缴费部分的60%由市、镇两级财政负担，并且要求财政投入与农民人均收入同步增长。泰兴市改革完善新型农村社会养老保险制度，按照城乡一体化保障思路，在省政府规定每人每年100元、200元、300元、400元、500元和600元六个参保档次外，还根据泰兴经济发展需要增加600元以上档次，最高每人每年可缴纳接近城镇职工养老保险缴费标准6000元。规定6000元档次的参保农民一旦在城镇稳定就业，可直接转入城保体系，从而打通了新农保与城保的无缝对接渠道。

江苏省新型农村合作医疗保障于2003年7月开始试点，2005年江苏就在全国率先实现"全覆盖"目标，全省4300多万农村人口参加率一直稳定在95%以上，各级定点医疗机构（含农村社区卫生服务站）已达2万多家。在多年实践的基础上，江苏省为推进农村新型合作医疗法制化、规范化运行，于2011年在全国率先颁布地方性法规，即《江苏省新型农村合作医疗条例》，要求政府必须承担新型农村合作医疗筹资的主要责任，规定筹资标准不低于本地区上一年农村居民人均纯收入的3%，其中个人缴费比例一般不超过筹资标准的20%，筹资标准每2年调整一次。经过十多年的实践，到2012年人均筹资达到300元，其中政府人均补助240元，农民个人只要出50~60元，住院报销比例达到75%，苏南部分地市能报销90%。合作医疗还给经济困难家庭予以医疗救助，给予儿童先天性心脏病、儿童白血病、尿毒症等12种大病统筹保障，报销比例达90%。2012年江苏省还将县乡两级医疗机构住院报销比例纳入《省政府2012年度十大重点工作百项考核指标》中，要求乡镇卫生院设定的住院报销比例争取提高到85%，县级医院力争达到70%。

在困难人群社会保障上，江苏省根据贫困户、低保户和五保对象不同的经济状况和要求，分类提供保障服务。为保障农村贫困人群的基本生活，江苏各级政府将政策救助、资金救助、结对救助、物资救助、服务救助结合在一起，建立完善的农村社会救助网络体系，对农村困难群体实行分类救助，即动员社会各方面力量，扩大社会帮困面，形成合力，以扶持的办法帮助有劳动能力的困难户脱贫；建立畅通的应急救助通道和应急救助资金，采用临时救济的方式弥补制度性救济不足，并将超过低保但又相对困难的群体纳入救助范围。江苏省已于2012年实现消除绝对贫困现象的阶段性目标。

在农村居民最低生活保障方面，经省政府同意，江苏省民政厅、江苏省财政厅在2004年下发的《关于建立和完善农村居民最低生活保障制度的实施意见》中规定了年保障标准，苏北地区不低于720元，苏南地区不低于1200元，苏中地区由各地根据实际情况确定。2005年起，江苏省财政列支农村低保补助资金，使江苏省农村低保工作步入正轨。2006年，建立农村低保调整、增长机制，统一全省农村低保调整方法和周期，并将低保标准与居民收入挂钩。2013年，江苏省民政厅、财政厅明确要求各地农村低保标准不低于当地上年度农民人均纯收入的20%，保障标准增长幅度不低于当地上年度农民人均纯收入的增长幅度，农村最低社会保障标准不低于每月270元。2013年江苏省农村最低生活保障标准达到每人每月340元，苏州市农村低保标准已经达到每人每月570元。农村低保户除了享有来自政府的经济救助，一些企事业单位也通过不同途径给予他们经济帮扶，如江苏省电力公司于2012年7月起对实行阶梯电价的"低保户"和"五保户"，每月免除15度电费。

农村五保供养对象是农村最困难的弱势群体，江苏省为了切实保障农村五保对象的基本生活，维护他们的合法权益，自2005年开始，江苏省财政连续5年拿出专项资金18亿元，按每张床位9000元的建设标准，对省补地区分别按70%、60%、50%、45%进行补助，共新建和改建、扩建了1600个农村敬老院，新增床位11万张。2007年，江苏在全省实施"关爱工程"，利用行政区划调整后乡镇闲置的学校、医院、政府办公用房兴建敬老院，全省农村五保户集中供养率达60%，其中苏南、苏中、苏北以县为单位的农村五保户集中供养率分别达到70%、65%、55%，居全国前列。2009年，江苏省在全国率先建立农村五保供养标准增长机制，要求苏南、苏中、苏北分别按不低于当地上年度农民人均纯收入的40%、45%、50%确定供养标准，其标准每年自然调整一次。截至2012年底，江苏有农村五保供养服务机构1270家，床位数为18.5万张，五保供养能力达到90%；全省220476个五保对象已全部纳入供养范围，年平均集中供养标准为3060元，年平均分散供养标准为2174元。

3. 农村社区化服务

农村基础实施服务和社会保障服务是政府为农村社会及其居民提供的物质保障和社会福利，它的发展不仅能有效改善农村居民的居住环境和生存状态，增强农民的致富能力，减少农村家庭的生产和生活风险，而且能带动、促进农村社区化服务全面、持续发展。江苏省在农村基础实施服务和社会保障服务上的高投入、大手笔，夯实了农村社区服务发展基础，为以农村社区为场域、以社会团体和居民为主体、以满足社区居民日常需求为服务内容的社区化服务活动开展提供了有利条件。江苏省农村社区化服务发展主要体现在环境优化服务、文体活动服务、科技服务、卫生健康服务和平安服务等方面。

社区环境优化服务。农村垃圾、杂物、柴草的乱堆放以及猪圈、鸡舍、简易旱厕的乱搭建，既影响农村社区的"村容整洁"，又可能带来社区卫生问题。江苏各地在新农村建设中开展了"村庄环境整治行动"，大力推进社区"清洁家园、清洁田园、清洁水源"和"道路硬化、村庄绿化、河道净化、路灯亮化"工程，努力打造"天蓝、水清、地绿"的绿色生态家园。2006年江阴市在辖区所有乡镇、开发区成立城管中队，将城管"触角"延伸到每一个农村社区，遏制农村社区乱搭建、乱张贴、乱设摊、乱堆放、乱停车等"乱象"。江苏铜山县大彭镇程庄村为了使环境整治落到实处，成立了卫生、绿化、养护组织，针对公共场所的卫生问题建立有关公共场所卫生管理和家庭卫生制度，以及公共厕所管理条约和绿化公约等，使农村社区环境整治与管理"有人管事、有章理事"。该村在上级政府资金支持下，统一粉刷院墙，新修下水道4500米，统一排水排污；修建垃圾池50多个、果皮箱30多个，解决了村庄垃圾存放与处理问题；新建7个公共厕所，成立6个保洁队，彻底改变农村"脏、乱、差"的现象。盐城市阜宁县古河镇为彻底治理农村社区脏乱差的顽疾，并让广大村民自觉清理整治小厨房、小猪舍、小鸡圈、小茅厕、小草堆，组成了20多个由老党员、老干部、老教师、群众代表和村干部组成的5~8人评议小组，逐个对农户的卫生状况进行评议，并将最清洁户、清洁户、不清洁户农户的评议结果与"康居示范村""文明村"评议挂钩，规定凡是不清洁户比例达到5%的社区，不能升格为康居示范村、文明村。

社区居民文体活动服务。传统农村社区文化和体育活动少，村民日常生活十分单调，主要是串门、聊天。随着农民家庭生活条件改善，特别是农业生产的专业化、规模化发展，农村社区居民的闲暇时间逐渐增多，越来越多的农村社区居民愿意也希望参加社区文化体育活动，以充实生活、增强体质。由此，江苏省在全省开展送文化下乡活动，支持农村社区建设农家书屋、文化娱乐室、社区小舞台、文化体育广场，以丰富农村社区居民的业余文化生活。地方政府针对社区居民需要，因势利导，积极推进"文体工程"。如张家港市近年来不断加大农村社区公共文化体育服务供给力度，出台《关于进一步加强镇、村（社区）文化体育建设的意见》，着力推动社区文体设施——一个综合教育培训室、一个图书阅览室、一个特色文化展示室、一个棋牌活动室、一个文艺活动（书画）室、一个健身活动（乒乓）室、一个文化宣传画廊、一个适宜演出和放映的小型广场（篮球场）的"八个一"建设。目前，该市所有农村社区都拥有包括篮球场、乒乓球室、棋牌室、健身房等场地设施。在文化服务上，张家港市形成了"文明百村欢乐行村村演""优秀影片进社区月月映""评弹书场天天说"等农村文化活动特色品牌，市镇两级财政给予这些品牌文化一定的资金支持，以丰富农村居民的文化生活。南通市如东县马塘镇马塘社区在镇党委和政府的支持下，成立乒乓球队、太极拳（剑）队、门球队、腰鼓队、广场舞队等农民业余文体组织，并为社区居民举办如"24式太极拳"等专题培训班，为太极拳、剑、扇、健身舞、声乐等文化健身项目配备辅导员，动员社区老年人参加晨练、晚舞等健身活动。为推动社区居民参加体育健身活动，马塘镇还每两年举行一次"夕阳红"体育运动会，有太极拳（剑）、太极功夫扇、柔力球、腰鼓、莲湘、筷子舞、健身舞等表演项目，有投篮、20米运球、跳绳、套圈、门球、乒乓球、棋牌类等15个比赛项目。

农村科技服务。农业规模化、产业化、集约化发展离不开农业新产品推广、新技术应用，农业科技创新与服务对农业现代化发展至关重要。江苏省农业连续多年获得丰收，一定意义上与政府及有关部门对农业提供的科技服务有关。2006年江苏就开始实施"送科技下乡"活动，以增长农民科学种田知识。随后，江苏省又在全省开展科技推广"百千万"工程，即创建100个乡镇农技推广综合服务示范中心、1000个村级规范化农业科技服务示范站，培育10000户农业科技核心示范户，加快农业科技成果的转化。为使"百千万"工程发挥更大的作用，江苏集成组装了信息、农艺、农机等技术，创办"12316"三农服务热线、江苏为农服务网、《农家致富》手机报等信息服务平台，大力推进农业生产经营信息化。江苏在2009年启动了"农村科技服务超市"建设，借鉴"现代商品超市的理念，将品种、技术、成果信息等科技要素整合到科技超市平台中，提供各种农业科技服务，提高农民对科技的认知度与接受度，着力加快科技成果转化与新品种、新技术、新模式的示范推广"。[①] 农村科技超市有店面、队伍、网络、基地、成果、品牌，建构了"总店为协调指导、分店为服务龙头、便利店为服务主体"的三级科技服务网络，通过组织专家服务队伍，筛选有推广应用价值技术成果，采用信息流与技术流相结合、网络服务与专家服务相结合、日常服务与专题服务相结合，以及咨询服务与培训服务相结合的方式为农业生产提供多形式、多层次的科技服务。新形势下，江苏省积极响应农业部建设"五有"乡镇农技推广综合服务中心的要求，于2012年率先建成"五有"乡镇农技

---

① 李娜等：《简析江苏农村科技服务超市建设现状》，《农业科技管理》2012年第1期。

推广综合服务中心建设。[①] 服务中心秉持"农民致富我服务、农民维权我帮助"理念，积极推行农技服务，其中的"一村一名农技指导员"的责任农技服务，有效地为科技示范户和广大农民提供了农业生产技术指导、监督农产品质量、提供农业生产经营信息和培训农民等服务。

农村社区卫生健康服务。农村社区卫生和居民健康一直是农村建设的老大难问题，江苏省在推进农村社区"改水、改厕、改圈、改厨"的基础上，将农村社区卫生健康工作重点放在农村社区卫生服务中心建设和为居民提供方便的卫生服务上。2005年颁布的《江苏省卫生厅关于发展农村社区卫生服务的指导意见》指出，为全面提高农村医疗卫生服务水平，促进农村居民健康水平提高，基层政府应该树立"农村社区卫生服务是建制乡镇卫生院及村卫生室的发展方向"理念，整合资源，构建"县乡两级、乡村一体、防治结合、多元投入、分工合理的新型农村卫生服务体系"，为农村居民提供综合、连续、便捷的医疗卫生服务；农村社区卫生服务主要提供预防、保健、健康教育、计划生育技术指导、医疗和康复"六位一体"综合服务；社区卫生服务站应进村入户服务，开设家庭病床，开展健康教育并进行简易的治疗。2012年江苏省印发《关于开展乡镇卫生院健康管理团队服务的意见》，提出自2012年开始试点乡镇卫生院建立由医疗卫生服务人员、管理人员以及乡村医生共同组成的健康管理服务团队；每个团队负责3个村卫生室，每月至少2次到负责的村卫生室开展工作，每次工作不少于半天，并且团队固定下村的时间、服务内容和人员信息等，要在村卫生室上墙公布，接受社会监督；至2014年，全部政府办乡镇卫生院都要开展健康管理团队服务。江苏省在加强农村社区卫生机构建设的同时，还注重农村基层社区卫生人才的培养。从2009年起江苏省在全国率先采用"定点招生、定向培养、定向就业"方式为农村基层免费定向培养卫生人才。2012年江苏省首批847名定向农村医学生全部进入事业编制，成为城乡基层医疗卫生机构医务人员。

[①] 根据农业部要求，江苏要在全国率先全面建成"五有"乡镇农技推广综合服务中心，即建成"有先进服务手段、有优良专业人员、有规模示范基地、有严格责任制度、有稳定财政保障"的"五有"乡镇农业技术推广综合服务中心。

经过多年努力,江苏省形成了比较完善的农村医疗卫生服务体系。一般农村社区建立了社区卫生站,并且实行统一命名和标识、统一人员调配和培训、统一药品采购和价格、统一业务和业绩考核以及统一信息的标准化管理,农村居民基本实现"小病不出社区"。不仅如此,江苏各地普遍实施农民健康工程活动,如张家港市的所有乡镇建成"社区健康安全科普园",广泛开展慢病防治和健康促进活动,举办健康知识巡讲进社区,为每个社区都配备了简便实用的康复器材,集中培训社区康复员。吴江市平望镇双浜村卫生站除了药房、检查室,还有档案室。档案室里有全村691户人家的"家庭健康档案",每一份档案上,从曾经病史,到喜欢喝浓茶还是淡茶、每天抽几根烟、烧煤气还是柴等,都有记录。卫生站有3名医生,每周二、六开义诊,免费为村民诊治常见病、多发病和健康体检。

农村社区平安服务。相对城市社区而言,多数农村社区居住分散,人员居住和流动管理比较宽松,偷窃等社区治安问题比较多。江苏省高度重视农村社会治安综合治理,不仅将农村社会治安列为地方政府及其官员政绩的重要考核指标,而且农村社区服务中心还建立了像太仓市农村社区"五位一体"(综治、调解、联防、治保、外来人员管理)的社区警务站,或社会治安综合治理服务站,为社区居民提供治安服务。张家港市的农村社区"安居工程"建设,以"矛盾调解、暂管服务、社区治安"为工作重点,加强调解工作队伍、社区治安联防队伍、流动人口管理队伍的"三支队伍"建设。调解工作队伍有纠纷信息员、矛盾调解员和法制宣传员,主要是为了做好群众工作、化解社会矛盾;流动人口管理队伍是社区为了将外来人员的管理服务纳入规范化、信息化轨道而招聘的协管员,他们配备有便携式流动人口信息采集仪,对入住24小时内的流动人口实行上门登记,并实时更新流动人口管理数据;治安联防队伍日常工作在农村社区的综治室和警务室,组织开展家庭自防、户院联防、社区群防活动,以构筑城乡一体的安全网。

江苏各地农村社区在平安社区建设中不断创新工作方法。扬州市以完善社会治安防控体系为重点,组织群众开展形式多样的治安巡逻防范活动,即在农村社区全面推行"契约化保险式联防工程",为农村社区配备专职保安人员，成立"十户联防"队伍，构筑邻里守望、参与的社区群防群治网络。盐城市部分农村社区在政法委等有关部门组织下利用"呼叫中心＋无线固话"方式实现"十户联防"联动报警功能，开展"警铃入户"工程，建设平安农村社区。他们在一些农村社区推行"平安 E 家"活动，开发了智能短信报警平台，用户遇到紧急情况只需编辑简要短信内容发送到指定代码，110 中心平台服务器就会自动识别信息，并安排所属区域的警察及时出警处理。

总的来看，江苏省在新农村建设和城乡一体化发展中不断推进农村社区基础服务设施、社区社会保障服务、社区化综合服务的发展，农村社区服务水平有了较大程度的提高，并且形成体系，能基本满足广大农村社区居民的服务需求。

第二节 江苏农村社区服务供需情况与发展对策

尽管江苏农村社区服务已经形成比较完善的体系，越来越多的社区服务正在与城市社区对接、并轨，但仍存在诸如农村社区服务过分依赖政府、发展不平衡、供需矛盾明显、民众参与不高方面的问题。由此，为建立健全江苏农村社区服务体系和提高农村社区服务水平，江苏的农村社区服务还需要加快农村社区化改造，促进城乡社区服务对接；转变政府职能，健全农村社区服务多元合作机制；注重农村村情，努力提高农村社区服务效能；加强社区社会团体和志愿者队伍建设，促进社区自我服务成长；注重社区服务的时代性要求，促进农村社区转型升级。

一 农村社区居民的社区服务满意度与需求层级

江苏省各级政府及相关部门、各类社会组织与社会实体[①]在新农村建设

---

① 社会组织与社会实体的服务功能不同，社会组织为非营利性的民间社团，它主要提供无偿服务，也提供低偿服务；而社会实体则是医院、学校类事业单位和超市、饭店、店铺类营利实体，它们提供的主要是有偿服务。

和新型城镇化发展中为农村社区居民提供了大量公共服务、志愿互助服务和商业经营服务，农村社区的服务水平、服务质量都有了大幅度提高。为全面了解江苏农村社区服务的发展状况以及居民对农村社区服务的满意度和需求情况，本书对江苏 13 个地级市的 40 个农村社区进行了问卷调查。

（一）调查样本简况

1. 性别构成与年龄分布

调查员在每个调查的农村社区分层抽取 20 个家庭户，选择该户的一位成年人填写问卷，如果被调查者不能填写，则由调查员代填问卷。由于问卷内容包括社区服务的一般情况、评价看法和下一步需求等，被调查者需要具有一定的识别、判断能力，因此课题组统一要求被调查者是成年人。样本统计显示，被调查者在现在居住的社区生活 5 年以下的只占 5.2%，6~10 年的占 3.6%，11~15 年的占 5.2%，16~20 年的占 10.5%，21~25 年的占 7.6%，26~30 年的占 4.8%；一直居住在现在社区的有 484 人，占 63%。绝大多数被调查者在调查的社区居住时间比较长，对社区及其服务情况熟悉。被调查者的性别与年龄见表 1。

表 1　调查样本的性别构成与年龄分布

单位：%

统计指标		男	女	累计频数/频率
18~30 岁	频数	91	108	199
	频率	22.80	29.43	25.98
31~45 岁	频数	107	112	219
	频率	26.82	30.52	28.59
46~60 岁	频数	131	95	226
	频率	32.83	25.89	29.50
61 岁及以上	频数	70	52	122
	频率	17.54	14.17	15.93
总　计	频数	399	367	766
	频率	100.00	100.00	100.00

2. 受教育程度

在所有被调查者中，受教育程度为初中及以上的占3/4以上。其中，具有初中学历的比具有中专或高中学历的多6.5个百分点，具有大专及以上学历的占22.72%，约占被调查者的1/4（见表2）。

表2　调查样本的受教育程度

单位：%

统计指标		男	女	累计频数/频率
不识字	频数	23	34	57
	频率	5.76	9.26	7.44
小学	频数	61	68	129
	频率	15.29	18.53	16.84
初中	频数	133	95	228
	频率	33.33	25.89	29.77
中专或高中	频数	102	76	178
	频率	25.56	20.71	23.24
大专	频数	34	38	72
	频率	8.52	10.35	9.40
本科及以上	频数	46	56	102
	频率	11.53	15.26	13.32
总计	频数	399	367	766
	频率	100.00	100.00	100.00

3. 调查样本的户籍分布

调查的农村社区包括村落社区、集中社区、城郊社区和城镇社区，居民以农业户口为主，占70%左右（见表3）。

表3　调查样本的户籍分布情况

单位：%

统计指标		男	女	累计频数/频率
农业户口	频数	269	274	543
	频率	67.25	75.07	70.98
非农业户口	频数	131	91	222
	频率	32.75	24.93	29.02
总计	频数	400	365	765
	频率	100.00	100.00	100.00

4. 调查样本的职业分布

职业选项是个多选题，有种植业、养殖业、企业上班、做生意、做零工、其他等选项。被调查者在企业上班（37.2%）最多，其次是其他职业和种植业（23.0%、20.1%），做生意和做零工（12.5%、10.8%）的人相对较少，占比例最少的是养殖业（7.4%）。从数据中可以看出，现在农民兼业现象较为普遍，很多人都有两个或两个以上的职业（见表4）。

表4　调查样本的职业分布

单位：人，%

职业	人数	百分比	有效百分比
种植业	154	18.1	20.1
养殖业	57	6.7	7.4
企业上班	285	33.5	37.2
做生意	96	11.3	12.5
做零工	83	9.8	10.8
其他	176	20.7	23.0
总　计	851	100.0	111.1

5. 调查样本的家庭收入情况

2012年被调查者的家庭经济收入在3万元以下的占20%，3万~5万元的占30%，5万~7万元的占22%，7万~10万元的占16%，10万元以上的占12%（见图1）。被调查者的家庭收入来自农业的仅占20%，绝大部分来自非农产业（见图2）。

（二）江苏农村居民的社区服务满意度

根据农村社区服务的建设与发展情况，问卷设置了24个服务项目，要求被调查者对每项服务进行评价，并在非常满意、满意、一般、不满意和非常不满意中选择一个。通过对选择项赋值，统计显示满意度高

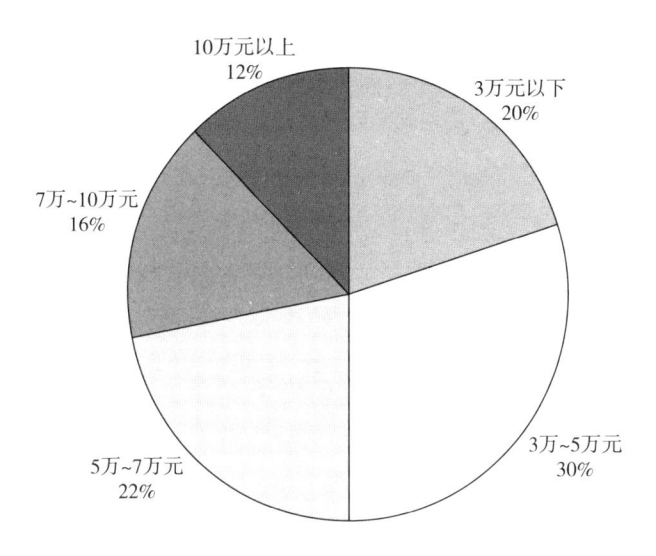

图1 调查样本家庭户2012年经济收入分布

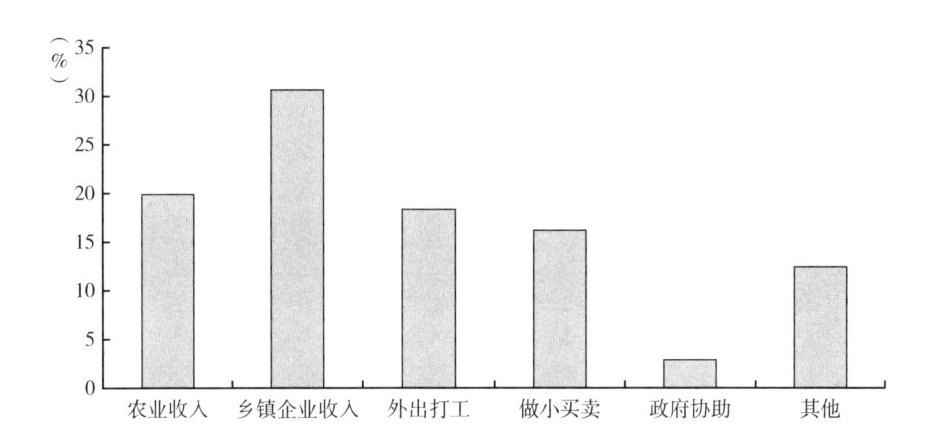

图2 调查样本的家庭户主要收入来源分布

（85分以上）的服务项目有2项，占8.3%；比较满意（80～85分）的服务有10项，占41.7%；满意度一般（75～80分）的服务有10项，占41.7%；满意度较低的（70～75分）服务有2项，占8.3%；满意度在70分以下的服务项目为零，即农村社区居民没有不满意的服务项目（见表5）。

农村社区化服务与治理

表 5 居民对农村社区服务的满意度

服务项目	非常满意 频数	非常满意 频率(%)	满意 频数	满意 频率(%)	一般 频数	一般 频率(%)	不满意 频数	不满意 频率(%)	非常不满意 频数	非常不满意 频率(%)	满意度得分
1. 医疗卫生服务	54	7.05	260	33.94	349	45.56	91	11.88	12	1.57	81.8
2. 疾病防疫服务	50	6.52	278	36.25	303	39.50	125	16.30	11	1.43	81.1
3. 健康教育服务	53	6.92	222	28.98	334	43.60	127	16.58	30	3.92	79.4
4. 计划生育服务	110	14.34	333	43.42	246	32.07	67	8.74	11	1.43	84.89
5. 垃圾处理服务	60	7.83	221	28.85	303	39.56	146	19.06	36	4.70	78.76
6. 社会治安服务	90	11.76	265	34.64	299	39.08	86	11.24	25	3.27	82.26
7. 道路建设与维修服务	64	8.36	265	34.60	279	36.42	129	16.84	29	3.79	80.25
8. 供电服务	147	19.19	341	44.52	233	30.42	41	5.35	4	0.52	87.01
9. 自来水服务	135	17.60	323	42.11	229	29.86	71	9.26	9	1.17	85.41
10. 子女基础教育服务	59	7.69	231	30.12	340	44.33	118	15.38	19	2.48	80.48
11. 文化娱乐服务	47	6.13	202	26.34	310	40.42	160	20.86	48	6.26	77.18
12. 体育健身服务	42	5.48	203	26.50	325	42.43	164	21.41	32	4.18	77.79
13. 养老保障服务	63	8.21	284	37.03	270	35.20	133	17.34	17	2.22	80.99
14. 医疗保障服务	51	6.65	286	37.29	262	34.16	145	18.90	23	3.00	80.08
15. 劳动培训服务	22	2.87	184	23.99	299	38.98	227	29.60	35	4.56	75.23
16. 就业指导服务	35	4.56	178	23.21	311	40.55	213	27.77	30	3.91	76.11
17. 邻里互助服务	103	13.45	249	32.51	304	39.69	99	12.92	11	1.44	82.78
18. 纠纷调解服务	80	10.44	231	30.16	321	41.91	110	14.36	24	3.13	80.98
19. 为孤老病残等提供服务	59	7.70	182	23.76	320	41.78	167	21.80	38	4.96	77.57
20. 为未成年人教育帮扶提供服务	47	6.14	162	21.15	324	42.30	199	25.98	34	4.44	76.37
21. 志愿者提供服务	27	3.52	139	18.12	329	42.89	228	29.73	44	5.74	74.28
22. 社会组织提供服务	20	2.61	179	23.37	303	39.56	221	28.85	43	5.61	74.84
23. 乡镇站、所提供的公共服务	31	4.04	218	28.42	371	48.37	120	15.65	27	3.52	79.11
24. 村(居)委会提供的公共服务	35	4.57	230	30.03	355	46.34	118	15.40	28	3.66	79.37

148

满意度高的服务项目是自来水服务、供电服务。为农村社区提供自来水服务是政府的一项重要民生工程。早在2003年,江苏省政府实施的第一轮"五件实事"就将农村改水工程纳入其中;2004年又将农村社区改水工程提升为农村饮水安全工程,并加快推进步伐;到2006年,江苏农村社区几乎都通上了自来水。随着新农村建设的广泛开展,地方政府将此项服务转移到改善、提高水质和饮水安全上,并且按照城市社区居民用水标准对农村自来水设施进一步改造,使越来越多的农村社区实现了区域供水。农村社区供电服务水平与城市社区差不多,农村中低电网改造、新农村电气化建设和城乡居民生活用电同价政策的实施,有效地保证了农村社区居民的用电需求。调查员在南通市如东县掘港镇江庄村了解的农村社区供电服务状况颇有代表性,村里电压稳定,通电情况很好,只有在电线杆被撞断或遭遇恶劣天气时停电,即使断电也会有人很快抢修,一般不会影响生活,2012年大约停电五六次;电价是0.55元/千瓦时,每户都有一个电卡,可以带卡到银行等机构交电费,也可以往卡里存钱让供电公司扣除,如果卡里余额不足,工作人员会通知用户交钱或向卡里存钱。

满意度比较高的服务项目是医疗卫生服务、疾病防疫服务、计划生育服务、社会治安服务、道路建设与维修服务、子女基础教育服务、纠纷调解服务、医疗保障服务、邻里互助服务、养老保障服务。医疗卫生、疾病预防服务和医疗保障服务关系到居民身体健康和生活质量,20世纪六七十年代,农村就建立了比较完善的合作医疗体制,生病农民可以方便地到大队卫生室和公社卫生院医治。不仅如此,"赤脚医生"还为行动不方便的病人提供上门服务,"下乡"的卫生队医生也定期为农村人提供健康检查和预防接种等基本服务。尽管农村这一合作医疗体制在20世纪八九十年代因受到农村家庭联产承包责任制的冲击而近乎废弃,但在21世纪初,政府将解决农民看病难、看病贵的问题提上日程,在全国农村实施新型农村合作医疗制度,并逐步完善农村卫生服务体系,尤其是农村社区卫生服务站的建立,让广大农村居民不出社区就能享有医疗服务和卫生防疫服务。

计划生育服务是农村社会传统的优势服务项目,在20世纪80年代已相当完善,育龄妇女可以享受免费的避孕、产检和生育等服务。一方面由于计划生育工作是地方政府及其官员政绩考核的重要指标,基层政府和社区干部都不敢怠慢;另一方面由于国家计划生育政策已经深入人心,居民基本认同政府工作人员控制生育数量和提高人口素质的管理和服务,一般不会对这项服务有什么意见。

农村社区的养老问题没有城市社区复杂,一是农村家庭生产、生活方式具有强大的养老功能,只有在老人生病时才形成真正的养老问题,否则,老人始终为家庭劳动力,能从事烧锅做饭、洗衣清洁、照看小孩、饲养家禽等家务劳动;二是养儿防老的旧习俗在农村根深蒂固,大多数农村居民仍把养老看成自己和家庭的事情,对政府给予的养老金,他们非常感激。由此,农村社区居民对政府和社区组织提供的养老服务比较满意。

农村社会治安服务、邻里互助服务和纠纷调解服务依赖农村社区熟人关系。相对城市社区而言,农村社会流动性不大,居民相互知根知底,比较熟悉,能在日常生活中彼此照应,打架、斗殴较少发生,更少有熟人偷窃案件发生。至于小偷日益猖獗,主要在城市郊区农村,小偷一般较少到远郊农村和偏远农村社区进行偷盗。再者,一些农村社区在新农村建设中强化了社会治安管理,有的建立了治安员巡视制度,有的实行联防,农村社区治安总体状况良好。邻里互助服务和纠纷调解服务是农村社区富有特色的服务项目,当熟人社会里的一个人或一个家庭遇到困难时,相互帮助是村庄社会人们互动关系的"铁律"。农村社区邻里纠纷、家庭纠纷等的调解也依赖熟人社会生成的权威,社区党支部书记、村委会主任以及企业领导和家族长辈都会参与纠纷的调解,并且依仗各自的威信使矛盾、纠纷双方"服从"。由此来看,农村社区居民对这两项服务评价满意。

道路建设和维修、子女基础教育这两项服务与农村社区基础设施建设相关。江苏省各级政府对农村道路和农村中小学设施建设投入了大量资金，不仅实现了硬质道路"村村通"和公共交通系统城乡一体化，而且农村中小学也在新农村建设中得到很好的改造，越来越多的学校有多媒体教室和规范的实验室、图书室、操场，教师素质、教学质量都有较大提高。农村居民对这两项服务没有多少意见。

满意度一般的服务项目有健康教育服务、垃圾处理服务、文化娱乐服务、体育健身服务、劳动培训服务、就业指导服务、为未成年人教育帮扶提供服务、为孤老病残等提供服务、乡镇站所提供的公共服务、村（居）委会提供的公共服务。结合调查员在农村社区的观察与访谈，本书认为，农民对这10项服务评价为一般是符合实际的，即他们既感觉这些服务不错，但又觉得需要进一步改进、提高。如社区垃圾处理服务，调查员观察发现，南通市海安县曲塘镇新曲村垃圾处理服务不错，有好几处垃圾倾倒点，没有垃圾乱倒的现象；无锡市江阴市华士镇华西十三村有5名保洁员，村民生活垃圾集中到垃圾箱，有专人每天清理。但也有调查员反映，海门市正余镇古坝村的村民生活垃圾有保洁员上门收取、处理，但生活污水直接排到屋外或者河流，河道垃圾无专人清理；大丰市小海镇小海社区每两户有一个垃圾池，生活垃圾入池，但道路、河道垃圾没有人处理。又如文化体育服务，有的社区搞得好，像常熟市沙家浜镇红石村，文体活动中心有篮球场、网球场、塑胶跑道等体育健身场所，中心全天向村民开放，村民的参与度很高；泰州市兴化市张郭镇五星村有体育健身器材，有老年活动室，村民经常在体育健身场所进行跳舞等体育活动，在传统节日里还举办舞龙会。但有的村文化体育活动少，调查员反映，大丰市小海镇小海社区没有任何文化体育设施，也不举办文娱活动；仪征市新集镇方桥村没有文化活动场所，没有为村民提供锻炼的体育设施。

新型城镇化和城乡一体化发展对劳动培训服务和就业指导服务都有比较高的要求，专业大户、家庭农场、农民专业合作社等新型生产经营主体的成长，以及集约化、专业化、组织化、社会化相结合的新型农业经营体系的形成，越来越需要农村劳动力从农业劳动转移到非农产业。虽然有些农村社区，如常州市武进区湖塘镇马杭社区每年都组织5次以上职业培训；南通市海门市正余镇古坝村每年有4次职业培训，每次有200多人参加。但更多的农村社区几乎没有开展针对劳动力转移的就业培训和指导服务，农民们主要依托亲戚、老乡的"强关系"寻找工作机会。

满意度比较低的服务项目有社会组织提供服务和志愿者提供服务两项。我国农村社区一直缺乏志愿者和社会组织提供的服务，这是由于这两项服务需要农村社区有比较多且较成熟的社会团体。然而，从整体上看，政府对农村社区的经济组织，如专业合作社、技术协会等的扶持力度大于对从事社会服务活动的社会团体，活跃在农村社区的多数是与农业生产、经济发展相关的经济团体，而从事社区服务活动的社会团体仍旧十分缺乏。即使有些农村社区已经培育起来若干个小规模的社会团体，也从事一些社区服务活动，但由于缺乏政府扶持和稳定的参与者、志愿者，其所进行的服务活动多数是应景式的，不能从事常态化社区服务活动。尽管社区建设和居民生活对这两项服务有比较多的需求，但由于社区缺乏从事志愿服务的主体，居民有理由表示"不够满意"。

被调查者的性别、年龄、户籍、文化程度、家庭收入不同，不同人群的社区服务满意度也不同。调查样本信息与社区服务满意度双变量的Pearson相关性检验结果如表6所示。

其中，农村社区服务满意度的性别差异不大，仅对"邻里互助服务"有异，女性村民比男性村民对社区服务更满意。农村社区服务与年龄相关的有"医疗卫生服务""供电服务""体育健身服务""就业指导服务""社会组织提供服务""乡镇站、所提供的服务"等，相关系数均为正数，也就是年龄越大，对各项服务的满意度越低。农村公共服务与户籍身份的相关性较高，与"户籍身份"存在相关关系的有"疾病防疫服务""健康教育服务""子女基础教育服务""养老保障服务""劳动培训服务""就业指导服务""邻里互助服务""纠纷调解服务""为孤老病残等提供服务""为未成年人

第五章 农村社区服务体系建设：以江苏为例

表6 调查样本基本信息与社区服务满意度相关性

服务项目	属性	性别	年龄	户籍身份	文化程度	2012年家庭收入
1. 医疗卫生服务	相关性	-0.03	0.069	-0.063	-0.090*	-0.054
	Sig. (2-tailed)	0.412	0.055	0.082	0.013	0.136
2. 疾病防疫服务	相关性	0.015	0.057	-0.079*	-0.103**	-0.087*
	Sig. (2-tailed)	0.688	0.113	0.03	0.004	0.016
3. 健康教育服务	相关性	0.011	0.037	-0.086*	-0.088*	-0.091*
	Sig. (2-tailed)	0.77	0.301	0.018	0.015	0.011
4. 计划生育服务	相关性	0.014	0.03	0.019	-0.112**	-0.150**
	Sig. (2-tailed)	0.707	0.405	0.605	0.002	0.00
5. 垃圾处理服务	相关性	-0.048	0.053	-0.056	-0.098**	0.006
	Sig. (2-tailed)	0.185	0.142	0.124	0.006	0.876
6. 社会治安服务	相关性	0.049	0.035	-0.022	-0.087*	-0.153**
	Sig. (2-tailed)	0.173	0.327	0.549	0.016	0.00
7. 道路建设与维修服务	相关性	-0.022	0.34	-0.05	-0.069	0.003
	Sig. (2-tailed)	0.548	0.035	0.166	0.056	0.927
8. 供电服务	相关性	-0.017	0.074*	-0.026	-0.109**	-0.034
	Sig. (2-tailed)	0.643	0.04	0.466	0.003	0.344
9. 自来水服务	相关性	-0.066	0.043	-0.044	-0.117**	-0.066
	Sig. (2-tailed)	0.066	0.231	0.229	0.001	0.069
10. 子女基础教育服务	相关性	0.011	0.015	-0.137**	-0.096**	-0.041
	Sig. (2-tailed)	0.771	0.682	0.00	0.008	0.258
11. 文化娱乐服务	相关性	0.016	0.054	-0.057	-0.105**	-0.176**
	Sig. (2-tailed)	0.649	0.136	0.113	0.003	0.00
12. 体育健身服务	相关性	0.06	0.07	-0.053	-0.156**	-0.161**
	Sig. (2-tailed)	0.097	0.052	0.145	0.00	0.00

153

续表

服务项目	属性	性别	年龄	户籍身份	文化程度	2012年家庭收入
13. 养老保障服务	相关性	0.013	0.047	-0.02	-0.123**	-0.092*
	Sig. (2-tailed)	0.721	0.199	0.572	0.001	0.011
14. 医疗保障服务	相关性	0.004	0.059	-0.07	-0.155**	-0.110**
	Sig. (2-tailed)	0.907	0.102	0.053	0.00	0.002
15. 劳动培训服务	相关性	-0.023	0.054	-0.156**	-0.132**	-0.126**
	Sig. (2-tailed)	0.52	0.134	0.00	0.00	0.00
16. 就业指导服务	相关性	-0.025	0.07	-0.190**	-0.169**	-0.097**
	Sig. (2-tailed)	0.481	0.053	0.00	0.00	0.007
17. 邻里互助服务	相关性	-0.086*	0.066	-0.083*	-0.137**	-0.017
	Sig. (2-tailed)	0.017	0.07	0.021	0.00	0.636
18. 纠纷调解服务	相关性	-0.006	0.026	-0.162**	-0.163**	-0.026
	Sig. (2-tailed)	0.875	0.465	0.00	0.00	0.475
19. 为孤老病残等提供服务	相关性	-0.013	0.049	-0.109**	-0.170**	-0.042
	Sig. (2-tailed)	0.729	0.177	0.003	0.00	0.247
20. 为未成年人教育帮扶提供服务	相关性	0.046	0.043	-0.128**	-0.142**	-0.058
	Sig. (2-tailed)	0.201	0.239	0.00	0.00	0.107
21. 志愿者提供服务	相关性	0.057	0.067	-0.159**	-0.107**	-0.139**
	Sig. (2-tailed)	0.112	0.063	0.00	0.003	0.00
22. 社会组织提供服务	相关性	0.043	0.07	-0.095**	-0.099**	-0.132**
	Sig. (2-tailed)	0.233	0.054	0.008	0.006	0.00
23. 乡镇站、所提供的公共服务	相关性	-0.007	0.080*	-0.081*	-0.151**	-0.097**
	Sig. (2-tailed)	0.856	0.027	0.026	0.00	0.007
24. 村（居）委会提供的公共服务	相关性	0.036	0.027	-0.068	-0.095**	-0.068
	Sig. (2-tailed)	0.322	0.448	0.061	0.009	0.06

注：* 在95%的置信区间有效，** 在99%的置信区间有效。

教育帮扶提供服务""志愿者提供服务""社会组织提供服务""乡镇站、所提供的公共服务",相关系数均为负,说明"非农业户口"相对"农业户口"对上述服务更满意。农村公共服务与"文化程度"相关性最高,除"道路建设与维修服务"与"文化程度"没有显著性相关外,其他各项服务均与"文化程度"存在相关关系,且相关系数均为负数,说明文化程度越高,对相关的服务满意度越高。农村社区服务与"家庭收入"存在相关关系的有"疾病防疫服务""健康教育服务""计划生育服务""社会治安服务""文化娱乐服务""体育健身服务""养老保障服务""医疗保障服务""劳动培训服务""就业指导服务""志愿者提供服务""社会组织提供服务""乡镇站、所提供的公共服务",其相关系数均为负数,说明"家庭收入"越高的农村居民,对上述服务的满意度越高。

(三)江苏农村居民的社区服务需求层级

农村社区服务涉及诸多方面,政府、社会实体和社会团体在农村社区进行的服务活动不可能面面俱到,也不可能满足居民所有的服务需求,应该有所侧重。农村社区居民对社区服务也有选择性,不同经济状况、规模的农村社区,以及同一社区不同年龄、职业、文化程度的居民对社区服务需求是不一样的。如此,服务提供者不仅要根据自己的能力,尽可能地为农村社区居民提供令他们满意的服务,还需要全面了解居民的服务需求,有针对性地进行服务活动。唯有这样,才可以在满足居民服务需求的同时,防止政府、市场、社会等主体在农村社区服务供给与管理上的失灵,避免社区服务供需不协调、不平衡问题发生。遗憾的是,社区服务供给主体往往按照自己的意愿为居民提供服务,以致社区服务经常出现缺位、错位和越位现象,这既造成宝贵的服务资源浪费,又会引起老百姓抱怨。鉴于此,为提高农村社区服务的针对性、有效性,使社区服务活动更多地体现以人为本和可持续发展的理念,本书将农村社区服务分为生产类、生活类、设施建设类三类,让被调查者选出自己最需要、一般需要、不需要的服务。① 在统计分析过程中，笔者把"最需要"定义为1分，"一般"定义为2分，"不需要"定义为3分，根据平均数进行统计，数值越接近1，需求程度越高。

农村社区生产类服务有提高家庭收入、职业技能培训、就业指导、提供市场信息、资金（包括贷款）支持、兴修水利、提供农业技术指导、农田整理、农产品销售，以及农具维修和机械保养服务等10项。从被调查者的选择看，这10项服务都是他们需要的（见表7）。

表7 生产类社区服务需求层级

服务项目	平均值	排序	需求层级
提高家庭收入	1.46	1	最需要
职业技能培训	1.69	2	一般需要
就业指导	1.71	3	一般需要
提供市场信息	1.78	4	一般需要
资金(包括贷款)支持	1.88	5	一般需要
兴修水利	1.88	6	一般需要
提供农业技术指导	1.9	7	一般需要
农产品销售	1.92	8	一般需要
农田整理	1.92	9	一般需要
农具维修、机械保养	2.02	10	一般需要

生产类服务中，居民最需要的是提高家庭收入服务。2003年以来，我国城乡居民的人均收入差距就一直在3倍以上，虽然江苏省的城乡居民收入差距比全国小，但也一直徘徊在2.5~2.7倍，因此缩小城乡居民的收入差距不仅成为实现城乡一体化发展的最大需求，也是农民发家致富的最大愿望。再者，在城镇化进程中，农民对货币的依赖大幅度提

---

① 在问卷的试调查中，笔者按照学理规范将需要分为最需要、比较需要、一般需要、不需要和很不需要五等分，但居民在选择时表示难以细分，故在正式问卷调查时将其简化为最需要、一般需要、不需要。

高，燃气代替柴薪、自来水代替井水或河水、机械代替手工和畜力以及洗衣机、冰箱、电饭煲、数字电视、手机等家电的普及，尤其是孩子上学、建房或买房、看病等都需要大量货币支撑。今日农民对货币的需求超过历史上的任何时期，由此，有人将现在的农民看成"货币小农"，并认为农民的最突出理性就是货币理性。[①] 基于家庭增收，农民在生产中的需求依次为职业技能培训、就业指导。这两项服务都与提高农民经济收入紧密相连，如果培训和就业指导服务搞好了，农民提高经济收入就有比较大的可能性。联系前文居民对社区职业技能培训和就业指导服务的满意度评价，居民出于增收的担忧，进而要求政府和相关部门提供劳动力培训和就业指导服务。提供市场信息和资金（包括贷款）支持服务是农业市场化发展内在要求。由于这两项服务供给不足，农民在经济作物生产和养殖发展上困难重重，不知道搞什么才能赚钱，或者明知道能赚钱，想扩大生产规模，却又缺少资金。有了市场信息服务和资金支持服务，农民就可以跳出类似于"猪循环"的尴尬，[②]进而实现农业生产与市场的对接。兴修水利、提供农业技术指导、农产品销售、农田整理、农具维系和机械保养五项服务，在江苏农村社区发展较好。政府对水利、农田整理投入、农业技术推广与指导一直非常重视，投入力度大，农业生产条件明显改善。江苏农村主要农产品是水稻、小麦，由于国家实施了最低收购价，农民销售这类农产品几乎没有后顾之忧；江苏农村农业机械化程度已经达到80%，农具维修和机械保养服务必须跟进，但由于不是每一个农户都有大农具和机械，并对其有需求，因此居民对它需求层级最低。需要指出的是，即使居民对农具维修和机械保养需求层级最低，但不能因为它只是个别农户的需求，就减少服务提供，相反，随着农业机械化、产

[①] 吴业苗：《货币理性下的农民行动与其偏差矫正》，《社会科学研究》2007年第5期。
[②] "猪循环"（hogcycle）是美洲畜牧业的经典概念，指供求和价格互相牵制的循环，即玉米原料丰收时，玉米价格下跌会使养猪企业扩大生产，随之猪肉供过于求；猪肉价格下跌将带来养猪数量减少，又导致玉米需求减少，随后玉米价格下跌……在这种周而复始的"猪循环"中，新一轮周期的到来便可以解决前一个周期的问题。

业化、规模化进一步发展，农村社区必须加大这类服务的供给力度。

生活类社区服务有医疗保障、养老保障、公共卫生、社会治安、最低生活保障、自然灾害救助、体育锻炼、文化娱乐、查禁假冒伪劣商品和法律救助10个服务项目，被调查者都选择了"需要"（见表8）。

表8　生活类社区服务需求层级

服务项目	平均值	排序	需求层级
医疗保障	1.27	1	最需要
养老保障	1.28	2	最需要
公共卫生	1.38	3	最需要
社会治安	1.53	4	一般需要
最低生活保障	1.54	5	一般需要
自然灾害救助	1.65	6	一般需要
法律救助	1.66	7	一般需要
文化娱乐	1.66	8	一般需要
查禁假冒伪劣商品	1.67	9	一般需要
体育锻炼	1.67	10	一般需要

生活类社区服务中，居民最需要的服务依次是医疗保障、养老保障和公共卫生服务，它们的平均值接近1。这三项服务是生存的基本保障，尽管进入21世纪后江苏农村的医疗保障、养老保障已经全面覆盖，保障水平也比较高，社区公共卫生状况在各级政府和社区组织的共同努力下也有了明显改善，饮用水安全、厕所和厕所的卫生、健康教育、疾病预防和医治等都有实质性提高，但居民对这三项服务仍然有很多需求，政府和社区组织在医疗、养老和卫生服务方面还有很多工作要做。生活类服务中有7项是一般需求，依次为社会治安、最低生活保障、自然灾害救助、法律救助、文化娱乐、查禁假冒伪劣商品、体育锻炼。农村社区人员流动加快，尤其是拆、并村后形成的集中社区规模大、人口多，一些农村社区正在"半陌生化"，盗窃等治安问题日益增多，居民对社

区治安服务需求明显增多,它位居生活类需求层级第四;江苏省有多层针对弱势群体的保障救济和突发事件的救助措施,居民在发生困难时基本上能得到政府提供的最低生活保障,但由于最低生活保障是居民最后的安全网,自然灾害救助可以避免农户倾家荡产,不少居民仍对它们有比较多的需要,二者分别位居第五、第六;法律救助和文化娱乐这两项服务与农村人为人处事风格和日常生活习惯有关,一般农村人遇到纠纷不会诉诸法律,并且农村人文化娱乐活动贫乏,要求比较低,以串门聊天、打牌为主,正是由此,有关部门才实施送法下乡、送文化下乡活动;相对城市社区而言,农村的假冒伪劣商品多,有的甚至已经危害到农业生产和居民生活安全,理应有比较高的需求,但调查发现,农村居民普遍缺乏产品质量意识,一般的应对策略是这家出售的产品质量不好,下次就选择另一家购买,很少维权;传统农民认为,参加农业劳动就是锻炼,不需要什么体育锻炼,但随着非农业劳动人口增加和闲暇时间增多,尤其是人们对健康身体重要性认识的增强,居民对体育锻炼的需要也逐渐增多。

设施类社区服务有处理污水、处理垃圾、教育设施、道路与路灯、饮用水(包括自来水)、电网与通信线路维护、绿化、农贸市场、文化娱乐场所、农民培训场所10项,被调查者都选择了"需要"(见表9)。

表9 设施类服务需求层级

服务项目	平均值	排序	需求层级
处理污水	1.36	1	最需要
处理垃圾	1.37	2	最需要
教育设施	1.4	3	最需要
道路、路灯	1.46	4	最需要
饮用水(包括自来水)	1.48	5	最需要
电网、通信线路维护	1.51	6	一般需要

续表

服务项目	平均值	排序	需求层级
绿化	1.54	7	一般需要
农贸市场	1.62	8	一般需要
文化娱乐场所	1.66	9	一般需要
农民培训场所	1.66	10	一般需要

　　进入21世纪以来，江苏省政府在农村实施了多轮"实事工程"，农村社区的公共产品和公共服务设施都有明显改善，有些新型农村社区的公共设施基本不逊于城市社区，甚至超过城市老旧社区。但是，从农村社区居民的设施类服务需求看，广大农村居民对社区公共设施仍有比较多的要求，最需要的服务项目数量超过生产类、生活类服务项目，有5项。其中污水、垃圾处理设施居于前两位，这说明农村社区的居住和生活环境仍有不少问题，污水、垃圾不仅影响农村社区外观形象，更有不少居民出于农业生产安全和自身健康考虑，要求政府采取切实有效的措施处理污水和垃圾。当生活水平提高后，越来越多的农村居民要求能享有与城市居民一样的居住条件和生活环境，教育设施、社区道路和路灯、饮用水设施服务的有无、好差，成为居民评价社区优劣的重要标准，甚至成为选择居住社区的重要因素。农村社区的电网、通信线路维护和绿化服务发展快，群众满意，需求表示一般。江苏农村的农贸市场一直比较发达，加上"村村通"工程实施后，居民购物、买卖农产品都比较方便。江苏各地农村社区服务中心建设将文化娱乐场所和农民培训场所纳入其中，一般的农村社区都有农民书屋、电脑室，居民看书、借书、上网都比较方便，至于农民培训场所，有的选择社区学校，有的将党员活动室兼用于农民培训，一般居民没有这方面进一步的要求。

　　不同性别、年龄、户籍、文化的农村社区居民对社区服务有不同的需求，其相关性见表10。

第五章 农村社区服务体系建设：以江苏为例

表10 调查样本信息与村民公共服务需求的相关性

服务项目	属性	您的性别	您的年龄	您的户籍身份	文化程度	2012年您的家庭收入
A1. 资金（包括贷款）支持	相关性	0.068	−0.024	−0.045	0.042	0.185**
	Sig	0.060	0.500	0.212	0.243	0.000
A2. 农产品销售	相关性	0.013	−0.121**	0.052	0.178**	0.261**
	Sig	0.719	0.001	0.150	0.000	0.000
A3. 提供市场信息	相关性	−0.012	0.013	0.079*	0.049	0.158**
	Sig	0.735	0.727	0.029	0.179	0.00
A4. 提供农业技术指导	相关性	−0.004	−0.097**	0.074*	0.124**	0.188**
	Sig	0.922	0.008	0.040	0.001	0.000
A5. 提高农民家庭收入	相关性	0.014	−0.002	0.113**	0.094**	0.143**
	Sig	0.690	0.948	0.002	0.009	0.000
A6. 职业技能培训	相关性	−0.003	0.130**	0.056	−0.054	0.076*
	Sig	0.937	0.000	0.123	0.136	0.036
A7. 就业指导	相关性	−0.046	0.131**	0.034	−0.053	0.087*
	Sig	0.205	0.000	0.354	0.141	0.016
A8. 兴修水利	相关性	−0.005	0.000	0.052	−0.004	0.078*
	Sig	0.887	0.993	0.153	0.908	0.030
A9. 农田整理	相关性	−0.037	−0.038	0.039	0.091*	0.153**
	Sig	0.305	0.289	0.283	0.012	0.000
A10. 农具维系、机械保养	相关性	−0.020	−0.090*	0.040	0.122**	0.225**
	Sig	0.577	0.013	0.267	0.001	0.000

161

续表

服务项目	属性	您的性别	您的年龄	您的户籍身份	文化程度	2012年您的家庭收入
B1. 公共卫生	相关性	-0.035	0.069	0.045	-0.103**	-0.020
	Sig	0.340	0.058	0.214	0.004	0.575
B2. 最低生活保障	相关性	0.034	-0.062	-0.033	0.071*	0.176**
	Sig	0.351	0.087	0.362	0.048	0.000
B3. 医疗保障	相关性	-0.071*	-0.103**	0.000	0.048	0.135**
	Sig	0.050	0.004	0.980	0.183	0.000
B4. 养老保障	相关性	-0.051	-0.157**	0.056	0.081*	0.161**
	Sig	0.156	0.000	0.120	0.025	0.000
B5. 社会治安	相关性	-0.044	0.037	-0.051	-0.042	0.096**
	Sig	0.224	0.309	0.160	0.248	0.008
B6. 法律救助	相关性	0.017	0.055	-0.018	-0.074*	0.087*
	Sig	0.633	0.127	0.612	0.040	0.016
B7. 自然灾害救助	相关性	0.033	0.004	-0.063	-0.030	0.092*
	Sig	0.361	0.917	0.080	0.412	0.011
B8. 查禁假冒伪劣商品	相关性	-0.038	0.037	-0.099**	-0.050	0.069
	Sig	0.289	0.306	0.006	0.163	0.057
B9. 文化娱乐	相关性	-0.100**	0.078*	0.022	-0.078*	-0.030
	Sig	0.006	0.031	0.550	0.032	0.414
B10. 体育锻炼	相关性	0.039	0.102**	-0.052	-0.120**	-0.050
	Sig	0.284	0.005	0.147	0.001	0.163

第五章 农村社区服务体系建设：以江苏为例

续表

服务项目	属性	您的性别	您的年龄	您的户籍身份	文化程度	2012年您的家庭收入
C1.教育设施	相关性	0.028	0.128**	−0.085*	−0.117**	−0.025
	Sig	0.446	0.000	0.018	0.001	0.494
C2.道路、路灯	相关性	−0.042	−0.045	−0.025	0.018	0.093*
	Sig	0.246	0.210	0.496	0.621	0.010
C3.农贸市场	相关性	−0.049	−0.029	−0.025	0.003	0.120**
	Sig	0.179	0.428	0.492	0.939	0.001
C4.文化娱乐场所	相关性	−0.061	0.002	−0.051	−0.015	0.095**
	Sig	0.094	0.957	0.156	0.677	0.008
C5.农民培训场所	相关性	−0.001	0.039	−0.018	0.027	0.068
	Sig	0.974	0.282	0.621	0.455	0.062
C6.电网、通信线路维护	相关性	0.000	−0.022	−0.072*	0.013	0.028
	Sig	0.987	0.550	0.046	0.711	0.442
C7.饮用水（包括自来水）	相关性	−0.070	−0.057	−0.075*	−0.017	0.146**
	Sig	0.051	0.112	0.039	0.643	0.000
C8.绿化	相关性	−0.011	0.020	−0.109**	−0.081*	0.078*
	Sig	0.758	0.573	0.002	0.025	0.031
C9.处理垃圾	相关性	−0.029	−0.033	−0.028	−0.002	0.112**
	Sig	0.419	0.360	0.442	0.953	0.002
C10.处理污水	相关性	−0.020	−0.129**	−0.006	0.051	0.113**
	Sig	0.581	0.000	0.864	0.160	0.002

注：*在95%的置信区间有效，**在99%的置信区间有效。

A1～A10为生产类公共服务需求，B1～B10为生活类公共服务需求，C1～C10为设施类公共服务需求。

从调查样本信息与村民公共服务需求的相关性分析可以看出，公共服务需求度与村民的性别存在相关关系的只有"文化娱乐"需求，农村女性对"文化娱乐"的需求程度更高。公共服务需求度与年龄存在正相关关系的有"职业技能培训""就业指导""文化娱乐""体育锻炼""教育设施"等，即年龄越大，对上述五种服务的需求度越低；公共服务需求度与年龄存在负相关关系的有"农产品销售""提供农业技术指导""农具维系机械保养""医疗保障""养老保障""处理污水"，即年龄越大，对这些服务的需求度越高。村民公共服务需求度与户籍身份存在正相关的有"提供市场信息""提供农业技术指导""提高农民家庭收入"，即农村户口居民对这些服务的需求程度更高。村民公共服务需求度与户籍身份存在负相关的有"查禁假冒伪劣商品""教育设施""电网、通信线路维护""饮用水（包括自来水）""绿化"，即"非农业户口"对上述服务的需求程度更高。村民公共服务需求度与文化程度存在正相关关系的有"农产品销售""提供农业技术指导""提高农民家庭收入""农田整理""农具维系、机械保养""最低生活保障""养老保障"，即村民的文化程度越高，对这些服务的需求度越低。村民公共服务需求度与文化程度存在负相关关系的有"公共卫生""法律救助""文化娱乐""体育锻炼""教育设施""绿化"，即村民的文化程度越高，对这些公共服务的需求度越高。生产公共服务类的需求与"2012年家庭收入"均具有相关关系，且相关系数均为正数，说明家庭收入越高，对生活类公共服务的需求程度越低。在生活类公共服务中，除了"公共卫生""查禁假冒伪劣商品""文化娱乐""体育锻炼"与家庭收入无明显的相关关系，其他均与家庭收入成正相关关系，说明家庭收入越高，对生活类公共服务的需求程度越低。设施类公共服务的需求与"2012年家庭收入"存在相关关系的有，"道路和路灯""农贸市场""文化娱乐场所""饮用水""绿化""垃圾处理""污水处理"，且相关系数为正，即村民的家庭收入越高，对这些服务的需求程度越低。

二 江苏农村社区服务体系建设存在的主要问题

农村社区服务是新农村建设和新型城镇化发展的重要内容，是坚持以人为本理念和科学发展观的内在要求，也是落实城乡一体化发展战略、促进农村居民平等享有改革和经济发展成果的重要举措。实地观察和问卷调查都表明，江苏农村社区服务已经形成比较完善的体系，越来越多的社区服务正在与城市社区对接，而且服务的社会效果较好，居民对农村社区79%以上的服务项目满意，没有很不满意的服务项目。尽管如此，江苏农村与全国农村一样，改革开放后的工作重点一直都在农业生产和经济发展方面，农村社区服务上的欠账太多，很难在短期内还清。农村社区服务仍是江苏农村建设与发展的"短板"，其实践活动难免还存在一些不尽如人意的地方。

1. 农村社区服务发展主要依赖政府推动和实施

有学者将农村社区服务体系建设存在问题归咎于"一些地方党政领导不够重视"，[①] 认为政府在农村社区建设上将工作重点转移到小康示范村建设、文明城镇建设、社会主义新农村建设上，致使农村社区服务体系建设落后。这一说法不符合江苏的实际。江苏省农村社区服务的推进与拆、并分散村落社区，以及大村庄或中心、集中社区建设、小康示范村建设、文明村建设和美丽乡村建设相伴随，政府在调整农村社区的空间布局、建设农村社区的同时，不断发展、完善农村社区服务体系。换言之，政府没有将新农村建设与发展社区服务分开，而是在每一个农村社区建设中投资建设社区公共服务中心或综合服务中心，并将服务中心、医疗服务站的建设作为农村社区建设最重要的部分。服务中心建设俨然成为农村新社区建设最主要的标志。

因此，江苏农村社区服务体系建设是由政府推动和实施的，政府既是设

[①] 詹成付、王景新编著《中国农村社区服务体系建设研究》，中国社会科学出版社，2008，第169页。

计者、掌舵者，又是实施者、划船人。尽管江苏农村社区服务中心和社区卫生站的建设规模、服务设施和服务项目不尽相同，但总体上都是按照政府规定方案设计建设的，在服务特色、服务内容上没有实质性区别。江苏选择行政手段整体推进全省农村社区服务体系建设，是基于政府的财政投入和地方的经济实力，它能使农村社区服务在较短时间内得到较快发展。但这也带来一些问题，如苏南、苏中经济发达地区的农村社区服务水平高，而苏北经济欠发达地区，由于地方政府财政投入有限，农村社区服务发展水平明显低于苏南、苏中地区；除少数拥有较强经济实力的农村社区能主动发展社区服务外，大多数农村社区将社区服务建设责任推给政府，造成政府给钱就发展、政府给多少钱就进行多少服务互动的不良现象；政府实施的社区服务工程，更多地注重"一致性""标准化"，致使提供的一些服务与需求脱节，造成政府在农村社区服务供给上的越位、缺位、错位；政府在农村社区服务供给与管理上"独唱"，使民间组织、社会团体、市场主体成为观众，这不利于农村社区的社会资本、民间力量的成长，也不利于整合社会、市场资源发展农村社区服务。

2. 农村社区服务发展不平衡

江苏农村社区服务发展不平衡主要表现在两个方面。一是地区发展不平衡。农村社区服务发展与苏南、苏中和苏北的经济社会发展一样，苏南好于苏中、苏中好于苏北，苏南一些农村社区的服务数量与质量已经和城市社区对接、并轨，如昆山市农村社区居民的最低生活保障早在2006年就实现了与城市居民同一标准，自来水、就业指导、数字电视等服务项目也基本实现了城乡一体化。而苏北一些农村社区，有的没有公共服务或综合服务中心，村民办事难问题比较突出；有的村庄生活垃圾到处乱堆，没有做到集中收集、处理，生活污水，甚至一些企业污水也不处理就直接排放，环境污染严重。

二是城郊农村社区服务水平一般高于普通农村社区。城郊农村社区城市化程度高，社区服务设施和服务水平几乎与城市社区没有多大区别，如南京栖霞区栖霞街道下的石埠桥村，居民全部实现了集中居住，80%以上家庭用上了抽水马桶。村中有3条公交线路到市区、仙林、龙潭,每10分钟就有一班车到市区,服务时间从早晨5:00到晚上10:00。居民乘车可以刷卡,并且与城市居民一样,老人可以刷老人卡。虽然90%以上的家庭自己种植蔬菜,但买菜很方便,一般走15分钟就可以到农贸市场。全村有110个垃圾池、垃圾箱,保洁员有16人,统一着装,并配有环卫车等设备。村社区主干道装有监控,主要路口有派出所警员电话号码,有2名保安员、12位村民小组长监管治安,有老人巡逻队不定时巡视,晚间有治安组长用喇叭提醒居民防火防盗。村文化活动中心有文化书屋、电影院、舞厅、道德讲堂,附近有7个露天健身广场、2个室内健身室,多数居民几分钟就可以步行到达健身场所。村社区每月组织一次职业培训,有做面食、电工、焊工、叉车、电脑、危险品押运员等技能培训。相形之下,远郊农村和偏远农村的社区服务很少有如此高的服务水平。

3. 农村社区服务针对性不强,供需矛盾明显

江苏的城乡一体化程度比较高,不少农村基层政府在省、市政府的统一要求下改造和建设了农村社区服务设施,如服务中心一般有综合办公室、综合服务室、综合活动室、卫生室和文化室,以及农资超市、生活日用品超市和文体活动广场,中心设有不同窗口,为居民提供养老保障、医疗保障、就业保障、社区救助、人口计生、环卫等"一站式"服务。地方政府和社区组织建设的社区服务中心设施完备、功能齐全,对缩小城乡社区服务差距、推动农村社区建设和提高居民生活质量都有积极意义。但农村社区与城市社区的情况不同——城市社区居住集中,居民多,小区与小区紧密相连,而农村社区规模都不大,居民超过一万人的社区少,并且社区间的距离远——按照统一规格、样式进行农村社区服务体系建设,一定程度上存在脱离农村实际、贪大求全的问题。调查显示,社区虽有服务中心,但38.2%的被调查者没有去过中心,有的虽然到中心办过事情,但37.9%的被调查者感觉办事还不够方便。

当然,这并不意味着农村社区服务"过剩"了,相反,农村居民需要的服务仍然存在一定程度的不足,即一些农村社区服务错位现象严重。政府

和社区组织为居民提供的服务，有些是居民不需要或较少需要的，而居民真正需要的服务却难有提供者或服务水平不高。例如，随着农村土地快速流转、新型农业生产主体形成和农民集中居住，农民的职业培训和就业指导方面的服务需求高，但多数农村社区没有及时提供这方面的服务，即使有的社区提供了职业培训和就业指导服务，效果也不理想；农民种植滥用化肥、农药、除草剂等，导致农村水土污染严重，亟待有关社会部门为其提供技术指导服务，但多数农村社区居民还是按照传统观念使用这些化学品；虽然现在每一个社区都有卫生站，政府也为其安排若干个医生和服务人员，但一方面这些医务工作者技能比较低，不能为患者提供较好的治疗，另一方面，他们又很少开展体检、卫生防疫、健康教育等服务工作，多数农村社区的医疗、卫生、健康教育状况没有大的改变。

4. 社区服务的民众参与度不高

传统农村社区有比较完善的自我供给服务体系，虽然政府提供的公共服务和市场提供的经营服务都非常缺乏，但它没有对农村社区的生产活动和居民生活构成较大影响。农村社区的自我供给服务有两类，一类是出于公共服务缺乏而不得不代替国家和政府从事公共事务活动。集体化时期政府很少承担农村社区的公共事业，社区内道路修建、学校建设以及农田水利设施兴修都是社区自己的事情，社区组织需要动员村民出资、出力，建设农村社区这些公共设施。不仅农村社区内的公共事务需要社区居民自己解决，而且在每年冬季农闲时节，地方政府还动员、组织广大农民自带粮食和薪柴参加县域范围的水库修建、河道清淤与河堤加固等公共设施建设。另一类是社区居民在邻里、亲戚间发生的自发服务。这类自我供给服务在农村社区一直比较发达，有的基于地缘关系开展邻里互帮互助，有的基于血缘关系开展家族和姻亲帮扶。农村社区自发服务不同于社队组织的公共事务活动，它不需要组织、动员，居民在串门、聊天、参加集体劳动时就能知道某户人家有难以解决的困难或要办理的"红白喜事"，并自发行动起来，出钱、出力予以解决。这就是滕尼斯把社区比喻为"天堂"，鲍曼曾将其看作"一个'温馨'的地方，一个温暖而又舒适的场所"的理由所在。[①]

然而，改革开放后，国家权力逐渐从农村社会基层上收至乡镇政府，尤其是农业税被取消后，政府几乎不再动员村民参加公共事业建设活动。此外，农村人口流动加快、土地规模化推广以及大村庄制和集中社区或中心社区建设，农村社区的空间结构转型升级明显提速，新型社区规模、居民数量等大大超过了传统农村社区。如此，农村社区日趋"陌生化""冷漠化"，居民不再知根知底，加上日常互动减少，社区信息也不再互通、共享，互助服务日渐减少，即使有特殊困难，也只能求助于社区组织。从理论上看，城市化和城乡一体化发展促进了农村社区结构调整，但它在不知不觉中造成社区自发服务减少的次生后果。尽管它是农村社区发展过程中的正常现象，但需要政府和社区组织以新的服务形式代替传统农村社区自发服务。城市社区服务水平高于农村社区，不仅是公共服务、经营服务水平高，更重要的是城市志愿服务、社团组织服务多，它弥补了邻里间互助服务缺乏。遗憾的是，多数农村社区邻里、亲戚间的互助减少，而志愿服务和社团组织服务又没有及时跟上，以至于农村社区服务"青黄不接"，让农村社区居民尤其是新型社区居民感觉"不适应"。

三 江苏农村社区服务体系建设的政策建议

1. 加快农村社区化改造，促进城乡社区服务对接

当前，江苏农村社区形态有分散的村落社区、居住集中的中心社区和城镇社区、城郊社区。尽管在新农村建设中，江苏各地加速了拆、并分散村庄和建设农民集中居住社区的步伐，集中化、规模化社区越来越多，但分散的村落社区还占多数，需要进一步整合和调整，即需要对农村居住空间进行社区化改造，以推进人口向城镇或中心社区集中。对行政村的村落进行社区化改造是农村土地流转并向规模化集中的趋势要求。当越来越多

---

① 〔英〕齐格蒙特·鲍曼：《共同体——在一个不确定的世界中寻找安全》，欧阳景根译，江苏人民出版社，2003，第2页。

的农民不再需要在零星、小块、分散的土地从事农业劳动时,他们及其家人就得离开原来居住的村庄。此外,社区化改造也是城乡公共服务均等化发展的基本条件。城乡公共服务均等化发展的目标是要使农村居民都能享有与城市居民均等的公共服务,而现有政府财力是不可能让过于分散的村落社区拥有比较好的公共服务设施,集中并使其居住规模化是实现城乡公共服务一体化的重要保证。山东诸城市推进农村社区化服务实践之所以取得显著成绩,重要举措之一就是将全市分散的1300多个村(居)规划建设为208个社区及社区服务中心,进而彻底打破公共服务供给的城乡二元社会结构,使农村社区服务与城市社区服务快速对接。调查显示,江苏城郊社区、城镇社区及集中、中心社区的服务水平普遍高于分散的村落社区,并有相当多的社区服务接近甚至超过城市社区服务水平,这主要归功于政府的规模化社区建设。如果这些社区仍旧为星罗棋布的村落,通常情况下就无法在如此短的时间内让社区服务转型升级。就此而言,尽管有学者对农民集中居住持反对意见,认为集中有可能违背农民意愿,造成农民"被社区""被上楼",侵犯农民权益。这种担忧有一定合理性,现实中不少地方确实存在侵犯农民合法权益的情况,但这不能成为反对农民集中和改造村落社区的理由。一是土地规模化、产业园区化、农民集中化的"三集中"是农村社会转型升级的重要内容,它符合农村社会生产力的发展方向。城市化发展,不仅要求广大农民离开农村进入城市,成为城市居民,更需要在农村场域内转移农业人口,使他们成为城镇社区或集中社区居民,即实现农民就地城镇化。调查发现,有不少农民希望集中,甚至有些农民把改变目前经济状况的冀望放在"拆并""集中"上。二是当前农民集中过程中出现的问题,尽管存在政府一厢情愿的因素,更多的是政府工作没有做到位,以及以农户宅基地面积及住宅面积置换城镇商品房、以农村土地承包经营权置换土地股份合作社股权和城镇社会保障、以分散经营置换规模化经营的"三置换"不合理、不公正。三是需要注重个别农民的独立自主选择,不必采取统一的、强制手段迫使每一个农民都"集中"。即使在发达的西方国家,广阔无垠的农田上也留有一两户或几户的农庄，它不影响规模化农业生产和农业现代化的发展；相反，正是由于它们的存在，农村才与城市不同，农民才是与市民不同的职业。如此，分散的农户不是农业现代化发展的障碍，如果居住区建设好了，它们甚至还可以成为农村靓丽的风景。只要农村交通便利，即使他们居住的地方公共服务条件差，但富裕起来的农民们完全可以利用便利的交通换取到与集中社区居民同样的服务。

2. 转变政府职能，健全农村社区服务多元合作机制

新中国成立后，国家出于统治需要在农村基层建立了自己的组织，并实现了国家权力对农村"纵向到底、横向到边"的全面管理。但国家对农村的管理、治理与其承担的服务责任并不对等，国家几乎不为农村社区建设和居民生活提供公共服务，农村社区服务只能依赖农民自己。由于农村集体经济能力弱、农民生活水平低，社区组织和农民都不能对发展社区服务有较大的投入，农村社区服务水平普遍很低，只能满足农民最基本的生存服务需求。家庭联产承包责任制实施后，农村经济状况有了很大改观，但农村基层政府的工作重点却一直集中在发展经济和从事一般性行政治理方面，如招商引资、利用行政手段推进计划生育工作和向农民征收"三提、五统"及农业税等，农民能得到的服务仍旧是政府附属事业单位，包括农机站、农技站、文化站、畜牧兽医站、种子站等事业单位，以及粮管所、供销合作社、卫生院等"半事业"单位提供的服务，政府对农村社区服务的支持力度没有明显提高。不仅如此，由于农村税费改革以及事业单位改制的实施，一些事业单位为农村社区和农民提供的服务或被取消，或改制为市场服务，农民能得到政府及其事业单位提供的服务更是捉襟见肘。

党的十七大后，城乡发展一体化成为国家发展战略，政府为消弭城乡经济社会二元差距，尽快让农村居民分享到改革开放发展成果和城市居民均等化公共服务，不断加大建设农村社区力度，农村社区服务水平发生了显著变化。从农村社区建设实践看，政府以发展公共服务为切入点和主要抓手促进农村社区建设的方向是正确的。一方面，政府不再只负责城市社区的公共服

务，也承担起农村社区公共服务责任，这是落实国家将公共事业发展重点转移到农村的主要表现；另一方面，新时期政府权力下乡与以往不同，不再仅是管理农村社会，而更多的是将公共服务送到农村，为农村居民提供公共服务。但是，我们也应该看到，其一，政府为农村居民提供的服务与城市社区有比较大的差距，不仅在数量上没有做到全覆盖，而且服务质量也大大低于城市社区服务，远不能满足农村居民不断增长的服务需求；其二，政府为农村社区提供服务项目和内容，多数是按照政府意愿统一实施的，没有充分尊重农村居民的服务需求，更没有充分考虑农村居民的意愿，错位、越位、缺位现象比较严重，好事没有完全做好，老百姓对此有不少抱怨；其三，政府在农村社区服务中承担了较多事务，甚至对农村社区服务"大包大揽"，没有充分利用社区民间组织、居民服务资源，做了不少吃力不讨好的事情；其四，政府角色模糊，既是社区服务的"掌舵人"又是"划船人"。"新公共服务理论"指出，政府的"工作重点既不应该是为政府这艘航船掌舵，也不应该为其划桨，而应该是建立一些明显具有完善整合力和回应力的公共机构"。据此，政府必须转变职能，努力将自己打造成为服务型政府，并在农村社区服务的供给与管理中与"私营及非营利组织一起"，为社区居民需求的服务寻求解决办法，即与社区组织与个人坐到一起，共同协商、合作，为农村社区服务提供便利，"不是服务的直接提供者，而是调停者、中介人甚至裁判员"。[1]

3. 注重农村村情，努力提高农村社区服务效能

农村社区服务体系建设有共性方面，不同的农村社区对基础服务设施、社会保障服务、文化教育服务、卫生健康服务等都有共同要求，国家需要按照公正、公平理念为所有社区居民提供均等化、普惠性的服务，没有理由将农村居民排斥在"公民待遇"外。过去的那种重视城市社区而忽视农村社区服务，或将农村社区服务完全推给农村集体组织和农民个人

---

[1] 〔美〕珍妮特·V. 登哈特、罗伯特·B. 登哈特：《新公共服务：服务，而不是掌舵》，丁煌译，中国人民大学出版社，2010，第5页。

的做法是极其错误的,必须彻底纠正。同时也需要注意,农村社区不同于城市社区,农村社区服务有自己的特殊性,那种不顾农村社区与城市社区的区别,照搬照套城市社区服务样式,极有可能因村民不需要某种服务而造成服务资源浪费。一些农村社区服务中心建得像高级会馆,豪华、气派,功能健全,有多种活动场所,农民书屋、电子阅览室、医疗卫生站以及不同服务窗口为社区居民提供"一站式"服务。然而调查发现,尽管这些农村服务中心的建设与所提供的服务与城市差不多,但不少服务设施是闲置的,如社区的农民书屋,政府和社区都花了不少资金将其建设起来,而真正到书屋看书或借书的居民非常少;中心服务窗口多,能为居民提供各式证件办理服务,但事实上,一个几千人的社区没有那么多证件要办理。对此,政府和社区组织完全可以选择"代办服务"方式,即将居民办证需求集中起来,由社区工作人员送到有关部门办理,没有必要在每一个社区都设立不同办证窗口。城乡社区服务一体化发展,绝不是城乡社区服务同质化,农村社区服务应该有自己的特色,不顾农村实际情况、一味模仿城市社区的"贪大求全"服务样式必须摒弃。由于城乡社区境遇不同,居民所需要的服务也有较大区别,政府需要秉承公正、平等原则,按照城乡发展一体化理念为不同地域居民提供符合各自需求的服务。

农村社区服务及其体系建设也不能千篇一律,需要根据实际情况和居民需要选择性发展。在"强政府—弱社会"的状况下,政府为了按时实现目标,一般通过行政手段对社会活动进行强干预,要求基层政府和社会组织执行上级政府要求,以至于造成社会建设与发展一个标准、一个规格、一个样式,基层政府和社区组织失去主动性,更没有创新空间。江苏农村社区发展程度差异大,不仅存在苏南、苏中、苏北的区域差异,即使在同一区域内,社区与社区的建设与发展情况也有很大不同,因此,政府在农村社区服务发展方面要有基本要求,即不论政府在经济上有何差异,也不论社区组织实力怎样,都要为社区居民提供"保底"服务,而且这些服务内容、服务质量是硬性规定,不容许讨价还价。只有在此基础上,才能鼓励地方政府和社区组织创新,为本社区居民提供不同层级的服务,如太仓市政府根据农民需要，创新成立了"粮食银行"，成功解决了农民储藏"口粮"的麻烦。

4. 加强社区社会团体和志愿者队伍建设，促进社区自我服务成长

城市社区社会团体和志愿者多，参与社区服务的积极性高，社区不少服务活动由他们组织实施。而农村社区的社会团体和志愿者少，在相当多的农村社区中仍难以看到他们参与社区服务活动的身影。问卷调查显示，社区社会组织和志愿者提供的服务是农村居民满意度最低的两个服务项目。农村社区服务内容广泛，涉及政治、经济、社会、文化、生态等多个方面，而且随着新农村建设的开展和居民生活水平的提高，农村居民的服务需求将日趋复杂多样。社区居委会和党组织的服务能力有限，让他们担负起全部社区服务责任是不现实的。无论社区居委会和党组织如何转型、如何提高服务意识、如何增强服务能力，他们也难以满足社区居民各式各样的服务需求。就此而言，农村社区服务必须走多元化发展之路，既要继续发挥政府、社区居委会和党组织的社区服务作用，又要积极发展社区的社会团体和志愿者组织，鼓励他们参与社区服务活动，以弥补社区服务主体的不足。

在新农村建设与和谐社会建设中，江苏农村涌现出一些从事社区服务活动的社会团体，如社区红白理事会、巾帼义工队，以及由老党员、老干部、老专家、老战士、老模范组成的"五老"志愿者组织等，他们在政府领导和社区党组织、居委会的指导下，为社区有临时困难家庭、空巢老人家庭、留守妇女家庭和社区治安提供了多种服务，一定程度维护了农村社区稳定，推动了农村和谐社区建设。但笔者观察发现，多数农村社区缺乏服务团体和志愿者组织，能正常开展社区服务活动的就更少。农村社区是熟人社会，邻里关怀、互帮互助一直比较好，具有培育服务团体和志愿者组织成长的优越环境。但在市场化、城市化冲击下，农村的村庄日趋衰落，社会不断离散化，居民逐渐原子化，社区服务的集体活动与志愿活动越来越难以开展。由此，新农村建设要尽可能地保留传统农村社区的熟人性，特别是在集中社区和城镇社区建设中，要照顾居民的熟人情感，在尊重他们选择的前提下，尽可能让熟人继续居住在一起，为社区居民开展互帮互助服务活动营造良好环境；要大力发展社区社会团体和志愿者组织，不仅要为社区服务提供

政策、经济支持，还需要通过政府购买公共服务的方式，促进社区社会团体和志愿者组织茁壮成长；要发挥农村土地股份合作社、专业合作社，以及专业大户、家庭农场等经济实体的龙头作用，为社区居民提供增收、生产技术指导、产品销售等服务；要开辟新渠道，如吸收、借鉴城市社区的服务理念，在农村社区开展如"服务银行"的志愿服务活动，动员中青年参加社区义务服务活动，将他们提供的服务时间储存起来，当他们需要服务时，再由其他志愿者为其提供相同时间的服务。

5. 注重社区服务的时代性要求，促进农村社区转型升级

城乡发展一体化是消解城乡二元结构、保证农村居民享有与城市居民均等化公共服务的战略举措。农村社区服务要体现城乡发展一体化趋势，不能将农村社区服务孤立起来，按照城乡不同标准对待并发展农村社区服务；也不能借口农村发展比城市落后，就随意降低服务标准；更不能因为农村社区不同于城市社区，就强调其特殊性，减少为农村居民提供服务。尽管农村社区与城市社区不同，农村社区居民对服务有不同于城市居民的要求，但他们都是国家公民，拥有享有均等化服务的权利，国家有责任为他们提供与城市居民均等化的服务。虽然城市社区有的服务项目不适合农村居民，但农村社区居民也有城市居民不需要的服务项目，由此，政府可以有选择性地发展农村社区服务，但必须做到城乡社区服务均等化。

此外，农村社会正处于转型升级中，农村社区服务需要面对社会发展现状，着力促进农村社区化建设、农业产业化发展和农民非农化转身。首先，农村社区化建设，不仅仅是分散村庄的拆、并、合和集中社区的建设问题，它涉及农村社会管理、基层政权建设等诸多方面。村改社区、村委会转变为居委会，绝不是换牌、改名称，社区和居委会的功能也发生了较大变化，如行政村村委会最主要的职能是发展农业生产，而社区居委会的职能更多的是服务，即为本社区居民提供服务，社区居民的生产活动等则需要专业合作社等经济组织安排。村改社区后，社区的服务功能明显增强，社区服务不仅要为居民生产提供服务，还需要为居民生活、闲暇娱乐等提供服务。其次，农业产业化发展，要求社区服务不能再像过去那样，仅为农业生产提供产前、

产中、产后服务，还需要根据农业产业化发展要求为农民提供更多样化的服务。农业产业化发展，将促进土地流转和规模化、农业生产机械化和市场化，以及生态农业、都市农业、旅游农业等产业的发展，而这些服务是传统农村社区服务无法提供的。再次，20世纪90年代以来，农民非农化就成为农村建设和发展的一项重要内容，它正在深刻地影响、改变着农村，农村社区要为促进农民流动和转身提供服务。从发展上看，未来中国农村的农民将逐渐分化为到城市打工的市民，居住到中心、集中社区或城镇社区的居民，以及散居在村庄的专业大户、农场主和从事农业劳动的职业农民。由于他们从事职业和居住环境不同，对社区服务的要求也不尽相同，社区需要根据这些群体的不同需要为其提供不同服务，以帮助他们解决生产、生活问题，促进他们完美转身。

下篇 农村治理

第六章
农村基层社会管理实践问题与体制建构

在城乡一体化进程中，农村基层社会已经发生了巨大变化。一些地方政府在新农村建设中针对农村社会管理的问题积极探索农村基层社会管理，并形塑了诸多农村基层社会管理经验与模式。尽管这些经验与模式是建设农村社区和调整农村社会管理体制双重实践活动，有助于政府的公共服务下乡，但农村基层社会管理更应该凸显社区化建设这个中心，不仅要建立健全农村社区化管理体制，而且要在社区化建设中大力推进居村农民市民化或职业化。

第一节 农村基层社会管理的问题指向与实践创新

尚在形塑中的农村基层社会管理须有明确的问题指向，否则，在农民群体流动、农村社会稳定和公共服务等方面存在的问题，将影响农村基层社会管理及其功能发挥，甚至有可能转化为农村基层社会管理问题。基于此，当前农村基层社会开展的管理实践活动及其创新，是一种积极的社会管理，应当着力提倡。此外，鉴于城乡一体化发展的新趋势和新要求，农村基层社会管理需要进一步改进，应该将着力点放在既能解决农村社会现实问题，又能促进农村社会管理与城市社会管理全面对接的体制建立上。

一 相关研究与问题提出

改革开放以来，中国农村社会发生了翻天覆地的变化，尤其在新农村建设开展后，国家将公共事业发展重点转移到农村，农村的基础设施、公共服务和社会管理都取得了长足发展，有的已经或正在与城市社会对接、并轨。当前，城乡一体化已经成为国家消弭城乡二元结构和统筹城乡经济社会发展的重要战略，它一方面为各级政府彻底解决"三农"问题和实现城乡对接提供了政策依据，另一方面对农村、基层社会管理提出了更高的要求，即农村基层社会管理要迎合城乡一体化发展趋势，既要为农村人提供安居乐业的生存和发展环境，保证农村社会良性运行，又要不断创新农村基层社会管理体制，以促进农村社会尽快融入城市社会。

新时期，农村基层社会管理不能局限于村民自治式管理，需要以国家层面上的社会管理为宏大叙事背景，着眼城乡和谐社会建设大局，进一步协调城乡社会关系、促进社会认同、缓和社会矛盾、解决社会问题、维护社会治安、化解社会风险。尽管学界在农村的社会结构、社会制度、社会互动、社会控制等相关研究中都曾指涉社会管理，并且在农村治理与村民自治、农民流动与市民化、村庄改造与社区建设、农民自组织与民间团体等研究中对农村基层社会管理做了一定研究，但在总体上，这些研究比较零碎，缺乏足够清晰的系统性、完整性和前瞻性，其成果也不能有效地指导城乡一体化进程中农村基层社会管理的实践活动。

相比较而言，学界对社会管理的研究相对成熟，一些成果对推进农村基层社会管理具有重要的学理意义和实践价值。研究者从不同视角诠释了社会管理，并根据各自研究主题对社会管理做出深度解读，如在社会管理内涵方面，研究者一般同意社会管理是"规范和协调社会组织、社会事务和社会生活的活动"，[①] 它不仅仅是社会控制、政府管理和危机管理，还是由多个主体参与、依照政策法规"对社会领域的各个环节进行组织、协调、服务、监督和控制的过程"。[②] 基于此，有学者认为社会管理的核心理念是"以人为本"，社会管理需要在目的上突出建构促进人全面发展的良好社会环境；在主体上倡导群众参与社会管理；在落脚点上把群众满意程度作为评价社会管理成败或绩效的价值尺度；在方式上尊重群众、依靠群众；在其与服务的关系上坚持管理与服务相结合，在服务中实施管理。[③] 社会管理的"人本性"内涵诠释，不仅概括了社会管理"民生"本性，强调了社会管理中的"人本"要求，而且指明了社会管理实践活动的可操作性路径。

在如何进行社会管理方面，学者们开出多个"处方"，如彭丽花指出，社会管理创新在于由"服从"到"服务"、由平面到立体、由刚性管理到刚柔相济、由政府包揽一切到各方协同协力、由重"管"到重"理"；[④] 郑杭生和高霖宇指出，提高社会管理科学化水平需要做到"六个结合"，即治标管理与治本管理相结合、刚性管理与柔性管理相结合、社会服务与社会管理相结合、社区管理与社会管理相结合、政府主导与多方参与相结合、科学精神与人文关怀相结合。[⑤] 这些研究系统地梳理了社会管理的相关内容和主要范畴，并较全面地概括了社会管理的一般路径，其中一些观点不失敏锐和深刻，分析也具有严谨的逻辑。但不难发现，这些研究都是在直观地描述社会管理和简单地罗列社会管理的应然举措，其观点对农村基层社会管理的理论研究与实践活动参考价值有限——不仅没有注意到中国农村社会结构转型的现实状况及其矛盾的复杂性，也没有关心农村社会发展和建设对社会管理的不同需求，更没有顾及城乡一体化进程

[①] 俞可平：《推进社会管理体制的改革创新》，《学习时报》2010年1月16日。
[②] 李培林：《创新社会管理是我国改革的新任务》，《人民日报》2011年2月22日。
[③] 周振国、田翠琴：《以人为本：中国特色社会主义社会管理的核心理念》，《毛泽东思想研究》2011年第5期。
[④] 彭丽花：《挑战与创新——对创新社会管理的几点思考》，《福建论坛·人文社会科学版》2011年第8期。
[⑤] 郑杭生、高霖宇：《提高社会管理科学化水平的社会学解读》，《思想战线》2011年第4期。

中的社会管理走向和形态变化，而且在一定程度上还存在机械搬用西方新公共管理理论和新公共服务理论之嫌。

中国社会是由城市社会和农村社会两个相对独立的单元构成，并且这两个单元的社会形态与运行模式截然不同，因此社会管理的普遍性经验不一定适合于农村基层社会管理。长期以来，我国农村基层社会管理自成体系，按照乡村社会逻辑独立、封闭运行。从中华人民共和国成立后我国农村社会演进的历时性看，虽然国家曾一度按照集体化方式瓦解了农村社区基于血缘和地缘关系而形成的熟人社会共同体，并打造了基于集体主义和社会主义的"总体性社会"，但这一纵向到底、横向到边的高度整合未能让国家权力完全"占领"农村社会，农村社会仍保留着一定的家族性、自主性，维系农村基层社会秩序的仍为风俗、习惯等乡土"法则"。时下的农村社会正处于社会结构大调整、社会成员大流动、社会体制大变革中，农村基层社会管理充满诸多变数，迫切需要根据城乡一体化发展的新趋势、新要求，建立健全既能体现新农村建设特点又能有效对接城市社会的新型农村基层社会管理体制。

二　农村基层社会管理的问题指向

随着农业现代化、农村城镇化和农民市民化的实施，农村社会的棘手问题和深层矛盾日渐显现，农村基层社会管理遇到了前所未有的挑战，需要同时面对传统型农村社会问题（如赡养、邻里纠纷等）、现代型农村社会问题（如环境污染、留守等），以及传统型和现代型混合的交叉型农村社会问题（如农民流动、市民化等）。也就是说，当前中国农村社会问题很复杂，老问题与新问题共处并存、交相叠加，共同作用于农村社会，致使家族式和集权式的传统社会管理越来越失去整合力。如此，尚在形塑中的新型农村基层社会管理要有明确的问题指向，唯有全面、正确地辨识转型期农村基层社会发展现状及其问题，农村基层社会管理才能更好地为新农村建设和城镇化建设服务，才能有效地促进城乡公共服务一体化，进而保障农村居民享有与城市居民均等的服务。

第六章 农村基层社会管理实践问题与体制建构

农村基层社会管理问题与农村基层社会管理的问题指向不同。前者是农村基层社会管理活动的"内源性"过程,是农村基层社会管理本身"内在的潜能、倾向或趋势";而后者则是农村基层社会管理的"外源性"过程,是农村基层社会管理"对外部压力、刺激及挑战的回应"。[1]进而言之,农村基层社会管理的问题指向是指需要农村基层社会管理面对并切实解决农村社会因转型和发展而出现的各种类型的问题——这些问题是农村基层社会管理外在性问题,即使有些问题有可能转化为农村基层社会管理问题,但它们始终是农村基层社会管理的一种境遇;虽然它们不一定对农村基层社会管理及其有效性构成实质性威胁,但需要农村基层社会管理正确面对并予以化解。根据农村社会建设和城乡一体化发展中全局性、总体性、系统性问题症结的表现,当前农村基层社会管理的问题指向可归纳为如下几点。

第一,农民群体流动及其治理问题。农民是农村基层社会管理主体之一,也是最主要的管理对象,农村基层社会管理因农民而发生,也因农民流动而变得复杂:20世纪五十年代至七十年代,城乡二元制度禁止农民异地流动,农村基层社会管理对象是固定不变的农业群体,管理责任即为动员他们从事农业劳动或参加政治活动;80年代,乡镇企业兴起,部分农民"洗脚"进厂,但国家"进厂不进城、离土不离乡"的政策只允许农民在乡镇范围内流动,农村基层社会管理对象虽然有一定的流动性、兼业性,但绝大多数农民仍在乡镇权力可控范围内活动;进入90年代后,国家取消了粮食统购统销政策,农民开始跨区域、跨行业流动,并形成了声势浩大的民工潮,越来越多的农民成为城乡边缘人,农村基层社会管理的主体力量随之或弱化,或缺失。一是主要劳动力外流,留守在农村的老年人、妇女、儿童看守村庄,无心、无力参与农村社会管理活动;二是随着主要劳动力在城市固定下来,一些留守妇女和儿童也随夫或随父加快流出农村,农村空心化、稀

---

[1] 〔波〕彼得·什托姆普卡:《社会变迁的社会学》,林聚任等译,北京大学出版社,2011,第20页。

疏化程度不断加剧；三是农村居民整体素质水平因精英劳动力外流而下降，尤其在中西部地区农村或经济欠发达的农村，村民自治能力严重不足，很难履行自我管理、自我教育和自我服务功能。

第二，农村社会稳定及其治安问题。维护社会稳定是构建社会主义和谐社会的内在要求，是加强农村基层社会管理的重要使命之一。但是，农村社会在转型中存在诸多不稳定因素，如在城市化扩张中，因征地拆迁没有给农民合理的经济补偿，导致农村社会出现了大量无地、无业、无保障的"三无"农民；在农村工业化发展中，一些工业企业落户乡村，致使农村地区环境污染愈演愈烈，有的已经严重威胁农村居民生命财产安全和农业可持续发展；在乡政村治中，一些乡村干部利用手中权力大肆寻租，非法侵占乡村集体财产，乡村干部与群众的对立情绪时有激化；在日常管理中，政府及其工作人员疏于社会治安管理，一些农村的社会治安状况恶化，偷盗、抢劫等违法犯罪活动十分猖獗。农村社会不稳定因素是和谐社会建设的安全隐患，若得不到恰当处理，有些将成为农村社会动荡和群体性事件的导火索。

第三，农村公共服务缺乏及其城乡不均等发展问题。新农村建设开展后，农村的道路交通、水电管网、垃圾处理等有形公共服务，以及文化教育、体育娱乐、卫生健康等无形公共服务水平都有了较大程度的提高，但农村公共服务水平和质量仍与城市存在较大差距。农村社会保障水平低，国家还没有为农民建立起与城市居民等值的医疗、养老、低保等社会保障；农村校舍、师资、教学器材配置落后于城市地区，农村孩子难以获得与城市孩子同等水平的教育服务，其成长也比城市孩子艰辛、坎坷；农村卫生保障不健全，健康教育、疾病预防等公共服务不能满足农民的看病、保健需要；政府开展的农民就业培训、就业指导和推荐工作服务严重缺乏，大多数农民仍依赖"强关系"自谋职业；政府在农村道路、饮用水、用电、照明、文化活动、垃圾处理等方面的公共投入严重不足，农民居住和生产生活环境亟待整治和改善。"好的基层公共服务会降低社会管理的成本"，[①] 农村公

---

① 丁元竹：《我国社会管理创新的重点与方向》，《开放导报》2010年第4期。

共服务落后，不仅减缓了城乡公共服务一体化发展，而且增加了农村基层社会管理难度。

第四，乡村集体经济薄弱及其发展缓慢问题。乡村集体经济是农村社会良性运行和公共事业全面发展的基础，乡村集体经济实力关系到乡村组织凝聚力，并直接影响农村基层社会管理效率。改革开放以来，政府出台一系列扶持和发展乡村集体经济政策，一些地方政府也相应地颁布多种优惠政策鼓励乡村集体经济发展，但除了经济发达和矿产资源丰富的农村以及城乡接合部，多数地区的乡村集体经济发展缓慢。有的因招不到商、引不进资，发展举步维艰；有的地方政府举债仓促上项目，不仅未能为地方财政增加收入，反而却让乡镇政府背上沉重债务。乡村集体经济薄弱，对农村基层社会管理造成了不利影响。一方面，乡村集体经济发展萎缩或入不敷出，使一些乡村组织无力从事乡村公共事务，甚至连上级政府扶持的农村建设项目，如康庄工程、农民饮用水工程等，也因乡村集体经济没有配套资金而无法实施，更不用说为弱势人群和困难人群提供社会服务；另一方面，上级政府一直把乡村经济发展作为干部政绩考核的主要指标，一些乡村集体经济发展落后的基层干部不得不将日常工作的主要精力放在招商引资上，从而无暇顾及农村社会建设和社会管理，致使农村基层社会问题丛生。

第五，乡土文化流失及其整合力下降问题。乡土文化是农村居民在长期社会发展过程中创造和形成的文明，包括农村的风俗、习惯、仪式，以及农民的道德信仰、行为规范和生活方式等。乡土文化是协调农村社会关系、维系农村社会良性运行的润滑剂，它的发展和繁荣能极大地推进农村经济社会和谐建设。然而，随着城乡人员流动加快，城市文化和西方文化全方位地渗透乡村社会，优秀乡土文化正在加速流逝。当前，传统乡土文化对农村居民言行举止的影响力羸弱，农村一些社会活动越来越缺乏文化底蕴。诚然，农村社会乡土文化的流逝对农村基层社会管理不一定全是坏事，如果乡土文化的流逝能带来现代文化的乡村兴起，这或许便于管理者采用现代文化，包括城市文化和西方先进文化引导农村居民行为和规范农村事务。但现在的问题是，农村社会的乡土文化退出与现代文化的进入并不同步，一些农村出现了文化真空，社会管理也因之缺乏相应的文化支撑；更有甚者，有的农村出现了文化混乱，社会管理陷入文化迷茫中，农民不知道如何行动，管理者也不知道如何引导农民行动和规范农民行为。

现实中，影响农村基层社会管理处境的问题还有很多，如农村环境劣化问题，它既是农村社会建设中的"村容整洁"问题，又因为农村环境劣化直接危害农民身体健康、威胁国家粮食安全，而成为农村社会稳定、可持续发展与和谐社会建设的管理问题。再如，乡村债务问题，无论是政策性负债和诱导性负债，还是公益性负债和体制性负债，乡村日益增加的债务，已经扰乱了乡村财务管理秩序，降低了乡村基层组织的凝聚力和乡村基层干部的领导权威，甚至一些乡村债务俨然成为新农村建设和社会管理的瓶颈。诸如此类问题，虽然有的不具有普遍性，有的危害性也有限，但它们都不同程度地干扰或影响了农村基层社会管理及其功能发挥，如果处理不好，其中一部分将转化为农村基层社会管理问题。

三 农村基层社会管理实践活动与创新

承续上文分析，创新农村基层社会管理，不仅要根据农村社会发展需要转换管理思路、变革管理手段，还要结合新农村建设和农村城镇化发展中的新情况、新问题，主动地使农村基层社会管理反映城乡关系大调整、农村社会结构大转型、农民居住空间大转换，以及职业选择和就业方式大变动的社会现实，并能有效地解决农村基层社会的基本矛盾与主要问题。2004年以来，随着和谐社会建设和新农村建设的深入开展，农村基层社会管理受到了各级政府的高度重视，已成为基层政府建设农村和谐社会的中心任务。尤其在一些农村基层社区，社会管理的实践创新活动开展得如火如荼，并初显成效。

在平安创建方面，注重社会矛盾化解和社会治安防控。一些地方政府有机整合了人民调解、行政调解、司法调解、专业调解等调解机制，构建起化解社会矛盾从市到村、组的六级调解网络的大调解模式和村居综治工作"1122"模式,① 基本做到了"小事不出村、大事不出镇、难事不出县、矛盾不上交"。有一些农村社区建立"治安中心户长"制度,即以生产小组为单位,每一组设立一名治安中心户长,发动群众参与社会管理,将邻里矛盾化解于萌芽状态。还有一些农村社区为使居民有安全的居住环境,实施了"十户联防、警铃入户"工程,在村社区设立报警中心,形成一户按铃、九户救助、邻里守望、群防群治的全天候农村技防网络。

在人口管理方面,规范农村流动人口和特殊人群的管理和服务。社会管理离不开对人的管理,一些地方将管理转变为服务。例如,江苏创新农村流动人口管理体制,在农村流动人口超过1000人以上的乡镇建立外来人口管理站,由政府出资为其招聘专兼职协管员;在苏州市试点实施流动人口居住证"一证通"的基础上,江苏在全省推行流动人口"居住证"制度,并将于2013年完成对农村流动人口的"暂住证"换"居住证"工作;通过结对教师、志愿者和矫正工作者的经常性走访,对社区纠正对象进行纠正教育,使一些走了弯路、误入歧途的人得到真情抚慰;招募老党员、老干部、老专家、老战士、老模范等"五老"志愿者,与社区矫正对象、刑释解教人员结成帮扶对子,开展帮学、帮教、帮困活动,引导他们积极转化思想、回归社会。

在管理模式方面,建构符合农村社区特点的社会综合管理格局。一些农村基层政府围绕农村社区建设,积极探索农村基层社会管理新路径,并在实践中形成了如山东诸城的"多村一社区"模式、浙江宁波的虚拟社区"联合党委"模式和舟山的"社区管理委员会"模式,以及江苏在全省农村推行的"一委一居一站一办"模式等;江苏南通市的部分县市恢复了村民小组长制度,要求其履行社会管理信息员、政策法规宣传员、矛盾纠纷调解员、村规民约监督员、流动人口协管员"五大员"的职能,

---

① 如江苏南通市南通市为每一个村(居)分别配备一名综治专干、一名驻村民警、两名专职调解员、两名专职保安。

以进一步完善"以社区党组织为核心、社区居委会为基础、社区管理服务站为依托、社区综治办为中坚、各类社会组织为补充"的网格化管理；江苏无锡市将"减少中间层次、缩短管理路径、增大管理幅度、促进信息沟通"的社区扁平化管理运用于农村基层社会管理中，政府职能部门按照一人多岗、分片包干、责任到人的方式将服务项目"打包"分配给农村社区及其家庭。

在群众参与方面，充分发挥农村基层社会组织的管理作用。一些农村社区成立了维护社会稳定、解决社区矛盾的群众自治组织，如江西赣州、四川成都的部分农村成立了"快乐调解俱乐部""平安守望团""综治长安服务队""红白事理事会""义工联合会"等，帮助政府宣传解释政策，调节家庭纠纷和邻里纠纷，参与社区公共事务；江苏南通市部分农村社区组建了以80后年轻女性为主体的"巾帼义工队"，免费为空巢老人、孤寡老人等重点服务对象提供居家养老志愿服务；有的农村设立了村民议事会、村民监事会，与村民委员会一起，分别行使村民自治权中的决策权、管理权和监督权，以维护村民的参政权利、民主权利和监督权利；还有一些农村社区成立"和事佬协会"，用"民管民、民理民"的"草根"方式化解农村基层社会矛盾。

在社区建设方面，提高了居民的有形和无形公共服务水平。在有形公共服务方面，地方政府按照社会主义新农村样式对生活垃圾、生活污水、乱堆乱放、工业污染源、农业废弃物、河道沟塘等村庄环境进行由点到线、由线到面的整治，提升了公共设施配套、绿化美化、饮用水安全、道路通达、村庄环境的管理与服务水平；在无形公共服务方面，越来越多的省市启动农村综合服务中心建设，努力为农村居民提供养老托幼、劳动就业、社会救助、医疗计生、社会治安、文化教育、体育娱乐、残疾人康复等多项公共服务，尽可能地促使村民享有与城市居民均等化的公共服务。

以上列举的农村基层社会管理创新举措，有的尚在探索和完善中，有的不一定完全符合农村社会转型特点和发展现状，有的对解决农村社会问题和促进城乡一体化发展的作用有限。但值得肯定的是，农村基层社会管理不再以服务生产为第一要务，不再为纯粹的"自上而下"行政管制，也不再是拘泥于农村封闭社会的"小管理"。从中不难发现，针对农村基层社会建设和发展的这些管理举措，已经超越了以单纯社会防范和维护农村社会现状为主要内容的消极管理，而已演变为主动建设农村社会、改善农村社会现状、促进农村社会和谐发展的积极管理，更加强调对人的尊重和关怀，并将管理寓于公共服务中。就此而言，正在农村基层社会探索的社会管理是一种积极的社会管理，它"有着更为根本性的意义，也是我们应当着力倡导的"。[1]

尽管如此，由于农村正处于传统社会向现代社会转型中，并进入社会结构深刻分化、社会群体利益多元化、社会关系剧烈变动和社会矛盾集中出现的关键时期，面临诸多"消解结构"因素，[2] 农村基层社会管理需要从新角度直面农村社会正在或将要发生的变化，进而使其跟上城乡一体化发展的节奏。但当前农村基层社会管理创新还存在不少问题，如社会管理的一些新举措推进阻力大，缺乏坚实、广泛的群众基础；多数农村基层社会管理形式僵化，缺乏应变的弹性机制，不能根据农村基层社会变化而做出灵活调整；农村居民没有被广泛动员起来，基层社会管理的居民参与度低，政府及其相关部门在农村基层社会管理中仍占主导地位；法治化不健全，管理的行政化倾向严重，居委会、村委会自治能力弱；社会组织发育不完善，与公众和政府合作、互动机制不健全，不能在农村基层社会管理中发挥基础作用。尤其是农村基层社会管理的乡土气息浓厚，仍有相当多的管理措施带有"土性、蛮性"，既欠文明也欠科学，与城乡一体化社会管理水平与要求相差甚远。

四 农村基层社会管理的改进与体制建设

农村基层社会管理中的问题，尽管有些是实践过程中产生的次生问题，

---

[1] 孙立平：《走向积极的社会管理》，《社会学研究》2011年第4期。
[2] 田毅鹏：《社会管理体制改革的理论逻辑》，《江苏社会科学》2011年第4期。

将随着农村基层社会管理实践进一步深入而消解，但更多管理问题与农村现行管理体制相关，需要经由体制建设渠道加以改进。由于转型期"旧的体制和秩序体系业已失去其全面覆盖和调控社会的意义和能力，而新的体制和秩序体系又未能及时地建立起来"，[①] 农村社会异质性、多元性明显增多，尤其需要变革现有的农村基层社会管理体制，以促进农村社会良性运行和协调发展。如果农村社会管理体制不健全，哪怕再新的管理举措、再好的管理经验，都只能机械地镶嵌在农村有机体外面，很难融于农村社会，更不能对农村社会进行有效整合。由此，改进与提高农村基层社会管理，必须建立健全农村基层社会管理体制。

1. 转换基层政府管理职能，完善"乡政村治"体制

农村改革以来，国家放弃了农村基层社会"政社合一"的管理体制，将国家的农村行政管理权上收至乡镇级政府，并在农村基层实行"乡政村治"管理体制。"乡政村治"体制迎合了"小政府、大社会"的政府管理体制改革方向，不仅节约了国家管理农村基层社会成本，而且也找到一条将政府"管不好、管不了"的事务交给村民自治处理的路径。从实践效果看，建立在村民自治基础上的"乡政村治"体制，基本理顺了乡镇政府与行政村及村委会的关系，促进了农村基层政府行政管理与村民自治的有机衔接。但是，在城乡一体化进程中，随着农村社会与城市社会的全面对接和政府公共服务大批量下乡，"乡政村治"体制进入到"破坏期"，即农村基层社会的空间结构、群体结构、利益结构、关系结构都发生了较大变化——空间上经济欠发达农村的人口空心化与经济发达农村的人口过密化、群体上农民阶层分化与流动性增强、利益上合作与竞争以及互动关系上血缘关系、亲缘关系、地缘关系向业缘关系、趣缘关系转变等，使维系"乡政村治"体制的农村社会土壤发生了较大松动，政府"自上而下"单向度的行政管理处境尴尬，行政权威遇到越来越多"不听话"者的挑战。鉴于此，农村基层社会管理需要改革、完善"乡政村治"体制：一方面按照"小政府、大社会、大服务"的准则将乡

[①] 张厚安、徐勇等：《中国农村政治稳定与发展》，武汉出版社，1995，第147~148页。

镇政府主要职能转移到公共服务和社会管理;另一方面,行政村要彻底去行政化,将"二政府"还原为农村社区居民的群众性组织。

2. 推进村改社区和新型农村社区建设,创新农村社区管理体制

社区是各种社会问题的"聚焦点"、各种社会群体的"互动域"、各种利益关系的"交汇区"、各种社会组织的"成长地"和反映社情民意的"晴雨表",已经成为创新农村基层社会管理的重心。发达国家在社会管理中都比较重视社区发展,不仅突破了城乡限制,均等化地支持农村社区建设和社会工作,而且将社会管理的相关内容,如环境保护、治安维护、就业培训、教育医疗、社会保障等延伸至农村社区。[①] 然而,我国农村村庄分散、凌乱,公共服务水平低,社会管理滞后,要改变其面貌、实现城乡一体化发展,有必要重新规划农村村庄的空间结构,在拆、并、合现有村庄的基础上,推进大村庄制建设和村改社区工程,建设新型农村社区。尽管国家没有对村改社区和新型农村社区建设提出明确要求,但一些地方政府出于城乡公共服务和社会管理一体化发展需要,在新农村建设和农村城镇化发展中自觉地行动起来,加大了拆村、并村、合村与和建立新型农村社区的力度,个别地方的农村社区建制已经或正在替代行政村建制。山东诸城市已经将全市1257个村划分为208个大社区,江苏南京市于2014年前将辖区内所有的行政村全部改制为社区。村改社区及社区化发展俨然成为农村社会转型、新农村建设的一个重要标志。当前,学界和政界有人担心农民集中化居住、土地规模化经营和居住社区化,有可能侵害农民利益,但无论是从发达地区农村的经济发展和社会建设趋势看,还是从解决欠发达地区的农村空心化或过疏化问题看,抑或从改变农村落后面貌和提高农村公共服务水平看,农村基层社会管理都需要重视村改社区和新型农村社区建设。在某种意义上,唯有农村社区化,才有可能真正实现城乡社会管理一体化。

3. 消除城乡壁垒,建构城乡一体化社会管理体制

我国城乡壁垒仍旧牢固,农村社会管理严重滞后于城市社会管理,城

---

① 周澍、郑晓东、毛丹:《国外社会管理的有益经验》,《浙江社会科学》2011年第8期。

乡二元社会管理不平衡问题十分突出。随着城乡统筹和一体化的发展，城乡社会管理断裂已经成为消弭城乡二元结构的最大障碍。其一，城乡二元化社会管理阻碍了农民市民化进程。我国2亿多农民工和4000万以上的城郊农民已经生活在城市和城市郊区，未来每年还将有1000万左右的农民进入城市，因此需要对他们实施城市化社会管理。但是，当前城市对进城农民的管理更多是经济、行政上的，社会保障、子女教育、就业指导等社会管理没有及时跟上，致使这部分人很难成为名副其实的市民，造成城市化"虚假繁荣"。其二，城乡二元化社会管理不适应农村社会变迁。当前，我国农村社会状况很复杂，仅靠村民自治难以解决农村社会空心化、土地撂荒、社会保障以及文化娱乐、社会服务等方面问题。同时，由于这些问题是传统农村社会向现代城市社会转变过程中出现的新问题，唯有统筹城乡社会管理，方能从根本上化解农村发展及城市化问题。当然，建立城乡一体化社会管理体制，不是要照搬照套城市社会管理模式，也不是要求城乡社会管理同质化，而是要根据农村社会自身特点，吸收、借鉴城市社会管理的先进理念、先进方法，建构对新农村建设有用、对提高农民公共服务水平有效的社会管理体制。换言之，在城市，不能完全按照管理城市居民方式管理农民工，应该考虑农民工市民化的现实处境和实际困难，先为他们提供均等化公共服务，再根据农民工市民化需要，选择既统一、又有差别的社会管理；在农村，不能不顾农民居住、生活、生产特点，为了城乡社会管理一体化而不顾农民的现实状况和利益需求，无条件地实施集中化、上楼化、规模化、社区化管理。

4. 推进国家权力再下乡，建立防范行政侵蚀社会体制

家庭联产承包责任制在客观上削弱了农村集体组织的凝聚力，使农村社会原子化程度升高。但人民公社时期国家在农村建立的"政社合一"管理体制并没有完全从农村基层社会退出，国家权力在农村社会仍保有一定的影响力，政府还能动员农民参与农村基础设施建设和公益活动，也可以方便地汲取农村经济资源。农业税取消后，乡镇政府上收了管理端口，一些事业单位向农村基层提供的公共服务逐渐转变为市场性服务，政府对农村社会的行政

干预大量减少,农村社会似乎进入全面自治状况。但现实已经表明,政府"离场"状况下的农村社会问题并不比政府"在场"少,不少农村的社会问题反而更多、更尖锐——如果政府离场,农村社会力量成熟,并能及时补充政府缺位,农村社会一般能正常运行;反之,如果农村社会力量弱小,缺乏管理农村社会能力,政府权力离场就不一定是好事。中华人民共和国成立后,国家权力全面进入农村社会,彻底摧毁了农村民间组织力量,而今,国家权力退出,被瓦解的农村社会力量却未能适时成长起来,难以管理好农村社会。新形势下,为强化农村基层社会管理,国家权力有必要再下乡,与村民自治组织配合,共同管理农村社会。当然,国家权力下乡不能像过去那样,只图贯彻国家意识形态和汲取农村资源,而应该通过权力将更好、更多的公共服务送到农村基层,以增强村民自治能力,进而改善农村基层社会管理环境。

5. 更新农村社会管理理念,实施柔性社会管理体制

社会管理创新源于社会管理理念更新。城乡一体化进程中的农村基层社会管理是全新式管理,应该从多方面革新管理理念,推崇柔性化管理,如坚持"以人为本"理念,寓管理于服务中。相对城市居民,农民是弱势群体,他们在日常生活、城市化、市民化过程中遇到的问题多,需要政府和社会给予更多的关心,即农村基层社会管理不能仅管理农民,要求他们执行政府意志,更需要重视他们的要求、体谅他们的难处、了解他们的心理、满足他们的愿望。又如,树立"让利"理念,减少攫取式社会管理。地方政府是利益组织,他们在日常管理中难免产生趋利行为,攫取私利。正如埃文思所说,那些控制国家机关的人似乎只有自己的利益,对公民的福利"没有任何更多的关心"。[1] 新时期,国家实施工业反哺农业、城市支持农村的政策,加上国家的种粮补贴等逐年增加,农村基层社会管理的一个重要任务是代替国家将"惠农"利益公正、公平地分配给农民。再如,转变"维稳"理念,敢于直面管理问题。一直以来,地方政府维稳压力大,日常管理遵循"不出事"逻

---

[1] Peter B. Evans, "Predatory, Developmental, and Other Apparatuses: A Comparative Political Economy Perspective on the Third Word State", *Sociological Forum* (4) 1989: 562.

辑,[①] 对出现了的问题，总是竭尽所能地"捂盖子"。社会管理应解决问题而体现价值，视"维稳"为社会管理目标，不能回避问题。尽管城乡一体化进程中的农村基层社会管理是全新的实践活动，问题多且比较棘手，但社会管理毕竟不同于经济管理、行政管理，提倡柔性化管理并非完全排除刚性管理手段，一定要控制社会管理的刚性度，并尽可能地化刚性管理为柔性管理。

第二节　农村基层社会管理与"社区化"体制建构
——基于城乡一体化视角

农村社会正处于城乡二元经济社会结构向城乡一体化结构转型中，人口频繁流动、集体力量式微以及村庄空间稀疏化、空心化和公共性流失等，都极大地冲击了基于行政村建制的"自上而下"行政化管理体制，农村基层社会管理举步维艰。因此，一些地方政府在新农村建设和城乡一体化发展中，积极探索农村基层社会管理新路径，并形成了诸多典型模式，农村居民也由此获得了更优质的社会环境和更广泛的公共服务。但这些社会管理模式尚在探索、形塑中，能否成为全局性管理行动尚待进一步的理论推演和下一步的实践检验。当前农村基层社会管理亟须农村社区化改制，并需要着力促使农村基层社会管理与城乡一体化发展相结合。

一　行政村建制的行政化倾向与纠正

现实中，无论是通过拆村、并村、合村等形式建立的村改社区，还是在多个行政村之上另建联村社区或新型农村社区，如农民集中居住社区、失地农民安置社区等，它们无一例外地成为农村基层社会管理的重要场域。尽管学界不乏主张并支持地方政府建立农村社区或村改社区的建议，但反对村改社区的呼声从没有中断过，有学者甚至要求中央政府"叫停"地方政府的

[①] 贺雪峰、刘岳：《基层治理中的"不出事逻辑"》，《学术研究》2010年第6期。

村改居行为。① 然而，一些地方的农村社区建设实践已经表明，建立新型农村社区和实施村改社区工程，不一定就是"换牌折腾"——相比行政村建制，村改社区或新型社区及其管理体制能进一步理顺村务、政务与党务关系，推动农村基层政府由经济发展型和管制型向社会建设型和服务型转化，也更能践行国家的城乡一体化发展战略，直至最终消弭城乡二元社会结构。

传统中国农村社会实行"皇权不下县，县下唯乡绅"的治理策略，农村基层社会由士绅阶层实施"软管理"，以维持农村基层社会的"礼治秩序"和"无讼"秩序。② 计划经济时期，国家强、社会弱，政府具有强有力的资源汲取与社会动员能力，严格控制了农村社会运行；村级组织（生产大队）被纳入国家行政序列，大队党支部书记和大队长均由上级类政府组织（人民公社）任命、指派——他们不再是村庄"保护型经纪人"，而转化为讨好上级领导、较少为村民主张权益的"赢利型经纪人"。如此，乡村不再是农民居住、生活的社会单元，俨然成为融"工、农、兵、学、商"为一体的经营单位和"政社合一"的集体组织，不仅"纵向的国家政治整合完全取代了横向的地方社会整合"，③而且乡村社会的自主性、能动性基本丧失，单向度的行政管制和政治运动湮没了乡村原生秩序和"先天和谐"。

农村改革后，随着人民公社制度的废除和"乡政村治"管理体制的建立，农村社会恢复了部分自主空间，农民可以通过民主选举、民主决策、民主管理、民主监督的方式参与农村社会治理和管理。但是，国家政治并没有完全放弃农村社会的管制权，政府在农村社会重要事务方面仍保留着一定的介入和统摄力；同时，农村社会的自治能力比较脆弱，村委会名义上是村民自治组织，可它的行政色彩浓厚，更像是一个半行政化的乡镇政府下属机构。这种局面的形成，不仅是因为国家政治不愿

---

① 郑风田：《"集中居住"应以农民需求和意愿为本》，《城乡建设》2009年第9期。
② 费孝通：《乡土中国·生育制度》，北京大学出版社，1998，第54页。
③ 狄金华、钟涨宝：《中国农村社会管理机制的嬗变——基于整合视角的分析》，《吉林大学社会科学学报》2012年第3期。

意丢失农村这块阵地，不肯把农村治理权全部转让给村委会，更重要的在于：第一，村民自治制度的完善需要一个过程，当它还没有成熟时，如果国家政治草率地放弃农村社会全部治理权和管制权，多数村委会没有能力承办如计划生育、农业税上缴等政务；第二，家庭联产承包责任制实施后，农村集体组织凝聚力被削弱，而民间的"草根"整合力还没有成长起来，整个农村社会陷入严重的"原子化"状态。如此，政府权力在农村基层社会保持一定张力，既能贯彻国家意志和汲取农村经济资源，又能协助村委会治理农村社会，最大限度地防止家族势力或地方黑恶势力侵蚀村级管理权。可见，村民自治制度在农村基层社会管理中的作用有限，这项改革"更多是表象性的而不是实质性的"，[1] 并且在乡村权力架构中，国家权力一直位居"老大"，始终掌控着村民自治的运行，禁止其与政府"讨价还价"。

按理说，国家权力从行政村撤出后，村里的政务理应由乡镇级基层政府承办，但受到乡镇规模大、人口多、官员精力有限等因素制约，村级政务仍由村委会代替乡镇政府办理。如此制度设置，虽然解决了行政村政务施行的困惑，但也导致了村委会功能错位。再者，这一建制也驱使村委会行政化，"讨好"或"巴结"乡镇政府，表现为以下三个方面。一是村委会多数村务与政务不能严格分开，如乡镇政府掌握着一定数量的农村公共事业发展资金，国家的支农、惠农资金也基本由乡镇政府负责发放，如果村级组织与乡镇政府相处得好，自然可以从上级政府那里获得更多的资金；二是村委会处理土地纠纷、邻里纠纷等村务有时需要借助外部力量，如果能赢得乡镇政府及相关部门，如派出所、土地管理所、司法部门的支持，村委会调解民间纠纷的成功率会大大提高；三是村委会打着政府的旗号处理村务，合法性程度高，便于在村干部与村民的博弈中保持优势。村委会与乡镇政府结盟，村委会为政府说话、替政府办事的行政化倾向，不仅违背了国家设置村委会的初衷，妨碍了村委会自我管理、自我教育、自我服务等自治功能发挥，还会损

---

[1] 徐湘林：《"三农"问题困扰下的中国乡村治理》，《战略与管理》2003年第4期。

害基层政府功能的正确履行,诱使政府官员"寻租",侵犯农村基层社会利益。

在城乡一体化进程中,农村基层社会已经发生了巨大变化,亟须纠正村委会的行政化倾向和变革行政村建制。一方面,农村基层社会的村务和政务显著增加,"政社不分"的村民自治无法承接并给予及时办理。如村庄的流出或流入人口的管理与服务、社团组织的管理与服务、特殊人群的管理与服务、宗教事务的管理与服务、文化活动的管理与服务、司法救助与治安服务、就业指导与服务,以及基础设施建设与维护、农技培训与推广、健康教育与卫生防疫、社会保障与福利等大量公共事务已下沉到村,村委会的人力和物力都没有办法解决如此众多的公共服务与管理,必须转变传统的"自己办"或"代替办"的工作方式,支持上级政府从事公共服务和管理活动。另一方面,随着农业税和"三提""五统"的取消,一些乡镇政府的财政状况捉襟见肘,无法再为村委会的行政化埋单。其一,尽管中央和省级财政为农村建设和发展投入了大量经费,但这些经费一般都戴着"专款专用"的帽子,乡镇政府很难将其变通为行政经费,用来扶持村委会的行政行为。其二,尽管一些乡镇政府通过财政转移支付为村主任和村支书发放工资和津贴,并为他们建立养老保险等,但政府采用"公职化"吸纳行政村"赢利型经纪人"的做法,明显不符合村委会自组织发展方向,肯定不能长久。

如此看来,行政村充其量只能算是人民公社体制转化为乡镇体制而在农村基层设置的过渡建制,不能因为它叫行政村,就赋予它行政权力,鼓励它依照行政逻辑从事农村基层社会行政管理活动;也不能因为它曾代替乡镇政府履行过行政权力,并弥补了国家权力退出农村基层的空缺,就将其视为合理性,确定它为农村基层的永久性建制。行政村是人民公社时期"政社合一"体制的延续,它在村民自治中掺杂了政府行政管理,偏离了居民当家人的角色,容易导致村委会功能错位。这一建制既不符合农村社区建设的内在要求,与生产型、管理型政府向服务型政府转变的政府功能定位相悖,也不符合城乡一体化社会发展对农村基层社会管理的新要求。

因此，有必要将农村基层的行政村建制变革为社区建制，以凸显其自治功能，更好地维护居民的公共权益。

二 农村基层政务转换与政府公共服务下乡

20世纪八九十年代农村系列改革政策的根本出发点是"放权"，鼓励农民在家庭联产承包责任制的基础上发展农业生产和壮大农村经济，大多数农民由此脱贫致富。与之同时，地方政府在"乡政村治"体制下对行政村仍保有较大控制力，不断提高"政策租"——乡镇政府将村级主要政务放在催收"统购粮"、收缴农业税和收取"三提、五统"，以及向违反计划生育政策的超生户征收社会抚养费上。尽管当时政府在农村基层社会的政务比人民公社时期少了很多，但由于这些政务与基层政府经济效益、政绩考核挂钩，加上村委会也有"寻租"意向，乡镇村干部便结成同盟，相互配合向农民"收租"。如此，国家及时调整"三农"政策，采取减轻农业税——废除农业税费——发放种田补贴等措施逐步减轻农民负担，提高农民种粮积极性。2006年后，国家不仅果断取消农业税，禁止乡镇政府肆意收费，而且通过发放农业补贴等方式将改革成果与农民共享，"收租"政务随之让位于"让利"政务。

后税费时代的农村，一方面基层政府收缩了自上而下的管理触角，国家权力在农村基层社会由"实"变"虚"、由"在场"变"离场"，农村基层社会步入国家政权不在场的"悬浮"状态；另一方面，随着城乡一体化程度的提高，乡村年轻劳动力及其精英加快流出农村，农民"原子化"倾向进一步加剧，多数农村基层社会维系内部秩序的组织合作机制和横向社会整合力已经无法引导农民通过市场化渠道获取更多的经济利益，无法有效地整合和管理因城市化发展带来的土地流转和农民流动问题，也无法帮助村民从村庄范围内获得更方便、更快捷、更高水平的公共服务。农村基层社会内外交困，不仅动摇了农村基层社会的国家认同感，降低了政府在农民心理中的公共形象，影响了在乡村社会中国家权力的合法性，而且造成了一些农村基层治理权力再度"内卷化"，甚至出现个别灰色势力控制村治的恶劣现象。

新形势下，尽管村委会与镇村干部仍保留着一定的同盟关系，但政府不再视它们为自己的延伸机构，而是希望它们成为政府公共服务下乡的有力助手。针对政府大批量公共服务下乡，有学者指出，"地方国家权力再度出发了，以更为强劲的态势，对刚刚从国家的直接控制解放出来的社会空间，施以规制性的和强迫性的管理"。[1] 从表面上看，政府公共服务下乡好像是国家要借助公共服务下乡的影响力和控制力，再度控制农村社会空间。但实质上不尽然，如今政府政务下乡与过去不一样，从前是为了控制农村社会，以方便国家汲取农村资源；而今是要将公共服务送给农村居民，以满足他们的公共服务需求。就此而言，认为政府公共服务下乡是为了控制农村的学者至少犯了两个错误：一是没有看到国家管理职能的变化，将计划经济时期或经济匮乏时期国家控制社会的职能视为国家一贯本性，忽视了市场经济体制下国家相对富裕后国家管理职能的可能变化，即国家尤其是基层政府已经将主要职能转移到供给公共服务、促进社会和谐发展的事实；二是高估了农村社会的自治能力和自发秩序，相信"新乡绅"在没有外力干预下完全有能力运用村庄内生规制维系村庄良性运行。由此，这些人把没有农税的农村视为国家权力在农村社会的全面退出，将农村视为远离政府管制的"世外桃源"，故而将国家和政府政务再下乡看成行政权力要"收复农村失地"，以至于担忧"政社合一"体制回归。

其实，这种担忧是没有现实基础的，今天的农村已被纳入城乡一体化体系，并且成为国家公共事业发展重点。现在的主要问题是，农村要摆脱落后面貌，农村居民要过上与城市居民均等化的生活，仅靠农村自身力量是很难实现的，农村需要国家的经济支持和公共服务，否则，农村与城市的差距就难以缩小，向往现代生活的那些农村居民就会一如既往地离开农

---

[1] D. Davis, R. Kraus & B. Naughton (eds), *Urban Spacesin Contemporary China* (Cambridge: Cambridge University Press, 1995), p.112.

村,农村也将变得更萧条。这是国家不希望看到的,也是大多数农村居民不愿意接受的。现实中,融入市场化、现代化大潮中的农村社会,正在与城市社会对接,面临的自然风险、市场风险与社会风险都是农村社会自身难以承受的,亟须政府的公共服务支持。换言之,政府公共服务下乡,对农业发展、农村建设、农民致富和转变身份都是必不可少的,它可以为公民互动创造良好的环境,[1] 可以帮助农村基层社会恢复整体性和关联性,进而提升农村基层社会生命力和整合力。

再者,由于长期以来农村社会受到国家权力过度侵蚀,自身发育很不成熟,普遍缺乏自主治理能力,如果国家的公共服务等政务继续与农村基层社会保持区隔,农村落后面貌将难以改变。现实已经表明,农业税取消后,一些乡镇政府迫于财力限制,放弃对农村部分基层事务的介入,农村社会问题非但没有减少,反而比以往更多。当前政府公共服务下乡,"展现了后税费时代政府对村庄社区化治理的努力方向",能有效强化"乡村的国家认同,亦深层次触及后税费时代国家基础性权力如何在乡村再建设的时代主题";[2] 并且还能通过不断创新农村基层社会管理机制,为农村社会提供一个合作共治的发展空间,以有效地解决农村社会诸多问题和深层次矛盾。

因此,农村基层社会管理需要政府公共服务下乡。正如汪锦军所说,"对于中国农村而言,由于农村社会自身发育的不完善,很多时候必须依赖强制性的外来制度建构,为农村社会管理提供基本的运行制度框架。"[3] 尽管政府的公共服务下农村社区有可能放大政府管制的权威,破坏农村基层社会有机体的"先天"平衡与和谐,使本就发育不全的农村基层社会更加脆弱,但这不是政府公共服务介入农村基层社会中不可避免的问题。

---

[1] P. Heller, "Social Capital as a Product of Class Mobilization and State Intervention: Industrial Workers in Kerala, India", *World Development* 24 (1996): 1055 – 1071.

[2] 韩鹏云、刘祖云:《农村社区公共服务下乡:进路、逻辑及推进路径——基于广西百色市"农事村办"的考察》,《广西社会科学》2012年第3期。

[3] 汪锦军:《从行政侵蚀到吸纳增效:农村社会管理创新中的政府角色》,《马克思主义与现实》2011年第5期。

第六章　农村基层社会管理实践问题与体制建构

只要把握好政府公共服务下乡的介入口，控制好介入的力度和火候，政府下乡的公共服务与农村基层社会的自治力就可以完美地结合在一起，从而改变农村基层社会一盘散沙的状况，遏制"无政府主义"给农村社会带来的混乱。因此，在农村基层社会管理中，"不是努力消除政府的作用，而应是研究如何设计政府机构才更有效率，在更大的制度设计中弥补公民治理能力的不足"。①

三　典型经验：农村社区化管理模式

鉴于村改社区、新型农村社区建设以及政府公共服务下乡的需要，一些地方政府在新农村建设和农村城镇化发展中自觉行动起来，加大拆村、并村、合村与和建立新型农村社区的力度，个别地方的农村社区建制已经或正在替代行政村建制。山东诸城市已经将全市1257个村划分为208个大社区，江苏南京市于2014年前将辖区内所有的行政村全部改制为社区。村改社区和建设新型农村社区俨然成为农村社会转型、新农村建设的一个重要标志。借此，越来越多藉的农村基层政府围绕农村社区建设及其社区化探索农村基层社会管理，并在实践中形成了诸多模式，如山东诸城的"多村一社区"模式、浙江宁波的虚拟社区"联合党委"模式和舟山的"社区管理委员会"模式，以及江苏在全省农村推行的"一委一居一站一办"模式等。

山东诸城市按照"多村一社区"模式调整农村基层管理体制。诸城市是全国农村社区化整建改革的先行者，全市70多万农民已于2008年6月全部进入"2公里社区服务圈"。诸城模式不复杂，主要从两个方面建构农村社区管理体制。首先是优化农村社区空间布局。诸城对全市1257个村庄进行了统一规划，确定208个位于若干邻村中央，具有较好基础设施和一定辐射带动能力、发展潜力的中心村为社区服务中心，并将其服务范围规划在2

---

① Peter Evans (ed.), "State-society Synergy: Government and Social Capital in Development", (Berkeley: University of California at Berkeley, International and Area Studies, 1995), p.13.

公里左右。① 其次是为居民提供社区化公共服务。政府在每一个中心社区建立社区服务中心，由政府出人、出钱为社区服务圈内居民提供公共服务。社区服务中心有服务大厅，设有文教、社保、环卫、计生、治保、志愿者活动等服务窗口，为村民提供"一站式"服务；有社区警务室、卫生室、建设环卫室、计生服务室、农民书屋、优抚救助室、纠纷调处室、超市、快餐店、幼儿园等，条件好的社区还建有初中、小学、医院、养老院，为居民提供全面而便捷的公共服务和社会化服务。

"多村一社区"模式基本解决了农民因分散居住而缺乏公共服务的问题，并为农村基层社会管理开辟了新路径。从中心社区现状看，一是政府将人力、物力和财力集中投入中心村的社区建设，操作起来简单、方便，并且政府投入社区建设的资金边际效率高；二是引导农民进入"2公里社区服务圈"比较现实，因为中心社区居住条件好、公共服务齐全，有方便居民出入的公交车，有四通八达的硬质道路，即使居民有地要耕种，一般骑上电动自行车到最远的农田也不超过10分钟；三是新型社区建设没有完全抛弃农民的居住和生活方式，多数农民仍按照地缘相近、血缘相亲的原则居住在中心社区或周边，居民彼此熟悉。从管理体制上看，社区中心村建设没有彻底废除行政村建制，只是在社区中心村新建立一个社区党支部和社区发展协调委员会。社区党支部和社区发展协调委员会在乡镇（街道）领导下开展工作，但它们的设置并没有改变乡镇（街道）和行政村的原有关系，也不干涉村务；社区发展协调委员会的主要职责是代替上级政府为社区居民提供公共服务，而村委会的主要职责是村内自治事务和承接或"协助"做好政府下达的政务。"这样定位农村社区服务中心的职能，目的是避免服务中心人员'官僚化'和服务'异化'现象，使社区服务工作与村庄工作相互支持。"② 由此可见，诸城农村基层社会管理模式的创新在于找到了一条便捷的、低成本的农村社区化路径，并成功地将

---

① "2公里社区服务圈"一般涵盖5个左右的行政村，1000～2000户。
② 王青云、李成贵：《建设服务型政府的理论思考和实践经验——诸城推行农村社区化服务之考察》，《社会科学战线》2010年第1期。

第六章 农村基层社会管理实践问题与体制建构

政府的公共服务送进农村基层社会。

浙江宁波和舟山在农村基层社会管理中分别设置了联村虚拟社区和村社同构的村社区。宁波将"地域相近、人缘相亲、道路相连、生产生活相似"的若干个行政村组合为一个虚拟社区,设置"社区联合党委"和搭建"社区服务中心",为联片行政村、新社区的居民提供政府型公共服务或公共产品。舟山将多个规模小的村子,甚至将七八个村合并为一个行政村社区,在保持原有行政村建制不动的基础上,增设一个"社区管理委员会"机构,并由社区管委会和村"两委会"共同向社区居民提供公共服务或公共产品。

宁波和舟山的农村基层管理体制有较大区别。宁波在乡镇党委和村党支部之间增设了一个社区联合党委,乡镇(街道)干部兼任社区联合党委的书记,各村党支部书记为联合党委的委员。社区联合党委作为乡镇(街道)党委的代理人,代替乡镇(街道)党委行使部分职权,进而使社区联合党委与各村党支部形成领导与被领导的上下级组织关系。联合社区打造了社区"十分钟生活服务圈""十分钟文体生活圈""十分钟卫生服务圈",并通过由专职社工组成的社区服务中心和各行政村的驻村公共服务代理(一般由大学生村干部兼任)共同为社区居民提供文化教育、卫生健康、计划生育、综治警务、劳动就业、社会保障、社会救助、社会福利,以及科技、法律、体育、娱乐等公共服务。舟山的社区管委会是对本社区履行统一的服务和管理职能的机构,由3~7人组成,主任由乡镇(街道)党委和政府按干部任用程序选聘,一般由乡镇下派的带薪干部担任,其他成员由管委会按职业化、专业化设置,政府提供人员工资。

从现代国家建构的视角看,宁波的设计者们在维持现有行政村管理体制不变的前提下,在制度内创新了一个"虚拟社区联合党委",而舟山设计者们则突破了现有的行政村管理体制,在制度外创新了一个"社区管理委员会",即分别通过"党组织路线"和"行政路线"向社区居民提供公共服务。李勇华将宁波模式和舟山模式称为"存量改革"和"增量改革",并认为二者"都反映了随着政府性公共服务的大规模下村,国家政权机构内在地提出了向农村最基层适当延伸的现实要求或趋势",①是"乡政村治"体制对政府公共服务下乡而在社会管理方面提出的应对和调整。

江苏农村推行的"一委一居一站一办"模式始创于南京市建邺区。2011年6月,江苏省委、省政府下发《关于加强新形势下城乡社区建设的意见》,要求到2015年城乡社区"一委一居一站一办"覆盖率要达到90%,有条件的地方力争实现全覆盖。这一模式雏形是建邺区的"一委(社区党委)一居(居委会)一站(社区管理服务站)"的"品"字形组织架构,特色在于实现了社区党务、居务和政务的分开,形成"一核双强、资源共享"的新格局。"一核"为社区党委,要发挥其在社区各类组织和各项工作中的领导核心作用。"双强"为做强社区居委会,最大限度地减少居委会承担的行政事务;做强社区管理服务站,全面承接和履行政府延伸至社区的各项公共管理与服务职能。"资源共享"为整合社区组织,动员广泛的社会力量参与社区共建,最大限度地实现社区资源共驻、共建、共享、共赢。在这个模式中,社区党委成为社区工作的"主心骨",居委会成为社区群众的"代言人",管理服务站成为社区居民的"服务员","三驾马车"共同提高社区管理服务能力。江苏省委、省政府基于建邺模式和无锡、苏州、南通、扬州等地在社区自治管理实践中积累的成功经验,研制出"一委一居一站一办(综合治理办)"新型社区服务管理模式,并要求在全省城乡社区推广。

"一委一居一站一办"社区管理服务模式的基本架构是"以社区党组织为核心、社区居委会为基础、社区管理服务站为依托、社区综治办为中坚、各类社会组织为补充的新型社区服务管理格局",对社区公共服务和社会事务实施"扁平化"和"网络化"管理。这一由社区党组

---

① 李勇华:《公共服务下沉背景下农村社区管理体制创新模式比较研究——来自浙江的调研报告》,《中州学刊》2009年第6期。

织、居民自治组织、管理服务站和综治办构成的"四位一体"新型管理服务体系,强化了党在农村基层的执政地位,巩固了村民自治制度,加速了政府公共服务向农村基层延伸,提高了农村综合治理和平安建设水平。

以上列举的农村基础社会管理模式,是建设农村社区和调整农村社会管理体制的双重实践活动。虽然这些模式没有全盘否定或完全抛弃农村改革后的"乡政村治"体制,但在运行过程中弥补、修正了"乡政村治"体制在农村基层社会管理上的不足。由于诸城等模式各自针对的村情不同,在实施中也有不同的侧重和特色,但总的来看,这些模式都以城乡统筹发展和城乡一体化为大背景,迎合了农村居民提高公共服务和生活水平的需求,并且注重将政府公共服务送到农村基层。就此而言,它基本符合农村社会转型和城乡社会融合的趋势,不失为农村基层社会管理体制的一大变革和创新。

四 社区响应与农村基层社会管理发力点

后农税时代的农村村委会,管理村务和政务的功能羸弱。尽管国家仍在规范村委会的自治功能,并于2010年10月重新修订、颁布了《中华人民共和国村民委员会组织法》,冀望以此更好地维护村民的合法权益,促进社会主义新农村建设,但缺乏凝聚力、"散了"的村子普遍存在"事难议、议难决、决难行"的困境,[①] 村委会办理村务愈发力不从心。鉴于后农税时代国家实施"工业反哺农业、城市支持农村"的政策,以及政府介入农村基层社会的形式已由过去行政控制和资源汲取转变为送公共服务下乡的状况,农

---

① 为加强对农民负担的监督管理,国务院办公厅于2007年颁布了《村民一事一议筹资筹劳管理办法》,规定村委会只能就村内农田水利基本建设、道路修建、植树造林、农业综合开发等有关土地治理的项目和村民认为需要兴办的集体生产生活等其他公益事业项目筹资筹劳。筹资筹劳必须遵循村民自愿、直接受益、量力而行、民主决策、合理限额的原则,村委会召开的筹资筹劳会议要有本村过半数18周岁以上的村民参加,或者有本村2/3以上农户的代表参加,并且筹资筹劳方案应当经到会人员过半数通过。

村基层组织建制最好与城市社区建制保持一致，将行政村改制为社区、村委会更换为居委会。

政府大量公共服务下沉到农村基层已成为农村社会发展的基本事实，如果行政村的村委会都将其承接下来，村委会将不堪重负，还有可能彻底葬送村委会的自治性，使其变成名副其实的政府机构。这既严重违背《中华人民共和国村民委员会组织法》对村委会"群众性自治组织"的界定，又不符合社会建设和社会管理的一般规律，并且还存在将农村社会带回至"政社合一"老路子的风险。随着城乡流动、互动的持续升温，一方面农村居民对城乡公共服务均等化和一体化的需求日益迫切，期望能公正、公平地分享改革开放发展成果，享有与城市居民均等化的公共服务与社会管理权益；另一方面，城乡分割的二元社会管理体制阻碍了农村社会转型，不利于城乡经济社会的协调发展。因此，无论是出于满足农村社会对城乡均等化公共服务的需要，还是出于弥补城乡二元经济社会结构分化、实现城乡一体化社会管理的需要，农村基层社会管理有必要以农村社区化建设为中心，从以下三个方面发力，以满足农村居民的新需求、符合城乡一体化新趋势。

1. 推进村改社区和新型农村社区建设

小农经济时代，一小块田地有一户农家，相邻的几块田地上可能居住着几户农家，并在河道边、山脚下、湖海旁形成三三两两的村庄。计划经济时期的合作化运动、人民公社建设只从组织上改造了农民，未曾对星罗棋布的村庄进行有机整合，村庄分散、凌乱状况一直延续至今，如江苏省农村有20多万个分散村庄，每个村庄居民平均不到200人。虽然分散的村庄便于农民田间劳作、管理农作物，但它不利于农村土地资源的整体开发和现代农业的规模化发展。更关键的是，它因基础设施建设和公共服务供给成本高，制约着城乡公共服务均等化发展，严重妨碍了农村居民过上与城市居民同质生活。由此来看，一些地方政府着眼现代化建设大局，重新规划农村居民空间结构，将一些分散的小村庄拆、并、合为大村庄或集中社区，是地方政府整合农村空间结构较明智的选择，只要不损害农民根本利益、整体利益和长远利益，并能确保粮食生产稳定和农民收入增长，都应该准许地方政府大胆尝试。当然，地方政府的村庄整合行动要充分尊重大多数农民意愿，不能强制推行"上楼化""集中化""规模化"管理。

选择改造行政村路径建立农村社区，全国已有不少经验样式，如前文提及的山东诸城将相邻的多个行政村聚合在一起，建立"2公里服务圈"的社区，以及浙江舟山将几个村子合并起来，建立农村社区，并根据职业化、专业化标准成立"社区管理委员会"。再如，广西百色以被撤并的原乡镇为社区区域，在原乡镇政府所在地、多个村社集中的中心村社、自然形成的圩集所在村社以及地处偏远、交通不便的村社，分别建立"农事村办"社区服务站、二级服务站、三级服务站和四级服务站，为社区居民提供公共服务和社会管理等。这类村改社区，一般以政府供给公共服务方便性和有效性为准则，没有彻底废除现有村庄和行政村建制，而是新建立一个中心社区，以公共服务下沉为切入口，将周边村庄吸纳进社区服务范围，并逐渐将村民吸引进中心社区居住。至于那些暂时不愿意离开原村庄的村民，也可以通过建立服务站（点）的方式，为他们提供社区化服务。

新型农村社区是在农村场域内因房屋拆迁、农民失地，或因地方经济发展、土地开发的需要，将农民集中安置进新社区，它的城市化程度比较高，体现了城乡一体化对农村社区建设的基本要求。新型农村社区彻底打破了农村行政村建制，农民被集中安置在别墅或高层楼房里居住，内部公共设施齐全，有各式各样的公共服务、社会服务和商业服务场所，并且多数居民不再以农业劳动为主业，家庭收入主要来源于工资、房租等，有比较健全的社会保障。新型农村社区类似于城市社区，有的城郊或经济发达地区的新型社区的居住条件、生活条件，以及居民享有的公共服务水平不低于甚至还好于城市社区。新型农村社区建设已经跳出了村庄改造的藩篱，不再局限于仅为农村人提供单纯的居住区，而在社区规模、公共服务水平、社会管理档次方面都对接了城市社区，或与城市社区并轨。但鉴于它的居民主要来自农村，有的还一度患有城市焦虑症，因此，新型农村社区建设不能简单地复制城市社区样式，应该有自己特色，如在建设中要尽可能多地让熟悉的、有亲情关系的、风俗习惯差不多的人居住在一个社区中，并尽可能地保留农村村庄中那份相互帮扶、彼此关怀的"温馨"，以防止新型社区居民陌生化、邻里冷漠化现象发生。

2. 建立健全农村社区管理机构

行政村机构设置简单，主要有党支部、村委会。党支部是中国共产党在农村的基层组织，负有领导和支持村委会行使职权的责任，而村委会则是农村基层群众性自治组织，负责办理本村的公共事务和公益事务，调解民间纠纷，协助维护社会治安，向人民政府反映村民的意见、要求和提出建议，如：发展各种形式的合作经济和其他经济，促进农村生产建设和经济发展，保护和改善生态环境；管理本村农民集体所有的土地和其他财产；保障集体经济组织和村民、承包经营户、联户或者合伙的合法财产权和其他合法权益；宣传政策和法规、教育村民、维护村民的合法权益、促进男女平等、做好计划生育工作、开展精神文明建设活动；支持服务性、公益性、互助性社会组织依法开展活动，推动农村社区建设等。2010年新修订的《中华人民共和国村民委员会组织法》弱化了村委会的政务责任，规定人民政府对村委会的工作给予指导、支持和帮助，但不得干预依法属于村民自治范围内的事项；村委会要为人民政府开展工作提供必要条件，如果人民政府委托村委会协助政府开展工作，政府委托部门需要承担经费。这一规定剥离了村委会的繁杂政务，其职能已与城市居委会职能基本相近。

既然村委会不再拥有行政职能，政府就有必要在农村基层设立相应机构以承办政府下沉到农村基层的公共服务。对此，各地都选择在乡镇和行政村之间，或直接在行政村设立服务中心、服务站来办理政务。尽管政府服务机构名称不同，江苏为"社区管理服务站"，浙江舟山为"社区管理委员会"，宁波为"社区服务中心"，但都是办理政府公共服务的居村机构。就现状看，凡是社区建制的农村管理机构，普遍设有党组织（支部、党委）、居委会、社区服务中心或服务站，即社区"三驾马车"，这是比较合理的。江苏在农村社区的机构设置方面增加了综合治理办，但比较发现，综合治理办的职能与其他机构职能有部分重叠、交叉，因此，不一定非要在每一个社区机构中都设置综合治理办。

根据城乡社会管理一体化发展需要和《中华人民共和国城市居委会组织法》的相关规定,社区居委会没有发展经济、促进生产和组织农民经济合作方面的职能,村改社区或新型农村社区的居委会也没必要保留村委会的发展经济和生产职能,至于社区内的经济和生产活动,可设立一个专门机构。这个机构可以叫作经济合作委员会,以协助政府部门管理社区的土地股份合作社、社区股份合作社和富民股份合作社,以及其他类型的经济合作组织和技术协会等。经济合作委员或是社区场域中的企业或公司,或是社区内的经济合作性质的群众组织,但肯定不是行政管理机构,只能按照市场规则运行;社区中部分成员因与其存在产权关系,可转化为经济合作组织的成员或企业股东;社会经济合作委员会与居委会等社区其他机构并列,要接受社区或乡镇党组织领导,接受居委会对其的监督,以保证社区集体资产保值、增值。

3. 促进农村社区居民市民化或职业化

传统农村社会一直将农民视为小农——居住分散、孤立,具有封闭、自私、狭隘等特性,并且以农业劳动为主业,重土惧迁。有学者指出,中国农村社会已时过境迁,传统的小农已经转变为"社会化小农",即"社会化程度比较高但经营规模较小"。[①] 这种将现阶段的农民视为"社会化小农"的观点是不准确的,因为处于工业化和后工业化阶段中的中国农民,除了具有社会化特性,还拥有市场化、工业化、非农化、城市化等特性;再者,这一观点仍是在城乡二元分化结构下静态审视农民身份的变化,没有注意到积淀在农民身上越来越多的流动性、兼职性、非农性,更没有将正在发生变化的农民放到城乡一体化视阈下推演其未来走向。

农村基层社会管理要引导农民身份转化。随着新型城镇化发展和城乡一体化推进,越来越多的农民褪去了小农外衣,其中一部分如农民工、城郊失地农民将最终完成市民化,成为真正的城市居民;而那些仍居住在农村,包

---

① 徐勇、邓大才:《社会化小农:解释当今农户的一种视角》,《学术月刊》2006年第7期。

括居住在农村城镇社区、集中社区的农民和村落社区的分散农民,或将因城郊社区、集中社区的城镇化程度提高而转变为居村市民,或将因农业规模化、产业化发展而变成农场主或职业农民。农村基层社会管理要推进城郊失地农民和农民工及其家属成员的身份转变,使其尽快成为真正的市民。但毫无疑问,在农民身份转变问题上,农村基层社会管理重点不是如何让更多的人离开农村、成为城市居民,而是要搞好农村城镇社区、农民集中社区和村落社区建设,为居住在农村社区的居民提供与城市居民均等化的公共服务和社会管理,努力使他们过上与城市居民一样的生活,进而促使居住、生活在城郊社区和集中社区中农民成为居村市民,并使居住、生活在村落社区中的农民成为市民化农民,即农场主或职业农民。[1]

具体地说,农村基层社会管理对农村社区建设有不同的要求。农村城镇和农民集中社区的基础设施、公共服务、社会管理与城市社区接近或相当,并且居住在这类社区的农民职业已基本"脱农",生活方式也基本市民化,社区建设的使命之一就是要努力使他们"享有城市的一切物质条件和舒适",[2] 转化他们为居村市民。这应该是农村基层社会管理在社区建设方面的工作重点,因为这类社区将成为农村居民最集中的居住地,也是部分城市人转移到农村社区居住的理想住所;这类地区,尤其是县城镇、农村重点镇将成为未来城市空间拓展的重要选择区域,如果产业、居民、公共服务等发展、集中达到一定程度,它们有可能成为新的城市或卫星城。在社区建设方面,农村基层社会管理的难点是村落社区建设和市民化农民培育。为此,一要对分散、凌乱、位置偏、经济落后或已经陷于空心化的村落社区进行适度集中整治,改善其居住环境和生活条件;二要在土地管理方面,大力推进土地流转,鼓励种田大户或企业到农村经营农业生产;三要化解农业生产的老人化、妇女化问题以及由此带来的无人种田隐患,大力培育有知识、懂管理、会经营的职业农民、新型农民,即市民化

---

[1] 吴业苗:《小农的终结与居村市民的建构——城乡一体化框架下农民的一般进路》,《社会科学》2011年第7期。
[2] 〔法〕孟德拉斯:《农民的终结》,李培林译,社会科学文献出版社,2005,第276页。

农民；四要废除职业农民的农民社会身份。尽管他们仍从事着农业劳动，但他们是市民化农民——与农场主与企业主一样，可以雇用劳动力赚取农业生产利润；职业农民与产业工人一样，可以选择为农业企业或农场主打工，也可以自由流动，选择自己喜爱的职业。总之，不管他们从事何种职业，选择何种生活方式，但他们的社会地位与市民一样，拥有与市民同等的公民权利，能享受与市民均等的公共服务。

第七章
文化服务与农村和谐社会建设

传统伦理文化蕴含丰富的和谐思想，具有构建和谐社会的内在诉求和理论机制，可以用其为农村和谐社会建设服务。L县中华文化教育中心秉承传统圣贤的教诲，一方面开展一系列的传统伦理文化教学活动，以提高农村居民的道德水平和人文素质，另一方面组织丰富多彩的公益活动，参与地方政府的和谐示范镇建设。中心的活动经验表明，传统中华伦理文化对农村和谐社会建设具有较大的支持功能。本章以民间文化组织利用儒学、佛学伦理在L县开展传统伦理教育和从事"和谐示范区"建设的活动为例，揭示传统伦理在农村文化建设中的教育价值。

第一节 传统伦理文化关怀与农村建设的文化再造

农村和谐社会建设的价值维度是相对它的理性维度而言的，关注的侧重点不是经济建设，不是人们物质生活水平的提高，而是农村和谐社会建设中主体超越方面的文化价值，尤其是与文化建设相关的道德教育和伦理关怀。农村和谐社会建设是包含经济、政治、文化、生态等诸多方面的复杂系统工程，建设难度大、周期长，而道德教育和伦理关怀属于农村和谐社会建设的文化层面，其整合功能更多地体现在文化价值意义方面，不受主体、地域、发展程度等的限制，操作起来相对容易。道德、伦理方面的文化建设是农村和谐社会建设的深层次内容，因为农村文化整合搞好了，既可以辅助和促进农村经济、政治、生态方面的建设，又可以在一定程度上消解农村社会物质方面建设的不足与人们需求增长之间的矛盾，具有普

第七章　文化服务与农村和谐社会建设

遍的政治社会意义。① 可是，当前的农村道德教育和伦理关怀类文化建设却不尽如人意，不仅与农村和谐社会建设的整体水平存在一定"滞差"②，而且农村本土伦理文化在市场经济冲击下已支离破碎，很难担负起农村和谐社会建设的文化—价值—人的进步方面整合的重任，因此必须再造文化，即再造一个能有效支持农村和谐社会建设的、具有人本精神和伦理关怀的文化。L 县中华文化教育中心③（本部分简称中心）从和谐社会建设的价值维度再造农村伦理文化——通过开展系列的传统伦理文化教育活动，用儒学、佛学伦理文化形塑农村居民良好道德品质，并以此来协助地方政府建设和谐示范镇。

一　农村和谐社会建设的价值维度与伦理关怀

社会互构论中的和谐社会，是指社会主体间行动关联及其模式化结构的最佳状态④。最佳状态社会，就是帕累托最优意义上的理想社会，即和谐社会中各个主体利益都达到最大化，任何一个主体利益最大化都不以损害其他主体利益为代价。无论社会制度机制如何调整或完善，物质层面上的社会最佳状态都是不存在的，而且也没有办法实现。不过，由于社会运行价值层面与人的意识、感觉等主观体验联系在一起，相对性强，只要意识灌输、宣传动员工作的配置跟上社会价值需求，就完全可以让人们在设置好的语境里获得共识，认同一个社会为"最佳状态"⑤。结构功能主义认为，在整个社会

---

① 一个物质不很富裕的社会，完全可以通过道德教育和伦理关怀来实现和谐。如用现代人的经济眼光看，陶渊明笔下的桃花源很落后，但它却是历朝历代人羡慕的既稳定又"怡然自乐"的和谐社会。
② 这里的"滞差"即为美国学者 W. F. 奥格本在 1922 年出版的《社会变革》一书中说的"文化滞差"，指精神文化或适应文化的变迁严重滞后于物质文化的变迁。
③ 坐落于 L 县 T 镇的中华文化教育中心，是一所得到教育主管部门行政认可的民办非营利性社会教育单位。中心主要从事中华优秀传统伦理文化教育工作，所有活动都是公益性的。
④ 郑杭生：《社会和谐与公共性》，《中国特色社会主义研究》2005 年第 1 期。
⑤ 其实，和谐社会的有效整合机制是制度整合和价值整合的统一。如果制度整合缺失，那价值整合将成为"无根的漂萍"，无法落到实处；如果没有价值整合，则制度整合就是缺乏依据和合法性，得不到人们认同的虚置的形式［参见曾正滋《寻找和谐社会的社会整合机制》，《内蒙古社会科学》（汉文版）2005 年第 4 期］。但相比较而言，价值整合是社会整合机制的核心，如果它的教育、动员潜能大，完全可以让人们进入理想状态，哪怕这个社会充满问题。

和文化结构之下,存在绝大多数成员同意和肯定的目标和原则,它不仅是社会整合的最深刻和最重要的来源,也是社会文化系统中最稳定的因素[①]。也就是说,如果社会价值整合能使社会中大多数人认同这个社会的基本价值观念和规范体系,并把它当作行为的指导原则,那么这个社会就有可能是社会发展价值维度中的最佳状态。因此,从社会发展价值维度探讨农村和谐社会建设具有可行性。

农村和谐社会建设的价值维度,首先要关注以人为本的社会发展路径。农村社会发展方式的转变,体现在社会发展价值维度上的人本关怀。何中华将社会发展分为"理性维度和价值维度",[②] 认为早期社会发展理论只重视经济增长速度、工业化程度等物化指标,偏重人对环境改造所取得的成果,而忽视了人本身;社会发展应转变其传统理念,坚持以人为本的发展理念,重视价值维度,关爱人的发展。相对何中华的看法,刘新刚对社会发展价值维度中人本价值的认识更深刻。他在一篇文章中先批判了以经济增长为核心的社会发展范式,继而较全面地分析西方弗朗索瓦·佩鲁的价值本位发展范式、阿马蒂亚·森的自由本位发展范式和保罗·谢弗的文化本位发展范式的主要观点,最后指出经济增长和文化—价值—人的进步是社会发展的两翼,经济发展是社会发展的理性维度,而文化—价值—人的进步是社会发展的价值维度;社会发展范式的转换,就是要坚持以人为本,更加关注文化—价值—人的进步;文化的核心是价值观念,价值研究的中心问题是关于人的提升和自我超越的问题;文化价值的进步才是社会发展的终极目标;社会发展的核心应该关注人、人的价值。[③] 可见,社会发展价值维度强调的是社会建设中以人为本的文化层面,只要文化建设充满人文关怀,关注人的个体和整体价值,营造一个对个体关爱、尊重的社会环境,就能使个体充分感觉到整

---

① Van den Berghe, "Dialectic and Functionalism: Toward a Theoretical Synthesis", *American Sociological Review* (28) 1963: 695 – 705.
② 何中华:《当代发展观的演变及难题》,《文史哲》1977 年第 2 期。
③ 刘新刚:《中国社会发展范式的转换:普遍性与特殊性》,《北京师范大学学报》(社会科学版) 2007 年第 6 期。

个社会的人都关心他、爱护他、尊重他,感受到社会的温暖、世间的美好,从而激活个体内在的精神动力,改善个体对社会的态度,进而促进个体自身的和谐和发展、社会和谐和可持续发展。

其次,社会发展价值维度要注意塑造社会成员共同认可的价值信念。计划经济中集体主义是核心价值信念,由此形成的以意识形态为核心的政治整合机制,具有极强的控制效应。但今天的社会日趋多元化,经济成分、利益主体、组织形式、分配方式、价值取向等都被市场力量解构、分化,原有统一的、集中的、单一的价值观念日渐式微,个人主义的价值理念开始被更多的人所接受,追求个人权利、个性等价值理念得到了社会的普遍认同。受此影响,新的利益群体在对待社会事物时,会产生一套自己的逻辑系统与价值理念,以及与之相适应的亚群体的规范文化。① 多元化价值理念是社会发展的进步现象,它使社会发展充满活力和生机。但是,如果一个社会始终处于多元亚文化的价值理念零碎化状态,没有一个认同的价值信念,就不能将社会的多元力量凝聚起来,造成社会分化、社会不和谐。② 价值意识的同一性是维系、整合一个社会的精神纽带,如果一个社会的基本价值观念、基本规范体系,能够得到社会中大多数人认同并成为行为的指导原则,那么这个社会的整合程度就高。唯有整合程度高的社会,人们才有协调一致的行动。这就是说,只要存在一种能够统摄社会成员的共同价值信念、信仰,人们的行动就能够产生共同的方向,一个社会就会保持相对稳定的基本活动模式与社会秩序。如果农村文化建设能帮助人们形成共同的价值信念和道德意识,农村居民的社会行动就能被聚拢起来,并积极主动地参与农村和谐社会建设。

再次,社会发展价值维度要重视伦理关怀。农村和谐建设价值维度中的文化—价值—人的进步,离不开伦理关怀。伦理关怀对农村和谐社会建设至关重要有以下四个方面的因素。第一,伦理关怀是人基本精神性需要,只要

---

① 朱力:《我国社会整合机制的转换——兼论"和谐社会"的理念》,《学海》2005年第1期。
② 张秀兰、徐月宾:《和谐社会与政府责任》,《中国特色社会主义研究》2005年第1期。

运用恰当,它就能为农村和谐社会建设提供一种成本最小,却对人产生深刻、深远影响的精神支持。第二,伦理关怀可以有效地解决农村人的伦理缺失问题,调节他们的伦理生态,能弥补物质援助、政策扶持和法律保障手段的不足,有助于从根本上改变农村居民的弱势现状,维护农村社会稳定,实现农村社会的和谐发展。第三,伦理关怀不仅能消解人们心理上的自卑、仇恨、急躁、悲观失望,以及其他一些不稳定情绪,同时也是一种创造性活动,能够对制度化运行的结果产生"应然性"补充效用,引导人们正确看待社会发展存在的各种问题,树立正确的价值观、人生观。第四,伦理关怀可以让人们"感受到心灵的关怀、情感的抚慰、社会的温暖,提高他们化解社会压力和改善精神状态的能力,激发他们内在的精神动力,激起他们生活的信心和勇气,指导他们的行动,并通过自身的努力改变其自身的伦理状态"[①]。总的来说,伦理关怀能促进个体和谐发展,进而推动群体间的和谐发展,最终有助于改善整个社会的伦理环境,促进社会和谐持续发展。

二 农村文化建设的不足与再造需要

农村和谐社会建设的"核心是加强农村文化建设"[②]。之所以说文化建设是核心,主要出于以下三个方面考虑。其一,文化建设可以弥补农村正式制度安排的不足——在正式制度安排交易成本过高的领域内替代正式制度安排,文化建设能起到规范人们行为、减少不确定性、降低交易成本、辅助正式制度有效运行的作用。[③] 其二,作为人类生活内在价值尺度、一种表达人性伦理道德方面的文化建设,对和谐社会建设的伦理基础巩固和社会主体能

[①] 吴成钢:《困难群体伦理生态与伦理关怀研究——以珠江三角洲地区为例》,广东人民出版社,2007,第99页。
[②] 徐平:《社会主义新农村的文化建设》,《科学社会主义》2006年第1期。
[③] 殷陆君批评人们普遍认为制度变革是使农村走出困境的"不二法门"的观点,认为包括文化建设在内的非制度建设对社会和谐更有用。他说:"完善的现代制度以及伴随而来的指导大纲、管理守则本身是一些空的躯壳,如果一个国家的人民缺乏一种能赋予这些制度以真实生命力的广泛的现代心理基础,如果执行和运用着这些现代制度的人,自身还没有从心理、思想、态度和行为方式上都经历一个向现代的转变,失败和畸形是不可避免的。"参见殷陆君《人的现代化》,四川人民出版社,1985,第4页。

第七章　文化服务与农村和谐社会建设

动性发挥具有重要意义,它是实现社会和谐不可或缺的重要维度和必要条件。[①] 其三,一个经济发展而文化落后的农村社会,肯定是一个畸形的、不健全的、不和谐的社会。[②] 文化建设在农村和谐社会建设中始终处于核心位置,应该走在经济建设的前面。

然而,大多数农村在和谐社会建设中没有重视文化建设,更谈不上把它放在核心位置上。一些地方往往把文化建设简单化为组织群众的文化娱乐活动,如开展秧歌、花鼓、玩灯类活动。毫无疑问,组织娱乐活动肯定是农村和谐社会建设中的文化行为,它可以丰富农民的日常文化生活,也可以在一定程度上陶冶农民情操。但此类活动参与人数非常有限,总不能动员所有的村民都来唱歌、跳舞,更何况这类活动多数仍局限于"玩",对提高多数农民文化素质和道德素质的作用微乎其微。农村文化建设最需要的是提高农民的精神素质和道德品质,而这必须求助于伦理文化教育与普及。某种意义上说,伦理文化是农村文化建设的基础——农村文化中农民的文化觉醒意识、文化理念、文化鉴赏水平等都取决于农民文化伦理素质。只有农民伦理素质高了,农民文化素质才能整体提高,并能有效遏制一些媚俗、落后文化在农村滋长蔓延。

农村伦理文化建设能塑造乡村正确的文化观念。乡村文化观念一方面是农村居民进行和谐社会建设的行动产物,但另一方面,它又是人们进一步行动的制约因素。健康的文化观念将有助于农村和谐社会建设,表现在以下三个方面。一是它参与农业各个过程的循环,影响农业的各个方面,表现出衍生性和渗透性,成为新农村建设活动的背景因素。[③] 二是乡村文化观念是乡村文化积淀几千年来反复思索而成,是乡村环境中文化的灵魂[④],对今天人们思考、解决问题仍有指导意义。三是乡村文化观念已经

---

① 道德伦理作为一种理念,是人类在历经沧桑和剧痛后的内在渴求,是通过理解、反思人性而达成的一致,是构建和谐社会不可缺少的基础。
② 文化作为一种软力量,是一种思想化合剂。文化不和谐的社会,谈不上是和谐社会。
③ 余方镇:《新农村面临的文化困惑与建设策略》,《江西社会科学》2006年第4期。
④ 葛兆光:《七世纪前中国的知识、思想与信仰世界》,复旦大学出版社,1998,第12~15页。

成为人们心理结构的主要成分，千百年来对整个社会的思想情感、行为活动一直起着制约作用，并由有意识进入无意识，形成思维方式、价值取向，以至于影响人们情感和行为。

但是，目前农村社会成员的文化观念存在不少问题，如没有精神寄托的农民，处处表现出彷徨、无奈与自卑，精神贫乏，只能靠打麻将等来消磨时光、寻求刺激；村民尤其农村青少年，对生养他们的乡村没有老一辈那份深厚情感，他们不再是文化意义上的"村民"；候鸟式的打工农民因城市化、市民化程度不够，他们的农民习性还没有完全褪尽，难以成为文化意义上的"市民"。今天不少农村居民成了一种在文化精神上无根的"存在物"，"物质富裕了，精神却空虚了"[1]。

更突出的是，农村伦理文化建设与农村社会发展存在不协调、不匹配的情况。有些农民思想观念保守、消极，生活质量低下；有些农村陈旧的文化因子滋生，农民文化生活贫乏、单调；有些农村封建迷信活动泛滥，聚众赌博等陋习普遍存在；有些农村道德失范、诚信缺失、欺骗欺诈、损害消费者利益的现象屡禁不止，是非、善恶、美丑界限混淆；有些农村不良的家族文化重新抬头，草台班子、色情表演等充斥农村文化市场。[2] 所有这些现象，不仅严重影响乡风文明和新农村建设，而且也成为农村和谐社会建设的不稳定因素。解决这些矛盾和问题，维护农村的安定与和谐，既要靠政策、靠发展，更需要加强农村伦理文化建设。

农村伦理文化教育是农村建设工作中的薄弱环节，与社会主义新农村建设的目标要求相距甚远，明显不能满足农村经济和社会发展的需要。陈文胜等人研究指出，各种低俗和消极文化"乘虚而入，侵蚀农村优秀的传统文化，使大量民歌无法得到传承，传统节目也在渐渐消亡，农村文化处于边缘化的境地"[3]；一些低俗文化演出团体活跃在农村，侵蚀了农村纯洁

---

[1] 廖清成：《农村公共品供给优先序问题研究》，《江西社会科学》2004 年第 12 期。
[2] 吉炳轩：《加强农村精神文明建设 倡导健康文明新风尚》，《求是》2006 年第 8 期。
[3] 陈文胜、陆福兴：《新农村文化建设的战略思考》，《中国发展观察》2006 年第 12 期。

朴素的文化,更可怕的是农民无选择地接受了这种"文化"。[1]转型期农村文化状况与发展着实堪忧。不仅如此,更让人焦虑的是,农村社会建设者,包括一些基层干部对此却无计可施,正如叶含勇、廖君二人在一篇文章中指出的,"乡级政府对农村文化建设普遍感到茫然无措"[2]。

针对农村文化建设中的尴尬境地,政府开展了送文化下乡活动,想借此来挽救农村文化建设的被动局面。然而政府"送"文化,只是一种"喂食"式服务,不能表达农民的文化意愿,也难以经常性地满足农村群众多方面的文化需求,更做不到输入文化与优秀的农村本土文化对接和融洽。政府"送"文化"难以在农村社会这块沃土中生根、发育、开花、结果,是一种'无根'的文化形式"。[3] 一旦国家力量从农村社会撤出,这种根系不够发达的"官办文化",就极容易凋谢。此外,农村本土伦理文化,即农村原生态伦理文化[4]的价值体系和社区记忆体系在各种现代性,甚至后现代性文化的冲击下,整合能力越来越弱,正面临着巨大的现代风险和传承危机,其生存空间日益萎缩,很难支持农村和谐社会建设。

农民文化需求是极其复杂和多种多样的,而且也是经常变化的,不论应用什么方法推测文化需求结构以及需求变化,都是不可靠的。[5] 既然农村"官办文化"和农村本土文化不可能满足农民文化需求,那么就需要再造一种文化以弥补文化需求的不足。

文化再造,即文化资源再生,就是通过对筛选、研究、挖掘传统、民间等文化资源,并概括、提炼出最具文化内涵价值或形象价值的元素,然后根据现代人的审美和消费心理进行转换与重构,开发出超越传统概念的现代文化产品和服务。文化再造的理念是延续传统又继往开来,主动变革、超越,

---

[1] 陈仁铭:《略论当前农村文化主要矛盾》,《社会主义研究》2007年第2期。
[2] 叶含勇、廖君:《农村文化现状调查》,《半月谈》2006年第17期。
[3] 吴理财:《农村公共文化日渐式微》,《人民论坛》2006年第14期。
[4] 徐晓军、张必春:《论农村原生态文化的现代风险与传承危机》,《毛泽东邓小平理论研究》2007年第10期。
[5] 殷杰等:《城镇化进程中失地农民问题的调查与思考——以江苏发达地区为例》,《苏州大学学报》(哲学社会科学版)2005年第3期。

为传统文化注入时代精神。① 农村和谐社会建设中的伦理关怀方面的文化再造，不是套用农村原生态文化，不是简单搬用西方文化，不是机械地使用城市文化来改造农村和农民，也"不是斩绝中华传统的反古运动"和"中国文化的死亡"，② 而是要用传统的中华优秀伦理文化来教育、开启、规范农民的日常行动，以推进农村和谐社会建设。

因此，文化再造要根据文化的"传统"特点和"现代"社会要求的张力来进行。学习、借鉴传统文化，必须找准传统和现实的审美契合点，尊重历史传统，尊重广大农民的欣赏习惯，同时也需要考虑现代社会发展的要求。因此，对待传统文化，我们应当遵循历史发展规律，对没有生命力的、即将消亡的文化，任其消亡；对有生命力的，加以保护和弘扬；对有些腐朽落后的文化，则要坚决取缔，促使其消亡。③ 换句话说，再造文化就是传统文化世俗化过程④。传统文化经过改造和世俗化后，支持农村和谐建设的文化就不再是一种生物遗传复合体，而是多种文化选择与交融的结晶，也就是罗伯特·路威指称的从四面八方东拼西凑完成的一件百衲衣。⑤

三　文化再造实践：传统伦理文化教育的魅力

官办文化在农村缺乏种植土壤，农村本土文化却又流失严重，它们与农村和谐社会建设的实际文化需求存在断裂，必须再造一种能体现出对农村社会成员有足够伦理关怀的新型文化。依据文化再造概念分析，农村文化基础

---

① 郭帆：《中国新农村建设的创新理论与实践——辛秋水"新乡村建设—传统文化与现代文明对接"研究课题的启示》，《福建论坛：人文社会科学版》2006年第5期。
② 金耀基：《从传统到现代化》，中国人民大学出版社，1999，第160～161页。
③ 范松仁：《新农村建设中农村文化生长机制的结构分析》，《农业考古》2007年第6期。
④ "世俗化是传统的迷信、保守、被动、愚昧走向理智、效能、开放、创新的过程，农村社会文化的世俗化就是农民形成理智型态度，促使农民个性现代化的过程。"参见朱新山、程利民《略论当代中国农村社会的发展——农村社会体系结构分化和社会文化世俗化分析》，《社会科学研究》1987年第1期。
⑤ 张永理：《全球化语境中的儒学困境及其未来》，《南京师大学报》（社会科学版）2002年第3期。

设施建设、文化娱乐活动等,都只是对农村现有文化资源的利用,没有开发出新的文化资源,称不上是文化再造。文化再造主要是针对农村和谐社会建设中文化资源供给不足而进行的创造性活动,即通过创造性工作,再生出可供农村和谐社会建设所需的新文化资源;文化再造是一份注重实效的工作,凭空想象或胡编乱造,都不能生成有实际意义的文化。我国是一个文化历史悠久、文化资源丰富的国家,文化再造最好能在此基础进行。因为"任何一个现代的新思想如果与过去的文化完全没有关系,便有如无源之水、无本之木,绝不能源远流长,根深蒂固"①。L县中华文化教育中心围绕中华传统优秀伦理文化从事文化再造工作,他们把儒学、佛学②的"仁""和""礼""仪""孝""慈""善"等文化精髓搬到和谐社会建设中,教导人们弃恶从善、和谐共处。中心把老祖宗的文化搬到现实社会,好像不具备再造的一般要件,但笔者认为,他们是在创造文化。一是农村本土文化中的伦理规范多是关于本地的风俗、习惯、仪式、礼仪方面的,纵然历史积淀深厚,但相对流动的乡村社会而言,实际价值越来越孱弱,而中心根据农村和谐社会建设文化需要,创造性地改造儒学、佛学优秀伦理文化,并充分考虑到现代人的心理结构、人的品格与观念的变化③;二是如果没有中心员工的勤勉工作,传统的儒学、佛学伦理很难在农村和谐社会建设占有一席之地,更不要说把它们演变为农村居民为人处世的主要价值理念。所以说,中心的文化教育工作当属文化再造性质。

---

① 贺麟:《文化与人生》,商务印书馆,1988,第4页。
② 有学者指出,"儒学淑世论"是谬论,如许倬云说道:"为什么在我父辈那个人人会背儒家经典的时代,儒家文明并没有造成它新的经济行为?而在今天儒家文明式微之时,反而说是儒家文明造成今日经济行为的不一样呢?"(参见许倬云《中国文化与世界文化》,贵州人民出版社,1991,第15页)。但不管怎么说,儒学文化是中华民族传统文化的主体,是人类文化的基因库之一,也是创造人类新文化的母体之一。它对人们的观念、习俗乃至审美趣味、价值取向、思维方式、信仰模式起着某些固定的程式化作用,它作为大传统的"雅文化"在人们的思想中培植出一种潜意识和一种思维定式〔参见张永理《全球化语境中的儒学困境及其未来》,《南京师大学报》(社会科学版)2002年第3期〕。
③ 张永理:《全球化语境中的儒学困境及其未来》,《南京师大学报》(社会科学版)2002年第3期。

中华伦理文化源远流长、博大精深，其伦理规范对今天人们行为仍有较大影响，只要经过一定的筛选、加工和必要的改造——文化再造，就完全可以为农村和谐社会建设服务。东亚一些国家的成功经验就是很好的佐证。李光耀先生曾在1994年10月25日纪念孔子诞辰2545周年暨国际儒学讨论会上说："我相信，一个社会如果能够保留它（中华文化——作者注）的核心价值观，特别是具体概括在五伦（父子有亲、君臣有义、夫妇有别、长幼有序、朋友有信）内的价值观，将能促进家人与家人之间、家庭与家庭之间，以及家庭与政府之间良好有序的关系。这些关系的基本含义和重要性，并没有随着时代而改变。工业化和科技发展，并没有使它们与时代脱节。"[1] 看到中华传统伦理文化的现代价值的不止李光耀一人。2004年，由全国人大常委会副委员长、北京师范大学教授许嘉璐，原文化部部长、著名作家王蒙，北京大学原副校长、著名学者季羡林，诺贝尔物理学奖获得者杨振宁等牵头，80余位学者参与，发表了一份《甲申文化宣言》，呼吁振兴中国文化。他们在《甲申文化宣言》中说，中华文化乃是"全体中国人和海外华人的精神家园、情感纽带和身份认同"，"中华文化注重人格、注重伦理、注重利他、注重和谐的东方品格和释放着和平气息的人文精神"，对于"消解个人至上、物欲至上、恶性竞争、掠夺性开发及种种令人忧虑的现象，对于追求人类的安宁与幸福，必将提供重要的思想启示"。[2] 既然传统中华文化，尤其是儒学文化包含丰富的伦理关怀因子，那么农村文化再造就应该把农村实际需要和传统文化资源结合起来进行。L县中华文化教育中心在L县T镇进行的传统文化教育与建设和谐示范镇活动，即是一种文化再造活动的成功试验。

L县中华文化教育中心是一位佛学大师引海外资金兴建的，专门用来宣传中国传统伦理文化和进行和谐示范区建设试验。该中心于2004年底动工建设。2005年11月开始，中心老师每周两次奔赴全镇的13个行政村传授《弟子规》和传统礼仪。2006年12月，中心开班集中宣讲《弟子规》《孝

---

[1] 中国孔子基金会编《儒学与二十一世纪》，华夏出版社，1996，第9~10页。
[2] 邓伟志、胡申生：《和谐文化导论》，上海大学出版社，2007，第56页。

经》等传统伦理文化。中心的圣贤教育目标很简单,就是要让小镇的每一家、每一户的每一个成员都能学习"孝悌忠信,礼义廉耻,仁爱和平"的传统伦理文化。中心老师讲课没有场地限制,会堂、教室、街道河畔的树林(绿色课堂)、街头巷尾、田间地头,都是他们传授传统伦理文化的场所。他们讲课也没有人数要求,多则几百人,少则一个人,只要是计划中,他们就一丝不苟地进行。春节期间,当外地打工的农民工回到家乡时,他们就增加下乡讲课次数,力求让更多打工者感受传统伦理文化。不仅如此,中心老师秉承"学为人师,行为世范""正人先正己""身教胜于言教"的古训,把宣传落实在实际行动中,每天总有一部分老师和各地来中心的志愿者,穿着印有"和谐社会、礼仪之邦"的红马夹在街上捡垃圾、打扫卫生,以实际行动号召当地群众参与和谐示范镇建设。

L县中华文化教育中心的文化再造活动,虽然在短期内已取得了广泛的社会效应,深得L县干部、群众的好评与支持,但既然是文化再造,一些棘手问题还是要处理的,如儒学、佛学一些伦理文化晦涩难懂,没有文化底蕴的村民能领悟其中的文化要义吗;改革开放后,人们思想意识充分市场化了,他们还能"克己复礼"吗;传统文化对人们道德行为要求严格,今天用它来规约人们的行为,是否限制了人们的创造力,冲抵了农民致富欲望和进取心;等等。如果文化再造不能解决这类问题,那它的社会效果就令人质疑。为此,L县中华文化教育中心在文化再造过程中特别注意这些方面。

1. 活学活用传统伦理信条

传统伦理经典浩如烟海,不可能让今天的人们学习并接受其所有的内容,退一步说,如不加选择地照搬照套,那就不是再造。中心据此对传统伦理文化做了简化处理,只选择《弟子规》《三字经》《孝经》《八德故事》等与农村人日常生活密切相关的文化作为平时讲学的内容,尤其把仅有1080个汉字的儿童启蒙读物《弟子规》当作主要教材,向镇民、村民宣传孝、悌、忠、信、礼、义、廉、耻。对讲课内容的选择仅是中心文化再造的前提条件,更重要的是,为了让文化创造工作"有用""管用",他们在"活"、"做"和"乐"方面下功夫。首先是"活"。"活"是指中心老师在向人们传授传统文化时用大量鲜活的事例透析传统伦理文化深刻寓意，不教条、不抽象，擅长临场发挥。如中心蔡老师在一次上课时遇到学员因手机响外出接电话的事情，他问学员这件事应该用《弟子规》哪一句明训。学员答："是'见人恶，即内省，有则改，无加警'。"而这位老师却否定学员回答，说："大家是否想到'见未真，勿轻言，知未的，勿轻传'。你不知道那个手机究竟为什么响，也许是他的手机没有振动功能，也许是他有非常紧急的事情。在没有了解具体情况之前，怎么能轻言人家是'恶'呢？"其次是"做"。"做"是指中心教学内容不多，但关键在于"做"。中心一位李老师说："我们的要求是'学一句做一句'——圣贤人的教诲不是拿来背诵和说的，不是用来解读或讨论、研究的，也不是为了丰富知识与文学历史修养，而是要落实在自己的生活和工作当中，变成自己的行为规范，内化成自己的德行。"再次是"乐"。伦理的传授可能枯燥无味，但中心谨记"移风易俗，莫善于乐"①，努力使伦理教育"乐"起来。他们把伦理知识的灌输与组织老年舞蹈团、合唱团，与孩子们音乐课、书法课结合起来进行，如孩子们篆刻的内容都与儒学、佛学伦理有关。②

2. 以践行为伦理文化再造的重点

中心意识到，讲课对村民的感化作用非常有限，为使他们自觉孝敬父母、尊师重道、敬老爱幼、邻里相让、诚信互助，也为使当地老百姓成为"父慈子孝、领导仁德、下属忠诚、夫妇恩爱、兄弟和睦、朋友有信"的好公民，并真正把 L 县建成"路不拾遗、夜不闭户"、礼义和谐的"中华传统美德示范区"，中心力求在具体活动中进行文化再造。中心开展的伦理教育活动多种多样。一是开展幸福人生、荣辱观与和谐社会、荣辱观与传统文化、伦理道德与社会安全等和谐社会教育讲座活动。二是每周一早晨固定举行升国旗仪式，并对参加者进行爱国教育、德育教育。三是中心鼓励村民将德行教诲落实于生活当中，倡导"和谐社会，从我做起，从我家做起，从我镇做起，从我县做起"，开展多项和谐示范镇建设活动，如

---

① 《荀子·乐论》。
② 学生篆刻的内容一般为"诚敬仁""仁慈""互助合作""常乐我净""量大福大""少欲知足""反求诸己""吃亏是福""上善若水""行有恒"等。

组织表彰各行各业的优秀代表活动，以期树立优良的乡镇民风；开展敬老尊贤迎春茶话会，向 70 岁以上的老人致赠敬老金；年终孝亲祭祖——宣讲"慎终追远，民德归厚"的道理；开展重阳节敬老爱老活动；结合相关节日表彰好媳妇、好婆婆、好母亲、劳动模范、模范青年、好儿童、好爸爸、孝子、孝女等道德文化活动。系列伦理教育活动的开展，使中心的文化再造转变为和谐社会建设的实际行动。四是中心老师下乡讲课，常在乡亲们去干活的路口等待，看到他们首先鞠下九十度的躬，随后送上热腾腾的包子、糖果、点心，最后才说："您好，今天晚上在某某家座谈，您如有时间就来听听？"当下乡讲课遇到村民在干活，他们就主动、热情地帮忙，干完活后再讲课。中心的伦理教育局面就是在中心员工的实际践行中慢慢打开的。

3. 营造和谐的社会环境

伦理文化再造需要有一个相对和谐的环境，没有祥和、融洽的环境势必会影响再造文化的功能发挥。经中心精心打造，中心所在地的 T 镇被外界誉为"桃花源"，非常有利于开展文化活动。整个 T 镇是一座伦理文化教育的学校：老师们定期下乡讲课，不少农户家就是伦理教学的课堂；"中心"对面的"镇民学校"，每天义务为全体镇民和参访者开设传统文化与当代荣辱观、伦理道德与企业管理、技能培训与健康饮食等讲座；"中心"怕镇民嫌教室学习太拘束，在附近河边的绿树林间开办"绿色课堂"，老师或亲自讲演，或架起"电视墙"放录像，让人们在闲暇"气氛"下学习伦理文化。中心教职员工以鞠躬、微笑向人们传递亲情般的温暖和发自内心的真诚与友善，对人对事无不体现着恭敬谦和与悉心关怀。中心用真情感召人们信赖传统伦理文化。中心老师以"圣人"标准要求自己，心甘情愿地做普通人不理解的事，如他们自觉为传播传统中华文化和建设和谐社会奉献一切，甚至把这个镇的老人都看作自己的父母、所有小孩都看作自己的儿女。中心学员不仅把经典倒背如流，更把古时的圣贤教诲化入自己的日常行为。这一点在女员工身上体现得尤为明显。她们不染发、不披发、不穿无领无袖的衣服，也不穿高跟鞋。中心及其员工的所作所为赢得了T镇群众广泛赞誉，老百姓对他们按照传统文化进行的上课、接待、做饭、卫生方式，甚至用餐前端身正坐念感恩词①等，由刚开始的别扭、新鲜、好奇，慢慢习得为一般的生活方式。

4. 用"爱"启动文化再造工程

中心人员不只是传授儒学、佛学伦理，更是在分享儒学、佛学伦理。他们以柔软、温暖、平和、谦卑、恭敬、关爱的心对待每一个社会成员，以自己的人格、修养、行动感化周围人们。中心老师坚信"爱"是所有幸福和善心的泉源，他们用一颗爱心从事文化教育活动。2006年严冬，中心老师到附近的马槽村给村民上课，为避免村民因门缝漏风受凉，中心一位徐老师就用自己的身体堵住门缝，一堂课两个小时下来，她后背的衣服全湿了。诸如此类爱心行动，中心老师做了很多。如2006年冬季的一天，中心老师见街道上一位双目失明的孤寡老人衣服单薄，便为老人拿来棉衣、棉裤、棉帽和耳捂，并亲自帮他穿好、戴好。老师们用爱的行动向人们展示"爱人者，人恒爱之"的伦理精神：人生的动力其实就是一个"爱"字，"爱"与"被爱"都是力量；懂得爱人，心胸就宽阔了，就拥有源源不绝的动力；被爱就是感恩，不断感恩父母、感恩师长、感恩国家和感恩所有辛勤付出的人乃至感恩天地万物，这种力量非常强；"爱"是所有幸福和善心的泉源，是用心感受对方的需要，成就对方善良与正确，不讲条件；"爱"一点都不贪恋，就像母亲时时看着孩子的目光，没有一刻会离开，却又从不觉得自己在付出什么……中心老师认为，有了爱的付出与被爱的感恩，便可以成就"圆满"幸福人生。

四 中心伦理文化再造实践的价值分析

（一）中心文化再造的着力点

L县中华文化教育中心教育和建设活动的成功之处在于中心利用传统伦

---

① 中心人员每一次用餐都念："感谢父母养育之恩，感谢老师辛勤教导，感谢同学关心帮助，感谢农夫辛勤劳作及所有付出的人。"念感恩词是为了时时提醒自己要拥有感恩之心。

理文化再造出可供农村和谐社会建设的文化资源,并以此来动员社会成员参与"中华传统美德示范区"建设。中心的做法与中国农村和谐社会建设的通常做法不一样,所开展的文化娱乐活动不多,主要是用传统伦理开启众人心智、劝导向善,进而实现人生幸福、家庭和睦、乡镇和谐。其实,中心的文化再造活动逻辑简单,即精心运作系列伦理关怀活动,再造传统伦理文化魅力,以唤醒人的"善"性,待人们普遍"善"后,和谐社会便自然而就。具体地说,其着力点在两个方面。

1. 中心文化再造活动突出伦理教育

中心所有的文化再造活动都是按照孟子的"人之初,性本善"思想运作的,主张看人要看其本质,即人皆"性本善";日常生活中,当人们的善性出现偏离、行为表现不端时,就需要伦理教育来端正。梁漱溟在20世纪30年代乡村建设中曾极力践行伦理教育。他说,教育是培养"明人生而敦伦理"的,可以让人们"自爱爱人、自新新民";教育可以塑造人们"平静通晓而有情"的心理;教育"着眼一个人的全生活而领着他去走人生大路";①教育可以促使人们生活向上发展。② 在梁先生那里,教育不仅要传授文化、技术知识,更要讲授伦理。伦理教育是构建和谐社会的道德支撑力量和深层基础,开展伦理道德教育,有利于人们牢固树立诚信为本、守信光荣、失信可耻的诚信意识和道德观念;有利于营造自由、宽松、民主、和谐的氛围,更好地促进人与人之间的交往;有利于唤醒普通民众的爱心、善心、同情心,在全社会推广仁爱精神。

中心注意到伦理教育在人性发展、社会建设方面的积极作用,自觉遵循中国古代先贤的"建国君民,教育为先"③的教诲,怀着"为天地立心,为生民立命,为往圣继绝学,为万世开太平"④的雄心壮志,不计任何报酬地向村民传授传统伦理文化,并率先垂范做道德"圣人",开启人们伦理习

---

① 《梁漱溟全集》第4卷,山东人民出版社,1991,第778页。
② 《梁漱溟全集》第2卷,山东人民出版社,1990,第564、566页。
③ 《礼记·学记》。
④ 《宋史·张载传》。

性,唤醒人的"性本善"。

毫无疑问,中心以人性本善为出发点组织教育行动,对农村和谐社会建设是有积极意义的。尽管学界对人性善与恶尚存争议,但中心按照人性善的假设组织教育活动,既有针对性,又能迎合群众的一般心理,具有一定的可操作性。事实上,农村和谐社会建设中进行人性善的伦理教育,不仅能迎合和谐社会建设的价值需求,更合乎人性发展逻辑;伦理教育帮助人们自省、开悟,待人自省、开悟后,便会变得厚道,而人具有悟性与厚道,便会有福;人人有福,家庭就会和睦,而和睦一定会带来家庭的兴旺;如果每个家庭和睦,村庄、小镇,乃至国家社会就会太平。这就是说,和谐伦理教育,能使人性善得到回归,待到"善"被开启后,人人皆能成就有意义、有价值、幸福美满的人生,成为"圣人"、成为"佛",社会和谐也就自然而然了。

2. 中心文化再造侧重于人与人关系的调适

伦理就是讲关系,道德就是讲关系搞好之后应该用什么样的态度对待这些关系。儒学文化"把群体关系的协调建立于个体心理调节与内心道德自觉的基础上,以保证社会稳定和人际和谐"[1]。梁漱溟把关系本位定义在伦理本位之前,指出:"伦理本位者,关系本位也"[2]。梁先生还对伦理关系做了详细分析,认为"伦理关系是情谊关系,亦即是相互间的一种义务关系"。这种义务关系应该是"父义当慈,子义当孝,兄之义友,弟之义恭。夫妇、朋友乃至一切相与之人,莫不自然互有应尽之义"[3]。据此他强调,"伦理社会所贵者,一言以蔽之曰:尊重对方……所谓伦理者无他义,就是要人认清楚人生相互关系之理,而于彼此相关系中,互以对方为重而已"[4]。在梁看来,伦理本位与个人本位和社会本位是对立的,个人本位和社会本位把重点放在二者关系的本身,认为个人和社会、个人与个人、社会与社会的

---

[1] 刘宗贤:《儒学伦理——秩序与活动》,齐鲁书社,2002,第4~5页。
[2] 梁漱溟:《中国文化要义》,上海人民出版社,2005,第84页。
[3] 梁漱溟:《中国文化要义》,上海人民出版社,2005,第84页。
[4] 梁漱溟:《中国文化要义》,上海人民出版社,2005,第80~81页。

关系，才是真正的和谐取向。

中心把人与人关系的和睦融洽当作实施和谐伦理工作的重点。首先，中心要求自己员工从内心摒弃一切怨恨，主张广结善缘、以德报善、以德报怨。这一要求对中心活动运作非常重要，因为"儒学关于'和谐'的观念是把'自我身心内外的和谐'作为起点的"①。如果中心工作人员自己没有一种平和的、宽容的心态，那他们的和谐建设行动就无从谈起。其次，中心要求自己员工具有很高的伦理修养。儒学文化认为，修身是做人之本，"自天子以至庶人，壹是皆以修身为本"。②中心对教职员工要求很高，不仅要熟记《弟子规》《孝经》等文化，而且要求他们学一句做一句，把所学的知识转化为实际行动。他们多数人身着唐装，一举一动模仿古人儒雅风范，不管是遇到熟人还是陌生人，都会满面微笑地停下脚步，行一个90度鞠躬的大礼。

（二）几个价值探究的问题

1. 社会效果问题

传统伦理文化与当今农村本土文化对农民的影响不一样：农民熟悉本土文化，尽管它已被市场经济冲击得体无完肤，对农民行为劝导、规约作用越来越小，但农村社区记忆中仍有它的位置；而传统伦理文化却不一样，它远离日常生活，大多数农民对它很陌生，如果想借用它来为农村和谐社会建设服务，必须选择一个适当的介入方法。中心采用的方法是主动出击，即不管受教育者是否喜欢传统伦理文化、是否有兴趣，他们一律采用主动方式，或上门，或开班，或利用传授技艺，如书法、健康膳食、健身太极运动等向社会成员灌输传统伦理文化。为使更多群众接受传统伦理文化，他们会以"物质利益"为"诱饵"，如给来听课的人发一些零食，赠送书本、光盘、台历等。虽然农村有人因"小利"来听课，也不乏有人因之慢慢喜欢上传统文化，但想以此唤醒百姓对传统文化的兴趣，并形成农民的

---

① 汤一介：《略论儒学的和谐观念》，《社会科学研究》1998年第3期。
② 《礼记·大学》。

"文化自觉"[1],确实有相当大的难度。毕竟 L 县 T 镇的村民不是封闭的"桃花源"中"不知有汉,无论魏晋"的人,外面世界的价值观、生活方式对他们的影响远远大于中心说教。如果中心的传统伦理文化教育没有足够的能力消解外界的"不利"影响,无论是理论上灌输,还是行动上示范,都难以让村民持久地回归"善"性。如果村民不能做到恪守本分、清心寡欲,一旦利益摆在眼前,中心的说教活动效果就会大打折扣。尽管如此,由于中心工作客观上于公于私都是有百利而无一害的,笔者还是希望社会各界都能从社会发展文化价值角度尊重中心的辛勤付出,有条件的地方可以适当推广其经验;实践中要注意把握好经济建设、文化建设与社会发展关系,不能唯文化而文化,否则,不仅会影响地方经济发展和社会建设,还可能招致文化建设的价值流失,得不偿失。

2. "文化识能"问题

"文化识能"是指在一个社会文化传承过程中,个人学习到的社会"背景知识"是否足够让他与该社会中的其他人进行沟通。"文化识能"要求克服"文化识盲",即当教育者对所处文化社会状况的背景知识了解不足时,如同不识字的文盲一样,以其自身的文本来解读被研究者行为环境的信息,使文本解读陷入盲区,以致自我意识失去区辨、判断、选择的功能,产生"文化识盲"的现象。[2] 为克服教育者在传授文化活动中存在的"文化识盲"现象,古学斌等人建议教育者需要保持一定的"文化敏感性",尊重文化的差异,努力在不同文化的脉络下为当地民众提供适合的服务。然而,中心老师都是异地来的文化人,他们到 L 县从事文化教育工作免不了受到自身背负的理论文化(或学科训练)制约,即他们都是在"文化负载"或"理论负载"下进行

---

[1] 费孝通认为,文化自觉"在于生活在一定文化中的人对其文化有'自知之明'、明白它的来历、形成过程,所具有的特色和它的发展趋势,自知之明是为了加强对文化转型的自主能力,取得适应新环境、新时代文化选择的自主地位"。参见费孝通《费孝通在 2003:世纪学人遗稿》,中国社会科学出版社,2005,第 153 页。

[2] 古学斌、张和清、杨锡聪:《专业限制与文化识盲:农村社会工作实践中的文化问题》,《社会学研究》2007 年第 6 期。

工作的①。虽然他们拥有丰富的文化资源、先进的教育理念和现代化的传播手段，但巨大的文化差异还是让中心工作人员始料未及：他们面对的一部分人是文化程度极低的村民，甚至连普通话都听不懂的老人。坦诚地说，中心至今还没有找到解决"文化识盲"的理想办法。中心工作人员盲目崇拜传统伦理文化，过高夸大它的现代意义，甚至认为传统伦理文化全是精华，具有万能功效。殊不知，"仓廪实则知礼节，衣食足则知荣辱"，传统伦理文化教育需要一定的物质基础，如果人们整天忙于生计，何来学习传统伦理知识的兴趣和热情，更不用说用它来建设和谐社会。中心所在地农村，农业机械化程度很低，多数农民或面朝黄土背朝天地终日从事农业劳动，或背井离乡打工挣钱，生活不是十分富裕。对此，需要中心在进行传统文化教育时加以考虑，只有审时度势地开展教育活动，才会有事半功倍的成效。

3. 文化功能问题

文化功能是脚本还是工具包，一直存在争议。文化是一种脚本，是指文化为一种意义框架，它启发、引导、制约着人们对于世界的认同和认知，同时基于这种意义框架把不同的人、事、物联结到一起；处于某种文化背景下的人会被某种文化脚本格式化，自觉不自觉地按照某种文化脚本演出，并以特定的形式与其他人、事、物发生联系。文化是工具包，是指文化中的价值、逻辑、感情、符号等是可以根据利益需要进行操作的，哪种好用就用哪种，怎么好用就怎么用。冯仕政分析文化脚本、文化工具包的意义是为了说明"在'利益政治'视角中，意识形态纯粹是一种工具包，而不是一种文化脚本"。② 中心在农村和谐社会建设中使用的传统伦理文化，不同于政治

---

① 所谓"文化负载"，简单而言是指研究者在从事研究时所背负的自身的文化传统和了解系统，它们是研究者对被研究者不同的生活世界进行区辨和转译的凭借。而"理论负载"则指出，研究社群在学习历程中经历一段时间的训练，累积了一定程度的知识和理论，而这些知识和理论不自觉地成为研究者看问题、看事物的"识框"。参见古学斌、张和清、杨锡聪《专业限制与文化识盲：农村社会工作实践中的文化问题》，《社会学研究》2007年第6期。

② 冯仕政：《国家、市场与制度变迁——1981~2000年南街村的集体化与政治化》，《社会学研究》2007年第2期。

意识形态——"治人"的工具,一方面把它当作文化脚本,用传统伦理文化格式化市场经济中的人们伦理道德行为,要求人们按照儒学、佛学伦理规范为人处世,另一方面又把它当作文化工具,根据农村和谐社会文化建设需要选择能用的传统伦理文化,即农村需要什么文化,中心就在传统伦理文化库中找,使之为"中华传统美德示范区"建设所用。中心这样做,尽管有它的理由,不过,社会发展的价值祈求多种多样,且大多不在儒学、佛学伦理文化规约范围内,还需要求助于其他文化,然而中心忽略了这点。

4. 教育者角色问题

农村和谐社会建设中的伦理文化再造,不仅要以传统伦理文化填补农村文化供给的不足,更需要教育者认识到他们不能再是从前的自己[①]。巴西教育学家费雷勒说:那些真诚地将自己投入民众的人,必须不断地检视自己,彻底改变自己。假若他们一方面宣称自己将为目标的实现献身,但另一方面却认定自己是革命智慧的拥有者,必须将其赐予无知的民众——那他们就不能成为与民众结合的人,只是为强化自己的"地位"进行自我欺骗[②]。费雷勒的话过于苛刻,但所强调的道理实实在在。为完成教育转化农民的使命,教育者有必要放弃自己对原来出身的依恋和对自己文化优势的迷信,自觉向民众靠拢,与被教育者形成一体,只有这样,文化教育工作才能顺利进行下去。值得肯定的是,中心在这方面颇费心思,做了不少努力,可遗憾的是,他们仍不能与农民打成一片,不能真正了解农民的特性、所思所想,不熟悉农民的生产和生活方式。就此而言,目前中心所做的工作基本上是在搭架子,与设想中的"和谐示范区"有较大距离,最重要的原因在于示范区的建设仍旧是少数人的事情,当地的干部和群众没有真正被发动起来。为此,笔者认为,中心及工作人员要树立牢固的群

[①] 教育者在实际文化工作中极少深刻地反思,往往认为自己的文化完全可以用来解决当地农村的文化贫乏和传统文化与现代文化断裂问题,并且对自己的文化操作能力抱有信心,似乎自己有了文化上的优势,就能轻而易举把它转变为教育人的工具。教育者需要深刻地反省教育行为本身的价值观、理念和手法。

[②] 〔巴西〕保罗·费雷勒:《受压迫者教育学》,方永泉译,台北:巨流图书公司,2003,第94页。

众观念，继续夯实其群众基础，想方设法争取群众参与，还要特别注意处理好与地方政府和一些社会组织的关系，争取他们都来为传统伦理文化教育及和谐示范区建设添砖加瓦。

第二节 农村和谐社会建设与传统伦理支持
——以 L 县传统文化教育活动为例

传统伦理文化是人类文化的重要组成部分，蕴含许多优秀伦理资源，只要采用一定的形式挖掘和弘扬其有利于社会发展的积极因素，就能使传统伦理文化与主流文化的道德规范相协调，为和谐社会建设服务。L 县中华文化教育中心致力于中华传统伦理美德的传播，以净化社会人心为主要任务，采取集中讲学和入村入户宣传的方式向镇民和村民传播儒学等传统伦理文化，并身体力行地投身地方政府的和谐示范镇建设。尽管中心参与农村和谐社会建设的时间还不长，多数活动尚处于探索和积累经验阶段，但它已形成了较大的社会反响，其具体做法和成功之处值得学界研究和总结。

一 传统伦理文化参与农村和谐社会建设的可行性

传统伦理文化反映了中华民族共同生活的基本准则，是我们民族认同的力量和共同的心态结构。只要我们对传统文化中的伦理思想进行适当加工或改造，就可以使其成为构建和谐社会的思想道德基础之一，规范人们的日常道德行为。L 县中华文化教育中心根据农村和谐社会建设的实际需要，选择传统伦理文化中符合时代要求的伦理信条作为日常教学和指导村民道德行动的主要内容，具有一定的可行性。

1. 传统伦理文化具有丰富的和谐社会建设方面的道德资源

儒学经过二千多年若干朝代的扬弃与充实，成为中华民族传统文化的主体，对人们的观念、习俗乃至审美趣味、价值取向、思维方式、信仰模式起着某些固定的程式化作用，它已在人们的思想中培植出一种潜意识和一种思维定势。[①] 如儒学提倡的心平气和、和气生财、和衷共济、家和万事兴、和平共处的"和合"思想，以及"爱人者，人常爱之；敬人者，人常敬之""己欲立而立人，己欲达而达人""己所不欲，勿施于人"的"仁爱"原则，一直是维系农村社会良性运行和协调发展的重要伦理信念。佛教伦理文化也是这样，诚如中国佛教协会副会长学诚所言，它"具有教导人们与他人和谐相处、平等对待、理解宽容、慈悲博爱的伟大教谕"。[②] 其中的"停止作恶，努力行善""诸恶莫作，众善奉行"等教规教义，对农村和谐社会建设有劝人为善、远离邪恶、互助互济、乐善好施的作用。

2. 农村和谐社会建设亟须文化支持

转型期，随着农村社会日新月异，维持村庄社会稳定的旧文化架构已被打破，乡风、乡俗和传统的乡规民约正在褪去往日的威严，而规约村民行为的新文化、新规范尚在型塑中，一些村民因此放松对自己的道德要求，致使农村社会是非、善恶、美丑界限混淆，不孝敬老人、损人利己、损公肥私的现象屡禁不止。另外，因缺乏正确的文化引导，大量低俗文化源源不断涌入乡村，如近年来不断见诸报端的低俗文化演出活跃等现象，侵害了农村纯洁朴素的文化。[③] 甚至因农村文化的缺乏，农民在文化需求上"饥不择食"，他们没有条件甄别、选择自己喜欢的优秀文化，这种状况必须改变。但农村文化状况的改变不能指望农村原生态伦理文化[④]，因为农村原生态伦理文化的价值体系和社区记忆体系在后现代性文化的冲击下，正面临着巨大的传承危机，其生存空间与整合能力日益萎缩，很难修复自身存在的漏洞。农村文化建设需要求助于外部力量支持。

3. 传统伦理文化及其教育活动可以弥补农村文化建设的缺陷

村外力量支持农村文化建设一般有两个方式，一个是政府选择文化下

[①] 张永理：《全球化语境中的儒学困境及其未来》，《南京师大学报》（社会科学版）2002年第3期。

[②] 杨曾文：《构建和谐社会与宗教的理论审视》，《中国宗教》2005年第10期。

[③] 陈仁铭：《略论当前农村文化主要矛盾》，《社会主义研究》2007年第2期。

[④] 徐晓军、张必春：《论农村原生态文化的现代风险与传承危机》，《毛泽东邓小平理论研究》2007年第10期。

乡的路径振兴农村文化。政府"送"文化被一些人看成挽救农村文化建设被动局面的唯一途径,然而通过近几年的实践效果看,它只是一种"喂食"式服务,既难以表达农民的文化意愿,也难以经常性地满足农村群众多方面的文化需求,更做不到输入文化与优秀农村本土文化的对接和融合,即政府"送"文化"难以在农村社会这块沃土中生根、发育、开花、结果,是一种'无根'的文化形式"。[①] 另一个是社会团体或民间组织向村民灌输传统中华优秀伦理文化,引导他们从善、从礼。农村文化建设做出这样的选择是合乎逻辑的:传统与现代是一脉相承的"连续体",没有楚河汉界的阻隔,用传统文化的精华改造民德民智,是乡村文化建设的务实要求;我国农村地区传统文化积淀深厚,风土人情与传统文化至今仍保持着千丝万缕的联系,农村借鉴传统文化的思想资源进行文化建设可谓是一本万利的事情。

二 传统伦理文化参与农村和谐社会建设的路径选择

坐落于 L 县 T 镇的中华文化教育中心有教职员工近 200 名、义工 100 多名,他们主要从事传统文化教育活动和中心的日常管理及服务。三年来,中心的传统文化教育活动和以身示范的和谐社会建设行动,不仅教育和影响了 L 县的干部和群众,使他们自觉参与和谐示范镇建设,而且吸引了外县,甚至外省的政府官员和学者,以及国际上一些热爱中华传统文化的人士来中心参观学习。2006 年 10 月,中心负责人和中心所在地镇政府官员应联合国教科文组织邀请到巴黎展示和谐示范镇建设成果,并就中国传统伦理道德教育问题进行了为期两天的交流和汇报演讲。

中心是中华文化崇尚者向社会大众宣传传统伦理文化的教育场所。一定意义上说,中心仅为传统伦理社会化、世俗化推广试验基地,所开展的活动

---

① 吴理财:《农村公共文化日渐式微》,《人民论坛》2006 年第 14 期。

充其量仅为"扩散型"宗教活动①。中心活动主要有两个部分,一是用传统的儒学和佛教伦理对镇民、村民以及其他来中心学习的人进行伦理道德教育,让他们自觉遵守仁、礼、义、善等道德准则;二是中心配合镇政府,会同当地干部和群众进行和谐示范镇建设。中心的活动有室内的,也有室外的,内容丰富多彩,但无论是中心的教学活动,还是中心及其工作人员的和谐社会建设实践活动,都坚持和贯彻了中心创办人的"人民是可以教育好的",以及"和谐从我做起、从我家做起、从我镇做起、从我县做起"的办学理念,具体表现在如下几个方面。

(一)中心以构建和谐社会为旗帜开展系列活动

和谐社会建设是新农村建设的重要内容之一,农村的各项建设,尤其是文化建设应该围绕促进人与人、人与社会、人与自然的和谐协调进行。也就是说,构建和谐社会成了众多文化活动赖以发生的语境条件,也是农村文化活动的逻辑背景。一些民间团体,包括宗教组织一般都有自己特定的活动领域,要想参与广泛的社会活动,就必须具备合法的活动平台,如雅诺斯基所说,宗教团体"通常是在私人领域活动,例外的情形是它们企图通过志愿活动或公共对话,对整个社会的福利事宜施加影响……尤其是当它们在自己成员范围之外还向公众提供某种服务或政策建议时,就更是如此"。②雅诺斯基认为宗教组织要想有更大的活动空间,必须得到国家政治的许可。中心是宗教人士创办的,原则上只能在信徒中开展活动,哪怕它没有任何不良企图,政策也不许它从事对外活动。可中心不是为了传教,而是要在民众中宣扬中华传统伦理美德,这虽然与国家政治要求不矛盾,但仍需要国家政治的同意,得到政策的允许和支持,即要有一个合法的身份。由于国家政策鼓励社会群体,包括宗教团体参与和谐社会建设,中心以建设和谐社会为旗帜,得到了社会信任和法律规范认可,保留了活动个性和自由度。哪

---

① 美籍华裔学者杨庆堃把宗教分为制度型宗教和扩散型宗教。他指出,扩散型宗教是一种并不独立自在的宗教,其仪式、教义、神职人员,均以和其他的世俗制度,如宗法、家庭、权力、政治混杂在一起,融合在其他世俗制度概念、仪式和结构里。
② 〔美〕托马斯·雅诺斯基:《公民与文明社会》,辽宁教育出版社,2000,第19页。

怕这种个性已被社会改造,不再明显,但它毕竟找到了一个可以发挥更大作用的舞台。

中心有合法的教学身份,且以参与和谐社会建设为旗帜,又得到了地方政府的大力支持,很容易进行中华传统伦理文化教育活动。当然,中心活动不仅在于和谐社会建设方面的意义,更重要的是中心把和谐社会建设落到了实处。例如,中心主要教学活动的和谐社会教育系列,包括幸福人生讲座、传统文化与和谐社会、传统文化与荣辱观、传统文化与人际关系、伦理道德与社会安全;中心的和谐示范镇活动系列,包括中心工作人员穿着印有"和谐社会"的马夹到街上打扫卫生和为村民排忧解难、鼓励村民将德行教诲落实于生活当中,并表彰各行各业优秀代表,以期建立优良社会风气;中心还把爱国教育和德行教育结合起来,以德行教育为中心活动,选择《弟子规》《三字经》《五种遗规》《四书》《老子》《庄子》《八德故事》《十三经》等作为"孝悌忠信、礼义廉耻、仁爱和平"伦理道德教育的核心教育内容,还在每周一早晨举行升国旗仪式,把爱国教育、素质教育、荣辱观教育作为仪式的一个部分。

(二)中心以教育作为建设农村和谐社会的介入手段

改造中国农民,除了传授文化知识,更需要向他们传授伦理道德思想,对此,大儒梁漱溟早在20世纪30年代的山东乡村建设中就意识到了。梁氏认为,精神陶炼包括合理的人生态度与修养方法的指点、人生实际问题的讨论和对中国历史文化的分析,精神陶炼比知识技能训练更为重要。对于陶炼人们精神的方法,梁氏指出精神陶炼的关键在于教育:教育为"绵延文化而求其进步"的事业,可以"不使文化失传,不使文化停滞不进"[1];教育是培养"明人生而敦伦理"的,可以让人们"自爱爱人、自新新民";教育可以塑造人们"平静通晓而有情"的心理;教育"着眼一个人的全生活而

---

[1] 《梁漱溟全集》第5卷,山东人民出版社,1992,第433页。

领着他去走人生大路";① 教育可以促使人们生活向上发展。②

准确地说,中心多数活动是教育,包括用传统宗教伦理文化教育民众,用亲身示范行动感化民众。在两年多的时间里,中心的教育活动,除了上文提及的和谐社会教育系列、爱国教育和德行教育,还有学生课、家长课的家庭教育系列;以协调婆媳关系、夫妻关系和宣传家庭伦理的和谐家庭教育系列;以礼、修养为内容的生活礼仪系列;宣传健康饮食与传统养生的健康系列;优良师资培训的师道系列;企业职业道德培训的企业管理系列;汇集古今中外的德教故事的圣贤德行故事系列;等等。这些活动表明,中心把"教育"落实在践行上。中心的教育活动,以及中心老师和工作人员一言一行、一举一动都在向当地农民传达传统伦理文化的仁、善、礼、义。

(三)中心以弘扬中华传统文化作为伦理道德教育的主要内容

农村和谐社会建设的内容很多,中心不可能像政府组织那样,面面俱到地参与农村琐碎的建设活动,只能根据自身优势,选择最合适的切入点。道德作为人类生活世界里不可或缺的重要维度,是和谐社会的基础之一和实现和谐社会的必要条件。创造一种和谐的道德伦理基础不仅应该成为创建和谐社会的内在目标之一,而且也是更为艰巨和复杂的社会道德文化工程。中心创办人和他的同仁们占有丰富的儒、释、道方面文化资源,并拥有多年国内外宣扬中华传统优秀文化方面的经验,选择儒学、佛教伦理道德进行文化教育活动,很容易得到老百姓支持和拥护。此外,中心选择儒学、佛教伦理进行传统文化教育活动,也是在响应党中央加强德育教育的精神,落实中央"八荣八耻"的倡导,试图以传统文化教育为介入点为国家的道德教育服务。

中心这样做,一方面想说明,国家如此重视公民的道德教育,中心所开展的传统伦理文化教育活动是在配合国家政治,做政府鼓励的有社会意义的

---

① 《梁漱溟全集》第4卷,山东人民出版社,1991,第778页。
② 《梁漱溟全集》第2卷,山东人民出版社,1990,第564~566页。

事；另一方面向世人表明，作为制度性组织的社会团体对人民大众的道德滑坡责无旁贷，中心这样做是在履行义务，行使一个社会团体本应承担的社会责任。

（四）中心以构建和谐社会为活动目标

中心的文化教育活动有借文化教育平台弘扬中华传统文化美德之义，但不能否认，中心是按照"修身为本，教学为先"的古训和创办人的建立和谐示范区让世人明白"人性本善"、告知世人"和谐是可以落实的"教诲来组织活动的，对农村和谐社会建设有积极意义。这首先表现在中心的教学和活动方面，即为建设一支"学为人师，行为世范"的宣传传统文化的教师队伍，中心积极培育社会急需的德行教育师资力量和社会文化教育工作者；为树立和睦家庭及邻里关系的礼仪乡风，提升大众道德水平和人文素养，中心安排切实可行的伦理道德教育和才艺课程；为建设和谐文明示范镇和增强对外文化交流，中心努力将其建设成为继承优秀文化的重要场所和交流华夏仁爱和平文化的重要平台。

其次表现在落实中心创办者的意图上，即以教师和学员修身为起点，开展小镇全民伦常教学，营造家庭和谐、乡镇和谐示范区。中心的活动不务虚名，唯真求实：通过入乡、入村、入户的伦理道德教学，使人民做到"父慈子孝、领导仁德、下属忠诚、夫妻恩爱、兄弟和睦、朋友有信"；从孝敬父母、尊师重道、敬老爱幼、邻里相让、诚信互助等点滴处扎实做起，营造幸福人生、和睦家庭、诚信商家、和谐乡镇；力争在3年内把L县建成"路不拾遗、夜不闭户"，礼貌和谐的中华传统美德示范区。

再次表现在活动成效上。通过中心努力工作，和谐示范镇建设使T镇发生了较大变化：一是村中家庭和睦多了，婆媳不和少了，孝顺好学的孩子多了，邻里吵架的少了；二是村民性情暴躁的少了，温和的多了，遇事能想起中心老师讲的"言语忍，忿自泯"的教诲，通过谈心，心平气和地解决；三是"物虽小，勿私藏""有心非，名为恶"的道理潜入人心，镇里人家丢东西的少了；四是业余时间用来听课、练书法和太极，打麻将的少了，村民感觉生活更有意义；五是孩子遵循老师"亲所好，力为具""亲所恶，谨为去"的道理，积极主动做好事、善事、孝事；六是村民广泛受到"爱人者，人恒爱之""敬人者，人恒敬之"的观念影响，遇事都能为别人着想；七是村民能自觉自愿遵守社会公德，不再乱扔垃圾，自觉维护社会秩序，主动参加公益活动等。

三 农村和谐社会建设中传统伦理文化的支持功能分析

众所周知，农村和谐社会建设的软肋在于伦理文化缺失和文化建设落后于经济建设，而这正好为传统文化和谐伦理世俗化、社会化提供了用武之地。改革开放以来，农村市场经济得到了长足发展，农民的物质生活水平不断提高，但由于一些农村地方忽视了文化建设，农村成员道德信仰不同程度地出现了这样或那样问题，如拜金主义、享乐主义、极端个人主义有所滋长，见利忘义、损公肥私行为时有发生，不讲信用、欺骗欺诈、不赡养老人等道德失范行为日益严重。有学者把这类问题说成农村文化的畸形状态，甚至把它称为中国农村文化危机。[①] 说农村出现了文化危机，可能言过其实，不过，中国农村文化现状着实令人担忧。农村传统优秀文化正在凋敝，而能整合传统文化和现代文明的新型文化还在形成中，农村社会建设正处于新旧文化断裂阶段。农村和谐社会建设离不开文化支持，尤其需要一定的伦理文化来规范人们行为，因为一个缺乏优秀文化支撑的农村社会，如同没有灵魂的躯体，其运行秩序潜伏着诸多不稳定变数。

农村和谐社会建设一定要有乡村文化支持。乡村文化由物质文化、行为文化、制度文化和精神文化四个层面组成，[②] 其中乡村人在其生产和生活中凝集而成的精神文化，特别是支配他们思维活动和精神活动的价值观念，是乡村文化的核心[③]。一方面，乡村文化观念以农民为载体、为中介，参与农

---

① 郭帆：《中国新农村建设的创新理论与实践——辛秋水"新乡村建设—传统文化与现代文明对接"研究课题的启示》，《福建论坛：人文社会科学版》2006年第5期。
② 曾菊新、祝影：《论城乡关联发展与文化整合》，《人文地理》2002年第4期。
③ 按照葛兆光先生的理解，乡村文化观念主要指积淀在乡村地区的人们意识、心理中的自觉和不自觉形成的价值观念、思维方式、道德情操、审美趣味、宗教感情、民族性格等，它是在乡村文化环境中形成的乡村文化的灵魂，依然影响着今天人们的思路。参见葛兆光《七世纪前中国的知识、思想与信仰世界》，复旦大学出版社，1998，第12~15页。

第七章 文化服务与农村和谐社会建设

业各个过程的循环,影响农业的各个方面,表现出衍生性和渗透性,成为新农村建设活动的背景因素;[①] 另一方面,乡村文化观念已经成为人们心理结构的主要成分,不管人们是否自觉认同和承认它,它所形成的思维方式、价值取向都影响和制约着乡村人的思想情感、行为活动。乡村文化观念在农村和谐社会建设中占有重要地位,可当前乡村成员的文化观念多是感情性、势利性的,表现为办事重形式,轻实质;重过程,轻结果;重眼前,轻长远;重物质生产,轻文化知识获得;重个人,轻群体等。这些都不利于农村和谐社会建设。

为弥补当前乡村文化建设的不足,人们做了不少探索和努力,如把农民组织起来唱歌、跳舞、玩灯、舞狮、划龙船等。这类文化娱乐活动可以丰富农民的日常文化生活,也在一定程度上陶冶了农民的情操,但农村的文化娱乐活动仍存在不少问题,譬如参与者人数非常有限,因为不能动员所有的农村人都来唱歌、跳舞;这类活动虽能充实日常生活,给参与者带来愉悦,但仍局限于"玩",对提高他们文化素质和道德素质的作用微乎其微;农村人流动频繁,今天要把"人心散了"的农村人组织起来,绝非易事,需要大量人力、财力付出,而多数农村基层组织没有这个经济实力。

相比较而言,挖掘和利用传统文化中伦理精华进行农村文化建设效果会更好。儒学、佛教伦理是中国传统文化重要组成部分,其核心理念都与和谐相关,如儒学伦理十分重视人与人之间的和谐,认为"和,谐也"[②] "礼之用,和为贵"[③] "天时不如地利,地利不如人和"[④]。在儒学看来,"和"是君子不可缺少的重要人格,为了实现"人和",必须遵守仁、义、礼、恭、宽、信、敏、惠、智、勇、忠、恕、孝等道德原则。中国佛教伦理文化也很重视和谐,它把世间的"和"当作一种至善的境界,强调修善、克己、去恶行善、慈悲利他、孝亲等来求"和"。传统文化中的"和谐"伦理仍有现

[①] 余方镇:《新农村面临的文化困惑与建设策略》,《江西社会科学》2006年第4期。
[②] 《广雅·释诂三》。
[③] 《四书五经》,陈戍国点校,岳麓书社,1991,第18页。
[④] 《四书五经》,陈戍国点校,岳麓书社,1991,第79页。

实价值，它对个人道德境界的提升、和谐家庭的构建、人与社会和谐共处，以及通过道德教育在全社会形成互帮互助、诚实守信、平等友爱、和睦相处、共同前进的新型人际关系，都具有借鉴意义。

虽然儒学和佛教伦理各自实现和谐的方法不同，如在强调人的内心和谐方面，佛教讲"修来世"，力图用超然态度达到一种彻悟的心灵境界；而儒学在承认个体情感欲望存在的合理性同时，反对放纵情感欲望，强调"中和"情感与理性、欲望与道德，要求人们做到温良恭俭让，以达到一种平和、安宁、充实、怡悦的精神境界，但它们都要求人们诚信、仁爱、宽容、与人为善。这些伦理思想仍具有很强的生命力，毫无疑问，农村和谐社会的文化建设能兼容这些伦理思想。

L县中华文化教育中心融合了儒学和佛教伦理的共同部分，并根据新农村文化建设的实际需要，充分挖掘了它们的现代价值。中心对农民进行的传统伦理教育，没有时间、空间、人员方面的限制，操作难度不大，而且接受教育的面广、受众多，特别是它把塑造农民美好心境、文明行为等当作活动内容，可以提高农民的思想品质，让广大农村社会成员在较短的时间里陶冶情操，变成温和、宽容、公正、慈悲、行善的人。L县这样做，不仅因为在现代化过程中，传统并没有消失且仍在发挥作用，如同吉登斯所指出的，现代性在消解传统的同时又重建了传统，[①] 还因为传统文化是联系过去和现在的媒介，含有丰富的有益于农村和谐社会建设因子。这就是说，传统的和谐文化博大精深，如果用它来改造民德民智，必能培育出独具特色的中国新型农村文化；中华传统伦理文化蕴含丰富的和谐思想资源，具有构建和谐社会的内在诉求和理论机制，若能积极发挥其有关和谐文化的优良传统，必将有助于农村和谐社会的构建；传统伦理文化与和谐社会建设决非水火不容，而是相通相融的，只要用构建和谐社会的理念善待传统伦理，就一定能让传统伦理的文化资源为和谐社会建设服务。

---

① 转引自郭于华《生活在后传统之中》，《读书》1997年第6期。

不过，利用传统文化建设农村和谐社会需要注意两点，一是传统伦理文化良莠相混，需要从有利于社会发展、有利于民生问题解决、有利于文化自身建设方面，对传统伦理文化进行甄别和筛选，以保持它紧跟时代发展脉搏；二是发挥传统伦理文化建设功能，不是重建传统伦理信仰，而是要在现代文明的困境及伦理冲突的处境里，理性地认知和参悟其伦理因素在构建和谐社会中的意义和价值。

第八章
农民转变与治理规约

将农民组织起来和促进农民向农民转变是新农村建设和新型城镇发展的内在要求，农村治理不能按照城乡二元框架传统思维对农民进行管理。城乡一体化发展对农民有两个要求，一是要将农民组织起来，以应对农业现代化和市场化的冲击；二是要减少农民，促进农民转身。本章研究认为，虽然内生性规则能促使理性农民形成互助合作的自发秩序，但要让农民经济合作组织更多、更久、更牢固，需要在农村治理方面加强制度化规则建设。此外，为促进农民向市民或市民化职业农民转身，农村治理既要尊重农民的公民权，放弃通过合作社、集体化等方式改造农民的企图，还要根据农民阶层地域分化状况，按照城乡发展一体化的要求，为城市农民工、城郊农民和居村农民提供城乡均等化公共服务，进而使其享有平等的国民权益。

第一节 农民经济合作组织与制度化规则的建构

相对于改革后中国农村取得的巨大成就和一家一户分散经营的局限性，发展农民经济合作组织可视为中国农村继家庭联产承包和乡镇企业后的第三次农村经济革命，其适时性与战略意义正日益凸显。但问题是，目前我国农民经济合作组织运行变数大且不稳定，发展速度缓慢，农民参与热情不高。无论是从农业发展面临的市场经济挑战看，还是从新农村建设实际需求看，农民经济合作组织发展滞后状况都有必要得到扭转。促进农民经济合作组织发展的路径很多，运用规则维系组织运行和拓展组织规模即为其中之一。理由很简单：只要规则能保证经济合作行动者获得比单干、分散劳动更多的利益，就不愁理性农民不进行经济合作行动，并使其组织发展步入良性运行轨道。

中国农民对新中国成立后的集体化合作"心有余悸"，要消除农民长久以来的心理顾虑，首要工作是用规则维护合作参与者的正当权益，让农民亲身体验到经济合作的好处，或预期到参与组织后将得到更多的利益回报。一方面，农民权益空间的有与无、大与小问题至关重要，它是组织参与者进行经济合作行动的逻辑起点与归宿，如果合作参与者无利可图，农民就会选择用脚投票的方式瓦解合作组织；另一方面，合作组织中的农民权益维护和空间拓展需要非人格化规则予以保证。内生性规则是农民在生产中出于工具、耕畜和劳动力不足而自发形成的，对组织化程度不高的经济合作有"先天和谐"意义。而市场化条件下的农民有更高层次、更多方面的权益企求，组织化程度高，自发内生性规则很难支持组织正常运行，唯有内生性规则更迭为制度化规则，农民才能从组织中获得更多、更长久、更稳定的实惠。

一 农民经济合作组织的内生性规则生成与作用

弱势农民出于自身单个劳作困难和市场竞争的压力，会自发地在日常生产中进行经济合作，但理性农民在进行分工协作类集体行动时总免不了滋生矛盾和产生摩擦，如"偷懒"和"搭便车"等。集体行动中这种个体间、个体与群体间的冲突是与合作意愿、实践行动相伴随的。为了获取比单个人行动更多的利益，经济合作组织一成立就需要制定规则。人们起初对合作组织权益需求层次低，经济合作的频率和范围都很有限，所形成的规则内容简单、明了，有的是日常活动惯习，有的仅是合作人口头约定，很少有正规的文本形式。由于内生规则是合作参与者根据具体问题制定的，体现了合作者主体意愿，因此其对化解合作行动中一般矛盾、维持简单的合作秩序，以及保证合作者基本权益都具有实际意义。

有学者不这样看，他们对农民初级群体组织形成了刻板印象，如马克思把农民喻为"孤立的马铃薯"，孙中山把中国农民比作"一盘散沙"，即使在当代，还有学者认为农民具有"善分不善合的劣根性"。① 尽管这些人从不同的视角看待农民的分散性，但其共同观点在于：长期以来，农民是分散、孤立与封闭的，彼此间缺乏紧密的生产联系和分工协作，生活在"脱序"状态中，难以形成合作组织。事实上，"原子化"的农民个体力量弱小，总在经济活动中寻求集体力量支持，"合作更是常态，合作无处不在，无时不有，只是形式有所不同而已"——"无论是生产过程中的邻里相助，还是生活领域的患难相恤，社会交往中的信息沟通，到处都可以看到合作的行为"，② 只是这种合作主要依靠行动者之间的利益默契和长期形成的乡情信赖，是仅为合作收益而做的理性选择，是一种非组织化和非制度性的低成本合作。

中国农民与世界其他国家农民一样，既是斯科特所说的"道德人"，又是舒尔茨所说的"理性人"，只不过由于受自身素质和所处社会环境的影响，多数中国农民仍是低度理性人，他们的经济活动更多为家庭成员生活所左右。传统农民的看青、换工、变工等经济合作，一般出于生产需要而自发形成，没有正式规章制度，没有强有力的协调组织者。这类合作形成的逻辑在于：生活在乡土熟人社会中，一个人不能看着别人家因劳动力缺乏而让庄稼收不上来烂在地里，也不能心安理得地白白接受别人帮助而不做出回报，于是乡村便在惜贫怜困和礼尚往来的规则中形成群体合作行动。

农民这种经济合作行动是低度理性人进行的简单交换活动。有学者曾借鉴培顿·杨的社会网络理论分析低级理性合作行动存在的缘由，即在低度理性人所组成的世界当中，可以自发涌现出一种社会秩序，而且只要这种秩序和习俗能被足够多的人记忆足够长时间并且遵循足够多次，就可以形成稳定均衡。③ 诚然，人类低级理性行动一定程度上与动物本能合作行动类似，如大雁在飞行中自发遵循避免与邻近个体相互碰撞、与邻近个体飞行平均速度

---

① 曹锦清：《黄河边的中国》，上海文艺出版社，2000，第166页。
② 徐勇：《如何认识当今的农民、农民合作与农民组织》，《华中师范大学学报》（人文社会科学版）2007年第1期。
③ 汪丁丁、贾拥民：《一个嵌入社会网络的市场经济：义乌案例》，《社会科学战线》2007年第1期。

保持一致、与邻近个体平均移动位置向中心聚集等规则。大雁按照群体自发内生性规则在飞行中进行合作互动,不仅维护了单个权益,而且实现了群体迁徙目标。动物界靠内生规则进行集体合作行动的例子很多,如蚂蚁在日常活动中形成了以蚁酸气味引路觅食的规则,引导个体组织起来选择最佳觅食路径。低级群体在本能驱使下可以涌现出高度理性,即渥伦·史密斯的"生态理性"——无智能群体中的个体只知道局部信息,通过简单规则进行合作,而最终使群体表现智能行为的特性;哈耶克的"自发秩序"——群体间相互协调,但没有一个组织者。不论是"生态理性",还是"自发秩序",只要每个个体依照自发内生性规则行动,就一定能形成群体统一有效的合作行动,达成斯密式的"先天和谐"。

基于农民内在需要而进行低层次经济合作行动,是农村社会自主性的原生态组织整合。农民这种原生态合作行动与组织整合具有两个特点:一是自愿,农民心甘情愿地参与合作,并通过建立合作组织解决个人无法解决的问题;二是自主,它完全出于内生,没有任何外部强制性力量催化,依靠农民合作实践活动形成的共同规则来维持合作及组织的延续和存在。没有外力干预状态下的农民经济合作行动,自始至终都体现着农民主体地位,农民有进入和退出的主动权;可以参加合作,也可以不参加;可以参加这一合作,也可以参加另一合作;可以过去参加某一合作,也可以现在参加某一合作;可以现在参加这个合作,也可以将来不参加。

内生性规则虽然能确保农民在合作行动中的主体性地位和正当权益的实现,但它并不是完美无缺的:它存在较多的缺陷和盲区,行动者会在规则中进行无规则行动,以获取更多利益,又因无规则行动最终妨碍规则或无规则行动者切身利益,行动者的合作行动便在有意或无意中又回归到规则行动,不断反复,不停折腾;它是一种封闭性、同质性的"集体合作",即合作者无差别地从事同一活动,合作过程中并不生长和发育新的要素,只能维持低水平均等。一旦生存环境发生变化,合作组织很难及时修正规则以应对突发变故,即当灾难性来临时,群体成员除"各自飞"外,便无计可施。

二 制度化规则及其建设要求

虽然低层次经济合作与动物本能合作类似，但农民毕竟具有社会性，所进行的经济合作绝对高于动物。二者最明显的区别在于，农民每一次合作都不是天然而成的，需要参与者先识别情况并滋生出合作意愿，再按照惯习达成解决问题的临时协议，即规则。一般来说，当问题解决了，规则便自动失去价值，如需要再次合作，又得根据任务重新设立合作规则。这就是说，内生性规则是合作群体为应对矛盾或冲突自发形成的，初级群体不能一劳永逸地按照制定/执行的逻辑进行合作行动，每一次合作行动都需要周而复始地进行协商与谈判。如此一来，内生性规则所能维护的农民权益仅限于解决个体困难，只要合作后困难得到解决，合作的目的就算达到，合作者的权益仅此而已。

显然，即使低层次的合作行动规则具有针对性、时效性，能把分散的个体组织起来进行群体合作行动，但它的稳定性、全面性与强制性特征都不够，合作者很难进行长期的有效合作。内生性规则除了能帮助合作者解决单个劳作困难，基本上不能维护合作者的多方面权益，因此，初级群体内生性规则肯定不能适应市场经济发展对农业生产合作的组织化要求。再说，内生性规则是初级群体在农村熟人氛围中生成的，总会受到乡村社会地缘关系、血缘关系、亲缘关系影响，无论规则制定还是规则实施，均含有较多的"人治"色彩，都有可能使规则的平衡点向部分人倾斜：初级群体里的强势集团完全有可能利用自己与其他合作者之间资源方面的信息不对称多占多拿，造成多数合作行动者利益受损。为使农民合作行动能规范化、正规化运行，让合作者在利益均衡基础上尽可能地拓展其权益空间，加强农民合作组织制度化规则建设尤显重要。

《中国大百科全书·社会学卷》把"制度化"解释为一种规范的、有序的变迁过程，是群体和组织的社会生活从特殊的、不固定的方式向被普遍认可的固定化模式转化的过程。照此解释，就集体行动的规则，即为行动者分工协作、利益分配和权力争夺提供条件的特定机制而言，农民经济合作组织制度化规则是指获得自身价值和达致组织目标的过程，包括对国家法律制度和组织自身制度规范的遵守服从,以及不断补充和完善各种制度。制度化的目的是规范农民经济合作组织中不同主体间的权力关系,既要保障正当的合法权利不受干扰侵犯,又要在管理过程中努力促成农民经济合作组织能适应农村发展的治理结构。

如果农民经济合作组织规则由内生型转变为制度型,农民经济合作行动就不仅仅是为了应付面前难题而进行的一种纯粹解决困难的经济合作,更应该是一种稳固的、长久的、稳定的法制化合作。可以肯定的是,制度化规则不能仅局限于参与者简单的利益获取,更需要制度来保障合作参与者能在组织内充分享受公正、公平、合理待遇。所以,合作行动中制度化规则比内生性规则内涵更丰富,是初级群体机械团结的本能合作向高级群体有机团结的社会化合作的飞跃。

制度化规则是农民经济合作组织内生性规则的升华,不是农民个体理性的简单相加,而是对农民个体理性进行重新组织和整合的群体理性。国际经验告诉我们,作为特殊市场主体的农民经济合作组织,经营产业是农村中的弱质农业,覆盖地域集中在相对落后的农村,相对其他组织来说,其内部治理结构比较松散,存在的问题和面对的困难多,完全依靠合作组织内部力量很难营造出经济合作组织的制度化规则。制度化规则建设不仅要求农民经济合作组织自身要以自律、透明、公开为原则,而且要着力彰显"社会性"和"公共性"。

首先,制度化规则建设要求经济合作农民有超越初级群体局部或眼前困难的眼光和不计较短期利益得失的理性觉悟。在现实世界中,要求农民达到这种自我超越确实很难,最突出障碍是农民"不在于我得到多少及失去多少,而在于其他人不能白白从我的行动中额外得到好处"的小农心态。吴理财论述的荆门农民在抽水灌溉上缺乏正常合作"理性"的"理性"例子就是最好的佐证:为了抗旱,农民本应该组织起来,采取每亩10元的抽水费换取150元纯收入的合算行动,但一些农民却宁愿等着庄稼旱死,也不愿花区区10元的抽水费让不愿意出钱的农民占便宜。吴理财说,如果预期利益十分明显,大得足以忽略为此付出的成本,或者预期损失达到难以忍受的水平，人们就容易形成合作。然而，在这两种极端情况之间，人们的合作积极性就会减弱许多，需要一种外在的或内在的力量来维系彼此间的正常合作关系，否则农民会选择"损失"来惩罚"搭便车"行为，以此来维护村庄生活共同体的"公正"。① 既然农民不愿意"吃亏"，容不得局部、眼前利益受损，那么，要求农民自我超越肯定有一定困难，而这恰恰是时下推进农民经济合作制度化规则的工作重点。如果农民不能超越个人"损失"，也就不要奢望农民经济合作行动有制度化规则。

其次，制度化规则建设要求有可遵循的制度规范。制度规范是一个十分宽泛的概念，可指新制度主义强调的习俗、惯例、信仰、范式、法规等有条文规定和无条件约束的各种规则与行为规范。制度化发展就是权力主体以政策和法律法规形式对合作行动和组织运行加以规范的过程，是理性设计过程，常发生结构与认同方面的失衡，因此，可以围绕"结构"与"认同"来进行：一是要改变经济合作组织原有的组织结构，使其纳入新制度（法律、法规）体系中，达到制度创新的目的；二是要使农民经济合作组织获得更广泛的合法性，争取行动者认同组织制度创新。②

最后，制度化规则建设要求政府的帮助、指导、协调。农民经济合作组织具有追求公平收益而承担效率损失的制度特征，"它在某种程度上具有准公共物品性质，这决定了它在激烈竞争的市场环境下很难自动发育、维持和发展壮大。但是，鉴于这种准公益性组织在农村改革发展中的重要作用和巨大潜力，政府应该主动承担起促进其在农村尽快发育和成长的责任"。③ 政府应该怎样支持农民经济合作组织呢？一般而言，一是各级政府对农民经济合作组织的作用主要体现在制定经济扶持政策、提供公共品等宏观方面，为合作组织发展解难题、造环境、出路子，逐步强化农民在合作组织中自主经

---

① 吴理财：《对农民合作"理性"的一种解释》，《华中师范大学学报》（人文社会科学版）2004年第1期。
② 吴新叶：《农村基层非政府公共组织研究》，北京大学出版社，2006，第155~156页。
③ 周勇、张涛：《新型农民合作经济组织的制约因素与政府行为：重庆样本》，《改革》2006年第4期。

营、自我管理、自负盈亏的主体地位；二是为农民合作组织健康成长营造良好的制度空间，而不是过多地介入农民经济合作组织的日常经营决策——地方政府鼓励和支持农民经济合作组织发展的基本方针应该是推动而不强迫，扶持而不干预，引导而不包办。

具体来说，在合作组织发展初期，政府的职能为"哺育"，即倡导合作组织民办、民管、民受益的原则，坚持政府为其成员服务和在法律规定的范围内进行活动的宗旨，以激发农民合作热情、开展教育项目培养人才和指导合作组织建立健全各项规章制度为主要内容；在合作组织成长期，政府的职能为"扶持"，即制定出有利于农民合作经济组织发展的法律法规、资金扶持政策、税收扶持政策，对其内部运行做到尽量不干预、少干预；在合作组织成熟期，政府的角色为古典经济学家亚当·斯密所指的"守夜人"，即政府部门可以根据国际合作社原则引导合作组织进行自我修正，切忌不能以规范的名义要求合作组织以某一种模式发展。

三 农民经济合作组织制度化规则建设的主要内容

我国农民经济合作组织发展缓慢，不仅大大落后于发达国家的发展水平，甚至还不如一些贫穷的发展中国家。造成这种状况和难以改变这种状况的原因很多，规则建设滞后就是其中之一。目前我国有相当多农民经济合作组织的运行仍局限于乡土熟人社会的内生性规则，市场意识、法律意识与组织观念都不强，没有长期的发展预期，临时合作性质明显。这类农民经济合作组织要么因组织涣散，不能进行有凝聚力的广泛、深度合作，徒有虚名；要么因缺乏市场参与精神和竞争活力，不能在与交易对象的讨价还价中取得优势，最终为市场规则所淘汰。

为发展与壮大农民经济合作组织，必须进行制度化建设，尤其需要制度化规则建设。由于市场化背景下农民经济活动不再局限于村域范围，城乡间、区域间流动与交易活动频繁，并且农民权益要求也不再是单纯的吃饭、穿衣等温饱层次问题，他们发财致富的愿望日趋强烈，迫切希望通过参与新型合作组织为自己赢得更多权益。鉴于此，有必要根据弥补内生性规则先天不足的需要、农民经济合作组织发展需求及其制度化规则的建设要求进行制度化规则建设。

民主化规则。在中国现有制度框架下,农民权益表达的主体可以是独立的个体,也可以是政府,但最有效的则是以组织身份出现的主体,他们的权利诉求可以通过民主渠道得以表达。哈贝马斯十分重视组织民主化与制度化的关系,认为组织系统如果能顺应组织活动中与民主格局相呼应的趋势,就可以把握其合理化潜力。[1] 如何才能把握经济合作组织的民主规则呢？最好的路径是在组织的民主程序中坚持协商价值偏好,因为"协商过程是遵从民主政治的设计程序,强调社会多元主体在公共利益的框架下,通过有效的协调体制与协商过程,进行利益的协调与表达,最终达成实现利益的目的";[2] 协商程序凸显公共利益的地位,与我国强调公平、公正的制度价值相一致。

适度干预规则。在强国家－弱社会背景下,政府主导合作组织制度化建设进程,合作组织多拷贝政府组织架构与章程,官办色彩明显,合作参与者没有任何主动权,更不能与政府讨价还价。而今随着农业税的取消,国家权力已基本退出农村日常管理事务,基层政府与农村社会断裂严重,农民不再承担政府行政运行的资金成本,一些地方的基层政权也由于权力弱化,不管不问农村事务。这两种管理状态都存在明显不足,如果权力主体凭借其优势地位过分干预合作组织内部活动,合作参与者就会有一种挤压感,并滋生出抵御侵权干预的情绪：轻则,合作参与者不认同外来政策与规范；重则,将招致合作行动混乱或管理僵化。如果权力主体在农民经济合作组织管理上采取放任态度,分散的农民一般很难组织起来形成整体行动以应付弱质产业与市场竞争的压力,即使农民能在经济能人或企业带动下组织起来,由于缺乏政府支持和政策保障,弱势农民也多处于受宰割的窘境,其正当权益极少得到维护。所以,在农民经济合作组织发展上最好坚持适度干预的原则,即合

---

[1] 〔德〕哈贝马斯：《在事实与规范之间——关于法律和民主法治国的商谈理论》,童世骏译,生活·读书·新知三联书店,2003,第358~360页。

[2] 吴新叶：《农村基层非政府公共组织研究》,北京大学出版社,2006,第201页。

作参与者对权威的服从基于权威依照法律制度所赋予行为的意向行事。合理性干预条件无疑是不得违法，并按照事前约定好的程序进行。

灵活调控规则。制度化往往要求下级组织按既定路径组织参与者进行"规范"式活动，但任何一个组织都是社会化产物，其生存环境中的经济、政治和社会结构均在变动中，而且接受规范制度的组织结构含有不同的子系统，变化中的子系统对规范制度的需求也不尽相同。如果不顾这些变化，一味地按照单向流程向合作组织输入"规范"，可能导致组织机体与制度规范不适应，出现规则转换失调，组织功能失范。

制度与执行统一的规则。要想使合作参与者认同制度规范，须满足两个要求，一是制度规范本身要不断修订和完善，因为积极的制度变迁可以避免原来制度体系瓦解和减轻制度担负的政治压力；二是合作参与者必须无条件捍卫制度规范的权威，严格服从制度规范，否则再好的制度安排也无济于事，如汪丁丁指出的，"制度是一座城堡，设计得再好，没有合适的卫兵去守卫就成了虚幻的、空间的残垣"。[①] 就我国集体主义传统倡导下级服从上级、少数服从多数的行为规则而言，我国的合作参与者认同和执行制度规范没有先天障碍，但我们还是要强调执行的严肃性，因为规则与执行并不是天然契合体，我国乡村丰富的"土政策"在地方利益或个人利益驱使下会主动嵌入其中，扭曲和干扰合作者对正式制度规范的认同，造成制度化认同乏力，随之引起制度化结构失衡，合作者权益受到不公正侵害。

价值稳定性规则。农民经济合作组织的存在和发展有诸多认知价值和实践功能，政府和社会对其都抱有较高的期望，不论是组织运行的规则制度化还是它的价值获得稳定性过程。因此，社会各界对农民经济合作组织应该有一个长期的、稳定的价值认同态度，并采取实际行动支持其快速发展。各级政府及其相关部门应该把组织农民经济合作行动和发展其组织当作自己的重要职能之一，一如既往地给予政策支持和法律援助，不宜忽冷忽热，更不该朝

[①] 汪丁丁：《经济学家的三个基本预设》，载刘军宁等编《经济民主与经济自由》，生活·读书·新知三联书店，1997，第5页。

令夕改；社会其他组织或部门可以为农民合作经济组织营造良好的社会氛围，尤其是农村基层正式组织（村委会、党支部等）和非正式组织（宗族、宗教等）也要从关心农民实际权益入手，积极支持农民合作组织发展。

最后需要强调的是，农民经济合作组织制度化规则建设的内容极其广泛，建设时既要注意到各参与主体的社会现实、经济基础和制度空间，又要为拓展合作参与者的权益空间进行制度平衡建设，还要在各自的权力关系界定基础上寻找不同权力主体的利益实现途径，将自上而下的国家制度安排与自下而上的农民权益诉求纳入制度化轨道。

第二节　农民身份转变与农村治理进路的选择

改革开放以来，我国农民流动与分化的速度不断加快，然而，农民的社会身份却被严重固化，如影随形地跟着他们到城市、进企业。尽管国家为促进农民流动和身份转变不断调整、完善政策，居村农民、城郊失地农民和进城打工农民的社会地位也有所提高，但由于粘贴在农民身上的身份标签底色过于深厚，绝大多数农民难以洗去"二等公民"的印迹。无论他们现在身处何地，也无论从事什么职业，他们仍被叫作农民，社会仍歧视他们。随着城乡融合和一体化的持续发展，农民群体分化加剧，已不是传统的小农，正处于向市民或职业农民转化的关节点，迫切需要公共服务的跟进和支持。

一　农民的前世：小农身份及其特征

身份是社会成员在社会中的位置，它与社会结构相联系，"存在于和他者的关系之中"。[1] 即是说，在特定的社会结构中，人以身份的形式存在，身份的给予意味着角色分化和角色内涵更明确，它不仅包括社会对其权利、责任、义务的不同要求，也表明其等级、地位不一样。从角色分化看，农民

---

[1] 〔美〕亚历山大·温特：《国际政治的社会理论》，秦亚青译，上海人民出版社，2000，第352页。

身份的人一般指居住在农村，且主要从事种植业、养殖业的人；从角色内涵看，以土地为劳动资料、以动植物为劳动对象的农民，与产业工人、商人等群体分工不同，并且由于他们面朝黄土背朝天、日晒雨淋的从业环境，他们的阶层等级和社会地位比较低。纵然在中国历史上，受统治阶级"重农抑商"的"农本"思想支配，社会的职业排序为"士、农、工、商"，农民等级与地位高于"工、商"，但毋庸置疑，更多的农民与"贫苦"相伴，其真实身份形态为"愚"、"穷"、"弱"和"私"。[1]

传统社会里的农民群体"绝大多数是小农"，[2] 其阶层有富农、中农、佃农、雇农等。富农和中农或自耕农都是小块土地所有者，需要自己耕种田地，所不同的是富农雇工人次、人数要比中农多；佃农和雇农这两个群体的自有田地很少，主要靠出卖劳动力维持生计，不过，佃农一般为长工，雇农通常为短工。尽管农民群体的阶层有所不同，但他们都是恩格斯言下的小农，即"小块土地的所有者或租佃者——尤其是所有者"。[3] 占有或租佃"小土地"是小农最显著的特征，并由此形塑其政治、经济和社会上的系列身份表征。

小农在政治身份上的典型表征为落后性。在革命理论家那里，一个群体的政治性主要体现在有无先进性和革命性上，农民在政治上不求上进，是落后生产力的代表，甚至是"反动"的。如马克思认为，农民"不是革命的，而是保守的"，"甚至是反动的，因为他们力图使历史的车轮倒转"；[4] 列宁认为，农民狭隘、保守、自私，在无产阶级革命中"摇摆不定，反复无常，犹豫不决"，较资产阶级更难改造，每时每刻都在产生着资本主义和资产阶级。[5] 不仅如此，一些学者也对农民政治行动的组织性进行了消极解读，如斯科特指出，"正式的、组织化的政治活动，即使是秘密的和革命性的，也

---

[1] 晏阳初：《十年来的中国乡村建设》，载《晏阳初教育论著选》，人民出版社，1993，第194页。
[2] 余英时：《中国思想传统的现代诠释》，江苏人民出版社，1998，第29页。
[3] 《马克思恩格斯选集》第4卷，人民出版社，1995，第486页。
[4] 《马克思恩格斯选集》第1卷，人民出版社，1995，第283页。
[5] 《列宁全集》第37卷，人民出版社，1986，第276页。

是典型地为中产阶级和知识分子所拥有","在这一领域寻求农民政治大半会徒劳无功";"农民经济在政治上是无效的,除非他们被外来者组织和领导"。他还指出,农民"这些相对的弱势群体的日常武器有:偷懒、装糊涂、开小差、假装顺从、偷盗、装傻卖呆、诽谤、纵火、暗中破坏"等,以避免"直接地、象征性地与权威对抗"。① 虽然斯科特的这些论述并非旨在讨论农民政治身份,但由此可以看出他将农民政治身份识别为弱小、低下,具有"不合作"、"偷懒"和"欺骗"等特性。

关于小农在经济身份上的表征,主要有三个代表性观点。一是以亚当·斯密、舒尔茨为代表的"理性小农"观点,认为小农是理性的,追求利润最大化。亚当·斯密认为社会化分工能给劳动者带来好处,农民如同其他劳动者,将逐渐退出无利可图的职业;舒尔茨认为农民具有经济理性,在经济上的精明程度并不亚于一个现代企业家,"一旦有了投资机会和有效的刺激,农民将会点石成金"。② 二是以恰亚诺夫、斯科特等为代表的"生存小农"、"道义小农"观点,认为小农主要以"生存"、"道德"和"非市场化"为核心与前提从事日常经济活动。恰亚诺夫假设在家庭农场核算中未达到基本均衡,基本需求问题依旧突出,那么农场经营者就会接受低水平的劳动报酬,继续去扩大农场,即"农民去干初看起来最不利的工作"——自我剥削。斯科特通过对东南亚国家小农案例的考察指出,"由于生活在接近生存线的边缘,受制于气候的变幻莫测和别人的盘剥,农民家庭对于传统的新古典主义经济学的收益最大化,几乎没有进行算计的机会";③ 小农按照"生存伦理"和"安全第一"的原则,选择次优的生活条件以避免经济灾难,一般不会冒险去追求平均收益的最大化。三是折中观点,如黄宗智的"商品小农"观认为,"小农既是一个追求利润者,又是维持生计的生产者",可以与自然经济相连,也可以和商品经济并存,既追求利润最大化,

---

① 〔美〕詹姆斯·C.斯科特:《弱者武器》,郑广化等译,译林出版社,2007,第2~3页。
② 〔美〕西奥多·W.舒尔茨:《改造传统农业》,梁小民译,商务印书馆,2003,第5页。
③ 〔美〕詹姆斯·C.斯科特:《农民的道义经济学:东南亚的反叛与生存》,程立显、刘建等译,译林出版社,2001,第5页。

又追求效用最大化。黄氏研究了20世纪30年代中国华北的家庭小农场经营状况,指出由于家庭小农场面积小,且无法"解雇"本身的过剩劳动力,加上缺乏其他就业机会和生活来源,小农无奈地接受"接近于饥饿水平的农场收入",并依靠佣工和商业性手工业这"两根拐杖","内卷化"或"过密化"度日。①

学界对小农的社会身份表述集中在三个方面。其一,小农是分散、孤立、封闭的,如马克思认为,小农人数众多,生活条件相同,才能相同,没有丰富的社会关系,没有多种多样的发展;小农拥有小块土地,不需要在耕作中分工,每个农户差不多都是自给自足的,生活资料多半是靠与自然交换,而不是靠社会交往;彼此间互相隔离,一小块土地,有一个农民和一个家庭,旁边是另一小块土地,有另一个农民和另一家庭,"好象一袋马铃薯"。② 其二,小农是低消费、吃苦耐劳的,如考茨基认为,"一般说来,小农与从事工业大生产的工人相比,他们的消费水平更低,更能忍饥挨饿,更会拼命地干活,他们对抗大经营不是靠提高农业劳动生产率,而是靠减少自己家人极低的消费需要"。③ 其三,小农是狭隘的、保守的、自私的,没有组织性,如曹锦清认为小农缺乏合作意识和合作行为,没有组织性,他们"善分不善合"。④

尽管学者们对小农政治身份、经济身份和社会身份的阐释各有侧重,并持有不同的看法,但对小农弱势、落后、低下等特性的看法几乎相同,并认为小农与小规模、低收入、少资本,以及贫穷、愚昧、不卫生、没文化、低素质等相连。即使像勤劳、朴素、善良等赞美农民品德的词语,一些学者也很少用在小农身上,相反,更多的是对农民进行负面描述。在我国农业文明中,"农民声誉好",⑤ 即使抽象农民或农民精神在"重农"、"上农"、"神

---

① 〔美〕黄宗智:《华北小农经济与社会变迁》,中华书局,2000。
② 《马克思恩格斯选集》第1卷,人民出版社,1995,第677页。
③ 〔德〕考茨基:《土地问题》,梁琳译,生活·读书·新知三联书店,1955,第157页。
④ 曹锦清:《黄河边的中国》,上海文艺出版社,2000,第166页。
⑤ 张鸣:《乡土心路八十年——中国近代化过程中农民意识的变迁》,陕西人民出版社,2008,第4页。

农"和"农为贵"的治国理念中被广泛颂扬,一些士大夫也以"耕读传家"自诩,然而现实中的具体农民常常被视为"氓"和"氓隶"。当然,世界上并非只有中国曾将农民视为贱民,其他国家也有过这种现象,秦晖在《田园诗与狂想曲——关中模式与前近代社会的再认识》中罗列了欧洲一些文学作品中的农民称呼,如称呼农民为异教徒、未开化者、堕落者、乡巴佬,有的还将农民污名为恶魔、强盗、土匪、劫贼、乞丐、说谎者、废物、畜生、大老粗、杂种等。[①]

二 农民的今生:身份演变及其走向

中华人民共和国成立后,国家兑现了土地革命时期做出的"分田地"承诺,真实地将土地分给了贫苦农民大众,农民"翻身"成了国家主人。就此来看,农民的政治身份和社会身份有了较大的提高,他们不再是被剥削阶级和被压迫阶级——他们成为统治阶级(工人阶级)的同盟者,是新生国家政权的阶级基础。但是,他们的经济身份并没有发生多大变化,至少到高级合作社前,农户都是小块土地的所有者、经营者和使用者,他们仍为传统意义上的小农。尽管国家根据新中国成立以前他们占有土地和财产的多少将他们划分为贫农、中农、富农和地主——政治地位和社会地位依次降低,但因国家按照人口数量多少相对均等地分配土地,小农群体不仅没有缩小,反而因地主的加入有所增大。

进入到高级合作社后,尤其在人民公社时期,农民的土地被收为集体所有,农民不再是小块土地的主人,也不能以家庭为经营单位在小块土地上从事农业生产劳动。依照恩格斯对小农概念的界定,此时的农民至少在形式上不能算作小农。这就是说,到人民公社时期,中国农民的政治、经济和社会身份都与小农不匹配,在"政社合一"的社会管理体制下,农民已被改造为社会主义的劳动者和建设者:他们虽居住分散,

---

[①] 秦晖:《田园诗与狂想曲——关中模式与前近代社会的再认识》,中央编译出版社,1996,第22页。

第八章 农民转变与治理规约

但日常活动和劳动已经由社队集体组织统一安排；他们虽有"分田单干"和"投机倒把"的意向，但持续的政治运动和文化教育活动已使他们融入社会主义大家庭；他们虽在村庄里过着"苦日子"，很难享有政府提供的公共服务，但城乡二元化体制使他们感觉不到农村与城市、农民与市民的巨大差距。这个时期的农民被国家政权高度整合，"集体出家"并成为拟单位制的"人民公社"社员，必须无条件地接受社队集体安排，统一劳动，统一作息，并且统一分享集体劳动成果。由于人民公社组织事无巨细地管理农业生产和农民生活，农民的选择自由受到极大限制，加上干好干坏一个样、干多干少一个样的分配体制，广大农民的生产积极性被严重挫伤，越来越多的农民不习惯集体劳动方式，不满意吃不饱肚子的生活。尤其到人民公社后期，农民"集体思凡"心切，普遍期望"还俗"为小农。

农村家庭联产承包责任制的实施，了却了农民的"还俗"心愿，农民从集体化农民再度成为分散小农，即每个农户都分到若干块大小不等、质量不同的土地，集体化时期的耕牛、农业机械、农具等生产资料也被分到各家各户；农户成为独立的生产经营单位，农业生产劳动全部由家庭成员完成，农户在生产、经营上很少有联系，他们再次成为分散、孤立的"马铃薯"。土地承包使集体农民完全小农化，但这种状态保持的时间并不长。20世纪80年代中后期，随着乡镇企业在农村兴起，部分农民，特别是年轻农民分化为全职或兼职的乡镇企业职工：有的吃住、工作都在乡镇企业里，成为靠工资收入维生的工人；有的一边在企业上班，或在城镇经商，或从事木工、瓦工、漆工、电工等手艺活，一边在农村继续耕种田地，成为半工（商）半农的双边人。进入20世纪90年代，特别是在国家取消粮食统购统销政策后，农民不再需要带粮食流动，越来越多的农民跨地区、跨行业流动，随之形成了庞大的农民工群体。城市打工的农民工群体主要在企业上班、建筑工地打工和从事各种服务业，如餐饮、理发、家政、市政清洁、送奶、送燃气、送水、送快递等。尽管这些农民工居住在城市，并在城市从事非农职业，但他们并非都与农业生产没有联系。比较来看，在建筑工地打工的农民工，年龄比较大，在农村的家里有父母、配偶和子女，他们一般是家里的主要劳动力和顶梁柱，因此在农忙时还得回家帮助父母或配偶干农活，他们是农业和非农业的兼业者；而在企业打工的或从事商业、服务业的农民工，要么因不是家里主要劳动力，要么因城市工作放不下，他们几乎按照城市人的工作时间工作，很少再从事农业劳动。至此，城市打工的农民工主要包括在城镇、城市打工的全职农民工和半工/商半农的农民工，但无论是兼职农民工还是全职农民工，他们的政治身份和社会身份已不是纯粹的农民，而是在向市民身份过渡，并且绝大多数人尤其是新生代农民工的进路只能是市民。

与城市打工者不同，除农村留守老人外，那些居住在农村并从事农业生产活动的人未来走向具有较大的不确定性。一是农村留守老人。自20世纪90年代至今，农村留守老人就一直坚守着广袤的土地，并且随着年轻劳动力源源不断地流出村庄，他们日渐成为农村最主要的农业劳动者。农村留守老人或许将成为我国的末代"小农"——无论城市化及其文化对他们有多大的冲击，也无论他们的子女是否都离开农村，他们中的多数人会一直在农村坚守下去，直至生命的终结或村庄的消失。二是农村留守妇女。农村留守妇女曾用柔弱的身躯承担起繁重的农业生产，以及赡养老人和教育小孩等烦琐家务，有人给予他们很高的赞誉，说她们是活跃在农村的"红色娘子军"，撑起了新农村建设的天空。但如今，随着子女到城镇就学、就业，她们中不少人或陪伴子女，或追随丈夫流出农村，走向城镇，建造市民家庭。三是回乡打工者。城市打工农民分为20世纪六七十年代出生的第一代农民工和八九十年代出生的新生代农民工。由于新生代农民工年轻，有知识，加上他们缺乏农业经验，他们的生活预期是要成为城市人；而第一代农民工，随着年龄越来越大，在城市找工作的难度不断加大，加上他们本就有务农经验，迟早要离开城市回到农村。调查显示，多数回乡农民工不会成为小农：一方面，因为他们拥有非农业工作和城市生活的经历，且有一定经济积累，有条件、有可能成为农村创业、致富的"带头大哥"；另一方面，农村土地规模化以及农业机械化、产业化、市场化程度越来越高，未来农业生产的主要形式是"家庭经营+合作组织+社会化服务",[①] 这将倒逼回乡农民工成为有技术、懂管理、会经营的新型农民,即职业农民,成为联户经营者、专业大户主、家庭农场主和农业打工者等。

当下中国农民高度分化,尽管仍存在数量众多的小农,但越来越多的农民已经踏上了"去小农"征途,并将最终蜕变为市民、农场主、职业农民/新型农民。由此,为转变农民的小农身份,也为促使越来越多的农民成为市民、农场主、职业农民/新型农民,国家有必要再度"改造"农民。

三 改造农民:路径失误与症结

小农是一个历史现象,在不同的历史时期具有不同特征,拥有不同的内涵。邓大才指出,小农分为传统小农、商品小农、社会化小农、理性小农,并分别对应着生存最大化、效用最大化、货币收入最大化和利润最大化四个特性。[②] 张新光对学界的小农划分或分类持有异议,认为"很少有人真正弄懂了这一概念(小农)的科学内涵"。他说,学界提及的宗法式小农、传统型小农、现代型小农、过渡型小农、共同体小农、集体化小农、原子化小农、社会化小农、理性化小农、非理性小农、有限理性小农、道义型小农、维生型小农、无产化小农、内卷化小农、后工业化小农、效率改进型小农、动态开放型小农、小康型小农等,是经过一系列的偷换概念、移花接木、逻辑演绎得来的,这种"文字游戏","把早已过时的小农生产方式装扮成'讨人喜欢的灰姑娘',却看不到当下的'小农经济'究竟是何物"。[③] 学界从不同视角分析小农及其内涵,有助于我们全方位检视不同阶段小农的不同特性,并非不懂"小农",更非学者在玩"文字游戏"。但是,无论是历时上不同阶段的小农,还是共时上的小农多样属性,其演变都离不开小农的

---

① 冯华、曲昌荣、钱伟:《新型农业经营体系怎么建》,《人民日报》2013年1月6日,第10版。
② 邓大才:《社会化小农:动机与行为》,《华中师范大学学报》(人文社会科学版)2006年第3期。
③ 张新光:《研究小农经济理论的政策含义和现实关怀——回应丁长发博士的质疑》,《农业经济问题》2011年第1期。

"小"。由于"小",连带着分散、封闭、保守,进而因缺乏组织性、规模性而无法融于市场经济,小农最终不可避免地被大生产、大市场所淘汰。

因此,古典经济学家们纷纷指责小农,如在亚当·斯密的自由经济论和李嘉图的国民分配论中,都没有小农和小农制的历史地位,其认为资本主义大生产将吞没小农。革命理论家们也普遍认为小农是落后的,主张消灭小农。马克思指出,"我们的小农,同过了时的生产方式的任何残余一样,在不可挽回地走向灭亡";① "资本主义的大生产将把他们那无力的过时的小生产压碎,正如火车把独轮手推车压碎一样是毫无问题的"。② 列宁认为,"在现代资本主义国家的环境中,小农的自然经济只能苟延残喘并慢慢地在痛楚中死去,绝对不会有什么繁荣"。③ 客观地说,尽管小农"有它自身的经济,有它自身的效率",④ 但小规模生产方式和自给自足的经营模式肯定不能适应产业化、规模化、现代化和城市化发展。

从发展趋势看,无论人们对小农存有多么深厚的阶级情感,也无论小农有何种表现形态,小农的最终走向只有两个,一个是绝大部分人将转身为非农,另一个是小部分人将分化为家庭农场主、大农和职业农民、农业工人。农民的这一走向在工业社会初期就已出现,随着工业化程度的加深,农民别无选择地沿着这一路径不断前行。当前,处于工业化和后工业化发展阶段的西方发达国家,从事农业劳动的农民很少,已经不存在传统意义上的小农:要么是家庭农场主,按照企业模式从事农业生产和经营活动;要么是农业工人,为家庭农场主打工,依靠出卖劳动力获得的工资收入生活。诚然,小农的分化与转化是个长期的过程,只有工业化、城市化和市场化反复冲击农村和农民,才能迫使农民"去小农"。不仅如此,小农的消亡及其市民化还是一个痛苦的过程,尤其在资本的原始积累阶段,像英国"羊吃人"的血

---

① 《马克思恩格斯选集》第4卷,人民出版社,1995,第487页。
② 《马克思恩格斯选集》第4卷,人民出版社,1995,第501页。
③ 《列宁全集》第5卷,人民出版社,1986,第237~238页。
④ 〔英〕迈克尔·佩罗曼:《资本主义的诞生——对古典政治经济学的一种诠释》,裴达鹰译,广西师范大学出版社,2001,第413页。

腥式"去小农"在很多国家都曾出现。

我国是农业大国，小农具有深厚的生长土壤，且其生命力非常顽强，严重制约了工业化、城市化发展。中华人民共和国成立后不久，中国共产党及人民政府在社会主义改造和建设中明确要求改造小农，[①]其理由在于：拥有的小块土地无法进行规模化、机械化生产；使用的手工工具，劳动生产力低，只能维系简单农业再生产；利用经验从事农业生产，根本赶不上先进的农业科学技术；自给自足的家庭经营方式，不可能满足广泛的社会需求；建立在地缘或血缘关系基础的邻里或亲情合作，不可能让农民真正地组织起来；依靠族长等乡绅治理，也不可能使农村社会良性运行和协调发展。再者，小农过于分散，国家无法有效地对其实施管制，更难以保证他们为工业化、国民经济发展提供粮食、原料、资金等。更严重的是，中华人民共和国成立初期实行的"打土豪、分田地"，发展小农经济的政策导致两极分化，产生出新的富农。两极分化和新富农的产生，不仅不符合马克思主义的原则要求，而且背离了社会主义公有制建设的初衷，毛泽东等党和国家领导人肯定不能接受。由此来看，中华人民共和国成立初期发展小农经济只是暂时政策，只要广大农民群众恢复了生产能力和正常生活，对广大的小农进行社会主义改造就成为必然。

革命导师对改造小农有两个原则要求。[②] 一是不能使用暴力或强制的方法，即虽然小农必然灭亡，"但是我们无论如何不要以自己的干预去加速其灭亡"；"当我们掌握了国家政权的时候，我们绝不会考虑用暴力去剥夺小农"；"我们只能向他们许诺，我们不会违反他们的意志而强行干预他们的财产关系"。二是主张通过合作社改造小农，即"我们对于小农的任务，首先是把他们的私人生产和私人占有变为合作社的生产和占有"；"要挽救和保全他们的房产和田产，只有把它们变成合作社的占有和合作社的生产才能做到"；"如

[①] 当时很多人以为，不改造小农，社会主义改造和建设就无法进行，如陈驰认为，任何提高工业和农业生产的努力，都碰到了落后的小农经济障碍。参见陈驰《论农业合作社》，人民出版社，1956，第65~66页。

[②] 《马克思恩格斯选集》第4卷，人民出版社，1995，第497~502页。

果他们下了决心，就使他们易于过渡到合作社，如果他们还不能下这个决心，那就甚至给他们一些时间，让他们在自己的小块土地上考虑这个问题"。很明显，马克思、恩格斯认为合作社是改造小农的唯一路径，但要尊重农民意愿，通过自愿、示范、社会帮助等手段，引导农民认识到合作社的好处，接受合作社，并最终由小农自己决定是否加入合作社，绝不能采用暴力方式强迫农民加入合作社。恩格斯还指出，要"慷慨地对待农民"，国家可以为农民提供资金、机器、化肥等方面的帮助，最终使拥有小块土地的小农，甚至某些大农相信大规模合作社的优越性。

中国共产党及人民政府按照马克思、恩格斯制定的合作社路径，通过互助组、初级社和高级社逐步改造农民，并冀望农民能由此成为社会主义的建设者和劳动者。从西方发达国家来看，农民几乎都加入了合作社，甚至一个农民还加入多个合作社，但这是在市场经济有了一定发展，个体农民为了应对市场化竞争而做出的应然选择，是单个农民的横向联合，是抱团抵抗市场风险的理性举措，但很少有国家利用合作社来改造农民。退一步说，即使合作社能用来改造小农，但我国合作社在实施过程中遵循苏联集体农庄方式，名义上是搞合作社，实际上是发展农村集体化。毛泽东曾强调，改变农民"永远的穷苦"的"唯一办法，就是逐步地集体化"；[1] 这些合作社"还要经过若干发展阶段，才会在将来发展为苏联式的被称为集体农庄的那种合作社"。[2]

事实上，集体化与合作社不同，不能用来改造小农。从 1844 年英国罗虚代尔合作社制定并付诸实践的入社自由、民主管理、收益分享和重视教育等基本原则，到 1995 年国际合作社联盟在纪念合作社成立 100 周年大会上对合作社基本原则的解释，[3] 合作社都被认为应该是民办、民管、民受益的

---

[1] 《毛泽东选集》第 3 卷，人民出版社，1991，第 885 页。
[2] 《毛泽东选集》第 3 卷，人民出版社，1991，第 931 页。
[3] 合作社的基本原则有：自愿与开放的社员资格；民主的社员控制；社员经济参与；自治和独立；合作教育、培训和信息；合作社之间的合作；关心社区；等等。参见张晓山《国际合作运动及对中国的启示》，《中国农民》1997 年第 3 期。

经济合作组织，其特征有：合作社成员必须是独立生产经营主体，拥有生产经营的自主权和对劳动产品的支配权；合作社公共财产是通过合作服务逐步积累而成的，不能干预和侵犯社员的私有财产；社员按照自愿原则加入或退出合作社；合作社的主流形式是产前、产中、产后环节上的购销、供应、综合服务合作社等，而不是生产合作社；合作社是中性的，与生产资料所有制性质无关。[1] 而集体化则不同：集体化以集体组织名义代替个人所有，否定生产资料和劳动力的个人所有；集体化组织是行使公共占有权的机构，组织性强，行政管理色彩浓厚，个人正当、合法权益难以得到应有的注重；集体化对成员的进入与退出有严格的要求，个人一般没有加入和退出的权利，需要经由组织批准；集体化强调生产合作，要求统一生产、统一经营、统一分享劳动成果，平均主义非常严重；集体化具有显著的生产资料所有制性质，其经济形式为集体经济，是社会主义经济的重要组成部分。从我国初级合作社和高级合作社的实践看，初级合作社时期的土地、生产资料还是归农民家庭所有，但到了高级合作社时期，这些都被集体占有，农民个人的自由受到严格限制，既不能自愿地加入合作社，也不能自由地退出合作社，农民已经被国家政治高度集体化，成为社会主义的建设者和劳动者。实践已表明，合作社，包括集体化组织是不能用来改造小农的。尽管合作社在农民经济生活中有非同一般的作用，既能克服农民小生产的弊病，又可以避免大规模集体化农业中的官僚主义，以及资本主义的社会分化和垄断倾向，[2] 但它只能为农民所用，以提高其经济能力，绝不能作为工具改造小农。

四 农民转身诉求：公共服务跟进与支持

如果将小农特性和农民改造的实践联系起来分析，就不难看出，我国过

---

[1] 吴业苗：《演进与偏离：农民经济合作及其组织化研究》，南京师范大学出版社，2011，第11页。

[2] A. V. Chayanov, *The Theory of Peasant Economy* (Madison: University of Wisconsin Press, 1986), pp. 7–9.

去改造农民不是为了转变农民身份、提高农民的社会地位，而是运用政治手段和集体化方式改造农民的小农特性，使其成为社会主义的劳动者和建设者。因此，一方面，被改造的农民在形式上由分散小农转变为集体化小农，而在实际上由于集体化劳动更容易"搭便车"，更方便偷懒、磨洋工，[1] 农业生产力在不少地方出现一定程度的降低；另一方面，这种改造将重点放在农民思想和农业劳动方式的改变上，忽视了对传统农业本身的改造和生产技术的革新，造成小农的落后性被暂时掩盖，农民的觉悟水平被人为拔高。

粮食的统购统销政策将农民维持生计的粮食以"公购粮形式"无偿地转让给城市，本应该是政府承担的农村公共事业和公共服务等却推给了农村社队集体和农民个人，农村的学校、医院，甚至一些大型水利设施的兴修等都由农民承担，政府只给少量的资金扶持。因此，在计划经济时期，农民分摊的责任和享有的服务严重失衡，越来越多的农民期望跳出"龙（农）门"，改变身份，成为市民或非农职业者。但是，国家的户籍管理制度、粮食供给制度、副食品和燃料供给制度、生产资料供给制度、教育制度、医疗制度、养老制度、劳动保护制度等，将中国社会分割为泾渭分明的城乡两大块，[2] 农民被禁锢在农村，失去了向城市流动的机会和权利。城乡二元体制下的农村社会，农民没有自由流动和职业选择权，只有极个别的农民，一般为农村干部子女、家庭成分好的（贫雇农）或劳动模范等，通过推荐上大学、参军等方式改变自己的农民身份。居住在农村中的绝大部分人皆为农民身份，即使有人通过努力成为教师、医生、公社或大队干部，他们的身份还是农民，被称为民办教师、赤脚医生、聘用干部。

农民之所以对转变身份抱有很高热情，不仅仅因为具有农民身份的人和具有非农民身份的人从事的职业不同，一个是重活、累活、脏活，另一个为轻松活、干净活，更重要的是，"身份系统的变化，意味着政治权威资源的

---

[1] 在发达的资本主义国家里，农业仍以家庭经营方式为主，只不过多数采用家庭农场的形式。
[2] 郭书田、刘纯彬等：《失衡的中国——农村城市化的过去、现在与未来》，河北人民出版社，1990，第7~8页。

重新配置"，[①] 具有农民身份的人与具有非农身份的人在公共服务和社会福利上存在天壤之别。市民或非农产业劳动者是"国家人"，国家为其提供全面的公共服务和社会保障，而为农民提供的服务更多来自农村集体和个人筹资，农村的学校、医院建设与管理主要由农民承担，甚至农村"五保户"的供养也由社队集体负责或农户分摊。农民身份的重要标志之一就是享有的公共服务少，而这不是通过改造就能让农民拥有的，必须由政府为农民提供。

公共服务是政府和一些社会主体按照公正、公平的原则向社会成员提供的不可分割、非排他性、非竞争性的无形公共产品，它的分配、享有与社会成员的身份高低没有内在联系。即是说，不能因为农民居住在农村，也不能因为其户籍为农业人口，国家就可以向他们提供低于市民水平的公共服务。然而，中国人的身份与公共服务或多或少地捆绑在一起，即使在公共服务均等化日渐成为各级政府施政策略的今天，不同身份的人享有的公共服务仍有很大差别。农民去身份化，包括国家对小农的改造，必须以公共服务均等化为总抓手——唯有政府为农村建设、农业发展、农民生活提供城乡均等化公共服务，才能有效地引导农民转变身份。换言之，在城乡发展一体化进程中，如果各级政府将农村纳入城市建设和发展系列中，并为农民与市民提供均等化公共服务，那我国城乡二元经济社会结构就有可能逐步消解，农村人转变农民身份的梦想也就有可能成为现实。因此，促进农民身份转变的关键不是如何利用集体化手段改造农民，而在于政府向农村社会和农民供给公共服务的及时跟进。

当前，国家已做出将公共事业建设的重心转移到农村、促进城乡公共资源均衡配置和"形成以工促农、以城带乡、工农互惠、城乡一体的新型工农、城乡关系"的顶层设计，农民获得城乡均等化公共服务的权益已得到了制度化保障。相应的，随着城乡公共服务一体化、均等化的推进，农民对身份平等的要求日趋强烈，并且如托克维尔相信的那样，对"身份的几乎

[①] 张静主编《身份认同研究》，上海人民出版社，2005，第3页。

完全平等"充满信心。① 他们一方面积极地投身全面建成小康社会和基本实现现代化的大潮中，通过自己的艰辛劳动，努力提高自己的经济地位；另一方面，他们不断加快转身步伐，不仅越来越多的人"洗脚"进城，在城市谋得基本稳定、有一定收入的非农职业，而且即使是那些仍居住在农村的农民，他们也因农村社会结构的调整和农业现代化的发展，尤其是随着土地向规模集中、居住向城镇和社区集中、产业向园区集中的推进，同质的、分散的、孤立的、封闭的小农，有的加速离开农村，有的视农业为副业，有的在合作中走向家庭农场、专业大户。鉴于此，政府的公共服务供给需要体现农村社会和农民正在发生的变化，着力推进城市农民工、城郊失地农民和居村农民转变身份。

城镇化进程已经将我国农民划分为城市农民工、城郊失地农民和居村农民三大农民群体，他们的社会处境不同，社会和他们自己对身份转变的要求各异，因此，需要政府根据他们的差别化状况提供针对性公共服务。

1. 支持城市接纳农民工，促进他们共享城市公共服务

我国城市农民工群体非常庞大，人口达2.5亿，他们中的绝大多数在城市没有稳定的住所，工作的流动性也比较大，仍旧游离在城乡之间。尽管各城市政府不断改善农民工的城市生存环境和社会福利，越来越多的城市将农民工视为新市民，但实事求是地说，很多城市政府为农民工提供的公共服务极其有限，有的甚至还停留在制度宣传上，更多的农民工很难分享或共享市民的公共服务。也就是说，我们的城市没有真正地将他们纳入城市管理中，政府吸纳劳动力而排斥劳动者的策略没有发生根本变化，广大农民工仍生活在城市公共服务之外。鉴于农民工，尤其是新生代农民工的市民化要求强烈，城市政府向市民供给的公共服务必须覆盖农民工：首先，要通过公共服务的供给渠道，将农民工及其家属和子女纳入城市公共服务系列，保证他们享有与城市市民无差别的公共服务；其次，政府要利用公共服务这个端口，推进农民工融入城市，最终使他们完成市民化过程。

---

① 〔法〕托克维尔：《论美国的民主》上卷，董果良译，商务印书馆，1997，第15页。

2. 切实提高城郊失地农民公共服务水平，力促城郊社区与城市社区全面并轨

城郊失地农民与农民工不同，他们多数因城市扩张而被动城市化。由于他们处于城市郊区，亦工亦农的身份使他们便于从城市和农村两边获益，因此，他们往往不急于转变身份，反而因城市化发展需要他们配合，有意强调农民身份，甚至还故意拖延身份转变。鉴于此，政府为使他们能顺利转变身份，除了在动迁中给予他们公正、合理补偿和妥善安置，还要：其一，高水平供给有形公共服务，使城郊社区的公共服务设施，包括道路、照明、水电、通信、娱乐场地等与城市社区同水平，甚至高于城市老社区；其二，均等化供给无形公共服务，使其充分享有城市居民已有的社会福利、教育培训、医疗卫生、劳动就业等社会管理和社会保障服务；其三，避免因其是农民集中居住社区或安置社区，就按照农民水准为其提供公共服务，再次制造城市与城郊的二元社会。

3. 改善居村农民生存环境，促使城乡公共服务均等化

随着新型城镇化和新农村建设的推进，居村农民不仅将大幅度减少，而且面临着村庄拆并、社会结构调整等诸多变数。因此，政府为居村农民提供公共服务的工作变得更艰巨、更复杂，既要按照居村农民需要提供公共服务，还要特别注意公共服务的针对性、有效性等问题，防止本就有限的公共服务资源被浪费。依照城乡发展一体化规律要求，居村农民有可能分化为两大主体，一是进城工作、居住，成为市民；二是随着家庭农场、专业农户的形成，他们将成为农场主和从事农业劳动的职业农民。尽管当前农村公共服务对象有小农、农民工、兼业农民等，但最终的主要服务对象将是农场主和职业农民。因此，政府在为居村农民提供公共服务时要注意：第一，不能因为公共服务均等化原则要求，就不顾农村未来发展走向，盲目地、机械地为所有散居农民提供与市民一样的公共服务，这既不现实，也有可能造成浪费；第二，将公共服务供给重点放在农村城镇社区和农民集中社区，努力让他们享有与城市居民均等化的公共服务；第三，农村公共服务要有意识地向家庭农场、专业大户、专业合作社倾斜，支持他们发展农业生产，进而保障国家的粮食安全；第四，要因地制宜，根据农村居民实际需要和农村特色提

供公共服务，不一定每一居住社区都按照城市社区标准建设，也没必要在每一个社区服务中心配置相同的服务。

综上，我国农民已经分化为城市农民工、城郊失地农民和居村农民三大群体，政府为其提供均等化公共服务，既体现了新型城镇化发展和新农村建设的趋势要求，更是政府推进城乡发展一体化的价值旨趣，包括改变农民身份。从某种意义上说，要求农民"入社"是国家对农民实施改造的手段，今天国家为农民提供城乡均等化公共服务，也是对农民的一种改造，所不同的是："入社"视农民为改变对象，立足于农民的落后性，将农民排斥在国家福利之外，而公共服务支持视农民为服务主体，着眼于农民平等公民权的维护，将农民纳入城乡一体化服务体系中；"入社"采用集体化方式强制农民服从国家意志，提取的农村"剩余"大大高于国家的"给予"，而公共服务支持是在国家将公共事业发展重心转移到农村的背景下实施的，强调"多予"和"少取"，甚至"不取"，农民获得更多实惠。因此，从苏联和我国的社会主义改造教训看，将农民禁锢在农村并采用集体化方式改造他们是徒劳无益的，相反，将农民纳入城乡发展一体化进程中，采用公共服务路径支持农民享有国民待遇，才有可能真正"改造"农民，促使农民转变身份。

第九章
改革完善农村治理体制

新农村建设、新型城镇化与城乡一体化发展为农村治理带来了新机遇，也为农村治理带来了新问题、新挑战。针对农村社会转型过程中出现的诸如农民流动频繁、社会治安混乱、公共服务缺乏、集体经济薄弱、行政整合力下降等问题，一些农村社区积极创新治理实践，并探索出不同的治理模式。然而，由于农村治理制度的变革滞后于农村治理结构的变化，以及治理任务、目标的新要求，农村治理深层次矛盾和关键性问题仍然严峻。改革和完善农村治理体制，不仅要求国家权力再下乡，为农村社区居民提供更多的公共服务，而且要求着力打造"多元服务"体制，促进农村社区服务全面发展；同时需要转换治理思路、变革治理手段，从而建立和完善城乡一体化社区治理制度、多元合作治理制度、公共服务供给制度、农村土地承包经营制度、居村市民培育制度。

第一节 农村治理体制改革与社区服务发展

中国农村"乡政村治"治理体制建立于20世纪80年代中期，之后虽经几次变革，但村民委员会作为农村基层群众性自治组织和乡镇政府作为国家最基层行政组织的性质一直没有改变。在农村基层治理上，村委会和乡镇政府的分工不同，《中华人民共和国村民委员会组织法》（以下简称《村民委员会组织法》）规定，村委会的治理责任在于办理本村公共事务和公益事业、调解民间纠纷和协助维护社会治安，乡镇政府则被赋予指导、支持和帮助村民委员会开展工作的职责。虽然"乡政村治"体制比人民公社时期的

"政社合一"体制更侧重农村社会"自我"治理,并且村民拥有了更多自治权力,但在实际操作中,"乡政村治"体制或多或少地偏离了"国家文本"要求,国家行政权力在农村社会中始终保持着强势。这不仅挤压了农村社区的自主空间,弱化了村民自治权力,而且影响了农村和谐社会建设和社区服务发展。如今,农村社会及其社区发展处境已经发生较大变化,居民对社区服务的需求尤其强烈,农村治理体制改革需要回应农村居民的服务需求,以促进农村社区服务持续发展和农村社会良性运行。

一 从"政社合一"体制到"乡政村治"体制

中国历史上皇权一般止于县,农村基层治理体制是"县下惟宗族,宗族皆自治,自治靠伦理,伦理造乡绅"。[①] 农村基层社会的宗族自治体制一直延续到民国时期才有所改变。国民政府为了有效围剿工农红军,在江西等地实行保甲制度,[②] 后又将这一乡村治理体制推向全国大部分地区。保甲制度具有很强的地方自治性质,它保留了传统乡村的"以民治民"原则,更加注重"自治"与"自卫"功能。中华人民共和国建立后,为了实现社会主义过渡时期总路线,更好地对农业、农民进行社会主义改造,国家权力把共产党组织建到农村基层,并将每一个村庄纳入国家行政管理体系。经过互助组、初级社和高级社的合作化整合,国家行政权力不断向农村基层下沉、渗透,到人民公社时期达到极致程度,实现了对农村社会"横向到边、纵向到底"的全方位管理。

在人民公社时期,农村基层单位是人民公社,它采用"政社合一"的集体化管理形式,包办农村基层社会几乎所有事务。人民公社是在相对封闭的农村场域内创建的"一种不同于自然村落的新制度",[③] 是统合众多家庭进行资源集中配置和再生产的"自给自足"共同体。人民公社治理体制的最大特点是"政社不分":一方面,它聚集了农村基层社会人力、物力、财

---

① 秦晖:《传统十论——本土社会的制度文化与其变革》,复旦大学出版社,2003,第3页。
② 国民政府保甲制度一般采用10进位形式,即10户为甲,10甲为保,10保以上为乡镇。
③ 张乐天:《告别理想——人民公社制度研究》,上海人民出版社,2005,第3页。

力等重要资源，拥有工、农、兵、学、商等多个"实业"，是一个独立于社会大系统进行农、林、牧、副、渔等农业生产活动的集体单位；另一方面，它将农村基层社会几乎所有的活动都纳入行政管理体系，采用政治化、军事化手段规约公社每一个成员的日常生产、生活活动，并要求所有成员服从指挥，与国家意识形态保持高度一致。不仅如此，人民公社还是一个"准军事化组织"，具有特别强大的社会动员力、战斗力，可以低成本、甚至不用支付任何成本地动员公社社员修建公路、兴造水库、清理河道、植树造林以及进行农田水利等公共设施建设。人民公社又是个家庭式的劳动单位，全社各项生产活动、社会活动、政治活动都由公社领导这个家长统一组织实施，并且事无巨细，像生产队种什么农作物、种多少面积，甚至秧苗的间距与行距、除草次数、打虫时间等都要过问。公社对社员的管理也特别严格：农民几乎没有休息时间，晴天干农活，雨天参加政治学习，甚至在端午节、中秋节、春节三大传统节日里也要参加劳动和学习；限制社员自由流动，如果有人要外出，包括妇女回娘家、走亲戚，都需要社队干部批准，否则，情节轻的要扣工分，情节重的有可能被列为"坏分子"和群众大会批斗的对象。

尽管人民公社的社员含辛茹苦地从事农业生产劳动，为城市建设和工业发展做出了巨大贡献，但人民公社及其成员的权利与义务严重不对等。国家以人民公社形式把农民组织起来，除了模仿苏联集体农庄的社会主义建设模式和发展农村集体经济，还有一个重要原因是把一家一户分散的农民组织起来，便于国家低成本地控制农村社会和方便地征购农民粮食，从而确保国家建设和工业发展的粮食安全。国家在农村社会建立公社管理委员会、生产大队和生产小队"三级管理"体制。其中，生产大队是人民公社的基本核算单位，公社里的主要生产资料归生产大队所有，产品基本上由生产大队分配；生产小队是组织劳动的基本单位，土地、耕畜、农具、劳动力固定在生产小队，由生产小队使用、支配。但是，生产小队收获的农产品和其他经营收入必须上交给生产大队，生产大队要按照规定交纳国家税收和向公社交纳一定数量的公积金，余下的才能在各个生产大队内部分配。由此，人民公社时期的农村行政管制重点在于落实国家"以粮为纲"的农业发展方针，以保证"黎民不饥不寒"。至于公社组织和社员的权益，国家没有予以足够的重视，更没有像对待城市市民那样，将所有的福利和保障都包揽下来，而是将大部分公共事业发展和公共服务供给责任推卸给公社组织。无奈之下，公社组织只能"包办"本公社的公共事业，依靠自身的经济力量有限地兴办教育、医疗等公共事业，以缓解社员服务需求的燃眉之急。就此而言，人民公社期间的乡村治理体制的特征是纵向行政管制与横向承包制的"双轨制"。

人民公社体制解体后，中国放弃"农业社会主义"，农村治理体制在改革大潮催生下不断前行，并最终定格在"乡政村治"上。1983年中共中央、国务院发出《关于实行政社分开建立乡政府的通知》，指出"政社合一"的总体性治理体制已经不能适应农村经济体制改革的需要，要求"以原有公社的管辖范围为基础"将人民公社改制为乡或镇。同时指出，应按照村民居住状况设立基层群众性自治组织——村民委员会，协助乡镇人民政府搞好本村的行政工作和生产工作。随着1987年全国人大通过的《中华人民共和国村民委员会组织法（试行）》和1998年全国人大修订的《村民委员会组织法》的实施，中国农村基本上按照"民主选举、民主决策、民主管理、民主监督"方式治理村务。村民自治制度实施，国家可以将不该管或管不了的事情交给村民自己管理，这大大减轻了国家及基层政府的管理成本。但国家、基层政府与行政村的联系并没有削弱，官方的"乡政"不仅影响、左右着村民选举，而且是村委会管理村务的强大靠山；相应的，草根"村治"关系到国家各项涉农政策的执行、落实，乡镇政府治理农村社会的多数行动都要依赖村治。乡政与村治在农村基层社会治理中相互帮衬，共同维护"乡政村治"体制。

"乡政村治"体制下基层政府不同于人民公社，不再管理农村社会琐事，已经转身为中国"小政府"。但乡镇政府"上联国家，下接乡村社会"，在农村治理中具有重要地位。尽管学界有人建议推行"乡镇自治"，[①] 或实

---

① 于建嵘：《乡镇自治：根据和路径——以20世纪乡镇体制变迁为视野》，《战略与管理》2002年第6期。

行"县政、乡派、村治",[①] 但无论乡镇"自治化"还是"行政化",都不能无视乡镇与行政村的内在联系。在某种程度上,"乡政村治"体制下乡镇政府与行政村的关系比人民公社时期更复杂。人民公社时期,生产队是生产大队的组成部分,公社对它们统一领导,公社组织与生产大队、生产队是大集体与小集体的关系,在总体利益上是一致的。而乡镇政府与行政村是小政府与大社会的关系,乡镇政府及其官员与行政村及村民各有自己的利益诉求,虽然政府要"为民用权、为民系情、为民谋利",但它有自己的私人利益,存在"寻租"可能。同样,村委会的身份也是双重的,既是保护村民利益的保护型经纪人,也是追求自己利益的赢利型经纪人。如此,一些乡镇政府偏离了政府职能,将发展经济、社会管理、公共服务、基层建设的职能异化为招商引资、维稳、管制;一些村委会领导,即使是村民海选出来的村干部,也有可能在利益诱惑下与政府、甚至与一些企业结盟,在村资源开发、土地出让方面出卖村集体利益,中饱私囊。

后人民公社时期的乡镇政府在农村社区的存在与影响是变化的。1993年"两税法"实施前,乡镇政府实行"去人民公社化"管制,逐渐放弃一些农村事务,尤其是无利可图的事务。1993年至农村税费改革前,国家实施以"财权上收、事权下移"为特征的分税制改革,乡镇财政收支出现严重失调。乡镇政府为了减缓地方财政压力,在保持原有收税数额不变的条件下,不断加大各类资费的征缴,致使农业税和"三提、五统"费持续走高,一些农村基层政府与农民矛盾激化,社会秩序出现局部不稳定。然而,收费多并不意味着政府公共投入增加和农民享有的公共服务增多。由于国家对农村税费收取与使用缺乏规范管理,不少乡镇政府将"三提、五统"费挪为他用,农村的文化教育服务、卫生健康服务,以及养老、医疗、救助等社会保障服务没有得到相应的发展,农村治理问题丛生。

[①] 徐勇:《县政、乡派、村治:乡村治理的结构性转换》,《江苏社会科学》2002年第2期。

二 后农税时代国家权力再下乡的治理诉求

进入21世纪后,面对日趋沉重的农民负担和不断激化的农村社会矛盾,中央实施了农业税费改革,并于2005年底彻底取消农业税和"三提、五统"。农业税费改革和取消是国家继家庭承包责任制后在农村社会推行的又一次重大经济体制创新,它让农民过上了比陶渊明笔下"桃花源"中的农民还要好的无税无费日子。然而,农业税费的取消,切断了基层政府向农民汲取利益的渠道,一些乡镇政府变成无利可图的"清水衙门"和无事可做的"悬浮型"政府,乡镇政府的某些官员陷入迷茫状态,变得无所事事,不知道今后如何开展农村工作。在农业税费取消政策倒逼下,一些地方乡镇政府主动进行机构改革,其中最典型、最普遍的改革举措是转变政府职能。围绕"开源节流"和乡镇政府如何"过日子"进行的乡镇管理体制改革有两个重要内容:一是主动削身,将乡镇机关压缩为党政综合办公室、社会事务办公室、经济发展办公室等,以提高政府的管理和服务效率;二是走向市场,将一些与市场联系比较紧密的事业单位推向市场,采用"以钱养事"方式,① 完善其运行机制。这场由乡镇政府自己发起的倒逼式改革,精简了乡镇管理机构,明确了农村基层政府主要职能,一些乡镇政府也由此寻求到后农税时代的生存之策。但从湖北、河南等省进行的农村综合改革情况看,多数乡镇并没有建立起适合后农税时代农村社会发展要求的新型经济、政治、社会、文化和生态体制,也没有建立完善"小政府—大社会"

---

① 湖北省宜都市整合乡镇各部门的行政资源,成立乡镇的便民服务、维权服务、财务服务和农业服务四大中心。乡镇便民服务中心统合民政、土管、城建、残联、计划生育、劳动保障、林业等部门相关职能;乡镇维权服务中心统合司法所、工会、妇联、工商、信访等部门职能;财务服务中心统合村级财务双代管、乡镇部门预算、零户统管等职能;农业服务中心统合农技、畜牧、水利、农机等部门职能。四大服务中心的工作人员到公务大厅集中办公,采用"一口受理、全程代办、内部运作、按时结办"的方式综合办理群众生产、生活需要的服务项目。宜都市为从根本上改变农村社区无服务的状况,还在村设立便民服务站,在村民小组设立代办点、维权站、理财小组,并且扶植村级技术员、科技示范户和文化中心户。三级便民服务网络的建立,村民可以不出村就能享有全方位的、综合性的便民利民服务。

管理体系，改革对促进新农村建设和发展农村社区服务作用比较有限。

尤其需要指出的是，一些地方乡镇政府借农村综合改革之名，以税收减少、财政紧张为由，大幅度地减少为农业、农村和农民提供服务的种类，以至于出现乡镇政府对农业生产设施和农村生活设施破旧不管不问、对农民日常生活需求和疾苦无动于衷，甚至将本该乡镇政府承担的公共服务责任全部推给村委会的不良现象。虽然《村民委员会组织法》赋予村委会"自我管理、自我教育、自我服务"职能，但由于村民自治实践时间短，尚处于成长中，村委会的管理、教育、服务能力都比较弱，基本无法承接乡镇政府移交的公共服务与社会管理重担。另外，由于农村公共服务是政府治理农村社会活动的关键性环节和实质性内容，开展农村公共服务是对农村社会进行治理的过程，乡镇政府放弃公共服务，某种意义上意味着放弃农村基层治理权。如此，自治能力强的村子不会产生严重的治理问题，村委会能自觉带领村民开展自我服务活动和进行自主治理，但自治能力弱的村子就另当别论，乡镇政府将治理权推给村委会，很容易导致村委会干部权力无限扩大，而"村委会（即使是村民海选出来的村委会）权力一旦被扩大，就有被滥用的危险"，[①]即将村委会公共权力转变为少数村干部和个人私权，使其成为横行乡里、欺压民众、攫取非法利益的工具，进而加剧农村治理问题。

严格意义上说，家庭联产承包责任制实施后，国家权力就逐步撤离农村社会，基层政府将主要精力放在发展乡镇企业、催缴税费和管理计划生育上，至于农村社会的烦琐事务，则本着"多一事不如少一事"的逻辑，能少管就少管、能不管就不管，以避免不必要的麻烦，并尽可能地使乡镇政府利益最大化。尽管如此，作为收取农民税费的一种回报，乡镇政府或多或少地为农村建设了一些公共设施，也为村民提供了一些公共服务。虽然乡镇政府这些行为存在"拿人钱财，替人消灾"嫌疑，还存在这样或那样问题，

[①] 应星：《"三农"问题新释——中国农村改革历程的三重分析框架》，《人文杂志》2014年第1期。

不能让老百姓满意，但不管怎么说，乡镇政府创办的公共事业推动了农村发展，提供的公共服务也在一定程度上帮助了农村社区的弱势群体和困难人群。然而，农业税取消后，一些乡镇干部错误地认为，既然农民不上交农业税费，政府就可以少做一些吃力不讨好的事情；既然国家完善了村民自治制度，增强了村民自治能力，村民就应该把自己的事情做好，把社区服务发展好。鉴于此，一些乡镇政府毫无顾忌地将行政权力从农村社会撤出，农村面临无公共服务的危险境地。

国家权力从农村社会撤出对农村治理喜忧参半：喜的是农民成了村域空间真正的主人，可以根据自己的意愿自主地从事农业生产和经营活动，过自己想过的自在日子；忧的是农村社会更加碎片化，农民的生活世界与系统世界张力持续扩大，社会活力快速削弱，并出现公共设施缺乏、公共服务不足等问题。没有农业税费，农民不再抱怨政府乱收费、瞎折腾，但他们对政府不管事、不办事的牢骚却日渐增多。换言之，村民们憎恨政府乱收费、滥收费，但绝非要求政府不作为、不管事，农业增产增收、农民发家致富和农村美丽家园建设都离不开政府的支持和引导。

新农村建设打通了基层政府对接农村社会的渠道，也让农民愿望变成了现实。国家实施新农村建设战略有多重考虑，包括让农村人分享改革发展成果、缩小城乡差距、拉动内需等。但新农村建设是"生产发展、生活宽裕、乡风文明、村容整洁、管理民主"的系统工程，要对农村进行全面、综合治理。新农村建设和治理与以往的农村建设不同，它是在城乡统筹发展和城乡一体化大背景下实施的，国家的"多予、少取、放活"，以及将公共事业发展重点转移到农村、"工业反哺农业、城市支持农村"等政策，要求国家权力再次下放到农村社会。不过，这次国家权力下乡与以往的国家权力下乡有较大区别：合作化时期国家权力下乡主要目的是改造农民，人民公社时期国家权力下乡旨在建设集体化农村，新农村建设背景下国家权力下乡，重在促进政府公共服务下乡，带领农民建设洁净、文明、优美、和谐的美丽乡村。前两次国家权力下乡，包括改革开放后国家权力在农村社会的存在，旨在加强国家权力对农村社会控制,更多地汲取乡村资源,[①]而当下的国家权力下乡是政府"无私奉献",做的是"全赔不赚"生意,旨在建设农村,让广大农民享有改革开放成果和均等化公共服务。

尽管当前中国农村"乡政村治"的治理体制没有变,但新农村建设和国家权力再下乡理顺了乡政和村治的每一个环节,使"乡政村治"体制更加完善。众所周知,中国乡镇政府与上级政府是同构的,基本上依照"左右对齐、上下对口"方式复制而来,但由于乡镇政府权力处于权力链的末端,能利用的资源非常有限,处理农民群众"陈芝麻、烂谷子"的琐事难免有些力不从心。更关键的是,"两税法"实施和农业税取消,使原本捉襟见肘的乡镇财力雪上加霜,根本拿不出资金强化农村社会治理。无奈之下,乡镇政府只能主动精简机构、转变职能,以求在后农业税时代能够自保。另外,作为村民自治组织的村委会,自成立以来一直扮演着两个角色,表面上,它是村民自治组织,享有《村民委员会组织法》赋予的多个"自我"权利,可以独立自主地进行村庄建设和治理活动。但实际上,多数地方的村委会由于难以切断与上级政府尤其与乡镇政府的行政、利益联系,它们为了获得更多的政府资源,如补贴、救济、建设资金,不得不唯政府马首是瞻,听政府指挥、替政府分忧、为政府跑腿,甚至不惜牺牲行政村集体利益"讨好"乡镇政府。村委会角色错位让村委会背负不少骂名,也损伤了村委会威信。

如今,国家对乡镇政府行政行为的规制日趋完善,政府寻租路径被一一堵死,农业各种补贴都直接打到村民银行卡上,乡镇政府难以"雁过拔毛"。如此情景下,乡镇政府便退出乡镇村共同打造的"利益共同体",回归政府"本色",将工作重点放到为农村社会提供公共服务上。国家权力下乡和政府公共服务下乡,中心任务不是恢复政府失去的管制权力,而是通过服务中心或服务站的建设,将农村社区的公共服务责任承担下来,配合村委会建立完善农村社区服务体系。如此,村委会不再是依附于乡镇政府的准行政机构,它在去行政化的基础上转身为名副其实的自治组织,除了为乡镇政

---

① 徐勇:《中国农村与农民问题研究前沿研究》,经济科学出版社,2009,第170页。

府的社会管理和公共服务提供必要条件,并协助乡镇政府开展社区服务工作外,还需要提升自身服务能力,更好地为社区居民提供更多的服务。

三 "多元服务"治理体制下农村社区服务发展进路

国家实施新农村建设战略,让乡镇政府从无农业税费的"阵痛"中走出来,与村委会再度联手建设农村、治理农村。新农村建设是国家在城乡发展一体化背景下进行的经济建设、政治建设、社会建设、文化建设和生态建设,改变了农村贫穷落后的形象,优化了农村居住环境,提高了居民生活水平,并且推动了农村进行治理体制改革,使农村治理由传统的单元管理型转变为现代的"多元服务"型。

农村社会治理即为政府、社会团体和居民个人共同参与管理农村社会公共生活和合作供给服务,以实现农村社会公共利益最大化的"善治"过程。由此来看,执行上级指令的任务式"政社合一"治理策略和以乡镇政府为主导、村委会为辅助的主从式"乡政村治"治理策略都不是科学的农村治理,现代农村社会治理要由服务引领治理,并将治理赋予服务中。[①] 首先,农村社会治理的参与主体应该是多元的。治理由多个主体协同进行,有乡镇政府和村委会等公共机构,有社会团体、专业合作组织、企业等私人机构,还有居民个人,他们都是农村社会治理的主要参与主体。其次,农村社会治理的方式应该是法治。农村治理体系和治理能力现代化的基本方式是法治,法治的稳定性、规范性、协调性,以及预期性、救济性等特性,有助于规约不同参与主体的治理行为,使其在良好的法治秩序中致力于社区服务与管理。再次,农村社会治理指向应该是服务。农村社区一直是"三农"问题的汇集地,农村社区中一些老问题,如贫困问题、义务教育问题、青少年违法犯罪问题、自杀问题、养老问题、劳动力转移问题、生态环境问题,以及各种矛盾纠纷和群体性事件问题等,一直没有得到很好的解决,并且在快速

---

① 杨敏、杨玉宏:《"服务—治理—管理"新型关系与社区治理新探索》,《思想战线》2013年第3期。

转型过程中，农村社会又出现了一些新问题，如土地流转问题、股份合作问题、新型农业经营主体培养问题、市民化问题、空心化问题，以及因农民流动而产生的留守老人问题、留守妇女问题、留守儿童问题、离婚增多问题等。新老问题交织、叠加，使农村社区问题错综复杂。解决这些问题，不仅需要政府运用国家公共权力采用自上而下方式的管理，而且需要政府与村委会、社会团体等参与主体间上下互动、平等协作，通过社区服务方式治理社区。

就此而论，新形势下的农村社会治理是多元主体参与农村社区服务的过程，其目的在于为农村社会提供"出色的服务"，进而使农村场域中各个参与治理主体尤其是政府关注村民的服务需求，整合公共资源和社会资源，并让它们成为农村社区的建设资源、民生资源和服务资源，以求农村社会中的"每个人都有资格过上一种完整而又积极的生活"。[①] 尽管当前中国农村社会治理体制依旧为"乡政村治"，乡镇政府和村委会仍是农村社会治理中最重要的组织者和行动者，但"多元服务"已经渗透农村社会治理的各个环节，并改变了农村社会治理的具体内容，促使农村社会治理体制朝着改进农村社区服务方向前进。

1. 提高"乡政"服务能力，促进政府公共服务下乡

新农村建设开展后，国家明确乡镇政府是社会主义新农村建设的主要组织者与实施者，要求乡镇政府从转变职能着手，增强服务"三农"能力，建设农村公共设施，改善农民生产生活条件，健全农业服务体系，发展农村公共事业。乡镇政府职能转变最主要体现在由"多取"转向"多予"、由"管制"转向"服务"。"多予"与"服务"让一度萎靡不振的乡镇政府有了用武之地，并使"乡政"焕发出勃勃生机。

首先，为促进农业发展、改善农民生活和开展农村建设，国家实施的强农、惠农、富农项目多，投入资金量大，乡镇政府不再"难做无米之炊"，

[①] T. H. Marshall, *Citizenship and Social Class, and Other Essays* (Cambridge: Cambridge University Press, 1950), p. 189.

不需要自己掏钱，甚至举债从事农业生产活动和发展农村公共事业。乡镇政府的主要责任在于提供服务，即根据农村社会发展和农民实际需求，帮助农民或农民组织，如专业合作社、农业协会、家庭农场等申办农村建设项目和农业发展项目，以争取更多的生产资金和补助资金。其次，乡镇政府不是管理型机构，更不是高高在上的衙门，政府面向农村社会履行发展经济、管理社会和提供公共服务等职能，主动将管理与服务送到农村社区：或在农村社区建立综合服务中心，直接为农民提供生产生活服务；或下派政府工作人员到村庄，主动为农民群众提供代办服务。如浙江省上虞市谢塘镇政府，立足"便民、利民、富民、安民"的服务宗旨，根据农民群众需要，开展公益事业服务、民事调解服务、咨询指南服务和致富发展服务，让群众办事不出村、矛盾调解不出村、信息咨询不出村、致富求助不出村，进而建立全方位、全过程的便民服务体系。① 再次，乡镇政府的一些附属事业单位，如"七站八所"等，② 在农村综合改革中已经改革成为独立的市场经营主体，不再隶属于政府的行政管理部门，它们与各类市场主体一道，主动参与农村社区各项服务活动。

2. 强化"村治"服务功能，落实村委会的服务责任

长期以来，村委会曾因"打着村民自治大旗，做着政府的事情"这一错位备受社会诟病，但国家一直没有找到有效的办法以解决村委会"半自治—半行政"的准政府问题。乡镇政府利用行政权力和垄断资源绑架村委会，以及村委会甘愿沦为乡镇政府"跟班""马仔"的现象，不仅加大了国家治理农村社会成本，也使村委会做了许多不该做的行政事务，甚至导致一些地方的村民自治陷入名存实亡的境地。农业税费取消后，乡镇政府和村委会的利益链被斩断，乡镇政府不需要村委会鞍马劳顿地收取税费，村委会也

---

① 裘斌:《从管理到服务：乡村社会治理思路的创造性转换——以浙江省上虞市谢塘镇"四不出村"工作法为分析个案》，《甘肃社会科学》2012年第6期。
② "七站八所"是农村"条块结合"管理体制下农村事业单位的总称，包括司法所、房管所、农机站、农技站、水利站、城建站、计生站、文化站、广播站、经管站、客运站，以及土管所、财政所、派出所、林业站、法庭、卫生院、国税分局（所）、邮政（电信）所、供电所、工商所、信用社等。各地农村的站所数量不是统一的。

不需要为少收税费或获得更多"公益金"再巴结政府官员。相应的,村委会干部和乡镇干部不再是上下级的领导与被领导、管理与被管理的关系,也不再是同一战壕中的战友,他们与村民关系更贴近,开展的纠纷调解、治安保卫、公共卫生、计划生育、文化教育、社区建设,以及促进农村生产建设和经济发展、引导村民合理利用自然资源和保护生态环境、保障集体经济组织和村民合法权益、教育和引导村民互帮互助等服务活动,不仅要对乡镇政府负责,更需要向村民(选民)负责。

村委会角色转变符合国家最初设计,在国家制定的乡政村治体制中,村委会原本就是服务村民、为村民办事的组织,而不是行政管理准政府。具体地说,第一,服务是村委会自治体制的关键性环节,为生产发展、社会管理等提供服务是村治的核心内容。第二,村民不再是等服务和被服务的消极对象,他们不仅对服务有更多的需求和更高的期盼,也会主动参与服务,在表达服务需求的同时促进社区服务发展。第三,村民在去集体化中日趋个性化、原子化,越来越多的个体村民游离在农村整体世界之外,并与农村社区保持一定张力。如此,村委会提供的服务不仅要重视社区整体利益和大多数社区居民的服务需求,还要照顾个体农民的特殊服务需求,将一般服务与特殊服务结合起来。第四,当下村民流动比历史上任何时期都要快,农村建设与发展充满变数,村委会既要为流动村民服务,为他们提供就业指导、劳动培训等服务,还需要为留守老人、妇女和儿童提供关爱服务,为农业持续发展提供生产服务,为农村美丽家园提供建设服务。

3. 开展多元合作,满足社区居民不同服务需求

除了政府和村委会提供服务和进行社会管理,农村治理还需要其他主体参与,为农村社区提供多元化、全方位服务。农村治理体制的完善和治理能力的提高及其现代化的实现,必须体现治理的主体多元性、手段合作性、依据契约性、向度平行性、边界公共性等特性要求。因此,农村社区服务应该由多元主体合作提供,并力求满足农村居民不同方面服务需求。农村社区服务有乡镇政府提供的行政服务和公共服务,以及村委会提供的"自我服务",还应该有社会组织和市场组织提供的公益服务、志愿服务和便民利民

服务。多元主体提供服务，一方面能减少或避免因政府失灵、市场失灵、社会失灵而导致的农村社区服务供给不足或遗漏问题，使社区居民生产和生活上的各项需求都有相应服务支持；另一方面，各个服务供给主体在农村社区服务中的地位和作用不同。其中，政府是农村社区服务的掌舵者，它引领农村社区服务发展的未来走向，并肩负着规约其他服务供给主体依法、依规开展服务活动和维持社区服务秩序的责任；村委会、社会组织、市场主体都是农村社区服务的划船人，社区的服务水平主要依靠它们合作发力。村委会是农村社区服务需求方与供给方的传导体，它既要将村民的服务需求信息及时、准确地传送给政府、社会组织和市场，使它们提供的服务更有针对性，又要组织更多的服务资源，以满足村民不同的服务需求。社会社团是重要的社会力量，随着它的不断成长与壮大，社团将承担起社区中的公益服务和志愿服务责任。并且，随着政府购买公共服务力度进一步加大，政府将逐渐减少对农村社区公共服务的直接供给，更多的政府服务将通过购买、合作、协议等方式由市场主体、社会团体提供。企业、公司也是农村社区服务的重要供给主体，农业生产规模化、产业化、都市化、生态化发展都要依赖市场服务。市场服务不仅能为农村社区居民提供一系列的便民利民服务，更重要的是，它的服务空间大、服务方式灵活性强，能够满足居民更高层次的服务需求，而这恰恰是公共服务、村委会服务、社团服务所无法提供的。

4. 推进网格化服务，建构农村社区大服务平台

一些地方政府在农村社区管理实践中探索出网格化社会管理模式，[1]但网格化管理一般把网格看成社区之下的一个层级，是"科层化体制在基层精细化管理的展开"，它仍然以管控作为网格化管理的落脚点，不仅无助于

---

[1] 网格化管理最初在城市社区管理中施行。2004年，作为中央政法委、中央综治委确定的35个全国社会管理创新试点之一的北京市东城区创建了万米单元网格管理法和城市部件网格管理法，即借助信息技术，按照一定的标准将管理辖区划分成为单元网格，通过对单元网格的部件和事件巡查，建立一种监督和处置互相分离的整合性管理服务模式，以降低群众上访，更有效地防止群体事件的发生。2005年7月起，该管理模式在全国推广，典型模式有河南漯河"一格四员"模式、山西长治"三位一体"管理模式、浙江舟山市"网格化管理、组团式服务"模式等。

居民参与社区治理,"反而会损害本来就尚未发育健全的社区自治"。① 鉴于此,徐猛建议把网格化管理与社会化服务结合起来,以社会化服务为方向,健全基层综合服务管理体系,进而"把社会治理触角延伸到社会末梢,把服务工作做到群众身边"。② 参照网格化社会管理样式进行农村社区服务是农村社会治理的重要路径,社区治理有必要将网格化管理与网格化服务结合起来进行。江苏省综治办、民政厅等单位联合下发的《关于全面推进城乡社区网格化服务管理的指导意见》指出,在全省城乡深入推进网格化服务管理,全面建成"覆盖城乡、条块结合、横向到边、纵向到底"的基层服务管理网格体系,于2016年底实现了城乡社区网格化服务管理全覆盖。

尽管全国不少省市都在农村社会治理过程中推进网格化社会管理工作,也在实践中取得一定成效,但网格化服务与网格化管理不尽相同:多数地方的网格化管理侧重于"维稳"、综合治安治理,而网格化服务不仅要打造农村基层治理平台,更倾向于提升社区服务管理能力、社区居民自治水平、基层基础工作水平和群众安全感满意度。如此,农村社会治理要求在网格化社会管理中注入相应的服务内容,将社区管理与服务结合起来,并使其一体化。即在社区建立大服务平台,以居民服务需求为切入点,为社区居民提供全方位、广覆盖、多形式的立体式服务。可以依照如下途径进行:第一,按照地缘相近、居住相邻、便于管理的原则将社区居民划分为若干个网格,采用民主推荐、民主选举方式确定每一个网格负责人——网格长;第二,动员村两委干部、大学生村干部、老党员、教师,以及各类专业特色人员,建立"组团式"服务团队,并根据社区情况和居民需要成立若干个服务组,为居民提供对口服务;第三,在社区公共服务中心,或邻里服务中心,或便民服务中心设立网格服务管理中心,集中调配社区服务资源,统一协调社区内部服务的供给;第四,建立社区网站,为社区居民提供相互沟通、交流、讨论社区事务的公共互动空间;第五,建立社区电子网络平台,全天候地为社区

---

① 黄宁莺、柯毅萍、赵豫生:《参与式治理视角下的乡村网格化管理服务研究——以福建省长乐市梅花镇为例》,《东南学术》2013年第5期。
② 徐猛:《社会治理现代化的科学内涵、价值取向及实现路径》,《学术探索》2014年第5期。

居民提供服务指导和服务帮助；第六，明确网格中组团式服务团队工作人员的工作职责，建立健全规范有序、高效协调的工作运行机制，确保社区服务工作顺利开展。社区网格化服务是社区扁平化服务平台，能在农村社区中营造人人参与服务的良好治理环境，进而最大限度地发挥社区自治力的正能量，促使农村社区治理良性运行。

第二节 完善农村社区治理制度体系

城镇化进程中，农村治理结构随着农村社会转型与城乡一体化推进而发生了变化，不再是政府唱主角的单元管理或统治的结构，而是"党委领导、政府负责、社会协同、公民参与"的多元治理结构。而且，农村治理内容、任务、目标等也与以往的农村治理不同，老制度已经明显不能适应农村经济社会发展和治理结构的变化，需要根据新形势、新趋势、新问题、新情况做出系统的制度设计和全新的制度安排。本书提及的制度包括城乡一体化社区治理制度、多元合作治理制度、公共服务供给制度、农村土地承包经营制度、居村市民培育制度，它们分别从治理的时代背景、治理主体、治理内容等方面阐述农村治理的制度要求和制度规制。

一 建立城乡一体化社区治理制度

计划经济时期国家建构的城乡二元体制将我国基层治理划分为农村与城市两个区间，城市实行单位制治理，农村实行社队制治理。自20世纪80年代以来，国家对城乡基层治理体制进行了改革：城市"去单位化"，单位人成为社会人，其治理体制变革为"街居制"；农村"去集体化"，人民公社改制为乡镇，生产大队改制为行政村，其治理体制变革为"乡政村治"。虽然国家对城乡基层治理体制的改革体现了"政社分开""政经分开"的要求，并将社会治理权尽可能多地让渡给社会，城乡基层都实行了居民、村民自治，但几乎所有的改革举措仍是在城乡二元框架下进行的，城乡的治理体制始终没有并轨。

城乡治理场景不同，国家给予了不同的制度安排。"街居制"的实施与企业改革相伴前行，它有效地支持了企业改革，不仅推进"单位人"向"社会人"的转化，减轻企业社会负担，保障国有企业、集体企业作为独立的市场主体公平、公正地参与市场竞争，而且，由于国家重视街道和社区的公共事业发展，并赋予它们承接企业社会责任和政府服务项目的能力。如此，政府管理、企业生产与社会服务实现了无缝对接，有效地促进了城市基层社会良性运行与协调发展。"乡政村治"与农村家庭联产承包责任制相伴随，是国家对农村治理体制和农村经济体制实施的改革。这两项改革举措相辅相成，一个解决了农村土地经营、粮食生产和农民乃至全国人民吃饭问题，一个解决农村社会的政府与社会关系问题，不仅让国家用最小的管理成本获得了最大的管理效益，而且保证了国家政权在农村社会的权威地位，维护了农村社会秩序基本稳定。但是，国家对城乡基层治理的制度安排在实施过程中存在诸多不尽如人意的地方，如城市社区公共事业发展和社会治理成本是政府承担的，而农村几乎由集体经济或农民自己承担，在制度上存在"重城轻乡"倾向；城市基层社会治理水平高，居民能享有较方便、高水平的公共服务，而农村医疗保障、养老保障、社会救助等的发展水平都比城市落后。虽然城乡基层社会治理场景不同，国家可以实行不同治理形式，但治理形式的不同并不意味着城乡治理水平、治理质量有差距，农村治理成本要由农民自己承担，农村居民只能从治理中获得低于城市居民的权益。

换言之，尽管城乡实行两种不同的治理体制，各有特色，但城乡治理水平不能由于治理形式不同而有差距，城乡治理需要实现"一体化"。城市"街居制"与农村"乡政村治"体制都是20世纪80年代形成的，都曾为城乡政治经济体制改革起到了积极作用，并有效地保证了城乡基层社会秩序。然而，当前城乡治理场景和治理问题与80年代有了很大的不同，城乡发展渐趋一体化，城乡二元治理体制已经不适应时代变化与发展要求。1980年中国城镇化率为19.39%，[①] 而2014年城镇化率达到54.77%，大量农业人口

[①] 简新华、何志扬、黄锟：《中国城镇化与特色城镇化道路》，山东人民出版社，2010，第213页。

流出农村到城镇打工、生活;20世纪80年代,家庭联产承包责任制是农业生产经营新制度,激发了农业生产潜力,调动了农民劳动积极性,农户家庭收入主要依赖土地产值,而如今,家庭承包制虽然仍有一定活力,但大多数农户的家庭收入主要来自非农业,农民种粮积极性普遍不高,土地撂荒现象严重;80年代农村乡镇企业发展和小城镇建设促使部分农民向农村城镇转移,并成为乡镇企业职工,但国家"离土不离乡、进厂不进城"的政策限制了农民向外流动,流动农民几乎是兼业农民,农村治理对象比较固定,而如今,越来越多的农民跨行业、跨地区流动,村庄中中青年农民日渐减少,他们既不参与村庄治理活动,村庄也很难"治理"他们;80年代农民生活水平低,服务需求少,政府和村委会的治理难度小,而现在的农民经济能力强、见多识广,他们的服务需求名目繁多,且层次不断提高,乡镇治理难度大;80年代农村治理经费有村"三提"(公积金、公益金和管理费)和乡"五统"(教育事业费附加、计划生育、优抚、民兵训练、修建乡村道路等费)的保证,如果公共设施建设需要人力,乡村还可以使用农村义务工和劳动积累工,治理有人、财、物方面的保障,而农业税和"三提、五统"取消后,农村治理成本只能依靠乡村集体经济,如此,一些集体经济弱的乡村治理陷入"巧妇难做无米之炊"的困境。

城乡二元体制铸造了中国农村特色的"乡政村治",但随着城镇化发展、农业人口大量流出和城乡二元结构逐步消解,国家需要按照城乡一体化发展理念创新农村社区治理制度,即实行城乡一体化社区治理。然而,针对中国社会的城乡二元的户籍、教育、社会保障、劳动用工、土地使用等不合理的制度安排,学术界对城乡一体化研究集中在建立"以工促农、以城带乡"的长效机制和形成城乡经济社会发展一体化新格局,以及城乡发展规划一体化、城乡基础设施建设一体化、城乡公共服务一体化、城乡劳动就业一体化、城乡社会管理一体化上,[①] 冀望通过系列一体化行动,打破城乡二

---

① 薛敏兴:《我国城乡一体化体制、机制建设模式与路径选择的社会学思考》,《理论导刊》2009年第5期。

元结构，消弭城乡发展差距，实现城乡经济社会协调发展。学界对城乡一体化已经进行了广泛、深入的研究，研究成果也比较多，但很少有人以城乡发展一体化理念来研究农村社区治理和城乡社区治理一体化。即使有学者在农民集中社区[1]、新型农村社区[2]等研究中探讨农村社区建设未来走向，以及农村新社区与城市社区建设对接等内容，但很少有人对城乡一体化社区治理进行制度研究。

城乡一体化发展是国家实施的促进城乡协调发展战略，"既是一个城乡综合的经济、社会、空间发展过程，又是城乡经济社会发展的一个终极目标"。[3] 作为过程，农村社区是城乡一体化发展的主要载体，基础设施建设、公共服务、社会保障等的一体化发展都需要在社区场域中进行，城乡一体化社区治理要求政府和社区组织强化社区的基础设施、公共服务、社会保障等发展。作为目标，农村社区治理尽管可以采用不同的形式，有不同的发展阶段，但在国家治理的全局要求上，农村社区治理与城市社区治理都需要通过政府、社区组织、社区居民和非营利组织的共同努力，进而改善社区居住环境，提高社区居民生活质量，最终使社区走向"善治"。[4] 因此，城乡社区治理一体化应该成为城乡一体化的重要内容，国家制度必须对推进城乡社区治理一体化予以制度安排。

第一，推进村改居，进行农村社区化建设。城市社会基层单位是社区，农村却是行政村，虽然二者实行自治，拥有自我管理、自我教育、自我服务等自治功能，但社区与行政村仍有较大区别，行政村带有明显"行政"性质，更像是隶属于乡镇政府的"半行政化"组织。[5] 近些年，一些地方政府

---

[1] 叶继红：《农民集中居住与移民文化适应——基于江苏农民集中居住区的调查》，社会科学文献出版社，2013。
[2] 吴业苗：《新型农村社区建设：如何可为——以城乡一体化为视角》，《社会主义研究》2012年第3期。
[3] 黄坤明：《城乡一体化路径演进研究：民本自发与政府自觉》，科学出版社，2009，第37页。
[4] 〔瑞士〕弗朗索瓦-格扎维尔·梅里安：《治理问题与现代福利国家》，载俞可平《治理与善治》，社会科学文献出版社，2000，第140页。
[5] 吴业苗：《农村基层社会管理与"社区化"体制的建构》，《社会科学》2013年第6期。

在新农建设中加快村改社区、村委会改居委会的进程，在城乡接合部、农民集中区、村庄拆并后的新村建立农村社区；还有一些地方，如山东诸城将全市1257个村整合为208个大社区，对其进行社区化治理。南京市把村改社区作为各区委、区政府的一把手工程，2002年起不断加快撤村建社区步伐，2002年共有村民委员会1022个，到2013年底仅剩395个，下降61.4%。南京市村改社区不彻底，这是由于南京市为村改社区设置了三个条件，即有村委会建制但实际已无村民的"空壳村"、城市居民户籍人口数占全村户籍人口数1/3以上的村、农业生产资料50%以上已经流转且全村从事农业生产人数已不足50%的村。因此，有必要将行政村全部改制为社区，并对其进行社区化治理。一方面，农业税取消后，乡镇政府进一步上收的行政权力，行政村的"行政"功能日渐减弱，不需要行政村代理政府履行行政职能；另一方面，村改制为社区后，村委会、居委会的管理功能将被严重削弱，它必须像城镇社区的居委会那样，保障居民享有《中华人民共和国村民委员会组织法》赋予村民的民主选举、民主决策、民主管理、民主监督权力，并为居民提供服务。

第二，理顺政府与社会关系，强化政府服务社会的功能。一直以来，乡镇政府是农村社会的"带头大哥"，在农村基层社会拥有绝对的领导权、管理权和支配权，它除了将国家治理农村的意志贯彻到农村基层，确保农村社会行动与上级政府指令保持一致外，还利用其行政权在农村社会收取"好处费"，为乡镇政府及其官员"寻租"。国家取消农业税后，乡镇政府变成了"悬浮式政府"，不能再利用行政权谋利，一些乡镇政府人员工作积极性严重受挫，加上缺少建设与管理资金，部分乡镇官员不再愿意为农村社会做事，致使农村的公共设施、公共服务发展停滞不前。新农村建设开展后，国家制定了"以工带农、以城促乡"的城乡一体化发展方针，不断增加支农、惠农资金，而且国家需要乡镇政府再次下乡，带领农民进行新农村建设，增加农民收入。新农村建设、新型城镇化背景下的乡镇政府与农村社会不再是领导、管理关系，应该是合作与服务关系，乡镇政府的主要职责是为农业发展、农村建设和农民增收提供服务。

第三，实行"经社"分开，剥离居委会的生产管理功能。计划经济时期，农村实行的是"政社合一"管理体制，国家权力对农村实行"纵向到底、横向到边"的严格管制，农村基层社会被国家政治高度统合，没有自主权。家庭承包制实施后，农村实行的是"乡政村治"管理体制，虽然乡镇行政权与村民自治权共处共存，但行政权在一定程度上绑架了自治权，村委会成为国家权力在农村的"剩余载体"和乡村准政府组织，只能按照乡镇政府行政指令进行日常治理工作，并将工作重点放在农业生产和经济发展上，有的还要参与乡镇政府的招商引资行动。将行政村改制为社区，居委会的重要功能应该调整为维护居民权益，更好地为村民生活提供服务。如此，农村社区化改造必须将社区居民的生活和经济发展分开，居委会不再承担发展农业生产和增收的责任，而剥离出来的农业生产、经济发展责任则由社区经济组织承担。

二 建立农村多元合作治理制度

中国农村治理主体因国家变革农村治理体制而不同。在计划经济时期，国家将行政权下沉到农村基层社区，并在农村社区（生产大队）建立党支部，指导、监督生产大队贯彻、执行党和国家意志。虽然那时国家废除了农村基层的家族、宗教等社会组织，但国家在农村社会主义改造中培育了妇女组织、民兵组织和共青团组织，它们能很快进入角色，协助党组织开展农村基层治理工作。不仅如此，国家还根据农村开展政治任务和生产任务的需要组织工作队到农村基层进行专项整治、帮扶工作，以巩固农村的社会主义阵地。如此，计划经济时期的农村基层治理主体比较单一，主要是社队党政组织和三大群众组织，治理活动一般集中在粮食生产上，即治理的中心任务是组织、动员农民群众参加农业生产活动，农村社会开展的政治教育活动、文化宣传活动，也都围绕多种粮、多收粮、多交粮进行。严格意义上说，计划经济时期的农村治理，群众不是治理主体，而是治理对象，是各项工作的被动执行者，他们几乎没有自主权，甚至对农作物种什么、种多少都无权决定，只能听从上级政府安排。家庭联产承包责任制后，国家逐步放权给农村社会，赋予了村民一定自主权，农村治理权部分地回归到社会。虽然20世纪八九十年代农村基层治理主体数量没有多大变化，有的甚至还有所减少，但国家将人民公社改制为乡镇政府、将生产大队改制为行政村，农村社会治理有了明确的责任主体，国家不再包揽农村所有事务，村民及其村委会能自行处理绝大多数事务。进入21世纪后，农村社会组织快速成长，如经济性质上的合作社、专业协会，政治性质上的议事会、理事会、监事会，社会性质上的平安服务队、红白事理事会、调解俱乐部等，社会组织数量大幅度增加，这为农村多元合作治理奠定了广泛的群众基础。

多元合作治理是一种合作主义治理模式，它要求政府与社区组织在社区治理中进行制度化合作和开展良性互动，各司其职、分工合作地对社区事务进行管理。在多元合作治理模式中，治理主体是多元的，包括政府、社区的正式组织与非正式组织、社区居民等。由于各治理主体拥有的资源不同，它们在治理过程中容易形成相互依赖的关系和在一定政策框架下的利益博弈；治理权力有自上而下的行政命令，但更多的是多个治理主体共同参与——既要参与"掌舵"，又要参与"划船"[1]——而形成的权力；治理结构由垂直科层结构转变为横向网络结构，相应地，治理过程由行政控制转变为扁平化和网络化的对话、协商、互动，治理关系也由依附-庇护关系转变为信任-互惠关系；治理结构是多中心的，政府拥有的资源和行使权力超过其他社区组织，它成为基层治理的最重要主体，相比较而言，其他治理主体拥有的资源、权力、影响都有限，但它们是相互依赖、相互制约的关系，一般不会在治理中出现某一个主体过度追求自身利益而伤害社区普遍利益的现象。

新农村建设以来，农村在治理实践中已经形成了若干个较成功的治理模式。代表性的模式有山东诸城的"多村一社区"治理模式、浙江宁波的虚拟社区"联合党委"治理模式、浙江舟山的"社区管理委员会"

---

[1] 〔美〕珍尼特·V.登哈特、罗伯特·B.登哈特：《新公共服务：服务，而不是掌舵》，丁煌译，中国人民大学出版社，2010，第5页。

治理模式,以及江苏在全省农村推行的"一委一居一站一办"治理模式等。这些治理模式基本上是某一地区在农村治理实践中形塑的具有一定普遍性的治理模式,它们有的针对农村区划调整后的新社区治理问题,有的针对乡镇政府与行政村分担治理责任的问题,有的针对政府职能转变和公共服务下乡的服务组织运行问题。不过,从已经形成的做法及经验来看,这些模式更多强调社区治理的服务功能,存在以社区服务代替社区治理的"嫌疑"。

除了从政府层面上提升、凝练出来的农村治理模式,一些农村社区在完善村民自治制度基础上大胆探索出一些颇有地方特色的治理模式,如社区居民代表大会、社区协商议事委员会和社区居委会组成的"一会两委"模式;社区成员代表大会、社区居委会和社区工作站组成的"两会一站"模式等。这些治理模式更突出治理主体的多元性和各主体之间的合作治理功能发挥,是农村基层治理实践的再创新,它们在一定程度上弥补、修正了"乡政村治"治理体制在农村基层治理上的不足。

不过,根据南京市农村治理现状和社区发展要求,农村社区治理结构最好由党支部(党委)、居(村)委会、合作经济组织三大主体支撑。传统农村社会村级正式组织是党支部和村委会,党支部工作侧重于政务,村委会工作侧重于村务,二者职能不尽相同,但一些行政村出于治理成本、工作效率等方面考虑,采用两块牌子一套人马,或书记兼村主任,或村主任兼副书记的交叉方式治理农村社区。不管村组织的人员如何组合,行政村领导心目中最主要的工作始终是发展农业生产、提高农民收入,党务、政务都围绕这个中心进行。加上上级政府对社区建设和社区服务缺少明确的考核指标和资金投入,农村社区尤其是经济欠发达地区的党政组织都不太重视民生问题,造成经济发展硬和社区服务弱的治理失调现象。

随着农业产业结构调整升级和农村人口结构老龄化,以农户为经营主体的家庭承包制受到来自城镇化发展的严重冲击,越来越多的农户将家庭主要劳动力安排到非农产业上,农业生产出现兼业化、副业化、老人化。因此,农村的一些农技人员、种田能手、龙头企业便牵头组建合作经济组织，如土地股份合作社、社区股份合作社、农民专业合作社等。经济合作组织是农村社区新型组织，它们按照企业股份公司形式经营承包地，经营社区集体资产，发展特色农业、品牌农业、都市农业、旅游农业，成为农村基层治理重要组织力量。就此而言，构建以党支部（党委）、村（居）委会、合作经济组织为主体的"三角型"融合互动的治理结构，是顺应农村经济社会发展新形势的需要，是提高农村社区治理水平的一种有效途径和实践创新。[①] 不仅有利于党组织将合作组织的优秀能人培养成党员和把党员培养成致富能手，夯实党组织的群众基础，提高党组织的工作活力和认可度，而且有助于集聚村干部和农村致富能人等乡土精英，带领农民群众进行新农村建设，促进农业发展、农村繁荣、农民富裕。

当然，农村社区的"三角型"治理结构还在探索中，需要进一步理顺党组织、居委会与经济合作组织的关系。一方面要建规立制，尊重经济合作组织的生产经营自主性和相对独立性，切实保证它有能力协同村党政组织维持农村社会稳定，促进农村经济发展。但是，村经济合作组织仅是组织农民进行农业生产、发展农村经济的群众性组织，它不能凌驾于村两委之上，不能干扰村两委工作，更不能因为自己经济能力强就企图取代村两委职能。另一方面，经济合作组织必须无条件地接受村党支部（党委）领导，服从村委会的经济工作安排，并且要积极、主动地参与农村社区的公益事业和公共事务建设活动。此外，建构党组织领导下的优势互补、协作配合的农村治理工作机制，村级重大事项决策通过党支部提议、村委会审议、村民会议决议的程序进行，但要注意听取合作经济组织的意见，建立"三大组织"联席会议制度，定期不定期地召开会议，就村级重大事务决策与治理工作进行沟通、交流、决策，以实现农村党建工作、村务管理工作与经济工作和谐共振。

此外，农村基层治理还需要处理好政府与社区组织关系。政府与社区组

---

① 陆子修:《构建新型农村治理结构的探讨》,《村主任》2010年第1期。

织之间存在双向"组织化依赖",一是社区组织是政府控制社会、实施社区化治理的工具,唯有社区组织承认政府治理权威、服从政府治理意志,政府才能给社区组织相应的身份、地位和利益保护,即社区组织需要依赖政府形成、壮大。二是政府对社区组织也有依赖,需要社区组织将政府政策与治理方略传递给社区群众,需要社区组织控制与治理基层社会,需要社区组织实现社区治理目标。政府与社区组织双向依赖在实践活动中容易出现偏差,如果政府过于依赖社区组织,将公共服务等事务全部推给社区组织,甚至将政府自身职责让渡给社区组织,这不仅有可能导致政府"懒政",还可能使社区组织行政化。社区组织行政化,意味着社会组织掌握着更多的政府资源,拥有更有力的靠山,可以利用行政资源进行治理工作,许多工作的阻力都将大大降低,但行政化的社区组织,其独立性、创造性、竞争性也将因有政府关照而被严重削弱。更严重的是,行政化社区组织往往仰仗政府权威,拿大旗当虎皮,肆无忌惮地谋取自身利益。如果政府不对其进行严格规制,它有可能做一些缺乏公共责任的事情,置政府工作于被动中。美国学者萨拉蒙(L. Salamon)在总结西方第三部门的发展中存在的德行完美、志愿主义、完美无瑕的三个神话时指出,在现实中,第三部门的发展是无法摆脱官僚机构的一切局限性(包括基层控制)的影响;政府和第三部门的关系更多的是合作而非冲突,在合作范围中不能减少政府的作用;第三部门发展需要有深厚的历史基础。[①] 我国农村社会组织数量少,并且尚在培育、成长中,政府不能将农村社会的公益事业和公共事业都推给它们。现阶段正确的做法是政府引导社会组织参与社区治理工作,完全放手让社会组织从事治理工作还为时尚早。

三 建立农村公共服务有效供给制度

公共服务是指由政府和非政府组织为满足社会公共需要而提供的服务行

[①] 〔美〕莱斯特·萨拉蒙:《非营利部门的兴起》,载何增科主编《公民社会与第三部门》,社会科学文献出版社,2000,第253页。

为总称。公共服务范围广泛，可以将其划分为不同种类：在领域上，公共服务可分为基础性公共服务、经济性公共服务、社会性公共服务和安全性公共服务；在公共资源的稀缺程度上，公共服务可分为无偿性公共服务和有偿性公共服务；在表现形态上，公共服务可分为有形公共服务和无形公共服务；在地位上，公共服务可分为基础性公共服务和非基础性公共服务；等等。领域上基础性公共服务与地位上的基础性公共服务是不同的：领域上的基础性公共服务是指政府为提高和改善居民生产、生活环境而提供的道路建设、供水、供电、供气，以及交通、通讯等基础设施建设和维护服务，类似于有形公共服务或公共产品；而地位上的基础性公共服务是指在形成一定社会共识的基础上，结合国家财政供给能力、社会发展总体水平和公民需求状况，维持社会稳定、保护公民基本权、促进人全面发展的公共服务，包括公共就业服务、社会保障服务、基础教育服务、基本医疗卫生服务、公共文化体育服务等。

长期以来，中国城乡公共服务供给主体不同，城市公共服务基本上由政府提供，而农村公共服务最主要的供给主体是农村集体组织和农民个人，农民筹资、集资是农村公共服务发展的重要资金来源。取消农业税后，虽然国家允许村委会通过"一事一议"方式进行农村道路、桥梁、水利等基础设施建设，但由于各地政府都对农民集资款设置了最高限额，加上农民流动性强，村委会难以组织"一事一议"，公共设施建设与维修款严重不足。"一事一议"对农村公共事业、公共服务发展的作用微乎其微。如此，城乡公共服务发展水平差距越来越大，一些农村人选择到经济发达地区或城镇寻求教育、医疗、就业等更高水平的公共服务。

鉴于此，国家在新农村建设中一方面不断加大支农、强农、惠农的财政力度，努力提高农民经济收入，另一方面将公共事业发展重点转移到农村，主动承担起农村公共设施建设和公共服务供给的主体责任。新农村建设开展以来，由于国家按照城乡一体化发展理念建设农村，农村的有形公共服务，如道路、水电、通信、数字电视、"改水、改厕、改厨、改圈"和农田水利等基础设施建设，以及无形公共服，如基础教育、文体娱乐、卫生健康、劳动就业、社会保障、社会治理等都获得了快速发展，农村社区的公共服务内容、水平正在与城镇社会对接、并轨，有些城郊农村居住环境、公共服务水平甚至还高于部分城镇老社区。但毋庸置疑，消弭近半个世纪以来城乡二元体制造成的城乡公共服务发展水平差距是一个长期的工程，不能一蹴而就。城乡公共服务一体化发展不仅需要政府的公共服务建设与发展政策向农村倾斜，在一定时期赋予农村公共服务优先发展权，而且需要建立以政府为主体、市场和社会组织广泛参与的公共服务多元供给体系。唯有政府、市场、社会在农村公共服务建设上共同发力，才有可能逐渐缩小农村公共服务发展水平与城镇的差距。

采用多元合作方式供给农村公共服务源于公共服务不同的性质。按照公共服务竞争性和排他性程度可将其划分为纯公共服务和准公共服务。农村纯公共服务具有完全的非竞争性与非排他性，如农村县乡级政府管理、农村综合发展规划、农村信息系统建设、大江大河治理、农村环境保护等公共服务。准公共服务介于纯公共服务和私人服务之间，在消费过程中具有不完全非竞争性和非排他性，如农村高中（职高）教育、医疗、社会保障、道路建设、电力设施、小流域防洪涝设施建设、农业科技成果推广、文化馆运行等公共服务，它们有的具有排他性而不具有非竞争性，有的具有竞争性而不具有非排他性，有的兼顾二者，具有半排他性和半竞争性。① 一般而言，纯公共服务由政府提供，政府需要承担所有的政治责任和经济责任；准公共服务，原则上政府不直接提供，由市场与社会提供，并且其政治责任和经济责任是分离的，即政府可以通过经济契约的方式将其委托给市场和社会，由营利性组织、社会团体来承担经济责任，但政治责任不能转移，需要政府承担，以领导、协调、监督非政府组织更好地履行公共服务供给职能。

纯公共服务提供者是政府，其责任要求体现在三个方面。其一，提供普惠性服务。政府提供的服务要面对全部农村社会成员，所有社会成员都有机

---

① 吴业苗：《城乡公共服务一体化的理论与实践研究》，社会科学文献出版社，2013，第96页。

会获得均等化公共服务,即"客观意义上说的每个公民必须获得与其他公民完全一致的服务量"。① 其二,提供底线服务。政府提供的服务是基础性的,虽然有些服务的效率不高,甚至政府因提供服务的成本过高而受到社会诟病,但尽管如此,政府必须"忍辱负重",竭力做好"赔本"服务,这是政府的政治责任使然。其三,突出低层次服务。公共服务具有层次性,同一地区不同种类的公共服务发展程度不一样,并且随着生活水平不断提高,居民的服务需求差异也很大,政府很难满足所有居民不同层次的服务需求,只能重点保证低层次服务,并根据政府财政能力提高服务档次,但绝不能好高骛远。还有一点,市场和社会团体不愿提供的公共服务,政府必须无条件地提供。穆勒认为,"在某一时期或某一国家的特殊情况下,那些真正关系到全体利益的事情,只要私人不愿意做(而并非不能高效率地做),就应该而且也必须由政府来做"。② 比如,农村基础设施服务投资大、周期长、回报率低,私人资本一般不愿意冒风险投资,政府为了实现预定的经济、社会和生态目标,必须义不容辞将这些服务承担起来。

准公共服务的主要提供者是市场组织和社会组织。有的准公共服务是"俱乐部型"的,仅具有非竞争性,最好由市场主体提供。如农民按照市场规律建立的合作社,只要他加入了这个合作社,履行了缴费等责任,就能得到该合作社提供的服务。有的准公共服务是"公共池塘型"的,仅具有非排他性,最好由社会组织或团体提供。如政府将农村文体娱乐活动交给社会组织,社会组织可以凭借其专业实力做得比政府更好。当然,由于社会组织或团体是非营利性的,这类服务的成本应该由政府承担。就农村居民对公共服务需求来看,他们对准公共服务的需求量不断增大——准公共服务更能满足农民差异化服务需求。政府提供的纯公共服务满足的是人们共性需求,而生活好起来的农民对农业生产、文化教育、卫生健康等有更高、更多的需求,而这些需求只能从市场和社会中寻求。

---

① 〔美〕詹姆斯·M. 布坎南、罗杰·D. 康格尔顿:《政治原则,而非利益政治:通向非歧视性民主》,张定淮、何志平译,社会科学文献出版社,2004,第 191 页。
② 〔英〕约翰·穆勒:《政治经济学原理》(下),赵荣潜等译,商务印书馆,1991,第 570 页。

1. 建立"一主多元"的农村公共服务供给模式

在农村公共服务供给体系中,各个供给主体地位和作用是不同的。政府供给是制度内供给形式,供给重点在农村纯公共服务上,主要责任是履行政府管理社会和服务社会的职能,以及在供给实践中纠正、弥补市场、社会供给的不足;社会组织供给是协助政府供给形式,供给重点在公益服务上,主要责任是要使农村公共服务惠及弱势群体、困难人群;市场企业供给是按照市场规律进行公共服务生产与供给的形式,供给重点在农村准公共服务上,主要责任是满足农村不同群体的个性化服务需求;农户自主服务是亲戚、邻里间开展的自我服务、互帮互助的服务形式,供给重点在日常生活上,主要责任是满足农村社会成员临时、紧急之需。[1] 由此来看,政府供给、社会组织供给、市场企业供给和农户自主供给各自承担的角色不一样,政府是最重要的公共服务供给主体。由于政府提供的服务侧重于居民面上的共性需求,不可能统筹兼顾每一个人的差异化、层次化服务需求,它在公共服务供给中往往出现失灵,需要社会供给予以补充。社会组织供给、市场企业供给和农户自主供给是公共服务社会供给的三种主要形式,都存在一定的供给盲区,也可能失灵,需要政府供给纠正、弥补。换言之,虽然农村公共服务供给主体各自独立,有彼此不同的供给领域、供给责任、服务内容,但在实际操作中需要它们相互配合,全面性、立体式地发挥作用。

2. 建立多元参与的协商机制

在农村公共服务供给中有多个利益相关者,公共服务供给多元合作实质上是政府利益相关者、集体利益相关者、私人利益相关者之间的协商合作。[2] 不同利益相关者合作需要坚持的原则有:通过资源签订并遵守契约的合作原则;让更多的利益相关者参与管理的参与原则;契约各方同意承担由其行为带来的后果的责任原则;承认人类能够依照各种不同的价值观和观念

---

[1] 吴业苗:《"一主多元":农村公共服务的供给模式与治理机制》,《经济问题探索》2011年第6期。

[2] Chris Ansell, "Alison Gash. Collaborative Governance in Theory and Practice," *Journal of Public Administration Research Theory Advance Access* (4) 2008: 515 – 516.

来行动的复杂性原则；共同价值目标驱动持续创造价值的持续创造原则；减少优势群体控制价值创造的潜在可能的实现竞争原则等。[①] 虽然农村公共服务供给主体是多元的、供给结构是高度分权的，但需要正式和非正式制度将各个供给主体连接在一起，共同参与农村公共服务发展事业。当然，尽管这种合作参与是多方面的，涉及各个供给主体利益的多寡，但协商应该是平等的，政府不能因为自己拥有更多的公共服务资源及其支配权，就将自己凌驾于市场、社会等主体之上，不顾它们的利益需求，甚至强力干涉它们的供给行为；市场、社会等供给主体也不能借口服务供给的独立性和自主性，就无视政府领导，将农村公共服务供给置于"无权威"的境地。[②]

3. 建立制度化利益表达机制

公共服务供需不平衡及其矛盾是公共服务发展的深层次问题，公共服务供给必须解决供需不平衡问题，并将满足群众的公共服务需求作为公共服务发展的最终目标。然而，在农村公共服务实践中，公共服务供给存在不同程度的缺位、错位和越位——村民需要的服务在村庄社区难以寻觅，或提供的服务质量差，不能让村民满意；村民不需要的服务却因政府的形象工程、面子工程、领导工程建设而越来越多，造成了宝贵的公共服务严重浪费。化解公共服务供需结构不平衡的矛盾，最主要举措就是要建立、完善村民的利益表达机制，将村民公共服务需求准确、及时地传递给各个供给主体。正如樊继达所言："利益表达对于提高政策制定功能、获取政治支持、增强政治合法性、缓解社会矛盾冲突、促进社会稳定具有重要意义。"[③] 当然，由于多数村民缺乏进行利益表达的主体性意识，加上一些农民利益表达理性化程度低、信息传播机制不健全、缺乏表达组织平台等方面原因，[④] 农民对公共服务表达不是很积极：或者担心表达后被孤立而沉默不表达；或者以往表达被

---

① 〔美〕爱德华·弗里曼等：《利益相关者理论现状与展望》，盛亚、李靖华等译，知识产权出版社，2013，第55页。
② 赵树凯：《农村社会分化与组织创新》，载马洪、王梦奎主编《中国发展研究》，中国发展出版社，2004，第359页。
③ 樊继达：《统筹城乡发展中的基本公共服务均等化》，中国财政经济出版社，2008，第4页。
④ 刘明：《我国农民利益表达的障碍与出路研究》，《科学社会主义》2009年第4期。

漠视、拖延而不愿意再表达；或者农村社会更加"原子化"，期望有个组织代表其表达。因此，为促进农村公共服务快速发展，需要在体制内搭建更多的利益表达平台和创新利益表达渠道，强化从政策上、思想上、行为上引导、鼓励村民正确、合理地表达服务需求，进而推进公共服务表达的制度化建设。

四 完善农村土地承包经营制度

土地制度是中国社会体制变革的重要影响因素。在民主革命时期，中国共产党认为解决农民土地问题是夺取新民主主义革命胜利的关键,[1] 满足农民对土地的渴求是开展农村武装斗争、建立农村革命根据地的基础。[2] 为此，中国共产党军队每到一个地方都要"打土豪、分田地"，以赢得广大农民群众对新生政权的支持。中华人民共和国成立后，国家进行了全国性的土地革命，几乎所有的农民在一夜之间拥有了自家的土地，成为土地的真正主人。分得土地的农民不仅劳动、生产热情被极大地调动起来，而且他们更加拥护共产党及其新生政权，并心甘情愿地接受中国共产党领导，真诚地欢迎国家权力到农村基层。出于对党的信任和忠诚，以及对土地"恩情"的回报，当党和国家号召农民加入互助组、初级社和高级社，并将分得的土地收归农村集体时，农民们虽然舍不得，但还是把土地交给农村集体，主动接受新生政权的社会主义改造。

新民主主义革命胜利和社会主义建设都是从土地制度变革开始的，不同的是，新民主主义革命是把少数人的土地分给没有土地或土地少的劳苦大众和农民，而社会主义建设是将农民分散的土地集中到农村集体，由人民公社和生产大队统一经营。尽管土地的"分"或"统"都是国家根据其意志和统治需要做出的制度安排，具有一定的时代意义，但毋庸置疑，农业生产、农民利益，乃至国家经济发展都受到了土地制度的影响。将地主的土地分给

---

[1] 邵彦敏：《农村土地制度：马克思主义的解释与运用》，吉林大学出版社，2012，第53页。
[2] 李宝艳、叶飞霞：《中国特色社会主义文化建设问题研究》，厦门大学出版社，2013，第269页。

农民的进步意义姑且不论，就土地集中经营和农业活动集体安排而言，它严重挫伤了农民劳动积极性，破坏农业生产力，让中国人的吃饭难题雪上加霜。因此，在20世纪80年代国家实行了家庭联产承包责任制改革，将集体生产经营的土地分给了一家一户。

作为中国农村基本经营制度的家庭联产承包责任制是农村经济制度的基础，是国家农村政策的基石，它的"作用不仅仅限于经济领域，还对农村的政治、社会等领域产生深刻的影响"。[①] 家庭联产承包责任制对农村建设和发展具有基础性作用：家庭联产承包责任制解决了农民核心利益——土地问题，农民再度获得了梦寐以求的土地使用权和经营权，生产热情和劳动积极性空前高涨，粮食产量逐年提高，并在较短的时间里彻底解决了中国人的吃饭问题；家庭联产承包责任制赋予农民生产经营自主权，推动了农村产业结构的变化，促进了农村非农产业发展；家庭联产承包责任制提高了农业生产效率，节约了劳动力，使多余的农业劳动力有可能向城镇流动，进而推动城镇化发展；家庭联产承包责任制催生了村民自治制度产生，使分散经营的村民能够在村委会的带领下通过自我管理、自我服务形式处理农村公共事务；家庭联产承包责任制提高了农民的生活水平，增强了农民的政治认同，实施过程中产生的新思想、新观念为农村建设和可持续发展提供了思想条件。

家庭联产承包责任制实施已经有30多年了，其间，中国农村、农民和农业，以及中国城镇化发展都发生多方面、深刻的变化，但家庭承包制并没有做出多大调整，只是延长了承包期。1984年中央一号文件指出"土地承包期一般应在15年以上"，1998年中共中央十五届三中全会决定在原定的耕地承包期到期之后，再将农民的土地承包期延长30年，2002年全国人大常委会通过的《中华人民共和国农村土地承包法》赋予农民长期享有承包、经营和使用土地的权利。从严格意义上说，20世纪80年代中国还是农业社会，而如今中国农业总产值不到GDP总值的10%，超过50%以上的人口已经成为城镇人口，工业化、城镇化程度越来越高，已经步入工业社会—后工

[①] 申文杰：《我国农民利益保障制度及其现实政治分析》，河北人民出版社，2012，第56页。

业社会阶段。如此,绝大多数农民对承包地、农业劳动的看法已经发生了较大变化,承包地不再是农民的"命根子",大多数家庭主要收入来自非农业,更多农民尤其是年轻的农民们不愿意种田,农村土地撂荒、村庄空心、农田水利设施荒废等问题日趋严重。有些学者将这些问题归咎于家庭承包责任制,① 认为家庭承包责任制是导致"三农"问题严重的关键因素。这种观点有些偏颇,它夸大家庭承包责任制影响力。说到底,家庭承包责任制只是一项土地承包、经营、使用制度,农村社会在转型中出现的问题更多源于城镇化发展对农村社会形成的冲击,而不是家庭联产承包责任制本身。

城镇化对农村发展的作用是把双刃剑,它对农民是"利好",对农业是"利空"。"利好"在于城镇化发展需要大量劳动力,这不仅为农民离土离乡进入城镇提供了条件,为农民获得比农业生产多得多的收入提供了机会,而且为农民永久性离开农村成为城镇居民提供了可能。当然,城镇化对农民形成的"利好"集中在有劳动力的人,尤其是年轻人身上,农村留守人员应该另当别论,并且这种"利好"主要体现在经济收入增多方面,至于对农民身份转变形成的"利好"还没有完全显现。"利空"在于城镇化发展抽走了大量的农村劳动力,农业生产日趋"去内卷化"。城镇化吸引走的劳动力一开始是农村多余的劳动力,如今农业生产必要的劳动力也纷纷离开农村,农业生产成为留守妇女、留守老人的农业。不仅如此,随着城镇化程度进一步加深,越来越多的农村留守妇女加快"随夫""随子"步伐,纷纷来到城镇,农业正在沦为老人看守的农业,发展前景越来越令人担忧。虽然国家实施了新农村建设战略,农村的公共设施和公共服务有了不同程度的提高,但农民对承包地的热情并没有因新农村建设的开展而有所提高,弃耕、土地撂荒随处可见,农村土地制度到了再改革窗口。由于农村土地制度改革涉及农业农村多个方面,关系整个经济社会发展大局,改革必须积极稳妥、审慎推进,② 坚持如下三个原则。

---

① 章元:《中国农村经济:制度、发展与分配》,上海人民出版社,2012,第67页。
② 赵阳:《对积极稳妥推进农村土地制度改革的两点思考》,《改革》2014年第5期。

1. 继续稳定家庭承包责任制

家庭承包责任制是中国农村的一项基本经济制度,必须保持长期稳定。尽管在城镇化进程中一些农民对土地的感情渐渐疏远,家庭生活不再依赖承包地,甚至出现任由承包地撂荒的现象,但不能由此怀疑家庭承包责任制的有效性,更不能以此为借口废除它。中国当前的土地问题极其复杂,既有传统农业社会的土地问题,又有城镇化进程中的土地问题,解决好土地问题,在一定程度上决定国家治理体系和治理能力现代化。[①] 因此,解决农村土地问题需要基于治理能力现代化和城乡统筹发展两个视角。从治理能力现代化方面,土地家庭承包责任制关系到农地有效使用、粮食安全、劳动力充分就业以及农民工因市民化失败能不能返乡等问题,改变或废弃家庭承包责任制将在农村社会产生连锁反应,轻则导致农村居民无所事事,重则将出现温饱问题,威胁社会稳定。从城乡统筹发展方面,农地的家庭承包制发轫于城乡二元结构高度固化时期,面对城乡社会渐趋一体化的现实,它的作用绝非仅在农村场域,稳定这个制度直接影响农民流动进城和身份转变。允许农民带土地承包权进城,可以减少农民后顾之忧,增强农民适应城镇的经济能力。再者,由于"世界上几乎所有国家的农业生产都是以家庭制的形式进行的"[②] 即使在土地规模经营机械化程度高的条件下,也需要以家庭生产为主。

2. 积极推进土地有效流转

最初的家庭承包责任制设计将农地的承包权与经营使用权捆绑在一起,不允许承包权与经营使用权分离。尽管当时提出统分结合的"双层经营",但集体经营权基本上是虚置的,农地主要以农户家庭为单位经营。然而,随着农业人口的快速流出,家庭主要劳动力外出打工,留守妇女和留守老人经营家庭承包地已经力不从心,家庭承包责任制进入制度"低效期",只有对其进行改革,才能继续保持家庭承包责任制的活力。就近几年农村实践看,

---

[①] 刘守英:《审慎稳妥推进土地制度改革》,《前线》2014年第5期。
[②] 徐旭初:《中国农民专业合作经济组织的制度分析》,经济科学出版社,2005,第62页。

各地将家庭承包责任制改革重点放在推进土地流转上,并且至2014年农村土地流转接近30%。推进农村土地流转是完善家庭承包制的一条有效路径,但需要处理好三个关系:一是提高土地利用率和发展农业规模经济的关系。土地流转主要目标是优化劳动力和土地资源的配置,更好地提高土地利用效率。虽然土地流转必然带来经营规模的变化,但土地流转不一定就要发展农业规模经济。农业不同于工业,规模大不一定就效率高,一定要避免重蹈中国农业合作化的"规模灾难"。二是土地流转速度快与慢的关系。土地流转是一个自然过程,当一个地方农业人流动多且快时,这个地方的土地流转可以快些;当一个地方乡镇企业发达、兼业农民比较多时,这个地方土地只能适度流转;当一个地方农业流动人口少,小农经济仍占有相当多的比例时,这个地方土地就不一定要流转。政府推进土地流转,但绝不能剥夺农民土地经营权,强制农民流转土地。三是土地流转与人口城镇化关系。中国土地城镇化快于人口城镇化,但在多数农村地区,土地流转却慢于人口流动。农业人口流出快于土地流转造成的妇女农业、老人农业,增加了妇女和老人的生产负担,损害了他们的身心健康。

3. 切实保护农民经济利益

陈锡文指出,农村土地制度改革不能突破三条底线:不能改变土地所有制,要坚持农民集体所有制;不能改变土地的用途,农地必须农用;不管怎么改,都不能损害农民的基本权益。① 农村土地改革制度归根结底是要进一步理顺土地所有权、承包权和经营权的关系,即落实所有权、稳定承包权、放活经营权。但就农村土地改革走向看,所有权和承包权都不能改,改革只能在经营权上。各地在农地经营权改革上探索出转包、转让、出租、入股、托管等形式,但不管哪种形式,基层政府要将维护承包户的利益放在首位,并将其作为农地流转的利益底线。为此,一方面要允许农民工带土地承包权进城,不能用土地承包权置换社会保障权;另一方面建立农民有偿退出机制,鼓励农民采用转让形式退出承包地——承包方将其拥有的土地承包经营

---

① 陈锡文:《应准确把握农村土地制度改革新部署》,《中国党政干部论坛》2014年第1期。

权以一定的方式和条件转移给他人,转让后原承包关系就自行终止;按照《土地承包法》规定,要求全家迁入设区的市,并且转为非农户口的农民将承包地交回发包方,村集体应该给予一定经济补偿。

五 建构居村市民培育制度

在经济上,农民被人们看成小农,是小块土地的所有者、经营者,使用的是落后的生产工具和传统技术,生产的产品主要是为了自己和家庭的需要,与外界、市场联系少,生活水平低下。基于此,农民在政治上往往被看成"不是革命的,而是保守的","甚至是反动的"。[1] 马克思、恩格斯就农民命运指出,"正如任何过了时的生产方式的残余一样,在不可挽回地走向灭亡"。[2] 为了促使保守、落后的小农转向终结,列宁基于"农民是我国的决定因素","勤劳的农民是我国经济高潮的'中心人物'"的认识,[3] 主张在农业中大规模地使用拖拉机和机器,大规模发展电气化,并且,给农民"一定的流转自由"和"商品和产品",[4] 进而改造小农意识,改造他们的整个心理和习惯。毛泽东认为一家一户"这种分散的个体生产,就是封建统治的经济基础,而使农民自己陷于永远的穷苦。克服这种状况的唯一办法,就是逐渐地集体化",[5] 即对农业和农民进行社会主义改造,使小私有与个体劳动的农民"绝种"。[6] 由此,小农特性与社会主义的集体化、公有制是相悖的,苏联采用强制农民进入集体农庄,中国采用引导农民加入合作社和社队集体组织的形式改造小农,企图让他们成为社会主义劳动者和建设者。

今天来看,通过集体化形式改造小农是行不通的。在中国,家庭联产承包责任制终止了国家对小农的社会主义改造,并让农民再度回到小农状态。

---

[1] 《马克思恩格斯选集》第1卷,人民出版社,1995,第283页。
[2] 《马克思恩格斯选集》第4卷,人民出版社,1995,第487页。
[3] 《列宁全集》第34卷,人民出版社,1985,第312页。
[4] 《列宁选集》第4卷,人民出版社,1995,第447~448页。
[5] 《毛泽东选集》第3卷,人民出版社,1991,第931页。
[6] 《毛泽东选集》第5卷,人民出版社,1991,第198页。

如今，人们很少用阶级范式检视小农的特性与社会存在，学界对小农及其问题的讨论凸显其学理性。如有学者研究指出，小农分为传统小农、商品小农、社会化小农和理性小农四个阶段，由于当代中国小农具有社会化程度高、经营规模比较小的特征，他们是社会化小农。[1] 也就是说，当前农民已经不是传统意义上的小农，而是"与传统的封闭的小农经济形态渐行渐远"，"并越来越深地进入或者卷入到一个开放的、流动的、分工的社会化体系中来，进入到社会化小农的阶段"。[2] 而且，"传统小农以基层市场圈为行动边界，追求生存最大化"，而"社会化小农以就业圈为行动边界，追求货币收入最大化"。[3] 因此，中国农民不再是斯科特的以家庭"安全第一"的小农，[4] 也不同于舒尔茨"不逊色于资本主义企业家"的"理性经济人"，[5] 他们不再有生存约束，而更多受到来自货币收入约束，[6] 已经落入"货币支付的陷阱"。

如果按照上述观点，当下中国农民已经由传统小农转变或升级为社会化小农，即具有社会化程度高而规模化程度较小的特征。其实不然，小农最主要特征是分散、孤立、封闭、自给自足、以人力或畜力为劳动手段，并且以小块土地为劳动对象，主要从事粮食作物的生产。然而，当下中国农民居住虽然依旧分散，但不孤立、封闭，他们与城市、市场联系越来越紧密；农业生产存在一定的手工、畜力劳动，但规模化、产业化、机械化程度越来越高；劳动产品有一部分是为了"自足"，但更多是面向市场，并按照市场规则进行日常经济活动。不仅如此，随着城镇化进一步发展，越来越多的农民家庭不再以种田为主业，特别是在经济发达地区和城郊农

---

[1] 徐勇、邓大才：《社会化小农：解释当今农户的一种视角关》，《学术月刊》2006年第7期。
[2] 徐勇：《"再识农户"与社会化小农的建构》，《华中师范大学学报》（人文社会科学版）2006年第3期。
[3] 邓大才：《"圈层理论"与社会化小农——小农社会化的路径与动力研究》，《华中师范大学学报》（人文社会科学版）2009年第1期。
[4] 〔美〕斯科特：《农民的道义经济学：东南亚的反叛与生存》，译林出版社，2001，第6页。
[5] 〔美〕西奥多·舒尔茨：《改造传统农业》，梁小民译，商务印书馆，1987，第37页。
[6] 邓大才：《湖村经济》，中国社会科学出版社，2006，第366~367页。

村,农业已经变成了家庭副业,有的通过转让、入股等形式将土地经营权转给他人。"农民正在'去小农化',而不是升级为社会化小农"。[1] 再者,农民跨行业、跨地区流动日趋频繁,农民群体不断分化,社会身份与职业身份的进一步分离,温饱型农民越来越少,类市民化的农民队伍日趋庞大,包括城市农民工群体和城郊失地农民群体,他们将在不久的未来变成为城镇居民。[2]

居村市民是指居住在农村、能享有与城市居民均等化公共服务,并过着与城市居民生活相近的人,包括居住在农村城镇的党政机关、企事业单位的工作人员,以及居住在城镇社区、集中社区或中心社区的居民。随着城乡一体化、新型城镇化发展,散居的村民将越来越少,一方面,部分人因外出打工向城镇转移,并将随着国家城镇化力度加大,而逐渐成为城镇居民;另一方面,政府根据农村社会经济社会发展需要和人口流动、变化的实际情况,拆、并一些村庄,或兴建大村庄,逐步引导农民向大村庄社区、农民集中或拆迁安置的新型社区集中,并使居村的社区成员享有文化教育、医疗卫生、免疫保健、就业培训、社会保障、休闲娱乐等公共服务。在居住空间上,虽然农村社区的居民工作、生活在农村,他们仍然被看作农村人,但是,在日常生活上,他们与城市居民没有区别。只要政府为社区提供高水平公共设施,并按照城市社区规格予以配套,居民的就学、就业、就医、购物就能像城市同样方便,就能过上与城市居民一样的生活。为此,国家需要从理念和公共服务两个方面进行居村市民培育的制度建设。

在理念上,要改造农民并使其成为市民。传统的改造农民或小农的方法是通过行政手段引导,甚至强制农民加入集体组织,进而消除农民的"私",使他们成为社队集体组织的成员。实践已经表明,采用这种方式改变小农,剥夺了农民选择自由,侵犯了自主权,挫伤了农民生产积极性,给

---

[1] 吴业苗:《小农的终结与居村市民的建构——城乡一体化框架下农民的一般进路》,《社会科学》2011年第7期。
[2] 吴业苗:《居村农民市民化:何以可能?——基于城乡一体化进路》,《社会科学》2010年第7期。

农业生产、群众生活、社会稳定造成了一定的损失。农民问题是"三农"问题的根本,然而,解决农民问题肯定不能按照集体化路径改造农民,需要根据新型城镇化、城乡一体化发展趋势要求"改造"农民——新形势下改造农民除了保障农民享有国民权益,最重要的抓手是尽可能多地让农民成为市民。这是改造农民的方向,必须毫不动摇地坚持。

在路径上,增加公共服务投入。无论农民进城市转变为市民身份,还是农民就地、就近转移到农村城镇、集中社区或中心社区居住、生活,都不能强迫农民掏钱改变自己的地位和处境,政府、社会对促进农民转身负有不可推卸的责任。农民转身有资金、能力等方面的诉求,但主要需求集中在公共服务上。如果农民在新的居住空间中能得到与当地居民均等化的公共服务,并能公正、公平地享有"国民待遇",那农民转身就简单多了,或者说能无障碍地实现转身。然而,不仅城市的农民工不能享有均等化公共服务,转身充满坎坷、挫折,就是在农村城镇、集中社区或中心社区居住的农民,由于政府提供的公共服务普遍不足,农民进入农村城镇或新型社区后难以获得与城市居民同质的公共服务。政府增加农村城镇社区、中心社区或集中社区的公共服务的供给是农民能够成功、快速转身的关键。

综上,培育居村市民对农村基层治理会产生深刻而广泛影响,不仅可能改变农村治理基础、治理资源、治理条件,也可能改变治理空间、治理权威。但是,农民转化为居村市民是一个长期的、自然的过程,不能因为城乡治理一体化,或新型城镇化发展需要,就不顾农村实际情况和农民的切身利益,采取行政手段强制农民向市民转身。城乡公共服务均等化发展是居民市民建构的重要条件,如果公共服务发展仍旧滞后于城市社区,如果政府不能满足居民的公共服务需求,就不能想当然地推进居村农民向居村市民转变。

主要参考文献

一 著作类

《列宁全集》第34卷，人民出版社，1985。

《列宁全集》第37卷，人民出版社，1986。

《列宁全集》第5卷，人民出版社，1986。

《列宁选集》第4卷，人民出版社，1995。

《刘少奇选集》下集，人民出版社，1985。

《刘少奇选集》下卷，人民出版社，1985。

《马克思恩格斯选集》第1卷，人民出版社，1995。

《马克思恩格斯选集》第4卷，人民出版社，1995。

《毛泽东选集》第3卷，人民出版社，1991。

《毛泽东选集》第4卷，人民出版社，1991。

《毛泽东选集》第5卷，人民出版社，1977。

《梁漱溟全集》第2卷，山东人民出版社，1990。

《梁漱溟全集》第5卷，山东人民出版社，1992。

《梁漱溟全集》第4卷，山东人民出版社，1991。

安应民等：《构建均衡发展机制——我国城乡基本公共服务均等化研究》，中国经济出版社，2011。

薄一波：《若干重大决策与事件的回顾》上卷，中共中央党校出版社，1991。

卜长莉：《社会资本与社会和谐》，社会科学文献出版社，2005。

曹锦清：《黄河边的中国》，上海文艺出版社，2000。

陈驰：《论农业合作社》，人民出版社，1956。

陈大斌主编《中国农村的新崛起》，四川人民出版社，1984。

陈桂棣、春桃：《中国农民调查》，人民文学出版社，2004。

陈映芳等：《征地与郊区农村的城市化——上海市的调查》，文汇出版社，2003。

陈占元等编：《中国农村社会经济变迁：1949~1989》，山西经济出版社，1993。

邓大才：《湖村经济》，中国社会科学出版社，2006。

邓伟志、胡申生：《和谐文化导论》，上海大学出版社，2007。

樊继达：《统筹城乡发展中的基本公共服务均等化》，中国财政经济出版社，2008。

樊丽明、石绍宾等：《新农村建设中的公共品供需均衡研究》，中国财政经济出版社，2008。

费孝通：《费孝通在2003：世纪学人遗稿》，中国社会科学出版社，2005。

费孝通：《乡土中国·生育制度》，北京大学出版社，1998。

高化民：《农业合作社运动始末》，中国青年出版社，1999。

葛兆光：《七世纪前中国的知识、思想与信仰世界》，复旦大学出版社，1998。

郭书田、刘纯彬等：《失衡的中国——农村城市化的过去、现在与未来》，河北人民出版社，1990。

何增科主编《公民社会与第三部门》，社会科学文献出版社，2000。

贺麟：《文化与人生》，商务印书馆，1988。

洪远朋主编《合作经济的理论与实践》，复旦大学出版社，1996。

胡群英：《社会共同体的公共性建构》，知识产权出版社，2013。

黄坤明：《城乡一体化路径演进研究：民本自发与政府自觉》，科学出版社，2009。

简新华、何志扬、黄锟：《中国城镇化与特色城镇化道路》，山东人民出版社，2010。

金耀基：《从传统到现代化》，中国人民大学出版社，1999。

孔雪雄：《中国今日之农村运动》，中山文化教育馆，1934

李宝艳、叶飞霞：《中国特色社会主义文化建设问题研究》，厦门大学出版社，2013。

李成贵主编《造福农民的新机制——山东省诸城市推进农村社区化服务的实践与成效》，人民出版社，2008。

《社会与人生：梁漱溟文选》，中国文联出版社，1996。

梁漱溟：《中国文化要义》，上海人民出版社，2005。

梁治平编《法律的文化解释》，生活·读书·新知三联书店，1998年。

刘宗贤：《儒学伦理——秩序与活动》，齐鲁书社，2002。

马洪、王梦奎主编《中国发展研究》，中国发展出版社，2004。

牛若峰、夏英：《农业产业化经营的组织方式和运行机制》，北京大学出版社，2000。

潘家华、魏后凯主编《农业转移人口的市民化》，社会科学文献出版社，2013。

潘屹：《家园建设：中国农村社区建设模式分析》，中国社会出版社，2009。

潘泽泉：《社会、主体性与秩序：农民工研究的空间转向》，社会科学文献出版社，2007。

秦晖：《传统十论——本土社会的制度文化与其变革》，复旦大学出版社，2003。

秦晖：《田园诗与狂想曲——关中模式与前近代社会的再认识》，中央编译出版社，1996。

秦孝仪：《革命文献》第84辑，台北："中央"文物供应社，1980。

邵彦敏：《农村土地制度：马克思主义的解释与运用》，吉林大学出版社，2012

申文杰：《我国农民利益保障制度及其现实政治分析》，河北人民出版社，2012。

石洪斌：《农村公共物品供给研究》，科学出版社，2009。

四川省政协、巴中县政协文史资料委员会合编《平民教育家晏阳初》，四川大学出版社，1990。

谭安奎：《公共性二十讲》，天津人民出版社，2008。

仝志辉等：《农村民间组织与中国农村发展：来自个案的经验》，社会科学文献出版社，2005。

汪丁丁：《经济学家的三个基本预设》，载刘军宁等编：《经济民主与经济自由》，生活·读书·新知三联书店，1997。

汪晖、陈燕谷主编《文化与公共性》，生活·读书·新知三联书店，1998。

吴成钢：《困难群体伦理生态与伦理关怀研究——以珠江三角洲地区为例》，广东人民出版社，2007。

吴新叶：《农村基层非政府公共组织研究》，北京大学出版社，2006。

吴业苗：《城乡公共服务一体化的理论与实践研究》，社会科学文献出版社，2013。

吴业苗：《演进与偏离：农民经济合作及其组织化研究》，南京师范大学出版社，2011。

徐汉明：《中国农民土地持有产权制度研究》，社会科学文献出版社，2004。

徐小青主编《中国农村公共服务》，中国发展出版社，2002。

徐旭初：《中国农民专业合作经济组织的制度分析》，经济科学出版社，2005。

徐勇：《中国农村与农民问题研究前沿研究》，经济科学出版社，2009。

许倬云：《中国文化与世界文化》，贵州人民出版社，1991。

阎云翔：《私人生活的变革：一个中国村庄里的爱情、家庭与亲密关系》，龚晓夏译，上海书店出版社，2006。

《晏阳初教育论著选》，人民出版社，1993。

杨菲蓉：《梁漱溟合作理论与邹平合作运动》，重庆出版社，2001。

杨团:《社区公共服务论析》，华夏出版社，2002。

叶继红:《农民集中居住与移民文化适应——基于江苏农民集中居住区的调查》，社会科学文献出版社，2013。

叶扬兵:《中国农业合作社运动研究》，知识出版社，2006。

殷陆君:《人的现代化》，四川人民出版社，1985。

余英时:《中国思想传统的现代诠释》，江苏人民出版社，1998。

俞可平:《治理与善治》，社会科学文献出版社，2000。

詹成付、王景新编著《中国农村社区服务体系建设研究》，中国社会科学出版社，2008。

张厚安、徐勇等:《中国农村政治稳定与发展》，武汉出版社，1995。

张继焦:《城市的适应——迁移者的就业与创业》，商务印书馆，2004。

张静主编《身份认同研究》，上海人民出版社，2005。

张康之:《公共管理伦理学》，中国人民大学出版社，2003。

张康之:《公共行政学》，北京大学出版社，2007。

张乐天:《告别理想——人民公社制度研究》，上海人民出版社，2005。

张鸣:《乡土心路八十年——中国近代化过程中农民意识的变迁》，陕西人民出版社，2008。

章元:《中国农村经济:制度、发展与分配》，上海人民出版社，2012。

郑起东:《转型期的华北农村社会》，上海书店出版社，2004。

中共中央文献研究室编《建国以来毛泽东文稿》第3册，中央文献出版社，1989。

中国（海南）改革发展研究院:《聚焦中国公共服务体制》，中国经济出版社，2006。

中国孔子基金会编《儒学与二十一世纪》，华夏出版社，1996。

〔巴西〕保罗·费雷勒:《受压迫者教育学》，方永泉译，巨流图书公司（台北），2003。

〔德〕考茨基:《土地问题》，梁琳译，生活·读书·新知三联书店，1955。

〔美〕J. C. 斯科特:《农民的道义经济学:东南亚的反叛与生存》,程立显、刘建等译,译林出版社,2001。

〔美〕黄宗智:《华北小农经济与社会变迁》,中华书局,2000。

〔美〕西奥多·W. 舒尔茨:《改造传统农业》,梁小民译,商务印书馆,2003。

〔美〕詹姆斯·C. 斯科特:《弱者武器》,郑广化等译,译林出版社,2007。

〔英〕迈克尔·佩罗曼:《资本主义的诞生——对古典政治经济学的一种诠释》,裴达鹰译,广西师范大学出版社,2001。

〔波〕彼得·什托姆普卡:《社会变迁的社会学》,林聚任等译,北京大学出版社,2011。

〔德〕斐迪南·滕尼斯:《共同体与社会——纯粹社会学的基本概念》,林荣远译,商务印书馆,1999。

〔德〕哈贝马斯:《公共领域的结构转型》,曹卫东译,学林出版社,1999。

〔德〕哈贝马斯:《在事实与规范之间——关于法律和民主法治国的商谈理论》,童世骏译,生活·读书·新知三联书店,2003。

〔德〕尼古拉斯·卢曼:《信任》,瞿天鹏、李强译,上海世纪出版集团、上海人民出版社,2005。

〔法〕孟德拉斯:《农民的终结》,李培林译,社会科学文献出版社,2005。

〔法〕托克维尔:《论美国的民主》上卷,董果良译,商务印书馆,1997。

〔美〕爱德华·弗里曼等:《利益相关者理论现状与展望》,盛亚、李靖华等译,知识产权出版社,2013。

〔美〕戴维·奥斯本、特勒·盖布勒:《改革政府——企业家精神如何改革着公营部门》,周敦仁等译,上海译文出版社,1996。

〔美〕德博拉·斯通:《政策悖论》,顾建光译,中国人民大学出版社,

2006。

〔美〕汉娜·阿伦特：《人的条件》，竺乾威等译，上海人民出版社，1999。

〔美〕亨廷顿：《变化社会中的政治秩序》，上海人民出版社，2008。

〔美〕斯科特：《农民的道义经济学：东南亚的反叛与生存》，译林出版社，2001。

〔美〕托马斯·雅诺斯基：《公民与文明社会》，辽宁教育出版社，2000。

〔美〕西奥多·舒尔茨：《改造传统农业》，梁小民译，商务印书馆，1987。

〔美〕亚历山大·温特：《国际政治的社会理论》，上海世纪出版集团，2000。

〔美〕伊利·莫尔豪斯：《土地经营哲学原理》，商务印书馆，1982。

〔美〕易劳逸：《1927~1937年国民党统治下的中国流产的革命》，陈红民等译，中国青年出版社，1992。

〔美〕史蒂文·凯尔曼：《制定公共政策》，商正译，商务印书馆，1990。

〔美〕詹姆斯·M.布坎南、罗杰·D.康格尔顿：《政治原则，而非利益政治：通向非歧视性民主》，张定淮、何志平译，社会科学文献出版社，2004。

〔美〕珍妮特·V.登哈特、罗伯特·B.登哈特：《新公共服务：服务，而不是掌舵》，丁煌译，中国人民大学出版社，2010。

〔美〕鲍曼：《共同体：在一个不确定的世界中寻找安全》，欧阳景根译，江苏人民出版社，2003。

〔美〕霍布斯：《利维坦》，黎思复、黎廷弼译，商务印书馆，1985。

〔美〕齐格蒙特·鲍曼：《共同体——在一个不确定的世界中寻找安全》，欧阳景根译，江苏人民出版社，2003。

〔美〕休谟：《人性论》，关文运译，商务印书馆，1980。

〔美〕亚当·斯密:《道德情操论》,韩魏译,西苑出版社,2005。

〔美〕英克尔斯:《社会学是什么:对这门学科和职业的介绍》,陈观胜等译,中国社会科学出版社,1981。

〔美〕约翰·穆勒:《政治经济学原理》(下)赵荣潜等译,商务印书馆,1991。

B. Guy Peters, *The Future of Governing: Four Emerging Models* (University Press of Kansas, 1996).

D. Davis, R. Kraus&B. Naughton (eds), *Urban Spaces in Contemporary China* (Cambridge: Cambridge University Press, 1995).

R. S. Downie, *Government Action and Morality* (London: Macmillan, 1964).

Gregory Eliyu Guldin, "Townizing Southern China: Chinese Desakotas", *Metropolitan Ethnic Cultures: Maintenance and Interaction* (edited by China Urban Anthropology Association, Academy Press, 2003).

Peter Evans (ed.), *State-society Synergy: Government and Social Capitalin Development* (Berkeley: University of California at Berkeley, International and Area Studies, 1995).

A. V. Chayanov, *The Theory of Peasant Economy* (Madison: University of Wisconsin Press, 1986).

T. H. Marshall, *Citizenship and Social Class, and Other Essays* (Cambridge: Cambridge University Press, 1950).

二 论文类

曾菊新、祝影:《论城乡关联发展与文化整合》,《人文地理》2002年第4期。

曾正滋:《寻找和谐社会的社会整合机制》,《内蒙古社会科学》(汉文版)2005年第4期。

陈建胜、毛丹:《论社区服务的公民导向》,浙江社会科学2013年第

5期。

陈仁铭：《略论当前农村文化主要矛盾》，《社会主义研究》2007年第2期。

陈伟东、张大维：《城乡社区服务设施建设一体化》，《华中师范大学学报》（人文社会科学版）2009年第3期。

陈文胜、陆福兴：《新农村文化建设的战略思考》，《中国发展观察》2006年第12期。

陈锡文：《应准确把握农村土地制度改革新部署》，《中国党政干部论坛》2014年第1期。

陈雅丽：《城市社区服务供给体系及问题解析——以福利多元主义理论为视角》，《理论导刊》2010年第2期。

崔建平：《社会管理创新与农村社区建设——以潍坊市农村社区建设为例》，《山东社会科学》2012年第3期。

邓大才：《"圈层理论"与社会化小农——小农社会化的路径与动力研究》，《华中师范大学学报》（人文社会科学版）2009年第1期。

邓大才：《社会化小农：动机与行为》，《华中师范大学学报》（人文社会科学版）2006年第3期。

狄金华、钟涨宝：《中国农村社会管理机制的嬗变——基于整合视角的分析》，《吉林大学社会科学学报》2012年第3期。

丁元竹：《我国社会管理创新的重点与方向》，《开放导报》2010年第4期。

范松仁：《新农村建设中农村文化生长机制的结构分析》，《农业考古》2007年第6期。

冯仕政：《国家、市场与制度变迁——1981~2000年南街村的集体化与政治化》，《社会学研究》2007年第2期。

付秋芳、赵淑雄：《基于多目标二层规划的服务供应链服务能力协同决策模型》，《中国管理科学》2012年第6期。

高凌：《人民日报农业合作社宣传始末（1950~1957）》，《中国农业合作史资料》1990 年第 6 期。

葛正鹏：《"市民"概念的重构与我国农民市民化道路研究》，《农业经济问题》2006 年第 9 期。

古学斌、张和清、杨锡聪：《专业限制与文化识盲：农村社会工作实践中的文化问题》，《社会学研究》2007 年第 6 期。

关信平：《论我国社区服务的福利性及其资源调动途径》，《中国社会工作》1997 年第 6 期。

郭帆：《中国新农村建设的创新理论与实践——辛秋水"新乡村建设—传统文化与现代文明对接"研究课题的启示》，《福建论坛·人文社会科学版》2006 年第 5 期。

郭渐强、刘薇：《实现政府公共性的伦理思考》，《湖南师范大学社会科学学报》2010 年第 2 期。

郭湛、王维国：《公共性的样态与内涵》，《哲学研究》2009 年第 8 期。

郭湛：《公共利益：马克思唯物史观的解读》，《哲学研究》2008 年第 5 期。

韩鹏云、刘祖云：《农村社区公共服务下乡：进路、逻辑及推进路径——基于广西百色市"农事村办"的考察》，《广西社会科学》2012 年第 3 期。

何中华：《当代发展观的演变及难题》，《文史哲》1977 年第 2 期。

贺雪峰、刘岳：《基层治理中的"不出事逻辑"》，《学术研究》2010 年第 6 期。

胡群英、郭湛：《哲学视野下公共性的历史生成与转换》，《理论导刊》2010 年第 8 期。

黄家亮：《论社区服务中国家、市场与社会的互构——以北京市 96156 社区服务模式为例》，《北京社会科学》2012 年第 3 期。

黄宁莺、柯毅萍、赵豫生：《参与式治理视角下的乡村网格化管理服务研究——以福建省长乐市梅花镇为例》，《东南学术》2013 年第 5 期。

黄显中：《政府公共性理论的谱系》，《湘潭大学学报》（哲学社会科版）2004年第3期。

吉炳轩：《加强农村精神文明建设倡导健康文明新风尚》，《求是》2006年第8期。

贾先文、黄正泉：《两极失范与农村公共服务的社区化》，《现代经济探讨》2010年第2期。

孔娜娜：《农村社区服务中心建设：资源配置的公平与效率——以豫西北平原聚集村落（群）为分析对象》，《社会主义研究》2009年第4期。

李明伍：《公共性的一般类型及其若干传统模型》，《社会学研究》1997年第4期。

李娜等：《简析江苏农村科技服务超市建设现状》，《农业科技管理》2012年第1期。

李湘黔：《存在论视野中的政府公共性》，《湘潭大学学报》（哲学社会科学版）2006年第2期。

李勇华：《公共服务下沉背景下农村社区管理体制创新模式比较研究——来自浙江的调研报告》，《中州学刊》2009年第6期。

李友梅、肖瑛、黄晓春：《当代中国社会建设的公共性困境及其超越》，《中国社会科学》2012年第2期。

李增元：《农村社区建设：治理转型与共同体构建》，《东南学术》2009年第3期。

廖清成：《农村公共品供给优先序问题研究》，《江西社会科学》2004年第12期。

林诚彦、王建平：《社区服务在公共领域构建中的作用》，《城市问题》2012年第10期。

林聚任：《村庄合并与农村社区化发展》，《人文杂志》2012年第1期。

刘继同：《中国城市社区实务模式研究——二十年来的发展脉络与理论框架》，《学术论坛》2003年第4期。

刘明：《我国农民利益表达的障碍与出路研究》，《科学社会主义》2009年第4期。

刘守英：《审慎稳妥推进土地制度改革》，《前线》2014年第5期。

刘新刚：《中国社会发展范式的转换：普遍性与特殊性》，《北京师范大学学报》（人文社会科学版）2007年第6期。

卢芳霞：《组团式服务：农村社区公共服务供给机制创新——基于枫桥镇的实证研究》，《浙江社会科学》2011年第6期。

陆子修：《构建新型农村治理结构的探讨》，《村主任》2010年第1期。

吕芳：《社区公共服务中的"吸纳式供给"与"合作式供给"》，《中国行政管理》2011年第8期。

吕微、唐伟：《农村公共服务体系建设的现状与对策建议》，《中国行政管理》2009年第7期。

毛丹：《赋权、互动与认同：角色视角中城郊农民市民化问题》，《社会学研究》2009年第4期。

潘劲：《中国农民专业合作社：数据背后的解读》，《中国农村观察》2011年第6期。

彭丽花：《挑战与创新——对创新社会管理的几点思考》，《福建论坛：人文社会科学版》2011年第8期。

裘斌：《从管理到服务：乡村社会治理思路的创造性转换——以浙江省上虞市谢塘镇"四不出村"工作法为分析个案》，《甘肃社会科学》2012年第6期。

孙立平：《走向积极的社会管理》，《社会学研究》2011年第4期。

孙双琴：《解析社区服务发展不平衡的一个理论分析框架》，《北京行政学院学报》2007年第1期。

汤一介：《略论儒学的和谐观念》，《社会科学研究》1998年第3期。

田华：《农村社区公共服务：供给方式与责任归属》，《广西社会科学》2006年第11期。

田毅鹏：《流动的公共性》，《开放时代》2009年第8期。

田毅鹏：《社会管理体制改革的理论逻辑》，《江苏社会科学》2011年第4期。

汪丁丁、贾拥民：《一个嵌入社会网络的市场经济：义乌案例》，《社会科学战线》2007年第1期。

汪锦军：《从行政侵蚀到吸纳增效：农村社会管理创新中的政府角色》，《马克思主义与现实》2011年第5期。

王青云、李成贵：《建设服务型政府的理论思考和实践经验——诸城推行农村社区化服务之考察》，《社会科学战线》2010年第1期。

王文龙：《中国农村土地制度改革相关理论评述》，《东南学术》2012年第4期。

吴理财：《对农民合作"理性"的一种解释》，《华中师范大学学报》（人文社会科学版）2004年第1期。

吴理财：《农村公共文化日渐式微》，《人民论坛》2006年第14期。

吴业苗：《"一主多元"：农村公共服务的供给模式与治理机制》，《经济问题探索》2011年第6期。

吴业苗：《城郊农民市民化的困境与应对：一个公共服务视角的研究》，《中国农村观察》2012年第3期。

吴业苗：《居村农民市民化：何以可能？——基于城乡一体化进路的理论与实证分析》，《社会科学》2010年第7期。

吴业苗：《农村公共服务社区化与实现路径》，《中州学刊》2013年第6期。

吴业苗：《农村基层社会管理与"社区化"体制的建构》，《社会科学》2013年第6期。

吴业苗：《小农的终结与居村市民的建构——城乡一体化框架下农民的一般进路》，《社会科学》2011年第7期。

吴业苗：《新型农村社区建设：如何可为——以城乡一体化为视角》，《社会主义研究》2012年第3期。

夏志强、王建军：《论社区公共服务的有效供给》，《社会科学研究》2012年第2期。

谢建社、谢宇：《新型城市社区管理与服务模式探求——以广州为例》，

《福建论坛：人文社会科学版》2012年第8期。

徐猛：《社会治理现代化的科学内涵、价值取向及实现路径》，《学术探索》2014年第5期。

徐平：《社会主义新农村的文化建设》，《科学社会主义》2006年第1期。

徐湘林：《"三农"问题困扰下的中国乡村治理》，《战略与管理》2003年第4期。

徐晓军、张必春：《论农村原生态文化的现代风险与传承危机》，《毛泽东邓小平理论研究》2007年第10期。

徐永祥：《论社区服务的本质属性与运行机制》，《华东理工大学学报》（哲社版）2002年第4期。

徐勇、邓大才：《社会化小农：解释当今农户的一种视角关》，《学术月刊》2006年第7期。

徐勇：《"再识农户"与社会化小农的建构》，《华中师范大学学报》（人文社会科学版）2006年第3期。

徐勇：《如何认识当今的农民、农民合作与农民组织》，《华中师范大学学报》（人文社会科学版）2007年第1期。

徐勇：《县政、乡派、村治：乡村治理的结构性转换》，《江苏社会科学》2002年第2期。

薛敏兴：《我国城乡一体化体制、机制建设模式与路径选择的社会学思考》，《理论导刊》2009年第5期。

杨曾文：《构建和谐社会与宗教的理论审视》，《中国宗教》2005年第10期。

杨贵华：《社区公共服务发展与专业社会工作的介入》，《东南学术》2011年第1期。

杨金卫：《梁漱溟乡村建设实验的主旨及其当代价值》，《山东大学学报》（人文社科）2006年第5期。

杨敏、杨玉宏：《"服务—治理—管理"新型关系与社区治理新探索》，《思想战线》2013年第3期。

殷杰等：《城镇化进程中失地农民问题的调查与思考——以江苏发达地区为例》，《苏州大学学报》（哲学社会科学版）2005年第3期。

应星：《"三农"问题新释——中国农村改革历程的三重分析框架》，《人文杂志》2014年第1期。

于建嵘：《乡镇自治：根据和路径——以20世纪乡镇体制变迁为视野》，《战略与管理》2002年第6期。

余方镇：《新农村面临的文化困惑与建设策略》，《江西社会科学》2006年第4期。

余方镇：《新农村面临的文化困惑与建设策略》，《江西社会科学》2006年第4期。

袁祖社：《"公共精神"：培育当代民族精神的核心理论维度》，《北京师范大学学报》（社会科学版）2006年第1期。

袁祖社：《"公共性"的价值信念及其文化理想》，《中国人民大学学报》2007年第1期。

袁祖社：《"公共哲学"与当代中国的公共性社会实践》，《中国社会科学》2007年第3期。

张红宇、王乐君、李迎宾、李伟毅：《关于深化农村土地制度改革需要关注的若干问题》，《中国党政干部论坛》2014年第6期。

张康之：《论"公共性"及其在公共行政中的实现》，《东南学术》2005年第1期。

张晓山：《国际合作运动及对中国的启示》，《中国农民》1997年第3期。

张新光：《研究小农经济理论的政策含义和现实关怀——回应丁长发博士的质疑》，《农业经济问题》2011年第1期。

张秀兰、徐月宾：《和谐社会与政府责任》，《中国特色社会主义研究》2005年第1期。

张雅勤：《行政公共性的生成渊流与历史反思》，《中国行政管理》2012年第6期。

张永理：《全球化语境中的儒学困境及其未来》，《南京师大学报》（社会科学版）2002年第3期。

赵阳：《对积极稳妥推进农村土地制度改革的两点思考》，《改革》2014年第5期。

郑风田：《"集中居住"应以农民需求和意愿为本》，《城乡建设》2009年第9期。

郑杭生、高霖宇：《提高社会管理科学化水平的社会学解读》，《思想战线》2011年第4期。

郑杭生：《社会和谐与公共性》，《中国特色社会主义研究》2005年第1期。

周澍、郑晓东、毛丹：《国外社会管理的有益经验》，《浙江社会科学》2011年第8期。

周五香：《基于公共性的廉政伦理探究》，《伦理学研究》2010年第5期。

周勇、张涛：《新型农民合作经济组织的制约因素与政府行为：重庆样本》，《改革》2006年第4期。

周振国、田翠琴：《以人为本：中国特色社会主义社会管理的核心理念》，《毛泽东思想研究》2011年第5期。

朱洪启：《近代华北农家经济与农具配置》，《古今农业》2004年第1期。

朱力：《我国社会整合机制的转换——兼论"和谐社会"的理念》，《学海》2005年第1期。

朱新山、程利民：《略论当代中国农村社会的发展——农村社会体系结构分化和社会文化世俗化分析》，《社会科学研究》1987年第1期。

祝灵君、聂进：《公共性与自利性：一种政府分析视角的再思考》，《社会科学研究》2002年第2期。

Chris Ansell, "Alison Gash. Collaborative Governance in Theory and Practice," *Journal of Public Administration Research Theory Advance Access*（4）2008.

E. E. Schattschneider, "Political parties and the public interest," *Annals of The American Academy of Political and Social Science* (280) 1952.

P. Heller, "Social Capital as a Product of Class Mobilization and State Intervention: Industrial Workers in Kerala, India," *World Development* 24 (1996).

Peter B. Evans, "Predatory, Developmental, and Other Apparatuses: A Comparative Political Economy Perspective on the Third Word State," *Sociological Forum* (4) 1989.

R. B. Denhardt, J. V. Denhardt, "The New Public Service: Serving Rather than Steering," *Public Administration Review* (60) 2000.

Vanden Berghe, "Dialectic and Functionalism: Toward a Theoretical Synthesis," *American Sociological Review* (28) 1963.

后 记

我在安徽省庐江县农村长大,大学毕业后在家乡城镇的一所高级中学工作近15年,可以说,我一生中最宝贵的时光是在农村度过的。农村的生活和工作经历让我魂牵梦萦。尽管已经城市化了的我,生活在繁华的城市,整日忙碌于教学、科研中,日常交往的人也几乎都是城市人,但农村有我最美好的记忆。玩耍过的村庄、学习过的学校、工作过的中学,甚至每年暑假帮助父母做农活的田野,它们在我的脑海中一如既往地清晰。这份农村情结将我的研究热情牢固地系在农业、农村、农民上。即使近几年公共服务、城乡一体化、新型城镇化等课题研究的内容跨越城乡,也始终将研究问题落在"三农"上,从没有"移情别恋"。

研究农村社区服务与治理的想法由来已久,特别是在"城乡一体化公共服务的理论与实践研究"后,我对村庄空心化、农业兼业化和农民去农化等问题有了更多的认识,冀望发展社区服务、提高治理水平来解决农村城镇化进程中出现的诸多问题。巧的是,2013年度江苏省高校哲学社会科学研究的重大重点课题项目申报中有农村社区服务的选题,我申报并获得了研究立项。如此,本书主体部分是我主持的江苏高校哲学社会科学研究重点项目"江苏农村社区化服务体系创新路径及政策研究"(课题号:2013ZDIXM004)的研究成果。鉴于农村社区建设、制度建设在广义上也是农村服务内容,加上服务与治理愈发一体化,故而,本书中的服务、治理均比较宽泛。我认为,服务是治理,治理也是服务,新型城镇化、城乡一体化发展进程中"三农"问题解决越发依赖社区服务的发展。本书进行了大量实地调研。2013年7~8月,我组织南京师大社会学、社会工作专业的39名本科生和研究生到江苏13个省辖市的39个农村社区或城郊社区(分层抽样形成）考察社区服务状况，并进行问卷调查活动。共发放问卷 840 份，实际回收问卷 798 份，其中有效问卷 767 份，占实际回收问卷的 96%，整理完整的调查访谈记录 35 份。在前期理论研究与实际调查的基础上，本课题完成了 3.5 万字的《江苏农村社区服务体系建设研究报告》和 2 万多字的政策咨询报告《农村社区服务的当下情境与未来发展》。研究报告和政策咨询报告递交给江苏省民政厅、南京市民政局等部门，江苏省民政厅和南京市民政局的基层政权与社区建设处采纳了部分研究成果。

参加社区化服务调研的学生有：南京师范大学社会发展学院 2011 级研究生茅蔚、朱启琛、鞠晶、韩蕴智；南京师范大学社会发展学院 2011 级社会工作专业本科生华晓菲、肖珠、徐梅颉、陶怡婷、周凌、唐湘湘、何惠敏；南京师范大学社会发展学院 2011 级社会学专业本科生包菩菩、巢娅、杨洋、马姣姣、蒋福晶等；南京师范大学社会发展学院 2010 级社会学本科生韩露、邓玥、杨心何、卢敏、吉如、陈恒、顾苑露；南京师范大学中北学院 2011 级社会工作专业本科生李露、冷静静、经珠珠、孙佩、徐梦熙、吴长银、孙书梦、杨柯、张晓峰；南京师范大学中北学院 2010 级社会工作专业本科生吴楚娇、李霞、张慧、任欣雨、孙洁、陈萍萍、仇波波。这些同学深入江苏 39 个农村社区或城郊社区做问卷调查、访谈，收集到大量的农村社区服务第一手资料。感谢参与调研的同学。

书中部分成果已经在相关刊物上发表，包括《农村公共服务社区化与实现路径》（《中州学刊》2013 年第 6 期）、《基层社会管理与"社区化"体制的建构》（《社会科学》2013 年第 6 期，《人大报刊资料复印·社会学》2014 年第 2 期全文转载）、《农村社会转型与社区服务流变》（《学术界》2013 年第 12 期）、《农民身份转变进路：政治改造，抑或公共服务支持》（《社会主义研究》2014 年第 2 期）、《农村社会公共性流失于变迁——兼论农村社区服务在建构公共性上的作用》（《中国农村观察》2014 年第 3 期，《人大报刊资料复印·体制改革》2014 年第 8 期全文转载）、《农业人口转移与社区服务支持》（《江淮论坛》2015 年第 3 期）、《农村基层社会管理的问题指向、实践创新与下一步改进——基于城乡一体化视角》（《常州论坛》

2014年第2期)、《农村治理体制改革与社区服务发展》(《黑龙江社会科学》2015年第5期)、《农村社区服务模式的回顾与前瞻》(《人文杂志》2015年第12期)、《传统伦理在农村文化建设中的价值及其实现——基于L县文化教育中心的考察研究》[《华东理工大学学报》(社会科学版)2012年第2期]、《农民经济合作组织与制度化规则的建构》(《阅江学刊》2010年第2期)以及《农村和谐社会建设与传统伦理支持》[《安徽农业大学学报》(社会科学版)2010年第3期]。衷心感谢以上刊物及其编辑老师对本书的支持。

社会科学文献出版社皮书出版分社社长邓泳红和副社长陈雪为本书稿的项目申报和编辑出版做了大量的细致工作。由衷敬佩她们的敬业精神，对她们的帮助表示衷心感谢！

最后，要特别感谢我的导师邹农俭教授，由于他的悉心关怀和大力支持，本书才得以顺利出版。

2017年12月5日于南京师范大学随园

图书在版编目(CIP)数据

农村社区化服务与治理/吴业苗著.--北京：社会科学文献出版社，2018.1
ISBN 978-7-5201-2040-1

Ⅰ.①农… Ⅱ.①吴… Ⅲ.①农村社区-社区服务-研究-中国 ②农村社区-社区管理-研究-中国 Ⅳ.①D669.3

中国版本图书馆CIP数据核字（2017）第317920号

农村社区化服务与治理

著　者／吴业苗

出 版 人／谢寿光
项目统筹／邓泳红
责任编辑／李惠惠　陈　雪

出　　版／社会科学文献出版社·皮书出版分社（010）59367127
　　　　　地址：北京市北三环中路甲29号院华龙大厦　邮编：100029
　　　　　网址：www.ssap.com.cn
发　　行／市场营销中心（010）59367081　59367018
印　　装／三河市尚艺印装有限公司
规　　格／开　本：787mm×1092mm　1/16
　　　　　印　张：21　字　数：320千字
版　　次／2018年1月第1版　2018年1月第1次印刷
书　　号／ISBN 978-7-5201-2040-1
定　　价／89.00元

本书如有印装质量问题，请与读者服务中心（010-59367028）联系

▲ 版权所有 翻印必究